D1674058

RIW-Buch

Rechtsfragen des Indiengeschäfts
Praxishandbuch

von

Dr. Jörg Podehl
Rechtsanwalt, Düsseldorf

C S Mathur
Chartered Accountant, New Delhi

und

Shalini Agarwal, LL.M.
Advocate, Mumbai/London

2., überarbeitete Auflage 2012

Deutscher Fachverlag GmbH
Fachmedien Recht und Wirtschaft

Bibliografische Information der Deutschen Nationalbibliothek

Die Deutsche Nationalbibliothek verzeichnet diese Publikation in der Deutschen Nationalbibliografie; detaillierte bibliografische Daten sind im Internet über http://dnb.d-nb.de abrufbar.

ISBN 978-3-8005-1550-9

© 2012 Deutscher Fachverlag GmbH, Fachmedien Recht und Wirtschaft, Frankfurt am Main

Das Werk einschließlich aller seiner Teile ist urheberrechtlich geschützt. Jede Verwertung außerhalb der engen Grenzen des Urheberrechtsgesetzes ist ohne Zustimmung des Verlages unzulässig und strafbar. Das gilt insbesondere für Vervielfältigungen, Bearbeitungen, Übersetzungen, Mikroverfilmungen und die Einspeicherung und Verarbeitung in elektronischen Systemen.

Satzkonvertierung: ProSatz Unger, 69469 Weinheim

Druck und Verarbeitung: betz-druck GmbH, Darmstadt

∞ Gedruckt auf säurefreiem, alterungsbeständigem Papier, hergestellt aus chlorfrei gebleichtem Zellstoff (TCF-Norm)

Printed in Germany

Vorwort

Seit dem Erscheinen der ersten Auflage unseres Praxishandbuchs im Jahr 2007 sind genau 5 Jahre vergangen. Das im Jahr 2007 noch ungebremste schnelle Wachstum der indischen Wirtschaft hat sich im Jahr 2012 abgeschwächt. Inflation, hohe Kreditzinsen für die indischen Unternehmen, die stark abgewertete Rupie und eine chronisch negative Leistungsbilanz belasten derzeit die indische Wirtschaft. Der zu langsame Ausbau des Straßennetzes und der Strom- und Wasserversorgung ist weiterhin ein Hemmschuh für die indische Wirtschaft. Indien braucht allerdings ein schnelles und starkes Wachstum, denn anders sind die ökonomischen Probleme auf Dauer nicht überwindbar. Die indische Bevölkerung wächst derzeit rasant und ist mit einem Durchschnittsalter von rund 26 Jahren (zum Vergleich Deutschland 45 Jahre) sehr jung. Die von der Regierung häufig proklamierte „demografische Dividende" ist folglich nur dann einlösbar, wenn für diese Menschen eine gute Ausbildung und eine sinnvolle Tätigkeit gefunden werden kann. Die Kaufkraft in Indien wächst allerdings stetig mit einer immer breiter werdenden Mittelschicht. Langfristig handelnde ausländische Investoren haben hiervon bereits erheblich profitiert. Auch weiterhin wird das Wachstum in Indien nur mit der Hilfe privater Direktinvestitionen – auch aus dem Ausland – möglich sein. Die indische Regierung hat hier hohe Erwartungen im In- und Ausland geweckt.

Wenn auch viele Vereinfachungen und Verbesserungen der regulatorischen Rahmenbedingungen in den vergangenen Jahren trotz vielfacher Ankündigung nicht gesetzgeberisch umgesetzt wurden, so hat es in den vergangenen Jahren doch erhebliche Änderungen gegebenen. Zu nennen sind die Erleichterungen bei der Auflösung von Joint-Venture-Gesellschaften, bei der Lizensierung von Rechten, beim Franchising sowie vorsichtige Reformen bei der Öffnung des Einzelhandelssektors. Es gibt umfassende Änderungen des Wettbewerbs- und Kartellrechts sowie etliche Änderungen im Steuerrecht. Vielbeachtete Rechtsfälle, in denen auch Unternehmen aus Europa beteiligt waren, betrafen z. B. Bayer, Enercon und Vodafone. Große Korruptionsskandale, wie etwa bei der Vergabe der Mobilfunklizenzen für das 2G-Netz und der Steuerstreit mit Vodafone haben viele Investoren verunsichert. Es wird sich zeigen, ob der indische Supreme Court das Vertrauen in den indischen Rechtsstaat, wie in vielen Fällen vorher, wiederherstellen kann.

Zeit also für eine Neuauflage des Praxishandbuchs. Auch bei der Neuauflage haben sich die Autoren wieder ganz auf die praktischen Fragen des

Vorwort

Indiengeschäfts fokussiert und versucht, typische Fallgestaltungen aus der Praxis einfach darzustellen. Indien ist nach wie vor ein heranreifendes Schwellenland, dessen Rechtssystem sich weiter dynamisch entwickelt. So kann dieses Praxishandbuch nur eine Momentaufnahme und eine generalistische Beschreibung der wesentlichen Grundlagen des indischen Wirtschaftsrechts bieten. Die Autoren haben daher großen Wert auf eine Beschreibung der langfristigen Entwicklung und der Grundstrukturen des indischen Wirtschaftsrechts gelegt.

Die Autoren danken Herrn Dr. Fabian Breckheimer für seine umfassende Unterstützung bei der Überarbeitung der ersten Auflage unseres Handbuchs sowie Frau Ingeborg Rossbach vom Deutschen Fachverlag für ihre hervorragende verlegerische Betreuung.

Düsseldorf, New Delhi, Mumbai im September 2012

Jörg Podehl
CS Mathur
Shalini Agarwal

Vorwort der 1. Auflage

Indien ist heute ein Land mit einer schnell wachsenden Wirtschaft, das zunehmend an Bedeutung gewinnt. Teilweise wird sogar vorausgesagt, dass der Subkontinent im Jahre 2050 eine der weltgrößten Wirtschaftsmächte darstellen soll. Für europäische Investoren sind die makroökonomischen Prognosen wertvoll und können einen Anstoß für Investitionen in Indien sein. Dabei stellt sich die Frage, auf welcher rechtlichen Grundlage solche Investitionen stehen. Rechtliche Unklarheiten und Unsicherheiten haben in der Vergangenheit häufig zum Verlust von Auslandsinvestitionen geführt. So verloren z. B. im Jahr 1948 Aktionäre aus Kanada und Belgien, die maßgeblich zum Aufbau der Infrastruktur von Barcelona beigetragen hatten, ihre Investitionen. Solche negativen staatlichen Interventionen sind derzeit in Indien nicht zu befürchten. Hierfür sorgen Investitionsschutzabkommen wie z. B. das zwischen Deutschland und Indien vom 22. 4. 1998. Eine größere Unsicherheit besteht dagegen bei der Einholung von staatlichen Genehmigungen, dem Abschluss und der Durchsetzung von Verträgen sowie in steuerrechtlichen Angelegenheiten.

Vorwort der 1. Auflage

Dieses Buch soll eine rechtsvergleichende praktische Übersicht über die wichtigsten Aspekte des indischen Wirtschaftsrechts geben. Ein solcher Überblick muss sich zwangsläufig auf allgemeine Kernfragen der einzelnen Rechtsgebiete beschränken. Eine tagesaktuelle und wissenschaftlich vertiefte Darstellung und Beratung kann dieses Buch daher nicht ersetzen. Die Autoren haben sich daher ganz auf die Fragen des Indiengeschäfts konzentriert, die in ihrer Praxis als Rechtsanwälte bzw. Wirtschaftsprüfer an sie gestellt werden.

Unser Dank geht vor allem an Rechtsanwältin Daniela Just für ihre engagierte Übersetzungsarbeit, Karl Sonntag, den früheren Leiter der internationalen Steuerabteilung der Mannesmann AG, für seine hervorragende Hilfe bei der rechtsvergleichenden Übersetzung des Teils Steuern und Zölle, Klaus Helsper, Direktor Internationales Geschäft der National Bank AG, für den offenen fachlichen Austausch zum Thema Zahlungssicherheiten im Handelsverkehr, Patentanwalt Dr. Stefan Michalski und Rechtsanwalt Holger Fehrmann für ihre Unterstützung bei den Fragen des Know-How-Schutzes, Sabrina Wötzel für ihre Geduld und Beharrlichkeit bei der Abfassung des Manuskripts und Rechtsanwältin Dr. Jutta Lommatzsch für ihre Hilfe bei der Anfertigung des Sachregisters.

Düsseldorf, New Delhi, Mumbai im September 2007

Jörg Podehl
CS Mathur
Shalini Agarwal

Inhaltsverzeichnis

Vorwort zur 2. Auflage	V
Vorwort der 1. Auflage	VI
Abkürzungsverzeichnis	XVI

A. Allgemeine Grundlagen 1
    I. Geschichtlicher Überblick 1
    II. Wirtschaftspolitische Entwicklung 3
    III. Rechtssetzung, Rechtsstaat und Sicherheit 6
    IV. Kulturelle Aspekte des Indiengeschäfts 7

B. Genehmigungspflichten für ausländische Direktinvestitionen 11
    I. Generelle Genehmigungspflicht 11
    II. Für Direktinvestitionen allgemein verschlossene Wirtschaftsbereiche 12
    III. Anzeigeverfahren (*Automatic Route*) 13
    IV. Förmliches Genehmigungsverfahren – *FIPB Approval* ... 15
    V. Genehmigungspflichten bei Errichtung von Repräsentanzen 16
    VI. Sonderwirtschaftszonen 17
    VII. Schutz von Auslandsinvestitionen 18

C. Typische Markteintrittsstrategien in Indien 21
    I. Überblick 21
    II. Herausforderungen für den Markteintritt 22
    III. Gesellschaftsrechtliche Strukturen für den Markteintritt, insbesondere *Joint Venture* 24
        1. Grundlagen 24
        2. *Joint-Venture*-Partner – Ballast oder Erfolgsgeheimnis? 26
        3. Kein *No-Objection-Certificate* (*NOC*) 28
        4. Gründung eines *Joint Venture* 29
    IV. Repräsentanzen 31
        1. Verbindungsbüro (*Liaison Office*) 31
        2. Unselbstständige Zweigniederlassung (*Branch Office*) . 32
        3. Projektbüro (*Project Office*) 34

Inhaltsverzeichnis

V. Absatzmittler/Kundendienst		35
1. Handelsvertreter (*Agent*)		36
2. Vertragshändler (*Stockist/Distributor*)		38
VI. Franchising und Lizenzierung		40

D. Allgemeines Recht der Verträge ... 43

- I. Grundlagen – Vertragsfreiheit ... 43
- II. Zustandekommen von Verträgen ... 45
  1. *Offer*, *Acceptance*, *Consideration* ... 45
  2. Vertragsschluss auf der Grundlage von Allgemeinen Geschäftsbedingungen ... 46
  3. Stellvertretung ... 47
  4. Formvorschriften ... 47
- III. Vertragsauslegung ... 49
- IV. Typische Vertragsregelungen und Besonderheiten im indischen Recht ... 50
  1. Begriffsbestimmungen (*Definitions*) ... 50
  2. Leistungszeit und Verzug (*Delay*) ... 51
  3. Kaufpreiszahlung (*Payment*) ... 52
  4. Gewährleistung (*Warranty*) ... 54
  5. Vertragliche Haftung bei Vertragsverletzung (*Breach of Contract*) ... 56
  6. Wettbewerbsverbote/Geheimhaltungsvereinbarungen ... 57
  7. Vertragsbeendigung ... 58
  8. Verjährung ... 59

E. Gesellschaftsrecht – Schwerpunkt: *Private Limited Company* ... 60

- I. Gesetzliche Grundlagen und Gesellschaftsformen ... 60
- II. *Private Limited Company* ... 63
  1. Gründung ... 63
     - a) Wesensmerkmale der *Private Limited Company* ... 63
     - b) Firmenname ... 64
     - c) Gründungsdokumente ... 65
     - d) *Memorandum of Association* ... 67
     - e) *Articles of Association* ... 68
     - f) Rechtswirksame Unterzeichnung von Gründungsdokumenten außerhalb Indiens ... 69
     - g) Bindungswirkung von *Memorandum* und *Articles of Association* ... 70
  2. Aufnahme der Geschäftstätigkeit ... 70

3. Gesellschaftskapital 70
   a) Ausgabe von Gesellschaftsanteilen 70
   b) Übertragbarkeit von Gesellschaftsanteilen 71
4. Die Organe der Gesellschaft 73
   a) Jahreshauptversammlung (*Annual General Meeting*) 74
   b) *Board of Directors* 76
5. Geschäftsführung 78
6. *Company Secretary* 79
7. Liquidation der Gesellschaft (*Winding-up*) 80
   a) Gerichtliche Liquidation 80
   b) Freiwillige Liquidation (*Voluntary Winding-up*) ... 80
   c) Liquidation unter gerichtlicher Aufsicht 81
   d) Gesetzesentwurf Indian Companies Bill, 2009 81

III. *Public Company* 82

F. **Arbeitsrecht** 85

I. Entwicklung des Arbeitsrechts 85

II. Wesentliche Rechtsquellen des Arbeitsrechts 86
   1. Überblick zu den Arbeitsgesetzen 86
   2. Einführung zu den wichtigsten indischen Arbeits-
      gesetzen 91
      a) *The Industrial Disputes Act*, 1947 (IDA) 91
         aa) Anwendungsbereich 91
         bb) Streik und Aussperrung 92
         cc) Kündigungsschutzbestimmungen 94
         dd) Streitbeilegung 95
      b) *Factories Act*, 1948 95
      c) *Industrial Employment (Standing Orders) Act*,
         1946 (IESA) 96
      d) *Shops and Establishments Acts* (SEA) 96
      e) *Equal Remuneration Act*, 1976 97

III. Individualarbeitsrecht 98
   1. Rechte und Pflichten aus dem Arbeitsverhältnis 98
   2. Beendigung des Arbeitsverhältnisses 101
   3. Soziale Sicherung 104
   4. Regelungen des Arbeitsvertrages 105

IV. Kollektives Arbeitsrecht 106

V. Arbeitsrechtliche Konfliktlösungsmechanismen 106

G.	**Schutz des geistigen Eigentums**	109
	I. Neuere Entwicklung	109
	II. Urheberrecht (*Copyright*)	110
	1. Inhalt und Umfang des *Copyright*	111
	2. Einräumung und Lizenzierung von Rechten	112
	3. Urheberrechtsverletzung und gesetzliche Schrankenregelungen	113
	4. Abwehrrechte des Urhebers und deren Durchsetzung	113
	5. Internationales Urheberrecht	114
	III. Markenrecht	115
	1. Eintragung der Marke	116
	2. Schutzdauer	117
	3. Verletzung von Markenrechten	117
	4. Rechtsdurchsetzung	118
	5. Antragstellung durch Ausländer	118
	IV. Patent- und Lizenzrecht	119
	1. *Patent Act*, 2005	119
	2. Patentierbarkeit	121
	3. Anmeldung	122
	4. Rechtsverletzung	122
	V. Designschutz	124
	VI. Schutz der Rechte in der Praxis	125
H.	**Wettbewerbs- und Kartellrecht**	127
	I. Wettbewerbs- und Kartellrecht im Umbruch	127
	II. Consumer Protection Act, 1986 – Unfair Trade Practices	128
	III. Competition Act, 2002	130
	IV. Überblick zum Kartellrecht	131
	1. Wettbewerbsbeschränkende Absprachen (*Anti Competitive Agreements*)	131
	2. Missbrauch einer marktbeherrschenden Stellung (*Abuse of Dominant Position*)	132
	3. Zusammenschlüsse (*Combinations*)	134
	a) Relevante Zusammenschlüsse	134
	b) Überprüfung von Zusammenschlüssen	136
	c) Prüfungsumfang	136
	d) Auflagen für Zusammenschlüsse	137
	4. Sanktionen bei Wettbewerbs- und Kartellrechtsverstößen	138

I.	**Immobilienrecht**	139
	I. Markt und Erwerbsbeschränkungen	139
	II. Erwerb von Grundeigentum	141
	III. Immobilienmiete	144
J.	**Steuern und Zölle**	146
	I. Überblick	146
	1. Direkte Steuern	147
	2. Steuern auf den Umsatz	149
	3. Zölle und ähnliche Abgaben	149
	II. Einkommensteuer (*Income Tax*)	150
	1. Informationen allgemeiner und verfahrensrechtlicher Art	150
	2. Steuerpflicht	152
	a) Steuerpflichtige Personen	152
	b) Ansässigkeit, beschränkte und unbeschränkte Steuerpflicht	153
	c) Quellenbesteuerung (*Tax Deduction at Source – TDS*)	154
	3. Einkommensarten (Überblick)	155
	4. Einkommen aus nichtselbstständiger Tätigkeit (*Salaries*)	155
	5. Einkommen aus Hauseigentum	156
	6. Einkommen aus gewerblicher Tätigkeit und freiem Beruf	156
	a) Begriff	156
	b) Einkommensermittlung	157
	c) Steueranreize	158
	d) Mindestbesteuerung (*Minimum Alternate Tax*)	158
	e) Steuer auf ausgeschüttete Dividenden	158
	f) Verlustvortrag	158
	g) Steuersätze	159
	h) Organschaft	159
	i) Fusionen, Aufspaltungen	160
	7. Veräußerungsgewinne	160
	8. Verrechnungspreise	163
	9. Vermeidung der Doppelbesteuerung	165
	10. Modell einer Einkommensermittlung und Steuerberechnung	167
	III. Vermögensteuer (*Wealth Tax*)	169

Inhaltsverzeichnis

    IV. Zentrale Mehrwertsteuer (*CenVAT*) 169
        1. Rechtsnatur 169
        2. Steuerbare Vorgänge, steuerpflichtige Personen 170
        3. Steuerbefreiungen 170
        4. Steuersätze 171
        5. Bemessungsgrundlage 171
        6. Vorsteuerabzug (*CenVAT Credit*) 172
        7. Verfahrensvorschriften 172
    V. Mehrwertsteuer auf Dienstleistungen (*Service Tax*) 173
        1. Rechtsnatur 173
        2. Steuerbare Vorgänge, steuerpflichtige Personen 173
        3. Andere Steuerbefreiungen 174
        4. Steuersätze 174
        5. Bemessungsgrundlage, Entstehung der Steuerpflicht .. 174
        6. Vorsteuerabzug 175
        7. Verfahrensvorschriften 175
    VI. Dezentrale Mehrwertsteuer (VAT) 176
        1. Rechtsnatur 176
        2. Steuerbare Vorgänge, steuerpflichtige Personen 177
        3. Steuerbefreiungen 177
        4. Steuersätze und Bemessungsgrundlage 177
        5. Vorsteuerabzug 178
        6. Verfahrensvorschriften 178
    VII. Zölle (*Customs Duties*) 179
        1. Rechtsnatur 179
        2. Zölle und Einfuhr-Nebenabgaben im Einzelnen 179
            a) Basis-Zoll (*Basic Customs Duty* – BCD) 179
            b) *CenVAT*-Äquivalent (*Additional Customs Duty in lieu of excise duty* – CVD) 180
            c) VAT-Äquivalent (*Additional Customs Duty in lieu of Sales Tax*/VAT) 180
            d) Äquivalent für die Bildungsabgabe (*Education Cess*) 180
        3. Zollwert 181
        4. Zollermäßigungen 183
        5. Maßnahmen zum Schutz der einheimischen Wirtschaft . 184
        6. Verfahrensvorschriften 184

K. Umweltrecht 186
    I. Umweltzustand und Entwicklung 186
    II. Rechtlicher Rahmen 187

III. Überblick über Umweltpräventions- und Haftungskonzept . 188
   1. Umweltverträglichkeitsprüfungen/Verwaltungsverfahren 188
   2. Standards und Verhaltensregeln 190
   3. Haftung für Umweltschäden 192
L. Staatliche Zivilgerichtsbarkeit 193
   I. Gerichtsaufbau/Anwaltschaft 193
   II. Zivilverfahren 194
   III. Zwangsvollstreckung 196
M. Schiedsgerichtsbarkeit 198
   I. Gesetzliche Grundlagen 198
   II. Eigenständige Durchsetzung von Schiedssprüchen in Indien 199
   III. Vorteile des Schiedsverfahrens 203
   IV. Schiedsvereinbarung und einstweilige gerichtliche Maßnahmen 206
   V. Anwendbares Recht 206
   VI. Vollstreckbarkeit von Schiedssprüchen 207

Anhang 209
1. Circular on Consolidated FDI Policy 1/2012 (Auszug) 209
2. Erklärung Form FC-GPR 247
3. Antragsmuster FC-IL SIA 257
4. Notification No. FEMA 22/2000-RB dated 3rd May 2000 272
5. Application for Establishment of Branch/Liaison Office in India/Notification No. FEMA 22 FNC 1 278

Übersetzungen/Definitionen 281

Literaturverzeichnis 298

Sachregister 303

Abkürzungsverzeichnis

AG	Aktiengesellschaft
AGB	Allgemeine Geschäftsbedingungen
AGM	*Annual General Meeting*
ARGE	Gelegenheitsgesellschaft, zum Zwecke der Durchführung eines gemeinschaftlichen (Bau-)Projekts in der Form einer Gesellschaft bürgerlichen Rechts
BGB	Bürgerliches Gesetzbuch
BJP	*Bharatiya Janata Party*
ca.	circa
CBDT	*Central Board of Direct Tax*
CBEC	*Central Board of Excise and Customs*
CCI	*Competition Commission of India*
CENVAT	*Central Value Added Tax*
CISG	*United Nations Convention on Contracts for the International Sale of Goods*
CPCB	*Central Pollution Control Board*
DAX	Deutscher Aktienindex
DBA	Doppelbesteuerungsabkommen
DIN	*Digital Identification Number*
d. h.	das heißt
DIS	Deutsches Institut für Schiedsgerichtsbarkeit
EOU	*Export Oriented Unit*
EU	Europäische Union
EUR	Euro
EWR	Europäischer Wirtschaftsraum
EXIM-Policy	*Export-Import Policy* gemäß *Foreign Trade* (*Development and Regulation*) *Act, 1992 to develop and regulate foreign trade by facilitating import into India and augmenting exports from India*
f.	und folgende Seite
FDI	*Foreign Direct Investment*
FEMA	*Foreign Exchange Management Act*, 2000
FERA	*Foreign Exchange Regulation Act*, 1973
ff.	und folgende Seiten
FIPB	*Foreign Investment Promotion Board*
GATT	*General Agreement on Tariffs and Trade*
GmbH	Gesellschaft mit beschränkter Haftung

IBM	*International Business Machines Corporation*
ICA	*Indian Council of Arbitration*
ICADR	*International Center for Alternative Dispute Resolution*
ICC-Regeln	*International Chamber of Commerce Rules of Arbitration*
IDA	*The Industrial* Disputes *Act, 1947*
IESA	*Industrials Employment (Standing Orders) Act*, 1946
IGCC	*Indo-German Chamber of Commerce*
IMF	*International Monetary Fund*
INC	*Indian National Congress*
INR	Indische Rupie
Kap.	Kapitel
KG	Kommanditgesellschaft
LCIA	*London Court of International Arbitration*
LLP	*Limited Liability Partnership*
Ltd.	*Private Limited Company*
Marxist-CP/M	*Communist Party of India (Marxist)*
Mio.	Million(en)
MoA	*Memorandum of Association*
Mrd.	Milliarde(n)
MRTP Act	*Monopolies and Restrictive Trade Practise Act*, 1969
NET	*National Environment Tribunal*
NCP	*Nationalist Congress Party*
NLLA	*National Labour Law Association*
NOR	*Resident but not Ordinarily Resident*
Nr.	Nummer
NRI	*Non-Resident-Indian*
OECD	*Organisation for Economic Cooperation and Development*
OHG	Offene Handelsgesellschaft
OLG	Oberlandesgericht
p. a.	*per annum* (Pro Jahr)
PAN	*Permanent Account Number*
PCT	*Patent Cooperation Treaty*-Vertrag über die internationale Zusammenarbeit auf dem Gebiet des Patentwesens
PIO	*Person of Indian Origin*
PKW	Personenkraftwagen
PVÜ	Pariser Verbandsübereinkunft (zum Schutz des gewerblichen Eigentums)
RBÜ	Revidierte Berner Übereinkunft
RBI	*Reserve Bank of India*
ROR	*Resident and Ordinarily Resident*

XVII

Abkürzungsverzeichnis

SEA	*Shops and Establishments Acts*
SEBI	*Securities and Exchange Board of India*
SEZ	*Special Economic Zones*
SGS	*Société Générale de Surveillance*
s. o.	siehe oben
SPCB	*State Pollution Controls Board*
STPI	*Software Technology Parks of India*
TAN	Transaktionsnummer
TRIPS	*Trade Related Aspects of Intellectual Property Rights*
u. a.	unter anderem
UN	*United Nations*
UNCITRAL	*United Nations Commission on International Trade Law*
UNICEF	*United Nations Children's Fund*
UNÜ	UN-Übereinkommen über die Anerkennung und Vollstreckung ausländischer Schiedssprüche, 1. Juni 1958 (New Yorker Abkommen)
UVP	Umweltverträglichkeitsprüfung
UWG	Gesetz gegen den unlauteren Wettbewerb
vs.	versus
VAT	*Value Added Tax*
vgl.	vergleiche
WIPO	Weltorganisation für geistiges Eigentum
WTO	*World Trade Organisation*
z. B.	zum Beispiel
ZPO	Zivilprozessordnung

A. Allgemeine Grundlagen

Indien, der südasiatische Subkontinent, war trotz seiner über 5000-jährigen bedeutenden Kulturgeschichte über lange Zeit ins wirtschaftliche Abseits geraten. Zu Beginn der 1990er Jahre ist das Land jedoch wirtschaftlich wiedererwacht und hat in den seither vergangenen gut 20 Jahren eindrucksvoll seine wirtschaftlichen und unternehmerischen Möglichkeiten unter Beweis gestellt. Einen kurzen Abriss der historischen, wirtschaftspolitischen und gesellschaftlichen Grundlagen für den Wiederaufstieg Indiens als Wirtschaftsmacht sowie einige wichtige kulturelle Aspekte des Indiengeschäfts möchten wir diesem Buch zum besseren Verständnis der heutigen indischen Rechtsentwicklung voranstellen.

I. Geschichtlicher Überblick

Die indische Geschichte hat vielgestaltige Hochkulturen hervorgebracht, wie das Ashuka-Reich (3. Jahrhundert v. Chr.) und die Gupta-Dynastie (Blütezeit im 4. und 5. Jahrhundert n. Chr). Über Jahrtausende war Indien allerdings in viele Einzelmonarchien mit unterschiedlichen Sprachen, Kulturen und Religionen gespalten. In der Neuzeit regierten sodann muslimische Mogule große Teile Indiens. Eine einheitliche Zentralherrschaft wurde erst später von den Briten während der Kolonialzeit gewaltsam erzwungen.

Die Kultur und der Reichtum Indiens lockten Kaufleute und Eroberer an. Seit dem 17. Jahrhundert versuchten vor allem Briten, Franzosen, Portugiesen und Niederländer in Indien Fuß zu fassen. Zwei Jahrhunderte lang war Indien Opfer des Kolonialismus. Dabei hatte Großbritannien Indien zunächst eher „unabsichtlich" erobert. „*Handel, nicht Land*", lautete die Devise der Ostindischen Handelskompanie, einer englischen Handelsgesellschaft, die im Jahre 1599 durch einen Freibrief Königin Elisabeths I. die ausschließlichen Handelsrechte mit allen Ländern jenseits des Kaps der guten Hoffnung erhalten hatte. Im Jahre 1600 landete die Kompanie mit ihrem ersten Schiff im Hafen Surat, nördlich von Bombay. Sie errichtete zahlreiche Handelsniederlassungen in Indien und hatte raschen Erfolg. Man brachte Gewürze, Kautschuk, Seide, Baumwolle und Zucker nach England und auf dem Rückweg nach Indien waren die Lagerräume der Schiffe voll mit englischen Produkten. Infolge der expandierenden Handelstätigkeiten verstrickte sich die Kompanie jedoch zunehmend in

A Allgemeine Grundlagen

die lokale Politik der indischen Fürsten, auf deren Territorien die Kompanie tätig war. Durch verschiedene Allianzen und Kleinkriege begann ein irreversibler Prozess, der schließlich dazu führte, dass England die Kolonialherrschaft über den gesamten indischen Subkontinent erlangte.

Im Jahre 1858 wurde die Herrschaft über Indien offiziell Königin Victoria übertragen und „Britisch-Indien" zur Kronkolonie. Eine Besonderheit des kolonialen Indiens und ein Erbe der unsystematischen Eroberung des Subkontinents durch die Briten war das Fortbestehen von alten Fürstentümern. Bis zum Jahr 1947 herrschten 565 Maharadschas, Nawaps, Radjas und andere Regenten noch immer als absolute erbliche Souveräne über ein Drittel Indiens und ein Viertel seiner Bevölkerung. Lediglich die übrige Fläche des Landes wurde unmittelbar über die koloniale Regierung verwaltet. Während der britischen Eroberung durften indische Fürsten, die Großbritannien als oberste Macht in Indien anerkannten, ihren Thron behalten, sie mussten lediglich die Kolonialmacht anerkennen und ihre Souveränität in der Außenpolitik und in Verteidigungsangelegenheiten an diese abtreten. Dafür wurde ihnen im Gegenzug die fortdauernde (Teil-)Autonomie ihrer Staaten zugestanden.

Die britische Herrschaft in Indien wurde durch einen Vize-König (*Vice-Roi*), als einen ernannten Monarchen auf Zeit, ausgeübt. Das Rückgrat der britischen Exekutive bestand aus tausenden Beamten des englischen *Civil Service* sowie aus britischen und einheimischen Angehörigen der indischen Armee.

Nach dem Zweiten Weltkrieg stand Indien aufgrund der schwach gewordenen Kolonialregierung und wachsender Spannungen zwischen den Religionsgruppen am Rande eines Bürgerkrieges. Großbritannien sah sich 1947 gezwungen, durch eine rasche Teilung Indiens in die indische Union und Pakistan und die Entlassung beider Staaten in die Unabhängigkeit die andauernden bürgerkriegsähnlichen Unruhen zu beenden. Mahatma Gandhis glühender Kampf für die Einheit und Unabhängigkeit Indiens durch gewaltlosen Widerstand gegen die Kolonialmacht und die Entlassung Indiens in die Unabhängigkeit durch Lord Louis Mountbatten, als letzten Sachwalter der britischen Krone, bildeten ein besonders schillerndes und wohlbekanntes Kapitel der Weltgeschichte. Die postkoloniale Phase Indiens begann mit einer komplizierten Vermögensauseinandersetzung zwischen diesen beiden Staaten. Infolge von Grenzstreitigkeiten mit Pakistan, die bis heute nicht beigelegt sind, und der Umsiedlung von etwa 8,4 Mio. Menschen zwischen beiden Staaten kamen bei damit einhergehenden Unruhen über 1 Mio. Menschen um. Der Streit um Kaschmir begründet bis heute einen Dauerkonflikt zwischen Pakistan und

Indien. Im Jahr 1971 kam es sodann zu einer weiteren Teilung, nämlich der Sezession Ostpakistans von Pakistan, das sich fortan den Namen Bangladesch gab.

Indien gehört zu den 51 Gründungsstaaten der Vereinten Nationen und war von 2011 bis 2012 bereits zum siebten Mal nichtständiges Mitglied im Sicherheitsrat der Vereinten Nationen.

II. Wirtschaftspolitische Entwicklung

Indien ist ein Land der Vielfalt und Extreme. Mit einer Länge von 3200 Kilometern von Norden nach Süden und 2900 Kilometern maximaler Breite, sehr verschiedenen Landschaften und Klimazonen bildet Indien einen riesigen Wirtschaftsmarkt. Die Verbreiterung der indischen Mittelschicht und die damit verbundene erheblich gesteigerte Kaufkraft bilden die Grundlage für künftiges Wirtschaftswachstum. Der Anteil der als Konsumbevölkerung zu bezeichnenden mittleren Schicht beträgt – je nach Definition – derzeit rund 300 Mio. Menschen bei derzeit insgesamt 1,21 Mrd. Einwohnern[1] und soll nach aktuellen Schätzungen bis 2025 auf etwa 580 Mio. Einwohner anwachsen.[2] Die frühere Wirtschaftspolitik hat die Entwicklung dieses Markts jedoch lange gehemmt.

Bis zur Unabhängigkeit Indiens hatte die Kolonialmacht kaum etwas unternommen, um den Subkontinent zu industrialisieren. Exportiert wurden hauptsächlich Agrarprodukte und Textilien. Maschinen und andere Investitionsgüter wurden hingegen in Indien nicht hergestellt und mussten eingeführt werden. Die britischen Kolonialherren hinterließen jedoch einige wichtige Grundlagen für den heutigen Aufstieg Indiens: die nationalstaatliche politische Einigung des Subkontinents, ihr Rechts- und Verwaltungssystem, Colleges zur Bildung der Eliten und nicht zuletzt die englische Sprache. Die sprachlichen Unterschiede in Indien sind auch heute noch so groß, dass Wirtschaft, Verwaltung und Justiz auch weiterhin auf die englische Sprache angewiesen sind.

Nach der Unabhängigkeit am 15.8.1947 bildete Jawaharlal Nehru die erste indische Regierung; seine wirtschaftspolitischen Überzeugungen sollten Indien lange Zeit prägen. Nehru war ebenso wie Gandhi in England zum Rechtsanwalt ausgebildet worden. Seine Regierung trat weder

---

[1] http://censusindia.gov.in/2011-prov-results/indiaatglance.html (besucht am 13.8.2012).
[2] *Pasvantis*, Indische Verbraucher hungrig nach Konsum, abrufbar hier: http://www.gtai.de/GTAI/Navigation/DE/Trade/maerkte,did=285492.html (besucht am 13.8.2012).

A Allgemeine Grundlagen

in die Gefolgschaft der westlichen Führungsmächte, noch in die Fußstapfen der kommunistischen Sowjetunion. Außenpolitisch prägte Indien maßgeblich die Bewegung der Blockfreien. Innenpolitisch versuchte Nehru, die parlamentarische Demokratie mit dem marxistischen Sozialismus zu verbinden. In der Wirtschaftspolitik sympathisierte er allerdings stark mit dem kommunistischen Experiment. Schlüsselindustrien wie z.B. Eisen- und Stahlerzeugung, Erdölindustrie, Bergbau und Banken wurden verstaatlicht. Der Staatssektor führte die Wirtschaft des Landes an und verfolgte die Prinzipien der Importsubstitution und Exportförderung. Nahezu jede nennenswerte unternehmerische Tätigkeit wurde unter einen Genehmigungsvorbehalt gestellt. Die „Herrschaft" der Genehmigungsverfahren (*Licence Permit Raj*) fesselte die Tätigkeit privater Unternehmer und führte zu einer Auswanderungsbewegung bei den jungen Eliten. Die Auswanderungswelle führte vor allem nach England und in die USA. Indien nahm die Wirtschaft an die Kette und führte Rechtsbestimmungen ein, die eine nahezu „geschlossene" Volkswirtschaft schufen. Das korruptionsanfällige bürokratische Wirtschaftsverwaltungssystem ruinierte das Land. Bereits in den 1960er-Jahren lahmte die indische Wirtschaft. Ausländischen Investoren begegnete die Regierung mit Misstrauen. Mit dirigistischen Wirtschaftsentscheidungen sandte sie negative Signale an ausländische Unternehmer.

Auch auf weltwirtschaftliche Entwicklungen, wie beispielsweise die Ölkrise in den 1970er-Jahren, reagierte die indische Regierung mit einer reglementierenden Gesetzgebung (*Foreign Exchange Regulation Act*, 1973, FERA). Diese Gesetzgebung führte eine weit reichende Devisenkontrolle ein. Geschäfte zwischen Indern und ausländischen Investoren wurden damit auf allen Ebenen überwacht, indem der Abfluss von Devisen weitgehend verhindert und neue ausländische Direktinvestitionen weiter stark eingeschränkt wurden. Die Kapitalbeteiligung ausländischer Investoren an indischen Unternehmen wurde auf jeweils höchstens 40% beschränkt. Die Folgen für die indische Wirtschaft waren katastrophal. Selbst Weltunternehmen wie IBM oder Coca Cola verließen lieber den indischen Markt, als die Beteiligung an ihren Tochterunternehmen zu reduzieren. Aufgrund dieser Politik liquidierten allein zwischen 1977 und 1980 mehr als 60 bedeutende ausländische Unternehmen ihre indischen Tochtergesellschaften. Die Größe und die Preisgestaltungsmöglichkeit sämtlicher Unternehmen in Indien waren bereits zuvor durch den *Monopolies and Restricted Trade Practices Act*, 1969 (MRTP) beschränkt worden.

China und südostasiatische Staaten öffneten dagegen in den 1970er- und 1980er-Jahren vorsichtig ihre Pforten für Auslandsinvestitionen. Obwohl Indien im Vergleich bereits ein etabliertes Rechtssystem mit europäischen

Vorbildern vorweisen konnte, verhinderte die Politik der kontrollierten Wirtschaft die Nutzung dieses wichtigen Wettbewerbsvorteils. Die späte Reform der Wirtschaft und die Marktöffnung in den 1990er-Jahren waren zwar in ihren Ansätzen von der indischen Regierung bereits früher vorbereitet, aber erst durch den beinahe unausweichlichen Staatsbankrott im Jahr 1991 vollständig ausgelöst worden. In diesem Jahr musste die indische Regierung sogar Goldreserven zur Sicherung von Auslandsanleihen nach London und Zürich verschiffen lassen. Seitdem wurde die *Licence Permit Raj* schrittweise aufgelöst und durch eine investitionsfreundlichere Politik ersetzt. So ist etwa seit dem Jahr 2000 in vielen Bereichen die Gründung einer zu 100% eigenen Tochtergesellschaft in Indien erlaubt. Besonders hohe protektionistische Beschränkungen gibt es auch derzeit noch in den strategisch wichtigen Bereichen Rüstung, Kernkraft, Bergbau, Eisenbahnverkehr und auf dem Immobilienmarkt. Außerdem bestehen umfassende Gesetzeswerke zum Schutz der einheimischen Landwirtschaft. Auch die Bereiche Banken und Versicherungen, Einzelhandel und Medien sind weiterhin für ausländische Investoren in unterschiedlichem Maße beschränkt.

Um seine wachsende Bedeutung für die Weltwirtschaft weiter zu unterstreichen, hat Indien im Jahr 2010 auch ein eigenes international anerkanntes Währungszeichen eingeführt: ₹ (Rupie). Das Zeichen ist aus dem „R" des lateinischen Alphabets und dem gleichen Buchstaben aus dem Devanagiri-Schriftsystem zusammengesetzt.

Zwar wurde Indien auch von der Finanz- und Kapitalmarktkrise in den späten 2000er Jahren getroffen, allerdings längst nicht so heftig wie etwa Europa oder die USA. Dies hat seinen Grund vor allem darin, dass die indische Wirtschaft vom Export weit weniger abhängig ist als andere Wirtschaftsnationen; der innerindische Absatzmarkt ist groß genug, um Einbrüche im Export abzufedern.[3] Auch von einer „Bankenkrise" blieb Indien verschont, da der Bankensektor staatlich sehr eng kontrolliert und reglementiert ist.

Insgesamt ist festzustellen, dass das Wirtschaftssystem Indiens in den vergangenen zwei Jahrzehnten umfassend modernisiert und nach westlichem Vorbild liberalisiert wurde. Indien gehört zweifelsohne zu den aufstrebenden Schwellenländern und wird in einer Reihe mit Brasilien, Russland und China genannt.

---

3 *Wamser/Sürken*, Wirtschaftspartner Indien, 2. Aufl. 2011, S. 27.

A   Allgemeine Grundlagen

III. Rechtssetzung, Rechtsstaat und Sicherheit

Nach der Verfassung vom 26. 1. 1950, die nachfolgend mehrfach geändert wurde, ist Indien eine parlamentarisch demokratische Republik mit föderaler Ordnung. Das Land setzt sich aus sieben Unionsterritorien und 28 Bundesstaaten zusammen, die über eigene Parlamente und Landesregierungen verfügen. Staatsoberhaupt Indiens ist der Präsident. Dieser wird alle fünf Jahre von einem aus Mitgliedern des Zentralparlaments und der Landesparlamente bestehenden Wahlmänner-Gremium gewählt. Die gesetzgebende Gewalt liegt bei einem Zweikammer-Parlament, bestehend aus Oberhaus (*Rajya Sabha*) und Unterhaus (*Lok Sabha*). Das Oberhaus besteht aus 243 von den Landesparlamenten für sechs Jahre gewählten und aus zwölf vom Präsidenten direkt ernannten Mitgliedern. Das Unterhaus zählt 543 direkt vom Volk gewählte und 2 ernannte Abgeordnete. Die Abgeordnetenmandate werden jeweils für fünf Jahre vergeben. Seit 2010 ist eine Frauenquote von einem Drittel zwingend. Die einflussreichsten nationalen Parteien Indiens sind derzeit u. a. *Indian National Congress* (INC), *Nationalist Congress Party* (NCP), *Bharatiya Janata Party* (BJP) und *Bahujan Samaj Party* (BSP).

Indien ist ein demokratischer Rechtsstaat, auch wenn die Rechtsstaatsqualität an vielen Stellen noch verbesserungswürdig ist. Dies bedeutet, dass die Staatsgewalt an das Recht gebunden ist und staatliche Maßnahmen durch unabhängige Gerichte überprüft werden können. Grobe rechtsstaatliche Mängel gibt es aber in jedem Fall bei den administrativen und gerichtlichen Verfahrenslaufzeiten, die einer effektiven Verwirklichung von Rechten in Indien oftmals entgegenstehen.

Die meisten Teile Indiens gelten als sicher. Bedenklich ist allerdings das Potenzial für soziale Unruhen durch die rasche Urbanisierung, Migration (Assam) und andere sozio-ökonomische Probleme. Begrenzte außenpolitische Konflikte gab und gibt es mit Pakistan und China. Im Jahr 1962 kam es zu einem bewaffneten Konflikt zwischen China und Indien über den Grenzverlauf, der für China erfolgreich beendet wurde. Innenpolitisch gab es vor allem in den 1980er- und 1990er-Jahren separatistische Bewegungen und religiös-ethnische Spannungen. Besonders in Punjab kam es damals zu gewalttätigen Auseinandersetzungen der Staatsgewalt mit der nach Autonomie strebenden religiösen Gruppe der Sikhs. Trotz der großen Gegensätze in diesem riesigen Land besteht bereits seit Generationen eine funktionierende Demokratie und ein stabiles politisches System.[4]

---

4 *Wamser/Sürken*, Wirtschaftspartner Indien, 2. Aufl. 2011, S. 18.

Auch Indien musste sich in der jüngeren Vergangenheit mit terroristischen Anschlägen auseinandersetzen. So gab es etwa im Jahr 2008 schwere Anschläge in Ahmedabad und in Mumbai, die auch internationales Aufsehen erregten und die Beziehungen zum Nachbarland Pakistan weiter belasteten. Mittlerweile haben sich beide Länder aber durch gegenseitige Staatsempfänge, Abkommen, Gefangenenaustausche sowie durch Öffnungen von Verbindungen in die Kaschmir-Region wieder um Entspannung und ein friedliches Nebeneinander bemüht.

IV. Kulturelle Aspekte des Indiengeschäfts

Der Erfolg der Geschäftstätigkeit in Indien wird in großem Maße auch durch das Verständnis der indischen Kultur bestimmt. Das nachfolgende kurze Kapitel soll einen Einblick in kulturelle Aspekte Indiens geben, die für die Geschäftstätigkeit besonders wichtig sind. Für eine weiterführende Einführung in die indische Kultur wird auf die umfassende Spezialliteratur verwiesen.[5] Das Besondere an der indischen Kultur ist ihre Vielseitigkeit. Man kann jedes Vorurteil bestätigt finden und bei tieferer Betrachtung dessen Gegenteil ebenso. Dies liegt an der Größe des Landes und den unterschiedlichen sozioökonomischen Lebensformen. Das Alltagsleben in Indien ist für die unterschiedlichen Bevölkerungsgruppen sehr gegensätzlich. Etwa 70% der Menschen leben immer noch in kleinen Dörfern auf dem Land und gut 52% sind in der Landwirtschaft tätig, wobei die Landwirtschaft nur noch rund 14% des BIP ausmacht. Nur etwa 14% der Inder arbeiten in der Industrie, während bereits rund 34% im Dienstleistungsbereich tätig sind. Auch die Schulausbildung wird in den verschiedenen Teilen Indiens unterschiedlich stark gefördert. So ist z.B. die Alphabetisierungsrate im Bundesstaat Kerala in Südindien mit über 90% am höchsten, während sie im nordöstlichen Bundesstaat Bihar bei lediglich ca. 63% liegt. Laut dem Zensusbericht von 2011 ist die Alphabetisierungsrate der Bevölkerung insgesamt von knapp 65% im Jahr 2001 auf etwas mehr als 74% gestiegen.[6]

Eine besonders wichtige Rolle im kulturellen Leben Indiens spielen die unterschiedlichen Religionen. Rund 80% der Bevölkerung gehören dem Hinduismus an. Muslime stellen mit ca. 13% die zweitgrößte Bevölke-

---
5 So etwa *Vermeer/Neumann*, Praxishandbuch Indien, 2008, S. 71 ff. und *Wamser/Sürken*, Wirtschaftspartner Indien, 2. Aufl. 2011.
6 Vgl. http://www.censusindia.gov.in/2011-prov-results/data_files/india/Table-2(3)_literacy.pdf (besucht am 13.8.2012).

A Allgemeine Grundlagen

rungsgruppe dar. Die danach folgenden Religionsgemeinschaften sind deutlich kleiner. Zu den Christen und Sikhs gehören jeweils ca. 2% der Bevölkerung. Danach folgen Buddhisten mit ca. 0,8% und Jainas mit 0,4%.[7] Es bestehen große regionale Unterschiede in der Religionszugehörigkeit der Bevölkerung. Die Religion prägt das Alltagsleben, anders als in Europa, in einer nach außen deutlich erkennbaren Weise. Es ist wichtig, dies zu respektieren. Bei großen religiösen Festen, wie z. B. *Holi*, dem indischen Frühlingsfest im März, und *Diwali*, dem Lichterfest im Oktober/November, das von seiner Bedeutung mit Weihnachten in der westlichen Welt verglichen werden kann, kommt das Geschäftsleben komplett zum Erliegen.

Gleichermaßen komplex sind die vielen verschiedenen Sprachgemeinschaften Indiens. Die Verfassung nennt 23 Hauptsprachen, darunter die beiden überregionalen Amtssprachen Hindhi und Englisch. Insgesamt werden in Indien weit über 100 Sprachen gesprochen, hinzu kommen etwa 1.600 Dialekte. In überregionalen geschäftlichen Treffen können Inder sich daher selten in ihrer Muttersprache verständigen. Die sprachlichen Unterschiede sind so groß, dass Wirtschaft, Verwaltung und Justiz auf die englische Sprache angewiesen sind, die als Amtssprache für alle dienstlichen Angelegenheiten anerkannt ist (*Official Languages Act*, 1963).

Außerdem ist das gesellschaftliche Leben in Indien über Jahrtausende vom Kastensystem als ganz besondere soziale Ordnung geprägt. Dieses System ist fester Bestandteil der hinduistischen Lehre, wobei bis heute nicht geklärt ist, ob das Kastensystem allein eine religiöse Ordnung innerhalb des Hinduismus oder eine eigenständige Einheit darstellt, die keiner Religion im Besonderen zuzuordnen ist.[8] Das Kastensystem ist viel zu komplex, um es hier zu beschreiben. Zum Verständnis Indiens ist es allerdings notwendig zu wissen, dass jede Kaste und Unterkaste über eigene Riten, Feste, Reinhaltungsgebote, Kleidungsstile und Namen verfügt. Die heutige Rolle des Kastensystems ist in ländlichen Regionen nach wie vor sehr ausgeprägt, in den Großstädten ist sie dagegen von eher untergeordneter Bedeutung. Allerdings sind die Schranken des Kastensystems bei der Wahl des Ehepartners in ganz Indien weitgehend ungebrochen, d.h. Ehen zwischen Angehörigen verschiedener Kasten sind immer noch die Ausnahme.[9] Das indische Rechtssystem sieht grundsätz-

---

7 Vgl. http://censusindia.gov.in/Ad_Campaign/drop_in_articles/04-Distribution_by_Religion.pdf (besucht am 13.8.2012).
8 Vgl. *Das*, Staat und Religion in Indien, 2004, S. 6.
9 Einführend *Rieck*, Ausländisches Familienrecht, Länderteil Indien, 8. Ergänzungslieferung 2011.

lich ein harmonisches Zusammenleben der Religionen vor, um die Bewahrung der Identität religiöser Minderheiten zu ermöglichen. Auch wenn die Wirklichkeit dem hinterherhinkt, soll rechtlich die Chancengleichheit der Menschen, insbesondere durch die spezielle Förderung der so genannten *Untouchables* bewirkt werden. So gibt es etliche Fördermaßnahmen zugunsten benachteiligter Kasten (*Scheduled Casts*) und Volksgruppen (*Scheduled Tribes*). Um geschäftlich erfolgreich in Indien zu sein, ist es jedenfalls wichtig zu begreifen, dass Religion in Indien einen ganz wesentlichen Teil des Lebens der meisten Menschen darstellt.

Die besondere Stellung der „heiligen Kühe" in Indien ist auch den mit dem Subkontinent wenig Vertrauten bekannt. Sie sind nach hinduistischer Auffassung ein Symbol der Fruchtbarkeit und ihre Schlachtung ist sogar mit Verfassungsrang (Artikel 48 der indischen Verfassung) verboten. Dieses Beispiel lässt erkennen, welche besondere Bedeutung die Religion für das indische Alltagsleben hat. Auch heute noch prägt das klassische, traditionelle Recht der verschiedenen Religionsgemeinschaften das indische Familien- und Erbrecht. So gibt es Spezialgesetze für das Erb- und Familienrecht der Hindus, während die Rechtsquellen des Familien- und Erbrechts der Muslime durch Koran, Sunna, dem „Konsens der Rechtsgelehrten" und durch die Sharia bestimmt werden.[10]

Es gibt etliche Bücher über Sitten, Gebräuche und Verhaltensregeln in Indien. Auf der vorangehend genannten Basis wollen wir hierzu nur den nachfolgenden kurzen Beitrag leisten:

(1) Inder sind zu Recht stolz auf ihre jahrtausendalte Kulturgeschichte. Der Respekt vor dieser Kultur bildet die Grundlage für jeden Versuch, in Indien erfolgreich geschäftlich Fuß zu fassen. Es ist daher wichtig, sich gründlich auf die neue kulturelle Umgebung einzulassen und sich nicht von flüchtigen Eindrücken und Vorurteilen leiten zu lassen. Diese Herausforderung gilt genauso für die indische Seite, die ihrerseits, gefördert durch Hollywood-Medien, zu Vorurteilen gegenüber Menschen aus dem Westen neigt.

(2) Britische Wurzeln in Recht und Verwaltung führen nicht dazu, dass die Wirtschaft britisch funktioniert. Indien ist in geschäftlichen Angelegenheiten „tiefer Orient". Es muss geschickt, lang und hart verhandelt werden. Nur hart errungene Zugeständnisse zählen wirklich. Manchmal hilft nur „Aussitzen". Dabei ist die Kommunikation oftmals schwierig. Englisch ist die offizielle Geschäftssprache und sicherlich die Sprache, die Indien wirtschaftlich zusammenhält. Viele Inder spre-

---

10 Vgl. *Das*, Staat und Religion in Indien, 2004, S. 193 ff.

chen Englisch, jedoch sind die sprachlichen Fähigkeiten sehr unterschiedlich ausgeprägt, was zu Missverständnissen führen kann. Außerdem bedeutet in vielen Fällen *"yes"* noch lange nicht „ja". Aus Höflichkeit können viele Inder nicht „nein" sagen, sind flexibel und sehen überall Lösungen. Sie sind grenzenlos optimistisch. Auch die beliebte Redewendung *"no problem"* heißt in vielen Fällen nur „ich will Zeit gewinnen, ich denke nach. Ich weiß noch nicht, was ich tun soll". Offene Kritik ist vielerorts verpönt.

(3) Ebenfalls von großer Bedeutung ist das Verständnis von Mimik und Körpersprache. So ist beispielsweise das in Indien beliebte „Kopfwackeln" oft eine Bestätigung oder Zustimmung und keine Ablehnung, wie in der westlichen Kultur. Dies kann westliche Geschäftsleute durchaus verunsichern.

(4) Inder kennen kein *Lean-Management*. Rang und Titel sind wichtig und sollten herausgestellt werden. Die indische Gesellschaft ist nach wie vor patriarchalisch und hierarchisch aufgebaut. Bei Geschäftsabschlüssen ist es sehr wichtig herauszufinden, wer letztlich am Ende Entscheidungsträger ist. Gerade in den sehr weit verbreiteten Familienunternehmen ist dies nach wie vor das Familienoberhaupt. Auch im mittleren und unteren Management gibt es ausgeprägte Hierarchien, die man kennen sollte.

(5) Bei Geschäftstreffen ist zunächst einmal der Austausch von Visitenkarten notwendiges Ritual, sogar auf Gesellschaftspartys werden diese gerne ausgetauscht. Persönliche Kontakte sind eine essentielle Grundlage des Indiengeschäfts – Geschäfte werden unter Freunden gemacht.

(6) Für Geschäftsgespräche sollte viel Zeit zur Verfügung stehen. *"Indian standard time"* oder besser bekannt als *"Indian stretchable time"* bedeutet: Die Uhren gehen nach. Dies bedeutet auch, dass im Arbeitsleben Fristen nicht eingehalten werden. Dieser Kulturunterschied macht eine sehr klare Absprache von zeitlichen Erwartungen notwendig.

(7) Schließlich spielen Religionen, aber oftmals auch Aberglaube, eine große Rolle im indischen Geschäftsleben. Indische Geschäftsleute verschieben wichtige Termine oftmals in besonders „gute und Glück verheißende" Tage. Man sollte sich auch nicht wundern, wenn z. B. eine Anlage gekauft oder gebaut wird und zunächst eine religiöse Zeremonie vor der Inbetriebnahme stattfinden muss.

B. Genehmigungspflichten für ausländische Direktinvestitionen

I. Generelle Genehmigungspflicht

Ausländische Direktinvestitionen (*Foreign Direct Investment* – FDI) sind nach den Reformen der *New Industrial Policy* deutlich einfacher und sicherer geworden. Die Ermöglichung von Direktinvestitionen in Indien durch Ausländer ist eine Basis des stetigen Wirtschaftswachstums der letzten Jahre. Während die Mehrheit von Industriesektoren privatisiert wurde und nun offen für ausländische Direktinvestitionen ist, blieben einige protektionistische Beschränkungen bestehen. Betroffen sind zumeist Bereiche, die auch in liberaleren Wirtschaftsräumen strenger reglementiert sind.

Die Zulässigkeit von ausländischen Direktinvestitionen hängt von verschiedenen Faktoren ab. Indiens *FDI-Policies* lassen sich am besten anhand der folgenden Differenzierungen verstehen: Es gibt zum einen Wirtschaftssektoren, in welchen FDI generell unerwünscht und unzulässig oder nur beschränkt zulässig ist. Daneben gibt es Sektoren, in denen FDI grundsätzlich zulässig ist, aber einer vorherigen staatlichen Genehmigung bedarf. Schließlich gibt es Sektoren, in welchen FDI von der indischen Regierung als besonders vorteilhaft gesehen und daher eine ausländische Direktinvestition bis zu 100% in einem „automatischen" Genehmigungsverfahren zugelassen wird. Die Frage des Genehmigungserfordernisses für ein FDI hängt demnach im Wesentlichen vom Wirtschaftsbereich (Sektor), in welchem das FDI erfolgt, sowie von der angestrebten Höhe der Beteiligung ab.

Die Regelungen für die Zulässigkeit ausländischer Direktinvestitionen sind vorwiegend im *Foreign Exchange Regulation Act*, 1973 (FERA), *Industries (Regulation and Development) Act*, 1951 sowie im *Foreign Trade (Development and Regulation) Act*, 1992 enthalten. Die Generalklausel (Section 29) des *Foreign Exchange Regulation Act*, 1973 bestimmt zunächst den Grundsatz, dass jeder Ausländer, der in Indien eine geschäftliche Niederlassung oder Anteile an einer indischen Gesellschaft erwerben will, eine staatliche Genehmigung der *Reserve Bank of India* (RBI) benötigt. Die weitere Regulierung der einzelnen Wirtschaftssektoren geschieht durch den *Industries (Regulation and Development) Act*, 1951. Nach diesem Gesetz können je nach Wirtschaftszweig bestimmte Richtlinien (*Po-

B Genehmigungspflichten für ausländische Direktinvestitionen

licies) verabschiedet werden, welche bestimmen, ob, in welcher Höhe und unter welchen Bedingungen eine ausländische Geschäftsbeteiligung möglich ist. Der Regelungsgehalt der *Policies* kann modifiziert werden. Dies geschieht durch so genannte *Press Notes* des zuständigen Ministeriums für Industrie sowie die seit April 2010 alle sechs Monate erscheinenden *Circulars on Consolidated FDI Policy*.[11]

Schließlich wird das Auslandsinvestitionsrecht maßgeblich durch das indische Zoll- und Außenwirtschaftsrecht in Form des *Foreign Trade (Development and Regulation) Act*, 1992 bestimmt. Dieses Gesetz fordert bestimmte Kontrollen vor Aufnahme jeder wirtschaftlichen Tätigkeit in Indien, die im Einzelfall zu einem förmlichen Genehmigungsverfahren führen können. Die Regelungen für ausländische Direktinvestitionen werden im Rahmen der Haushaltsdebatten jeweils zu Beginn eines Kalenderjahres neu diskutiert, verabschiedet und mit Beginn des Haushaltsjahres im April implementiert.

Für Bürger bestimmter Staaten gelten, unabhängig vom jeweiligen Wirtschaftsbereich, generelle Investitionsverbote. So dürfen Staatsangehörige Bangladeschs gar keine Investitionen in Indien tätigen, lange Zeit galt dieses Verbot auch für Staatsangehörige Pakistans. Dieses strikte Verbot wurde jedoch kürzlich aufgehoben, nun dürfen Bürger Pakistans oder in Pakistan ansässige Unternehmen nach den Vorgaben der „*Government Route*" investieren.[12] Beschränkungen unterliegen auch Staatsangehörige Sri Lankas, Chinas, Afghanistans, Nepals, Bhutans oder des Irans, sie dürfen nur mit Einzelfallgenehmigung der RBI in Indien investieren.

II. Für Direktinvestitionen allgemein verschlossene Wirtschaftsbereiche

Die *Press Notes*, *Press Releases* und *Clarifications* der Regierung werden in einem Dokument mit der Bezeichnung *Circular on Consolidated FDI Policy* zusammengefasst. Aus dem *FDI Circular (on Consolidated Policy) 1 (2012)*[13] ergeben sich diejenigen Wirtschaftssektoren, in denen ausländische Direktinvestitionen generell verboten sind. Zu diesen Sektoren gehören z. B. die Atomenergie-Wirtschaft sowie das Glücksspiel- und Lotteriewesen. Ein grundsätzliches repressives Verbot gilt nach dem *FDI Cir-*

---

11 Hierzu Näheres unter II. unten.
12 Press Note 3 (2012 Series) vom 1.8.2012.
13 „Circular 1 of 2012" vom 1.4.2012, abrufbar hier: http://mit.gov.in/sites/upload_files/dit/files/FDI_Circular_01_2012_0.pdf (besucht am 13.8.2012).

cular 1 (2012) auch für den Einzelhandel (*Retail Trading*),[14] wobei seit dem Jahr 2006 eine Ausnahme für den Handel mit Markenartikeln unter einem einheitlichen Kennzeichen (*Single Brand Products Retailing*) gilt. Die Ausnahmeregelung wird in dem *FDI Circular 1 (2012)* weiter spezifiziert.[15] Die Begrenzung von ausländischen Direktinvestitionen im *Single Brand Retail* wurde überraschenderweise zum 10.1.2012 aufgehoben. Ausländischen Einzelhandelsfirmen, wie z.B. Starbucks oder Hennes & Mauritz, die lediglich eine Marke anbieten, ist es seither gestattet, unter bestimmten Voraussetzungen bis zu 100% der Anteile an dem vor Ort tätigen Unternehmen zu halten. So müssen neben bestimmten Mindestinvestitionen auch mindestens 30% der Produkte von einheimischen klein- und mittelständischen Unternehmen bezogen werden.[16] Auch dürfen die Produkte nur unter einem einheitlichen Kennzeichen (*Single Brand*) verkauft werden, mit welchem sie auch international vertrieben werden. Zudem muss das Produkt bereits während der Produktionsphase mit dem einheitlichen Kennzeichen versehen werden. Der einschlägige *FDI Circular 1 (2012)* ist im → Anhang 1 auszugsweise abgedruckt.

III. Anzeigeverfahren (*Automatic Route*)

In den meisten Wirtschaftssektoren sind ausländische Direktinvestitionen bis zur Beteiligungshöhe von 100% im Verfahren der *Automatic Route* erlaubt. In einem unter die *Automatic Route* fallenden Sektor muss weder eine förmliche Genehmigung durch die indische Regierung noch durch die RBI eingeholt werden. Der Investor ist lediglich dazu verpflichtet, innerhalb von 30 Tagen nach Tätigung der Investition das Regionalbüro der RBI unter Vorlage umfangreicher Dokumente über die Investition zu unterrichten. Dieses Anzeigeverfahren hat sich als sehr vorteilhaft erwiesen, da der Geschäftsbetrieb in Indien zügig aufgenommen werden kann und nicht zuvor der Abschluss eines meist langwierigen Genehmigungsverfahrens abgewartet werden muss.

Die Sektoren, die der Art nach unter die *Automatic Route* fallen, und die Höhe der zulässigen Beteiligungsgrenzen werden ständig durch das indische Wirtschaftsministerium auf weitere Liberalisierungsmöglichkeiten hin überprüft und erweitert. Die konkreten Genehmigungspflichten werden auf diese Weise ebenso kontinuierlich abgebaut. Durch den *FDI Cir-*

---

14 „Circular 1 of 2012" vom 1.4.2012, S. 42 (Fn. 13).
15 „Circular 1 of 2012" vom 1.4.2012, S. 67f. (Fn. 13).
16 „Circular 1 of 2012" vom 1.4.2012, S. 69 (Fn. 13).

B Genehmigungspflichten für ausländische Direktinvestitionen

cular 1 (2012) wird beispielsweise eine Liberalisierung für die Errichtung von Flughäfen oder für den Großhandel (*Cash and Carry Wholesale*) erreicht.

Aufgrund der raschen Entwicklungen auf diesem Gebiet und der zum Teil sehr unübersichtlichen Abgrenzungen zwischen den einzelnen Sektoren ist es an dieser Stelle nicht möglich, einen vollständigen Überblick hierüber zu bieten. Die indische Regierung selbst hat im *FDI Circular 1 (2012)* eine instruktive Tabelle zu den einzelnen Wirtschaftssektoren und deren jeweiligen Genehmigungserfordernissen vorgelegt.

Aus dem *FDI Circular 1 (2012)* geht z. B. hervor, dass die Versicherungswirtschaft der *Automatic Route* unterfällt. Beteiligungen durch ausländische Investoren sind jedoch nur bis zu einer Höhe von 26% möglich.[17] In der Energiewirtschaft – mit Ausnahme der Atomenergie – sind 100%ige Tochtergesellschaften im Wege der *Automatic Route* zulässig. Für den Bereich der mobilen Telekommunikationsdienstleistungen ergibt sich ein differenziertes Bild. Ausländische Beteiligungen sind hier bis zu einer Höhe von 74% möglich. Bis zu einer Beteiligungshöhe von 49% unterfällt die Investition der *Automatic Route*. Für Beteiligungen über 49% ist dagegen das behördliche Genehmigungsverfahren (*FIPB Approval*) durchzuführen.[18]

In der Praxis ist häufig unklar, ob ein Vorhaben der *Automatic Route* zuzuordnen ist oder nicht. Zunächst kann ein geplantes Unternehmen unterschiedliche Geschäftszwecke verfolgen, von denen einige genehmigungspflichtig sind, andere hingegen nicht. Probleme können sich ferner aus den *Press Notes*, *Policies* und *Circulars on Consolidated FDI Policy* selbst ergeben. Dies liegt nicht zuletzt an den recht allgemein gehaltenen Begriffen wie z. B. *Cash and Carry Wholesale*. Das zuständige *Department of Industrial Policy and Promotion* (DIPP) bemüht sich jedoch zunehmend um genauere Definitionen. Hiernach handelt es sich etwa bei *Cash & Carry Wholesale Trading* um *"sale of goods/merchandise to retailers, industrial, commercial, institutional or other professional business users or to other wholesalers and related subordinated service providers. Wholesale trading would, accordingly, be sales for the purpose of trade, business and profession, as opposed to sales for the purpose of personal consumption. The yardstick to determine whether the sale is wholesale or not would be the type of customers to whom the sale is made and not the size and volume of sales."*[19]

---

17 „Circular 1 of 2012" vom 1.4.2012, S. 76 (Fn. 13).
18 „Circular 1 of 2012" vom 1.4.2012, S. 61 (Fn. 13).
19 „Circular 1 of 2012" vom 1.4.2012, S. 65 f. (Fn. 13).

Bei Definitions- und Abgrenzungsfragen kann zunächst das *Secretariat for Industrial Assistance* (SIA) als Teil des Wirtschaftsministeriums um eine Einschätzung gebeten werden. Diese (Vorab-)Einschätzung ist allerdings nicht rechtlich verbindlich. Wird daher auf die Durchführung eines behördlichen Genehmigungsverfahrens verzichtet und lediglich eine Benachrichtigung im Rahmen der *Automatic Route* vorgenommen, so verbleibt ein gewisses Restrisiko, dass das Vorhaben dennoch zu einem späteren Zeitpunkt als genehmigungspflichtig eingeschätzt wird. Wurde in diesem Fall bereits die Geschäftstätigkeit aufgenommen, so drohen sowohl Bußgelder als auch devisenrechtliche Einschränkungen. Sofern es die Zeit zulässt, kann es daher ratsam sein, zunächst die Erteilung der behördlichen Genehmigung zu beantragen. Das *Foreign Investment Promotion Board* (FIPB) prüft dann als einen ersten Schritt, ob eine Genehmigungspflicht besteht. Lehnt das FIPB diese Pflicht ab, so beendet es das Genehmigungsverfahren formal und verweist schriftlich auf das automatische Verfahren. Die üblicherweise vom FIPB gewählte Formulierung lautet in diesem Fall: *"You may accordingly follow the general permission route of RBI"*. Es ist dann lediglich eine Benachrichtigung der RBI im Anschluss an z. B. die Gesellschaftsgründung notwendig.

Der ausländische Investor muss das regional zuständige Büro der RBI rechtzeitig über sein Projekt benachrichtigen. Zeitlich ist dabei zu unterscheiden zwischen dem Zeitpunkt der Bezahlung und dem Zeitpunkt der Zuteilung von Gesellschaftsanteilen. Spätestens 30 Tage nach der erfolgten Bezahlung hat das indische Unternehmen zunächst anzugeben, wo es seinen Sitz hat. Ferner sind der Name und die Adresse des ausländischen Investors, der Zeitpunkt des Eingangs der Geldüberweisungen aus dem Ausland sowie der Name und die Adresse der übermittelnden Person bekannt zu geben. Schließlich ist anzugeben, ob und wann weitere behördliche Genehmigungen eingeholt wurden. Innerhalb von 30 Tagen nach der Zuteilung von Gesellschaftsanteilen an einen ausländischen Investor ist bei der RBI eine Benachrichtigung in der Form FC-GPR einzureichen. Diese Benachrichtigung enthält Informationen über die Gesellschafterstruktur des Unternehmens und die genaue Höhe der ausländischen Beteiligung. Ein Muster der Erklärung FC-GPR ist im → Anhang 2 abgedruckt.

IV. Förmliches Genehmigungsverfahren – *FIPB Approval*

Seit 1991 ist eine förmliche Einzelfallgenehmigung für ausländische Direktinvestitionen nur noch dann erforderlich, wenn das automatische Genehmigungsverfahren nicht zur Anwendung kommt. Auch für solche Vorhaben gelten Beteiligungsgrenzen für bestimmte Wirtschaftssektoren. Die jeweiligen Beteiligungsgrenzen sind ebenfalls im *FDI Circular 1 (2012)* aufgeführt.

Förmliche Genehmigungsanträge werden durch das *Foreign Investment Promotion Board* (FIPB) behandelt. Dieses setzt sich aus den Staatssekretären der für Auslandsinvestitionen zuständigen Ministerien, d. h. des Industrie-, des Finanz-, des Handels- sowie des Wirtschaftsministeriums zusammen. Das Gremium erteilt selbst keine Genehmigung, sondern gibt lediglich eine Beschlussempfehlung an das zuständige Finanzministerium ab. Das Verfahren ist gebührenfrei. Es ist mit einer üblichen Verfahrensdauer von ein bis zwei Monaten zu rechnen. Nach internen Richtlinien soll das FIPB wöchentlich beraten und seine Beschlussempfehlungen innerhalb von zwei Wochen nach Antragseingang beim Finanzministerium abgeben.

Der jeweilige Antrag muss in neunfacher Ausfertigung an das *Secretariat for Industrial Assistance, Department of Industrial Policy & Promotion, Ministry of Industry* in New Delhi gerichtet werden. Der notwendige Mindestinhalt des Antrages ergibt sich aus Teil A des vom Finanzministerium ausgegebenen Musters FC-IL. Das Muster ist im → Anhang 3 abgedruckt. Zusätzlich ist es für das ausländische Unternehmen ratsam, eine Unternehmensbroschüre oder ein Produktprofil in englischer Sprache mit einzureichen, damit das FIPB das Tätigkeitsgebiet des zu gründenden Unternehmens im Einzelfall besser beurteilen kann.

Da der Inhalt des Antrages strengen formalen Anforderungen unterliegt und im Einzelfall auch Rückfragen oder Beanstandungen durch das FIPB erfolgen können, wird empfohlen, bei der Erstellung des Antrages sowie der Durchführung des Verfahrens indische Rechtsanwälte oder Wirtschaftsprüfer einzubeziehen und mit entsprechenden Vertretungsvollmachten auszustatten.

V. Genehmigungspflichten bei Errichtung von Repräsentanzen

Die vorgenannten Anzeige- bzw. Genehmigungspflichten gelten dem Grundsatz nach nicht nur für die Gründung von 100%igen Tochtergesellschaften oder *Joint Venture*-Unternehmen, sondern auch für andere Markteintrittsformen. Entsprechende Regeln finden sich in den *Notification* No. FEMA 22/2000-RB vom 3.5.2000[20] und No. FEMA 95/2003-

---

20 Abrufbar hier: http://rbi.org.in/scripts/BS_FemaNotifications.aspx?Id=176 (besucht am 13.8.2012).

RB vom 2.7.2003, welche in regelmäßigen Abständen durch *Amendments* ergänzt und geändert werden.[21] Der Normtext ist in seiner Ursprungsfassung im → Anhang 4 abgedruckt. Gemäß Artikel 5 der *Notification* wird zwischen Zweigniederlassung (*Branch Office*) und Verbindungsbüro (*Liaison Office*) einerseits und einem Projektbüro (*Project Office*) andererseits unterschieden.[22] Während für die Errichtung einer Zweigniederlassung oder eines Verbindungsbüros generell die Erlaubnis der RBI einzuholen ist, gilt die Erlaubnispflicht bei der Errichtung eines Projektbüros nur für die in Artikel 5 Absatz 2 lit. (a) bis lit. (d) aufgeführten Fälle. Nach den dort aufgeführten Erlaubnispflichten ist die Art der Finanzierung des Projekts ein maßgebliches Abgrenzungskriterium.

Der notwendige Inhalt des Antrags auf Genehmigung der Errichtung eines Projekt- oder Verbindungsbüros oder einer Zweigniederlassung wird in Anhang FNC 1 der *Notification* No. FEMA 22 vom 3.5.2000 vorgegeben. Nach diesen Bestimmungen ist der Antrag bei der RBI in Mumbai einzureichen. Vorzulegen sind u.a. eine notariell beglaubigte Ausfertigung der Eintragungsbestätigung des ausländischen Unternehmens in englischer Sprache sowie dessen aktuelle Bilanz.

VI. Sonderwirtschaftszonen

Zur Schaffung verbesserter Standortbedingungen und um die Infrastruktur zu stärken, sieht das indische Recht seit dem 1.4.2000 die Errichtung von *Special Economic Zones* (SEZ) vor. Diese Sonderwirtschaftszonen nach chinesischem Vorbild zeichnen sich durch ihre besonders liberalen Wirtschaftsgesetze im Vergleich zum übrigen sie umgebenden Staatsgebiet aus. Nach dem *Special Economic Zone Act*, 2005, der fortlaufend durch *Rules* und *Amendments* ergänzt wird,[23] erhalten Produzenten und Dienstleister, die ab dem 1.4.2005 in einer der Sonderwirtschaftszonen ihre Tätigkeit aufnehmen, in den ersten fünf Jahren erhebliche Steuer- und Zollvergünstigungen. Die Sonderwirtschaftszonen können auch eine zollfreie Enklave schaffen. Sie werden dann wie ausländisches Staatsgebiet im zollrechtlichen Sinne behandelt.

---

21 Abrufbar hier: http://www.rbi.org.in/scripts/BS_FemaNotifications.aspx?Id=1416 (besucht am 13.8.2012).
22 S. dazu a. C IV, S. 31 ff.
23 Aktueller Stand abrufbar hier: http://www.sezindia.nic.in/goi-policies-sra.asp (besucht am 13.8.2012).

Ziel der Schaffung von Sonderwirtschaftszonen ist regelmäßig das Einwerben zusätzlicher ausländischer Direktinvestitionen und die Schaffung neuer Arbeitsplätze. Derzeit gibt es rund 140 operierende Sonderwirtschaftszonen und weitere rund 630 formal genehmigte Sonderwirtschaftszonen.[24] Kritiker des Konzepts weisen jedoch darauf hin, dass die SEZ noch immer zu klein und zu stark über das Land verstreut und daher für Unternehmen mit größeren Expansionsplänen nur bedingt geeignet seien. Auch bestehen politische Unsicherheiten, wie Ereignisse im Bundesstaat Goa gezeigt haben: Die dortige Regierung entzog zwölf bereits notifizierten SEZ-Projekten nach anhaltenden Massenprotesten nachträglich wieder die Genehmigung. Investoren sollten sich daher möglichst frühzeitig über das politische Konfliktpotential informieren und Risiken einplanen. Nicht zuletzt werden die steuerlichen Vergünstigungen in den SEZ in einigen Fällen durch erhöhte Bodenpreise in diesen Gebieten wieder aufgezehrt.

VII. Schutz von Auslandsinvestitionen

Ausländische Investitionen in Schwellenländern können oft risikoreich sein, da sich die wirtschaftlichen Rahmenbedingungen kurzfristig zum Nachteil des Investors ändern können. Werden zugesagte Genehmigungen nicht erteilt, Gelder eingefroren oder willkürlich Steuern erhoben, ist der Auslandsinvestition schnell der Boden entzogen.

Verunsicherung löste etwa im Frühjahr 2012 die *Finance Bill*, 2012 aus, deren Entwurf eine über 50 Jahre rückwirkende Änderung der Steuergesetze vorsah. Faktisch würde dies zu einer rückwirkenden Besteuerung von bereits abgeschlossenen Unternehmenstransaktionen führen.[25] Nach einer langen Phase, in der die indischen Wirtschaftsgesetze über Jahre hinweg kontinuierlich liberaler gefasst wurden, stellte dieser Vorstoß der Regierung einen Rückschlag dar. Zusätzlich hatte die indische Patentbehörde im März 2012 eine Zwangslizenz zugunsten des indischen Herstellers Natco Pharma Limited verfügt, mit der Bayer seine Patentrechte an dem Krebsmittel Nexavar in Indien verlor. Auch dies geschah überraschend. Die indische Regierung scheint mit diesen prominenten Fällen zeigen zu wollen, dass sie die heimische Bevölkerung vor starken internationalen Konzernen schützen kann. Eine generelle Unsicherheit von

---
24 http://www.sezindia.nic.in/about-osi.asp (besucht am 13.8.2012).
25 Hierzu auch J. S.160ff.

VII. Schutz von Auslandsinvestitionen **B**

Auslandsinvestitionen in Indien kann daraus aber nicht abgeleitet werden.

Die indischen Institutionen gelten für den ausländischen Investor grundsätzlich als berechenbar. Selbst wenn es im Einzelfall zu einer willkürlichen Benachteiligung durch den indischen Staat kommen sollte, ist der Investor nicht schutzlos gestellt. Zwar bestehen in der Regel keine direkten vertraglichen Beziehungen zwischen dem indischen Staat und dem ausländischen Investor, so dass eine Klage vor den örtlichen Gerichten wenig erfolgversprechend sein wird. Allerdings sind Deutschland und Indien Vertragspartner eines bilateralen Investitionsförderungsabkommens (IFA), wonach ausländische Kapitalanlagen besonders geschützt sind. Das Abkommen vom 10.7.1995 wurde durch Deutschland am 22.4.1998 ratifiziert[26] und hat die völkerrechtliche Absicherung von Direktinvestitionen zum Ziel. Zur Erreichung dieses Ziels haben sich die Vertragsparteien zunächst in Artikel 3 gegenseitig zum Schutz und zur Förderung von Auslandsinvestitionen verpflichtet. Gemäß Artikel 4 gelten zudem die Grundsätze der Inländerbehandlung sowie der Meistbegünstigung, d.h. ein Vertragsstaat darf den ausländischen Investor im Hinblick auf seine Kapitalanlage nicht weniger günstig als inländische Investoren oder Investoren aus Drittländern behandeln. Artikel 5 sieht vor, dass eine Enteignung oder Verstaatlichung nur gegen angemessene Entschädigung erfolgen darf. Schließlich wird unter Artikel 7 des Abkommens die freie Rückführung von Kapitalanlagen und Erträgen garantiert.

Diese für ausländische Investoren wichtigen Rechte bestehen nicht lediglich rein formal, sondern können in der Praxis auch durchgesetzt werden. Hierfür muss der Investor jedoch nicht die indische Staatsgerichtsbarkeit in Anspruch nehmen, sondern kann ein neutrales Schiedsgericht mit der Entscheidung über die Investitionsstreitigkeit betrauen. Gemäß Artikel 9 (1) des Abkommens sind der ausländische Investor und der indische Staat zunächst dazu angehalten, eine gütliche Einigung im Verhandlungswege herbeizuführen. Gelingt dies nicht innerhalb von sechs Monaten, so sieht Artikel 9 (2) die Durchführung eines Vergleichsverfahrens in Übereinstimmung mit den Vergleichsregeln der Kommission der Vereinten Nationen für Internationales Handelsrecht von 1980 vor, sofern beide Parteien dem zustimmen. Führt auch dieses Verfahren nicht zum Erfolg, so kann nach Artikel 9 (2) des Abkommens ein Schiedsverfahren nach den Regeln der Schiedsgerichtsordnung der Kommission der Vereinten Nationen für Internationales Handelsrecht von 1976 durch-

---

26 BGBl. 1998 II, 619.

B Genehmigungspflichten für ausländische Direktinvestitionen

geführt werden. Dies hat den Vorteil, dass das Verfahren in einem neutralen Forum verhandelt wird und dass an dessen Ende ein bindender Schiedsspruch steht. In dem Schiedsverfahren kann sich der indische Staat auch nicht auf sein eigenes nationales Recht berufen. Die Rechtmäßigkeit des staatlichen Handels richtet sich in diesem Fall allein nach dem zwischen Deutschland und Indien bestehenden Investitionsförderungsabkommen.

C. Typische Markteintrittsstrategien in Indien

I. Überblick

Die rechtlichen Rahmenbedingungen erlauben viele Markteintrittsmöglichkeiten in Indien. So existiert hier – anders als in den meisten asiatischen Staaten – kein Auslandsinvestitionsgesetz, das die Investitionstätigkeit von Ausländern begrenzt. Dies bedeutet, dass es bis auf wenige Ausnahmen keine generellen Beschränkungen im Hinblick auf Investitionsformen gibt und ausländische Investoren nur Genehmigungsverfahren und bestimmte Höchstgrenzen ihrer Kapitalbeteiligung beachten müssen. Grundsätzlich bedarf jede wirtschaftliche Tätigkeit von Ausländern in Indien einer vorherigen staatlichen Genehmigung (s. Kapitel B). Im Zuge der *New Industrial Policy* wurde jedoch – abhängig von der jeweiligen Wirtschaftsbranche (*Sector*) – ein erleichtertes Genehmigungsverfahren, die so genannte *Automatic Route*, eingerichtet, die lediglich eine Anzeigepflicht vorsieht.[27] Investitionsvorhaben bedürfen in den meisten Fällen nur einer devisenrechtlichen Anzeige gegenüber der *Reserve Bank of India* (RBI), die eine Erlaubnis „automatisch" erteilt, d.h. ohne weitere Einzelfallprüfung, wenn das Vorhaben bestimmten Vorgaben entspricht. Allerdings bestehen in einigen wichtigen Branchen, z.B. in der Banken- und Versicherungswirtschaft sowie im Einzelhandel, immer noch strenge Erlaubnisverfahren (*FIPB-Approval*)[28] und Höchstgrenzen für die Beteiligung von Ausländern an indischen Geschäftsaktivitäten.[29]

Die Wahl des richtigen Brückenschlages für ein *Setting Up in India* hängt von vielen Faktoren ab. Entscheidend ist dabei vor allem das Ziel des Markteintritts: Vertrieb, Service/Ersatzteilversorgung, Einkauf, Produktion oder einfach nur Markterforschung. Außerdem ist von Bedeutung, in welchem Umfang der ausländische Investor bereit ist, eigene Ressourcen für den Markteintritt aufzubringen und wie hoch seine Risikobereitschaft ist. So stellt sich die Frage des Markteintritts für Großunternehmen, die eine Vielzahl von eigenen Managern einsetzen wollen, anders dar, als für ein kleineres oder mittelständisches Unternehmen, dem solche Ressourcen nicht zur Verfügung stehen.

Im Folgenden werden zunächst die gängigen Strukturformen unternehmerischer Tätigkeiten in Indien vorgestellt. Dabei kann bereits vorwegge-

---
27 S. dazu bereits o. B III, S. 13 ff.
28 S. dazu bereits o. B IV, S. 15 f.
29 S. dazu bereits o. B III, S. 14 f.

nommen werden, dass in der Praxis die *Limited (Liability) Company*, die der deutschen Gesellschaft mit beschränkter Haftung (GmbH) ähnlich ist, die meistgewählte gesellschaftsrechtliche Struktur für Geschäftsaktivitäten in Indien darstellt. Dies liegt daran, dass die *Limited Company* mit überschaubarem Aufwand in kurzer Zeit in einem standardisierten Verfahren gegründet werden kann. Andere Strukturen, wie *Sole Proprietorship*, *Partnership und Trust* sind dagegen nur für Spezialfälle zu empfehlen und dürften für den ersten Markteintritt nicht geeignet sein.

Manche Unternehmen scheuen den Aufwand der Gründung einer eigenen Gesellschaft, insbesondere dann, wenn die Erschließung des indischen Marktes erst einmal vorbereitet und vorsichtig beobachtet werden soll. In diesen Fällen können Verbindungsbüros, Projektbüros und unselbstständige Zweigniederlassungen (*Liaison-, Project-, Branch-Offices*) die geeigneten Mittel sein.

Bei dem Markteintritt zum Zweck des Vertriebes eigener, in anderen Ländern gefertigter Produkte können Handelsvertreter (*Agent*) oder Vertragshändler (*Stockist/Distributor*) als Absatzmittler wertvolle Dienste leisten. Teilweise werden von ausländischen Unternehmen nur bloße *Service Center* für den Kundendienst an Investitionsgütern (z. B. Anlagen und Elektronikgeräte) errichtet. Schließlich stellt die Lizenzierung von Produkten oder Patenten sowie das Franchising in manchen Fällen die geeignete rechtliche Struktur für den Markteintritt in Indien dar. Auf die genannten Markteintrittsformen wird nachfolgend näher eingegangen.

II. Herausforderungen für den Markteintritt

Die Herausforderungen für den Markteintritt in Indien sind in vielerlei Hinsicht groß. Insbesondere die geographische Ausdehnung des Subkontinents, die damit einhergehenden fragmentierten Märkte und die infrastrukturellen Hemmnisse führen zu hohen Betriebskosten.[30]

Ineffiziente Organisationsmethoden und mangelhafte Infrastruktur führen vor allem im Bereich Nahrung und Lebensmittel häufig zu unbefriedigenden Ergebnissen. So erreichen aufgrund mangelnder Transportwege und Kühlketten nur rund 60 % der Waren unverdorben den Kunden. Diesem Problem versucht die Regierung entgegenzutreten, indem sie bis

---

30 Vgl. zu den strukturellen Hemmnissen etwa *Schmelzer-Schwind*, in: Fritz (Hg.), Entwicklungsland, Schwellenland, Global Player: Indiens Weg in die Verantwortung, 2010, S. 133 ff.

2017 eine Bill. US-Dollar in Infrastrukturprojekte investiert. Diese Investitionen werden sich auf lange Sicht auszahlen. Der Einzelhandel ist nach wie vor durch geschätzte 12 bis 15 Mio. „Tante-Emma-Läden" stark familiär geprägt. Diese Läden sind in einer kaum durchschaubaren Vertriebskette mit Millionen von Landwirten verbunden. Einzelhandel und Landwirtschaft sichern damit noch immer die meisten Arbeitsplätze in Indien. Vor diesem Hintergrund öffnen sich diese traditionell geprägten Strukturen für ausländische Direktinvestitionen auch nur sehr langsam.

Aktuelle Gesetzesentwürfe wie zuletzt im November 2011 zur vollständigen Abschaffung der Beschränkungen für ausländische Direktinvestitionen konnten sich nicht durchsetzen. Dieser Gesetzesentwurf sah die vollständige Öffnung sowohl des *Multi-Brand-Retail* (Mehrmarken-Vertrieb im Einzelhandel) als auch des *Single-Brand-Retail*-Sektors (Einmarken-Vertrieb im Einzelhandel) vor. Grund für das Scheitern waren letztlich die Befürchtungen der Oppositionsparteien um den Fortbestand der kleinen Läden. Die Befürworter einer Marktöffnung für ausländische Investoren konnten sich mit ihrer Argumentation, die großen Strukturprobleme der Lebensmittelbranche müssten auch mit Hilfe von ausländischen Investoren behoben werden, letztlich nicht durchsetzen. Die kleineren Händler selbst sehen die Entwicklung in der Regel gelassen und geben vielfach zu bedenken, dass die ausländischen Konzerne ohnehin zunächst einmal Ladenflächen in den großen Städten erwerben müssten. Dies ist auf Grund der hohen Immobilienpreise und des undurchsichtigen Immobilienrechts allerdings alles andere als einfach. Die Regierung hat weitere Anläufe zur Liberalisierung des Einzelhandels-Sektors angekündigt.

Im Januar 2012 entschied die Regierung, im *Single-Brand-Retail* Sektor eine Beteiligung von bis zu 100% zuzulassen; zuvor war lediglich eine Beteiligung von bis zu 51% erlaubt. Erforderlich ist allerdings, dass ein Genehmigungsverfahren der Regierung durchgeführt wird und die in *Press Note No. 1 (2012)* näher beschriebenen Voraussetzungen vorliegen.[31] So müssen nicht nur 30% des verkauften Warenwertes aus indischer Produktion, sondern auch die indischen Lieferanten aus der Gruppe der „*Small Industries/Village and Cottage Industrie, Artisans and Craftsmen*" stammen.

In den vergangenen Jahren ist zudem eine Vielzahl neuer *Shopping-Malls* entstanden, in denen *Single Brand Retail Shops* integriert wurden. Gefördert wurde diese Entwicklung auch durch einheimische Unternehmen wie

---

31 Abrufbar hier: http://dipp.gov.in/English/acts_rules/Press_Notes/pn1_2012.pdf (besucht am 13.8.2012).

Birla und *Reliance Retail*, die große Warenmärkte im Land eröffnen. Es ist allerdings festzustellen, dass viele *Shopping-Malls* nicht die Umsatzerwartungen erfüllen: Teilweise fehlt noch das notwendige Kundenaufkommen mit der nötigen Kaufkraft, vielerorts werden die – meist angenehm klimatisierten – Einkaufzentren daher eher als soziale Treffpunkte oder Orte der Entspannung genutzt, anstatt zu Konsumzwecken. Die Betreiber setzen auf die wachsende Mittelschicht und ein sich änderndes Kaufverhalten. Auch der Bereich des Warengroßhandels (*Cash and Carry Wholesale*) steht für 100%ige Direktinvestitionen aus dem Ausland offen. Hier sind Großkonzerne wie Metro, Carrefour und Wal-Mart bereits vor Jahren in den indischen Markt eingetreten.

Ein Hemmnis für den Markteintritt sind häufig auch die Ineffizienz der indischen Bürokratie und die teilweise herrschende Intransparenz.[32] Im weltweiten *Corruption Perceptions Index* 2010 belegte Indien nur Platz 87 (zum Vergleich: Schweiz Platz 8, Österreich und Deutschland Platz 15). Auch hier gibt es umfassende Reformvorhaben der Regierung, die aber immer wieder ins Stocken geraten.

III. Gesellschaftsrechtliche Strukturen für den Markteintritt, insbesondere *Joint Venture*

1. Grundlagen

Wie bereits festgestellt, eignet sich in der Praxis vor allem die *Limited Company* für den Markteintritt in Indien. Andere Formen sind weniger zweckmäßig und sollen daher nur kurz genannt werden:

Die *Sole-Proprietorship* (Einzelfirma) bietet keine Rechtssicherheit und keine Haftungsbeschränkung. Hierzu gibt es keine besondere Gesetzgebung, und eine solche Einzelfirma wird auch nicht im indischen Handelsregister aufgenommen.

Eine *Partnership Firm* (Personengesellschaft) wird rechtlich durch den *Partnership Act*, 1932 geregelt. Die interne rechtliche Grundlage einer solchen Gesellschaft ist die so genannte *Partnership Deed*, die die Geschäftsaktivitäten, Anteils- und Gewinnverteilung sowie Verantwortlichkeit und Pflichten der einzelnen Partner und Kündigungsgründe der Gesellschaft regelt. Das Gesetz über die Personengesellschaft mit beschränkter Haftung (*Limited Liability Partnership* – LLP) wurde im Jahr 2009

---

[32] Vgl. http://www.transparency.de/Tabellarisches-Ranking.2021.0.html (besucht am 13.8.2012).

mit dem *Limited Liability Partnership Act*, 2008 in Kraft gesetzt. Dieses bietet die Möglichkeit, eine Personengesellschaft zu gründen, in der die Haftung der einzelnen Gesellschafter grundsätzlich auf das Vermögen der Gesellschaft beschränkt bleibt. Gerade für kleinere Unternehmen, aber auch für Freiberufler wie Ärzte oder Steuerberater, ist diese in Indien neue Rechtsform sehr interessant, da die LLP für ihre Gründung kein Mindestkapital erfordert, nur mit ihrem Kapital haftet und gewisse steuerliche Vorzüge aufweist. Allerdings muss betont werden, dass sich diese Vorteile eher für indische Unternehmer auszahlen, während es für ausländische Investoren immer noch Restriktionen gibt, die die Attraktivität einer LLP deutlich senken. Für Handels- und Produktionsgesellschaften dürfte diese Rechtsform jedenfalls nicht geeignet sein.

So genannte *Co-Operative Societies* werden vor allem im gemeinnützigen Bereich gegründet. Sie werden durch den *Societies Registration Act*, 1860 reguliert, der diese Gesellschaftsform vielen zwingenden Regelungen unterwirft, so dass auch diese Form aufgrund mangelnder Flexibilität nicht für Handel und Produktion geeignet ist.

Gleiches gilt für Stiftungen und öffentliche Stiftungen (*Private Trust/Public Trust*), die der lokalen Gesetzgebung unterliegen, wie z.B. dem *Bombay Public Trust Act*, 1950. Solche *Trusts* sind im gemeinnützigen oder religiösen Bereich tätig. Hierzu gibt es als übergeordnete staatliche Gesetzgebung den *Indian Trust Act,* 1882.

Die gesellschaftsrechtlichen Grundlagen der *Limited Company* werden in Kapitel E im Einzelnen dargestellt. Die Vorteile der *Limited Company* für den Markteintritt sind bekannt. Dem Markteintritt über eine solche Gesellschaft geht jedoch die Entscheidung voraus, ob eine 100%ige Tochtergesellschaft oder ein Gemeinschaftsunternehmen (*Joint Venture*) zusammen mit einem indischen Partner gegründet oder erworben werden soll. Bis 1991 gab es hierbei keine Wahlmöglichkeit: eine ausländische Beteiligung war generell auf maximal 40% des Gesellschaftskapitals beschränkt. Danach definierte die Regierung 34 Sektoren, in denen Ausländer Beteiligungen mit bis zu 51% des Stammkapitals erwerben konnten. Erst seit dem Jahr 2000 sind ausländische Direktinvestitionen mit bis zu 100%iger ausländischer Kapitalbeteiligung erlaubt. Ausgenommen sind Sektoren, die auf einer so genannten Negativliste vermerkt sind. Dabei handelt es sich um Wirtschaftsbereiche von besonderem staatlichem Interesse, die nur beschränkt ausländischen Direktinvestitionen zugänglich sind. Hierzu gehört z.B. die allgemeine Tagespresse.

Während Großunternehmen fast durchgängig die Möglichkeit nutzen, eine zu 100% eigene Tochtergesellschaft in Indien zu gründen, wählen mittelständische Firmen häufig die Form eines *Joint Ventures*, um auf dem indischen Markt Fuß zu fassen. Ausschlaggebend hierfür ist insbesondere, dass die finanziellen und personellen Ressourcen bei kleineren und mittleren Unternehmen häufig begrenzt sind, so dass es regelmäßig keine Alternative zu einem lokalen Partner gibt. Außerdem bringt der indische Partner die sonst nur schwer zu erlangende Marktkenntnis und den indischen Unternehmergeist mit in die neue Gesellschaft ein.

2. *Joint Venture*-Partner – Ballast oder Erfolgsgeheimnis?

Die Frage, ob ein *Joint Venture*-Partner in Indien Ballast ist oder den Erfolg fördert, wird unterschiedlich beantwortet. Bei einer Befragung von über 100 Leitern indischer Tochtergesellschaften von Firmen aus Deutschland, Österreich und der Schweiz im Jahr 2005 empfahlen noch mehr als die Hälfte, kein *Joint Venture* mit einem indischen Partner einzugehen.[33] Die hierfür angegebenen Gründe sind unterschiedlich. Teilweise wurde beklagt, dass der indische Partner die Ausbaupläne der Firma blockierte. Dabei wurde jedoch vielfach außer Acht gelassen, dass die europäischen Unternehmen den Markteintritt und die *Joint Venture*-Gründung in einigen Fällen ohne sorgfältige Vorbereitung gewagt hatten. Manche Unternehmen ließen sich schlicht von einer „Goldgräberstimmung" blenden. So gründete ein deutscher Mittelständler aus der Elektronikindustrie spontan mit einem ihm kaum bekannten indischen Geschäftspartner ein *Joint Venture*. Schon bald musste das deutsche Mutterunternehmen feststellen, dass der indische Partner den deutschen Markennamen ausnutzte, um seine Produkte zu vertreiben, ohne dabei die vereinbarten Qualitätsstandards einzuhalten. Beschwerden über die Qualität der Produkte waren die Folge. Beim indischen Partner stieß dies allerdings nur auf Unverständnis und Desinteresse. Als der deutsche Partner das indische Geschäft ausbauen wollte, stellte sich heraus, dass der indische Geschäftspartner weder die Ressourcen hierzu bereitstellen konnte, noch die nötige Motivation aufbrachte, um bei der Expansion mitzuhalten. Vielmehr wollte er an dem kleinen Produktionsbetrieb und der Konzentration auf den Vertrieb von Produkten festhalten. Erst nach langen Verhandlungen gelang es dem deutschen Partner, seinen Anteil am *Joint Venture* auszubauen und sich von dem indischen Partner zu trennen. Der anfängliche Vorteil der besseren Marktkenntnis und des einfachen Zugangs zum Markt war somit schnell verbraucht.[34]

---

33 *Kaufmann* et al., Investmentguide Indien, 2006.
34 *Podehl/Paschke/Koch*, io new management, Nr. 6, 2006, 22 ff., 24 mit weiteren Beispielen.

Bei einem anderen *Joint Venture* entstand bei der Übernahme der Gesellschaftsanteile des europäischen *Joint Venture*-Partners durch ein anderes Unternehmen ein erheblicher Konflikt. Nach der Übernahme war der indische *Joint Venture*-Partner der Ansicht, dass ein solcher gesellschaftsrechtlicher Vorgang dem Verkauf der *Joint Venture*-Anteile an einen Dritten entspreche. Damit hätte dem indischen *Joint Venture*-Partner ein Vorkaufsrecht an den Gesellschaftsanteilen des europäischen Partners zugestanden. Auch wenn dies rechtlich kaum vertretbar war, hatte der indische Partner diesen Fall aus taktischen Gründen zum Gegenstand eines langen, sehr unangenehmen Rechtsstreits in Indien gemacht. Dies hätte durch eine klarstellende Regelung im *Joint Venture*-Vertrag vermieden werden können (*negative change of control clause*).

Ohnehin zeigen die Erfahrungen in der Praxis immer wieder, dass der nicht-indische Partner vielfach unvorsichtig an eine mögliche Kooperation mit einem indischen Partner herangeht. Dabei ähneln sich viele Erfahrungsberichte in wesentlichen Punkten: In fast allen Fällen konnte der mögliche indische *Joint Venture*-Partner mit einem auf den ersten Blick gut etablierten eigenen Unternehmen und einem vielversprechenden *Business Plan* für das *Joint Venture* aufwarten. Eine hervorragende Eigenwerbung indischer Unternehmer, Begeisterung, Überschätzung der Möglichkeiten und die generelle „Goldgräberstimmung" der vergangenen Jahre haben oft dazu geführt, dass ganz wesentliche Risiken übersehen wurden. Es ist wichtig für den nicht-indischen Partner zu verstehen, dass die Eigenwerbung der Inder nicht in böser oder täuschender Absicht geschieht, sie ist vielmehr Ausdruck eines schier unbegrenzten Selbstvertrauens und einer „can do"-Mentalität. Unbedingt sollte jeder ausländische Unternehmer vor Aufnahme ernsthafter Verhandlungen und vor Preisgabe eigener sensibler Informationen einen umfassenden *background check* des Partners und eine Kreditauskunft durchführen lassen, dies wird sowohl von Rechtsanwälten und Wirtschaftsprüfern, als auch von Auskunfteien und schließlich auch von den Außenhandelskammern angeboten. So manche unerwartete und ernüchternde Tatsache über den vermeintlichen „Traumpartner" ist auf diese Weise schon ans Tageslicht gelangt.

Selbstverständlich gibt es auch positive Beispiele für ein *Joint Venture*, so dass sich Verallgemeinerungen verbieten. Vor allem der Umgang mit Behörden oder der Erwerb von Genehmigungen und Grundstücken lässt sich durch einen indischen Partner leichter bewältigen. Die Kräfteverteilung kann daher auch in die umgekehrte Richtung wirken. So hat ein mittelständischer Hersteller von Spezialisolierungen sehr gute *Joint Venture*-Erfahrungen gemacht: Der indische Partner war über die Jahre zu einem großen börsennotierten Unternehmen herangewachsen, so dass beide

C   Typische Markteintrittsstrategien in Indien

Partner übereinkamen, das *Joint Venture* auf die börsennotierte indische Gesellschaft zu übertragen und dem deutschen Partner dafür eine Minderheitsbeteiligung an dieser Gesellschaft zu überlassen. Der Wert dieser Beteiligung hat sich in nur einem Jahr aufgrund des indischen Börsenbooms um ein Vielfaches gesteigert.

Als Erfolgsmodell für ein deutsch-indisches *Joint Venture* wird häufig auch Bajaj Allianz General Insurance Co. Ltd. (India), ein *Joint Venture* zwischen der Bajaj Gruppe, Indiens zweitgrößtem Zweiradhersteller, und der Allianz SE angesehen. Allianz war aufgrund der Investitionsbeschränkungen für Ausländer im indischen Versicherungsbereich gezwungen, einen einheimischen *Joint Venture*-Partner zu gewinnen. Allianz, die gegenwärtig 26 % der Anteile an der *Joint Venture*-Gesellschaft hält (Bajaj Finserv Limited hält die übrigen 74 %) konnte von dem bekannten Markennamen Bajaj, mit dem man in Indien Zuverlässigkeit und Vertrauenswürdigkeit assoziiert, profitieren.

Eine Partnerschaft im Rahmen eines *Joint Venture* kann also durchaus vorteilhaft sein und dabei helfen, die aus europäischer Sicht oft unterschätzte Konkurrenz durch andere indische Unternehmen im Binnenmarkt im Zaum zu halten. Die Entscheidung für oder gegen ein *Joint Venture* muss daher von Fall zu Fall getroffen werden. Rechtlich sollte bei der *Joint Venture*-Gründung allerdings Folgendes besonders beachtet werden:

3. Kein *No-Objection-Certificate (NOC)*

Bis zum Jahr 2011 entwickelten *Joint Ventures* in Indien eine besonders starke rechtliche Bindung zwischen den Gesellschaftern des Gemeinschaftsunternehmens. Grund hierfür waren die so genannten *No-Objection-Rules*, die auf der überkommenen *Press Note 18* basierten. Sie untersagten einem ausländischen Unternehmen, das bereits ein *Joint Venture* mit einem indischen Partner eingegangen war, ein weiteres *Joint Venture* oder eine eigene Tochterfirma in Indien zu gründen, solange der bestehende Partner nicht ein so genanntes *No-Objection-Certificate* ausstellte – also eine ausdrückliche Erlaubnis zu der neuen Geschäftsaktivität des ausländischen Partners in Indien erteilte. Diese Regelung war unter ausländischen Investoren extrem unbeliebt und führte in der Praxis nicht selten zu einer Notlage des ausländischen Partners, der sich neu orientieren wollte. Dieser musste entweder auf eine Neugründung verzichten oder seinem indischen Mitgesellschafter die Erlaubnis zur Neugründung in Form des NOC teuer abkaufen. Dies führte häufig zu Rechtsstreiten. Vor diesem Hintergrund wurde Investoren von einer *Joint*

Venture-Gründung zuletzt häufig abgeraten. Um *Joint Ventures* in Indien für ausländische Investoren wieder attraktiv werden zu lassen, hat der indische Gesetzgeber daher zum 1.4.2011 die *No-Objection-Rules* ersatzlos abgeschafft.

Sofern die individuellen Regelungen aus dem *Joint Venture*-Vertrag mit den indischen Partnern nicht entgegenstehen, können ausländische Investoren nun auch ohne Zustimmung des indischen *Joint Venture*-Partners eigene Wege gehen. Selbstverständlich sind hierbei die Regelungen aus dem *Joint Venture*-Vertrag, der das „Grundgesetz" des *Joint Venture* ist, genau zu beachten.

Generell gehören ein gemeinsam fest vereinbarter langfristiger Businessplan und Exit-Szenarien mit entsprechenden Vertragsbeendigungsregeln zu einer *Joint Venture*-Gründung.

Der auch von deutschen und internationalen Medien stark beobachtete Fall *Enercon* zeigt eindrucksvoll, welche dramatischen Folgen eine Auseinandersetzung zwischen *Joint Venture*-Partnern haben kann. Hier kam es zwischen dem deutschen und dem indischen Partner zu erheblichen Differenzen über die künftige strategische Ausrichtung des *Joint Ventures*. Dieser Konflikt führte zu zahlreichen Gesellschafterstreitigkeiten und eskalierte, als der indische Partner beim *Intellectual Property Appellate Board* (IPAB) in Chennai, einem für Patentfragen zuständigen Quasi-Gericht, Anträge auf Nichtigerklärung sämtlicher von der deutschen Enercon GmbH in Indien gehaltenen Patente stellte. Zwölf der insgesamt neunzehn Patente wurden daraufhin für nichtig erklärt.[35] Das von Enercon anhängig gemachte Berufungsverfahren wird wohl Jahre dauern. Selbst wenn die zweitinstanzliche Prüfung ergeben sollte, dass im vorliegenden Fall im Einklang mit geltendem (Patent-)Recht entschieden wurde, so verdeutlicht dieser Konflikt das ganz erhebliche praktische Risikopotenzial eines missglückten *Joint Ventures*, bei dem vermutlich von Anfang an ein sorgfältig erarbeitetes rechtliches Fundament fehlte.

4. Gründung eines *Joint Venture*

Um ein *Joint Venture* auf der Grundlage einer *Limited Company* zu gründen, müssen mindestens drei Rechtsdokumente erarbeitet werden:
1. *Joint Venture*-Vertrag
2. *Articles of Association*
3. *Memorandum of Association*

---

[35] *Breckheimer*, RIW, 5/2011, Die erste Seite. Hierzu auch nachfolgend S. 123 f.

Der *Joint Venture*-Vertrag ist die rechtliche Grundlage für die Zusammenarbeit der Partner in dem Gemeinschaftsunternehmen. Hier werden sämtliche Rechte und Pflichten der Partner, die Ziele des *Joint Venture*, die Entscheidungsbefugnisse der Partner und die Willensbildung innerhalb der Gesellschafterrunde festgelegt. Die *Articles* bilden dagegen die Gesellschaftssatzung und das *Memorandum* stellt eine Gründungsurkunde dar, die den Gesellschaftszweck beschreibt. Die Partner können die Inhalte dieser Dokumente schon im *Joint Venture*-Vertrag festlegen. Möglich ist es auch, den *Joint Venture*-Vertrag statt dem indischen, dem österreichischen, schweizerischen, deutschen oder einem anderen Recht zu unterstellen. Hierzu ist eine Rechtswahlklausel nötig, in der die Beteiligten ausdrücklich festlegen, welches Recht für den *Joint Venture*-Vertrag gelten soll. In jedem Fall sollte der *Joint Venture*-Vertrag vor dem Abschluss noch einmal von indischen Rechtsanwälten im Hinblick auf mögliche zwingende indische Gesetze geprüft werden.

Dagegen müssen die *Articles of Association* und das *Memorandum of Association* dem indischen Recht unterstellt werden, da das *Joint Venture* in Indien tätig werden soll und dies zwingend nur in der Form einer Gesellschaft nach indischem Recht geschehen kann. Hierbei handelt es sich um formale Akte mit wenig Gestaltungsspielraum. Allerdings müssen sämtliche Dokumente aufeinander abgestimmt werden. Die wesentlichen Punkte, auf die Unternehmen bei Abschluss eines *Joint Venture*-Vertrages besonders achten sollten, sind in der nachfolgenden – nicht abschließenden – Checkliste zusammengestellt:

Checkliste: Wichtige Punkte beim Abschluss eines *Joint Venture*-Vertrages

1. Aufgaben der Partner bei der Unterstützung der *Joint Venture*-Gesellschaft
2. Kapitaleinlage und Verwendung
3. Verwaltungsstruktur und Leitung der *Joint Venture*-Gesellschaft
4. Festlegung eines Jahresbudget- und Strategieplans
5. Geschäfte, die der Zustimmung aller Gesellschafter bedürfen
6. Dividenden und Ausschüttungen
7. Informationsrechte
8. Verwendung von Namens- und Schutzrechten
9. Anteilsübertragung
10. Einholung von Genehmigungen
11. *Negative Change of Control*-Klausel
12. Kündigung des *Joint Venture*-Vertrages, z.B. wegen Vertragsbruchs oder wegen mangelnden wirtschaftlichen Erfolgs; Ausstiegs- und Abwicklungsplan (Exit-Szenario)

---

13. Schutz von Know-how und Namensrechten
14. Rechtswahlklausel
15. Benennung des Abschlussprüfers
16. Übernahme der Gründungskosten
17. Streitbeilegung durch ein Schiedsgericht

IV. Repräsentanzen

Auch bloße Repräsentanzen in Form von Verbindungsbüros (*Liaison Office*), Zweigniederlassungen (*Branch Office*) und vorübergehend errichteten Projektbüros bedürfen einer staatlichen Genehmigung. Diese in Indien sehr häufig existierenden Markteintrittsformen erlauben nur eingeschränkte Geschäftsaktivitäten. Sie dienen oftmals zum Aufbau eines Marketingnetzwerks in der Anfangsphase eines Markteintritts. Der notwendige Erlaubnisantrag an die *Reserve Bank of India* (RBI) ergibt sich aus dem Anhang der *Notification No. FEMA 22* und ist im → Anhang 5 zu diesem Buch abgedruckt.

Zu den einzelnen Formen der Repräsentanzen gelten einige Besonderheiten, die nachfolgend dargestellt werden.

1. Verbindungsbüro (*Liaison Office*)

Der Aufbau eines *Liaison Office* ist ein beliebter erster vorsichtiger Schritt zum Beginn von Geschäftsaktivitäten in Indien. *Liaison Offices* sind allerdings keine Rechtssubjekte in Indien, sie können keine Verträge schließen. Als Tätigkeitsfeld kommen daher nur beschränkte Aktivitäten, wie die Repräsentation des Unternehmens, die Ausstellung von Produkten und das Sammeln von Marktinformationen in Betracht. Solche Büros sind hauptsächlich ein Kommunikationskanal zwischen dem in den indischen Markt eintretenden ausländischen Unternehmen und seinen indischen Kunden. Die erlaubten Aktivitäten eines *Liaison Office* können wie folgt zusammengefasst werden:

– Repräsentanz einer Muttergesellschaft/Firmengruppe in Indien;
– Förderung von Export nach/Import aus Indien;
– Förderung technischer/finanzieller Zusammenarbeit zwischen Muttergesellschaft/Firmengruppe und indischen Unternehmen sowie
– Kommunikationskanal zwischen Muttergesellschaft und indischen Unternehmen.

Ein *Liaison Office* darf kein eigenes Einkommen generieren. Ihm ist nicht erlaubt, direkt oder indirekt Geschäfts-, Handels- oder Produktionsaktivitäten zu unternehmen. Es darf auch keine Kommissionen/Provisionen für solche Aktivitäten in Bezug auf eigene Dienstleistungen erwerben. Entsprechend ist das *Liaison Office* grundsätzlich nicht steuerpflichtig. Steuerprobleme können allerdings entstehen, wenn Aktivitäten ausgeführt werden, die über den beschränkt zulässigen Rahmen hinausgehen. In einer jüngeren Entscheidung hierzu und zu der Frage, wann ein *Liaison Office* als steuerpflichtiges *Permanent Establishment* (Betriebsstätte) anzusehen ist, hat das Delhi Tribunal entschieden, dass wenn ein *Liaison Office* mit Genehmigung der RBI und im Rahmen dieser Genehmigung operiert, eine (widerlegliche) Vermutung dafür gilt, dass das *Liaison Office* lediglich vorbereitende und unterstützende Aktivitäten (*preparatory and auxiliary activities*) entfaltet, so dass in dem *Liaison Office* grundsätzlich zunächst kein steuerpflichtiges *Permanent Establishment* (Betriebsstätte) zu sehen sei.[36]

Die Ausgaben eines Verbindungsbüros dürfen ausschließlich durch eingehende Geldüberweisungen aus dem Ausland erfolgen. Entsprechend muss das *Liaison Office* ein so genanntes *QA 22 C Account* bei einer Bank unterhalten. Ein *Liaison Office* darf auch kein Geld verleihen und keine Darlehensverträge schließen. Bei der Schließung eines *Liaison Office* kann die *Reserve Bank of India* (RBI) eine Repatriierung von Guthaben genehmigen. *Liaison Offices* können später gegebenenfalls in ein *Branch Office* (unselbstständige Zweigniederlassung) umgewandelt werden.

2. Unselbstständige Zweigniederlassung (*Branch Office*)

Im Gegensatz zum *Liaison Office* kann das *Branch Office* rechtlich selbstständiger Vertragspartner in Indien sein, ist also bei der Akquisition und der Abwicklung von Geschäften eigenständig. Es darf eigenes Einkommen in Indien generieren, ist jedoch in seinen Aktivitäten beschränkt. Vor allem darf ein *Branch Office* nur die gleichen oder nahezu gleichen Tätigkeiten ausüben wie die Muttergesellschaft/Firmengruppe im Ausland. *Branch Offices* sind eigene Handelsaktivitäten erlaubt, allerdings dürfen keine Produkte hergestellt oder weiterverarbeitet werden. Für Innovation und Expansion ist das *Branch Office* daher ein ungeeignetes Markteintrittsvehikel.

---

[36] Metal One Corporation v. DDIT, Entscheidung vom 11.5.2012, abrufbar unter International Taxation (2012) 22 taxmann.com 77 (Delhi Tribunal), http://www.taxmann.com/breakingnews.aspx?sid=10996&t=2&c=1 (besucht am 13.8.2012).

Besonders nachteilig und daher für viele Unternehmer ein „K.o.-Kriterium" für das *Branch Office* ist die besonders hohe Besteuerung als Teil einer ausländischen Gesellschaft. Der derzeitige (effektive) Steuersatz für ein *Branch Office* liegt bei 42,23 % und damit deutlich höher als bei einer indischen Tochtergesellschaft, die beispielsweise als *Private Limited Company* nur mit einem Satz von 33,99 % besteuert wird.

Zur Eröffnung eines *Branch Office* ist die Erlaubnis der *Reserve Bank of India* (RBI) erforderlich. Das *Branch Office* muss außerdem in das indische Handelsregister eingetragen werden (*Register of Companies*). Nach den *RBI-Guidelines* darf ein *Branch Office* folgende Geschäftsaktivitäten durchführen:

- Export/Import von Waren;
- Erbringung von Sachverständigen- oder Beratungsdiensten;
- Durchführung von Forschungsarbeiten auf Gebieten, in denen die Muttergesellschaft aktiv ist;
- Förderung der technischen und finanziellen Zusammenarbeit zwischen indischen Firmen und der ausländischen Muttergesellschaft/ Firmengruppe;
- Repräsentanz der Muttergesellschaft in Indien und Auftreten als Einkaufs-/Verkaufsagentur in Indien;
- Erbringung von Dienstleistungen im Bereich Informationstechnologie und Entwicklung von Software in Indien;
- Erbringung von technischen Servicedienstleistungen für die Produkte, die von der Muttergesellschaft/Firmengruppe angeboten werden;
- Tätigkeit einer ausländischen Flug- oder Schifffahrtsgesellschaft in Indien.

Bei einem Antrag auf Zulassung der Eröffnung eines *Branch Office* in Indien müssen folgende Angaben gegenüber der RBI gemacht werden:

- weltweite Firmengeschichte des antragstellenden Unternehmens;
- geplante Aktivitäten in Indien;
- Gründe für die Eröffnung des *Branch Office*;
- devisenrechtliche Implikationen.

Die RBI erlaubt die Eröffnung eines *Branch Office* üblicherweise nur unter Auflagen. Diese Auflagen können Folgendes beinhalten:

- Verbot von Geschäftsaktivitäten außerhalb des speziell von der RBI in diesem Fall erlaubten Rahmens;
- Unterhaltungskosten und sämtliche Ausgaben des *Branch Office* müssen durch Banküberweisungen aus dem Ausland oder durch in Indien generiertes Einkommen gedeckt werden;

C Typische Markteintrittsstrategien in Indien

- das *Branch Office* darf keine Kapitaleinlagen in Indien akzeptieren;
- Kommissionsgelder/Provisionsgelder, die von dem *Branch Office* von ausländischen Geschäftspartnern für Handelsvertretertätigkeiten erworben wurden, müssen über die üblichen Bankverbindungen nach Indien repatriiert werden.

Das *Branch Office* unterliegt damit den strengen Devisenkontrollbestimmungen der RBI. Als Niederlassung für eine ausländische Gesellschaft mit Expansions-/Diversifizierungsplänen bietet das *Branch Office* daher keine geeignete rechtliche Basis. Angemerkt sei dabei, dass auch nur im engen Rahmen der RBI-Erlaubnis und nur zur weiteren Ausübung dieser Erlaubnis der Immobilienerwerb in Indien über das *Branch Office* gestattet ist.

Unter bestimmten Voraussetzungen ist eine RBI-Erlaubnis zur Eröffnung eines *Branch Office* nicht notwendig, und zwar wenn dieses in einer so genannten *Special Economic Zone* (SEZ) eröffnet wird. Diese Sonderwirtschaftszonen werden von der Zentralregierung ausgewiesen, insbesondere zur Ansiedlung von Unternehmen (vgl. Kapitel B VI, S. 17f.).

Wie bereits erwähnt, wird das *Branch Office* wie eine Betriebsstätte der ausländischen Firma in Indien behandelt und mit dem jeweiligen Satz besteuert, der für ausländische Gesellschaften gilt. Transaktionen zwischen der Niederlassung und der ausländischen Gesellschaft unterliegen den indischen Transferpreisregelungen. Nachsteuergewinne können frei vom *Branch Office* an die ausländische Muttergesellschaft repatriiert werden, dabei muss jedoch nachgewiesen werden, dass der Gewinn aus von der RBI erlaubten Aktivitäten stammt. Steuerzahlungen des indischen *Branch Office* können dort, wo ein Doppelbesteuerungsabkommen besteht, mit ausländischen Steuerzahlungen der Muttergesellschaft verrechnet werden. Unkompliziert ist im Allgemeinen die Schließung eines *Branch Office*. Geldmittel, die danach verbleiben, können von der ausländischen Muttergesellschaft nach einer entsprechenden Genehmigung durch die RBI repatriiert werden.

3. Projektbüro (*Project Office*)

Nicht als dauerhafter Brückenschlag nach Indien, sondern lediglich für die Durchführung von Großprojekten kommt die Eröffnung eines so genannten Projektbüros (*Project Office*) in Betracht. Dies gilt vor allem für große Bau- und Anlagenbauprojekte (Infrastrukturprojekte, wie z. B. Straßenbau oder Pipelinebau). Voraussetzung hierfür ist ein entsprechender Projektvertrag mit einem indischen Unternehmen und die Erfüllung eines der folgenden Punkte:

Handelspartner England!

3. Auflage

RIW BUCH

Triebel/Illmer/Ringe/Vogenauer/Ziegler

Recht der Internationalen Wirtschaft

Englisches Handels-

INHALT

- Besonderheiten des englischen Vertragsrechts
- Warenkauf
- Arbeitsrecht
- Gesellschaftsrecht
- Insolvenzrecht
- Wettbewerbsrecht
- Internationales Privat und Verfahrensrecht

Triebel / Illmer / Ringe / Vogenauer / Ziegler

„Englisches Handels- und Wirtschaftsrecht"

Vorwort zur dritten Auflage

Deutsche Unternehmen, die in Verträgen mit ihren ausländischen Partnern deutsches Recht nicht durchsetzen können, wählen häufig englisches Recht und einen englischen Gerichtsstand. Die europäische Wirtschaft nimmt englisches Recht – wie einst römisches Recht – als Welthandelsrecht und englische Gerichte und Schiedsgerichte als Welthandelsgerichte wahr. Im weltweiten Wettbewerb der Rechtsordnungen gewinnt England immer mehr an Bedeutung.

- das Projekt wird direkt durch Zahlungen aus dem Ausland finanziert;
- das Projekt wird durch eine bilaterale oder multilaterale Aufbaugesellschaft finanziert;
- das Projekt ist durch die zuständige indische Behörde freigegeben worden;
- dem indischen Vertragspartner wurde ein langfristiges Darlehen für das Projekt durch ein öffentliches Kreditinstitut oder eine Bank in Indien gewährt.

Gleichwohl ist eine RBI-Erlaubnis notwendig. Auch hier gilt die enge devisenrechtliche Kontrolle. In Fällen, in denen eine längere Indienaktivität absehbar oder bereits geplant ist, sollte daher die Gründung eines *Branch Office* oder einer eigenen Tochtergesellschaft in Erwägung gezogen werden.

V. Absatzmittler/Kundendienst

Wer den Vertrieb und den Kundendienst über eine eigene Organisation in Indien scheut, kann über lokale Agenten, Distributoren und Servicedienstleister in den Markt eintreten. Ein solcher Vertrieb ohne eigene indische Organisation ist flexibel und ohne großen finanziellen und zeitlichen Aufwand zu bewerkstelligen.

Sofern keine eigene vertragliche Exklusivbindung besteht, kann ein Unternehmen in Indien beliebig viele Agenten oder Distributoren einsetzen. Aufgrund der fehlenden eigenen Kundennähe, der oft hohen Provisionssätze und der Schwierigkeiten bei der Auswahl des richtigen indischen Absatzmittlers, führt jedoch in vielen Branchen langfristig kein Weg am Aufbau einer eigenen indischen Vertriebsorganisation vorbei. Die eingeschränkte Kontrollmöglichkeit fremder Absatzmittler und teilweise zu beobachtende nicht ganz faire Handelspraktiken stellen weitere Gründe hierfür dar. Falls nach Jahren festgestellt wird, dass die falschen Absatzmittler in Indien ausgewählt wurden, so bedeutet dies oft einen herben Rückschlag für den Markteintritt in Indien. Zum Beispiel vertreiben etliche Distributoren in Indien Produkte vieler verschiedener Unternehmen und haben deshalb weder Zeit noch Interesse, zusätzliche Märkte zu erschließen und Neukunden zu gewinnen.[37] Da Indien aufgrund der Größe des Marktes nur in wenigen Fällen von einem einzigen Standort aus ver-

---

37 *Schmidt-Ajayi*, Asia Bridge 12, 2006, 18.

trieblich erschlossen werden kann, ist der Aufbau von Lager- und Servicestrukturen für den *After-Sales*-Bereich ebenfalls eine große Herausforderung. Zu beachten ist auch, dass das lokale Personal ausreichend geschult und die Preis- und Produktpolitik eng abgestimmt wird.

In einigen Fällen sind Anzeige- und Genehmigungspflichten für Import und Distribution von ausländischen Produkten einzuhalten. Geregelt ist dies auf der Grundlage des *Foreign Trade (Development and Regulation) Act*, 1992. Hierin (Chapter II Section 5) wird die Regierung zum Erlass einer *Foreign Trade Policy* ermächtigt. Die *Foreign Trade Policy* (früher *Export and Import Policy*, EXIM, genannt) enthält detaillierte Richtlinien darüber, welche Warenströme genehmigungsfrei einer *Open General Licence* unterliegen, und welche speziell genehmigt werden müssen oder sogar verboten sind. Wichtige Änderungen gab es zuletzt im Jahr 2010: Durch ein *Amendment* wurde der *Foreign Trade Act* dahingehend geändert, dass unter die Definition von Import und Export nun nicht mehr nur Waren (*goods*), sondern auch „*services and technology*" fallen. Darüber hinaus wurde die Regierung ermächtigt, Importbeschränkungen anzuordnen, falls die inländische Wirtschaft durch einen zu starken Import von bestimmten Waren gefährdet wird (Chapter III A *Foreign Trade Development and Regulation (Amendment) Bill*, 2010).[38] Die zugehörigen Verfahrensregeln für die Durchsetzung dieser „*quantitative restrictions*" wurden mit den *Safeguard Measures (Quantitive Restriction) Rules*, 2012 festgelegt.[39]

1. Handelsvertreter (*Agent*)

Handelsvertreter können bei einer Produkteinführung in Indien wertvolle Absatzmittler sein. Richtig ausgewählt, verfügen sie über weit reichende Geschäftskontakte, kennen den lokalen Markt und können dem ausländischen Unternehmer oftmals die Kultur des Landes näher bringen. Besonders auch in streitigen Verhandlungen kann der Handelsvertreter geeigneter Vermittler und Schlichter sein. In einem Fall beispielsweise hatte der Handelsvertreter in Auseinandersetzungen zwischen einem Pipeline-Hersteller und einer Raffinerie die Managerdelegation jeder Seite in unterschiedlichen Räumen Platz nehmen lassen und pendelte sodann vermittelnd zwischen diesen hin und her. Wie sich später herausstellte, war dies

---

38 Abrufbar hier: http://164.100.24.219/BillsTexts/RSBillTexts/PassedRajyaSabha/foreign%20trade.pdf (besucht am 13.8.2012).
39 Abrufbar hier: http://dgftcom.nic.in/exim/2000/safeguardRulesI2012.pdf (besucht am 13.8.2012).

in Südindien eine gängige Verhandlungspraxis, die die verdutzte deutsche Handelsdelegation zum Erfolg führte.

Das indische Handelsvertreterrecht wird nur ansatzweise durch den *Indian Contract Act*, 1872 und dort im Kapitel *Law of Agency* geregelt.[40] Es ist sehr ratsam und üblich, darüber hinaus in einem umfassenden Vertrag die gegenseitigen Rechte und Pflichten festzuhalten. Insbesondere die Vollmachten und die Provisionsansprüche des Handelsvertreters müssen darin genau beschrieben werden. Zum Beispiel gibt es oft lange Diskussionen darüber, ob ein exklusiver oder ein nicht exklusiver Handelsvertretervertrag abgeschlossen werden soll. Bei der Größe des indischen Marktes dürfte es in den meisten Fällen unwahrscheinlich sein, dass ein Handelsvertreter den gesamten Markt alleine abdecken kann. Dies kann jedoch von Produkt zu Produkt unterschiedlich sein.

Kritisch ist die Frage der Rechtswahl. Sehr oft möchten europäische Unternehmer die Handelsvertreterverträge ihrem heimischen Recht unterstellen. Dies ist rechtlich durchaus möglich, kann jedoch bei der Durchsetzung in Indien zu Problemen führen, wenn nicht eine internationale schiedsgerichtliche Streitentscheidung im Vertrag vereinbart wurde. In Fällen, in denen deutsches Recht vereinbart wurde, ist es wichtig, den Ausgleichsanspruch des Handelsvertreters zu regeln. In Deutschland und in anderen EU-Mitgliedsstaaten ist ein solcher Ausgleichsanspruch zwingend gesetzlich festgelegt (§ 89b Handelsgesetzbuch – HGB). Der Ausgleichsanspruch kann nach deutschem Recht nur dann ausgeschlossen werden, wenn der Handelsvertreter außerhalb des europäischen Wirtschaftsraumes (EWR) tätig wird (§ 92c HGB). Da Indien nicht zum EWR gehört, kann und sollte der Ausgleichsanspruch aus Sicht des Unternehmers in den entsprechenden Verträgen auf jeden Fall ausgeschlossen werden. Im Gegensatz dazu kennt das indische Recht grundsätzlich keine Ausgleichsansprüche bei der Beendigung des Handelsvertretervertrages.

Auf jeden Fall sollte die steuerliche Seite des Handelsvertretervertrages rechtlich geprüft werden. Bei der Form des Vermittlervertreters, der nur den Vertragsschluss mit dem Kunden vermittelt und nicht selbst Vertragspartner des Kunden wird, kann für den Vertreter in Indien allenfalls ein *Service-Tax*-Problem entstehen. Klarstellend sollte geregelt werden, dass eine solche Steuer in jedem Fall vom indischen Handelsvertreter selbst getragen werden muss. Dagegen können bei der Form des Abschlussvertreters, bei dem der indische Handelsvertreter eine eigene Abschlussvollmacht erhält und den ausländischen Unternehmer gegenüber den indi-

---

[40] *Wadhwa*, Mulla Indian Contract Act, 13th Edition 2011, S. 302 ff.

schen Kunden rechtlich binden kann, auch für den ausländischen Unternehmer steuerliche Risiken entstehen. Ein solcher Abschlussvertreter kann als steuerpflichtiges *Permanent Establishment* (Betriebsstätte) des ausländischen Herstellers/Lieferanten angesehen werden. Hiermit können unerwartet indische Steuerpflichten für den ausländischen Unternehmer entstehen.

2. Vertragshändler (*Stockist/Distributor*)

Der Vertragshändler führt seine Geschäfte im eigenen Namen und auf eigene Rechnung. Damit unterscheidet er sich vom Handelsvertreter, der die Geschäfte im fremden Namen, nämlich im Namen des von ihm vertretenen Unternehmens, vermittelt oder abschließt (§ 84 Absatz 1 HGB). In der Rechtssprache werden Vertragshändler daher auch Eigenhändler genannt. In der Wirtschaftspraxis ist eine Vielzahl von anderen Bezeichnungen gebräuchlich, wie etwa: Werksvertretung, Generalvertretung oder Alleinvertreter. Die Bezeichnungen spielen aus rechtlicher Sicht keine Rolle. Ein Vertragshändler ist jemand, der sich auf gewisse Dauer auf der Grundlage eines Rahmenvertrages verpflichtet, Waren eines Herstellers oder Lieferanten im eigenen Namen und auf eigene Rechnung zu vertreiben. Durch den Rahmenvertrag wird er in die Verkaufsorganisation des Herstellers/Lieferanten eingegliedert.[41] Meistens geht es dabei um Markenware. Typischerweise werden die Markenzeichen des Herstellers/Lieferanten neben der eigenen Firma des Vertragshändlers herausgestellt. Weitere typische Elemente des Vertragshändlervertrages sind folgende Punkte:

– Abruf der Ware im Bedarfsfall durch Einzelbestellungen;
– Übernahme des vollen Absatz- und Kreditrisikos durch einen Vertragshändler;
– Einrichtung eines Lagers auf eigene Kosten;
– Mindestabnahmeverpflichtungen gegenüber Hersteller/Lieferanten;
– Alleinvertriebsrecht und Gebietsschutz;
– Pflicht des Vertragshändlers zur Absatzförderung;
– Ausgleichsanspruch analog § 89b HGB bei Beendigung des Vertrages in bestimmten Fällen (insbesondere bei vertraglicher Pflicht zur Überlassung des Kundenstammes).

---

41 BGH, NJW 1971, 29, 30; OLG Zweibrücken, BB 1983, 1301 f., sowie *Podehl*, in: Martinek/Semler/Habermeier/Flohr (Hg.), Handbuch des Vertriebsrechts, 3. Aufl. 2010, § 17 Rdnr. 1 ff.

V. Absatzmittler/Kundendienst **C**

Ein häufiger Grund für den Abschluss eines Vertragshändlervertrages ist die Gewährleistung der Ersatzteilversorgung und des Kundendienstes. Daher enthalten viele Vertragshändlerverträge Regelungen über Wartungs- und Servicearbeiten und über die Lagerung von Ersatzteilvorräten. Im Rechtsverkehr mit Indien sind insbesondere so genannte Servicecenter-Verträge beliebt. In diesen Fällen werden indische Technikdienstleister exklusiv oder nicht exklusiv mit dem Kundendienst vor Ort betraut, um den After Sales Service ausländischer Unternehmer sicher zu stellen. Auch dies ist eine Form des klassischen Vertragshändlervertrages. Dies trifft insbesondere für die Bereiche Maschinenbau und Elektrotechnik zu.

Die Bevorratung von Ersatzteilen und Produktvorräten kann durch ein Lager des Vertragshändlers oder durch so genannte Konsignationslager (*Consignment Stocks*) sichergestellt werden. Beim Konsignationslager bleibt die Ware bis zur Auslieferung Eigentum des Herstellers/Lieferanten. Der Vertragshändler muss die Ware bis zu diesem Zeitpunkt lediglich gegen typische Risiken wie Feuer, Diebstahl und Beschädigungen versichern und sie getrennt von den in seinem Eigentum stehenden Sachen aufbewahren. Hierdurch wird die Liquidität des Vertragshändlers geschont. Allerdings ist in der Indien-Praxis die Rücksendung nicht verkaufter Ware aus einem Konsignationslager wirtschaftlich kaum möglich. Die Rücksendung bereits verzollter Ware ist in Indien extrem aufwendig und aufgrund der hohen Gebühren und des großen Zeitaufwandes zu teuer.

In Indien eignet sich in vielen Fällen die Einsetzung eines Vertragshändlers, der die Waren des ausländischen Lieferanten selbst einkauft und im eigenen Namen und auf eigene Rechnung weiterverkauft, für einen ersten Markteintritt ohne einen zu großen Risikoeinsatz. Die größte Herausforderung hierbei liegt in der Auswahl eines qualifizierten, kreditwürdigen und verlässlichen Partners. Aufgrund der teilweise schwach ausgeprägten Zahlungsmoral liefern auch indische Unternehmen im eigenen Land meist nur gegen Vorkasse. Europäische Unternehmen sollten diesem Beispiel, wenn möglich, folgen oder andere Zahlungssicherheiten vereinbaren (vgl. Kap. D. Allgemeines Recht der Verträge).

In jedem Fall sollten die nachfolgend genannten, in der Praxis häufig gestellten Fragen in dem Vertragshändlervertrag geregelt und beantwortet werden:

C   Typische Markteintrittsstrategien in Indien

> **Checkliste: Vertragshändlervertrag**
> 1. Welches Recht soll für den Vertragshändlervertrag gelten?
> 2. Wie muss der Vertragsschluss dokumentiert werden?
> 3. Wie erfolgt der Abruf der Einzelbestellungen?
> 4. Besteht für den Vertragshändler ein Wettbewerbsverbot (nach indischem Recht meist unwirksam)?
> 5. Was gilt bei Änderungen der Modellpolitik?
> 6. Wie werden Direktgeschäfte des Herstellers behandelt?
> 7. Was ist zu tun, wenn der Vertragshändler wünscht, ein Zweitfabrikat in sein Vertriebsangebot aufzunehmen?
> 8. Gibt es eine Herstellergarantie neben der vertraglichen Gewährleistung des Verkäufers?
> 9. Was ist bei der Geschäftsveräußerung oder bei Inhaberwechsel des Vertragshändlerunternehmens zu beachten?
> 10. Wie sind Kündigungsfristen und Kündigungsfolgen sowie Abfindungs- und Entschädigungsansprüche geregelt?
> 11. Wie erfolgen Vertragsabwicklungen nach Kündigungen?
> 12. Welche Gründe berechtigen zur außerordentlichen Kündigung?
> 13. Wie werden steuerliche Lasten verteilt?
> 14. Wie ist die Verjährung von Ansprüchen geregelt?
> 15. Besteht eine besondere Verpflichtung zum Geheimnisschutz?

VI. *Franchising* und Lizenzierung

Die Definition von *Franchising* ist im indischen wie im deutschen Recht gleich: Der Begriff *Franchising* bezeichnet eine Geschäftsmethode, bei der ein *Franchise*-Geber einem *Franchise*-Nehmer das Recht einräumt, ein Geschäftskonzept gegen Entgelt zu nutzen. In diesem Rahmen übergibt der *Franchise*-Geber üblicherweise ein „Paket" an Lizenzen zur Nutzung von Schutzrechten sowie Vertriebs- und Dienstleistungs-Know-how. Insoweit ist ein Lizenzvertrag typischer Bestandteil einer *Franchise*-Vereinbarung. Wie im deutschen Recht ist das *Franchising* in Indien nicht ausdrücklich gesetzlich geregelt.[42] Da eine *Franchise*-Vereinbarung meist ein ganzes Bündel von Rechten gewährt, wird die Rechtsbeziehung zwischen *Franchise*-Geber und *Franchise*-Nehmer in mehreren verschiedenen Rechtsgebieten geregelt. Hierzu gehören das allgemeine Zivilrecht, das Recht des geistigen Eigentums sowie das Steuer-, Arbeits- und Wett-

---

42 Vgl. zum deutschen Recht *Martinek/Habermeier*, in: Martinek/Semler/Habermeier/Flohr (Hg.), Handbuch des Vertriebsrechts, 3. Aufl. 2010, § 26 Rdnr. 8 ff.

bewerbsrecht und insbesondere auch das Kartellrecht. Die einschlägigen Rechtsgebiete sind an anderer Stelle ausführlich dargestellt.

Das *Franchising* und die Lizenzierung von Rechten nehmen in Indien eine derzeit noch untergeordnete Rolle ein. Allerdings wird das Wachstumspotenzial des *Franchise*-Marktes in Indien hoch eingeschätzt. Insbesondere Fast-Food-Ketten wie McDonald's, Dominos' und Subway haben bereits *Franchise*-Systeme in Indien etabliert. Auch Wal-Mart hat seinen Markteintritt in Indien im Wege des *Franchising* vorbereitet. Zu diesem Zweck wurde mit dem indischen Unternehmen Bharti Enterprises ein *Joint Venture* namens Bharti Walmart eingegangen. Der ersten Filiale, die 2009 eröffnet wurde („Best Price Modern Wholesale"), sind bisher 16 weitere gefolgt.

Die wachsende Popularität des *Franchising* in Indien hat mehrere Gründe: Das indische Wirtschaftswachstum hat zu einem enormen Konsumanstieg und damit zu einem boomenden Einzelhandelsabsatz geführt. Ein direktes Engagement ausländischer Investoren im Einzelhandel war jedoch lange – wie bereits in Kapitel A ausgeführt – nicht erlaubt. Im Jahr 2006 wurde der Ein-Marken-Vertrieb (*Single Brand Retail*) für ausländische Mehrheitsbeteiligungen geöffnet. Seit Januar 2012 ist eine ausländische Beteiligung von bis zu 100% beim *Single Brand Retail* mit Auflagen möglich (vgl. Kapitel C II). Das Instrument des *Franchising* erlaubt zumindest einen mittelbaren Zugang zum Einzelhandel mit mehreren Marken. Die steigende Nachfrage nach importierten Konsumgütern, beispielsweise bei Nahrungsmitteln, Bekleidung, Kosmetik und Uhren sowie eine deutliche Steigerung des Markenbewusstseins bei den indischen Verbrauchern macht das *Franchising* aus Sicht ausländischer Unternehmen zusätzlich attraktiv, zumal der Schutz der Kennzeichenrechte in den letzten Jahren verstärkt wurde. Zusätzlich kann von den besonderen Branchenkenntnissen des indischen *Franchise*-Partners profitiert werden. Es sind bislang vor allem internationale Markenhersteller, die über *Franchise*-Konzepte oder über die bloße Lizenzierung ihrer Kennzeichenrechte in den indischen Markt vordringen. Aber auch nationale *Franchise*-Modelle wie z.B. das Restaurant-Konzept „Moti Mahal Delux" mit derzeit ca. 70 *Franchise-Outlets* wachsen schnell. Rechtlich ist bei *Franchising* und Lizenzierung in Indien folgendes Grundkonzept zu beachten:

Die Grundvertragsbeziehung zwischen den Parteien des *Franchising*-Vertrages richtet sich zunächst nach dem allgemeinen Zivilrecht, welches durch den *Indian Contract Act*, 1872 bestimmt wird. Der Bestand der lizenzierten Rechte und die Ausgestaltung der Lizenzen richtet sich weiter nach den einschlägigen Gesetzen des gewerblichen Rechtsschutzes, insbesondere dem *Trade Marks Act*, 1999 und dem *Copyright Act*, 1957. In dem *Franchise*-Vertrag ist besonderer Wert auf die Regelungen zur Absicherung der Rechte des geistigen Eigentums zu legen. Hierzu wird auf die weiteren Ausführungen in Kapitel G verwiesen.

Besonderes Augenmerk ist bei der Ausgestaltung von *Franchise*-Verträgen – wie auch in der europäischen Rechtsordnung – auf die Einschränkungen zu legen, welche das Kartellrecht vorgibt. Der *Competition Act*, 2002 ordnet unter Section 3 typische Preis- und Vertriebsverbindungen, die einen *„appreciable adverse effect"* auf den Wettbewerb haben, als unwirksam ein. Darunter fallen beispielsweise nicht nur direkte oder indirekt Preisabsprachen, sondern auch Absprachen, die den Markt oder die technische Entwicklung begrenzen oder steuern. Auch können direkte oder indirekte Angebotsabsprachen verbotene Praktiken darstellen (hierzu näher Kapitel H).

Um die Einfuhr neuer Technologien und internationaler Marken zu fördern und zu erleichtern, gab es Liberalisierungen im Bereich *Franchising* und Lizenzierung. Bereits seit dem 16.12.2009 (*Press Note 8/2009*)[43] unterliegen alle Lizenz- und *Franchising*-Verträge bezüglich der Nutzung von Technologie oder Markenrechten keiner besonderen Genehmigung mehr. Die Registrierung der Verträge erfolgt allein im Wege der *Automatic Route* und damit im Anzeigeverfahren. Die indische Regierung hatte seinerzeit zwar die Einführung eines *„suitable post-reporting system"* für Lizenz- und *Franchising*-Verträge angekündigt, bis 2012 wurde hierzu aber nichts unternommen. Sofern wie im oben angeführten Beispiel Wal-Mart eigens ein *Joint Venture*-Unternehmen gegründet wird, richten sich die staatlichen Genehmigungserfordernisse nach der Beteiligungshöhe und dem Wirtschaftssektor, in welchem das *Joint Venture*-Unternehmen tätig sein soll. Für weitere Ausführungen zu den staatlichen Genehmigungserfordernissen wird auf das Kapitel B verwiesen.

---

43 Vgl. hierzu http://pib.nic.in/newsite/erelease.aspx?relid=56146 (besucht am 13.8.2012).

D. Allgemeines Recht der Verträge

I. Grundlagen – Vertragsfreiheit

Das allgemeine indische Vertragsrecht basiert in erster Linie auf dem *Indian Contract Act*, 1872. Bei diesem noch aus der Zeit des *British India* stammenden Gesetz handelt es sich um eine klassische Rezeption englischen Rechts. Dieses allgemeine Gesetz über das Recht der Verträge wurde seither nur geringfügig geändert; stattdessen wurde er bis heute durch eine Reihe von Spezialgesetzen betreffend spezieller Vertragsarten ergänzt, wie z. B. durch den *Forward Contracts (Regulations) Act*, 1952, den *Securities Contracts (Regulations) Act*, 1956 und den *Sale of Goods Act*, 1930.[44] Für den internationalen Warenhandel ist zu beachten, dass Indien dem UN-Übereinkommen über Verträge über den internationalen Warenkauf (CISG) vom 11. 4. 1980 bislang nicht beigetreten ist. Ob das UN-Kaufrecht auf Kaufverträge zwischen deutschen und indischen Unternehmern dennoch Anwendung findet, ist eine Frage des Einzelfalls. Hier spielen etwa eine zwischen den Vertragsparteien getroffene (wirksame) Rechtswahl oder der Sitz des Verkäufers eine wichtige Rolle.[45] Zusätzlich zu den gesetzlichen Regelungen (*Statutory Laws*) gelten die allgemeinen Grundsätze des *Common Law*. Diese aus der englischen Rechtstradition erwachsenen Grundsätze stützen sich auf die maßgeblichen richterlichen Urteile der Vergangenheit *(Precedents)*. So haben Urteile des indischen *Supreme Court* nahezu Gesetzeskraft.[46] Ein wichtiges Merkmal des *Common Law*-Konzepts ist die *Stare-Decisis*-Regel, wonach frühere in gerichtlichen Entscheidungen manifestierte Rechtsgrundsätze für andere Gerichte bindend sind. Englische Gerichtsentscheidungen werden bei der Rechtsfindung teilweise auch heute noch in Indien herangezogen, ohne jedoch Bindungswirkung für die indische Justiz zu erlangen. Die Grundsätze des *Common Law* werden durch die zunehmende Kodifizierung des Rechts sowohl in England als auch in Indien zurückgedrängt.

In Indien besteht grundsätzlich die Freiheit, das auf den Vertrag anwendbare Recht – jedenfalls im internationalen Rechtsverkehr – frei zu wählen (*Choice of Law*). Eine „Flucht aus dem indischen Recht" ist daher grundsätzlich möglich. So kann z. B. in einem Handelsvertretervertrag vereinbart werden, dass auf das Vertragsverhältnis schweizerisches Recht an-

---

[44] Weiterführend *Bhadbhade*, Contract Law in India, 2010, S. 45.
[45] Vgl. nur *Piltz*, Internationales Kaufrecht, 2. Aufl. 2008, Rdnr. 2.97.
[46] *Bhadbhade*, Contract Law in India, 2010, S. 36 f.

wendbar ist. In einem solchen Fall sind allenfalls zwingende Regelungen des indischen Rechts zu beachten. In der Rechtspraxis können allerdings Probleme bei der Durchsetzung der vertraglichen Rechte in Indien entstehen, wenn es zum Rechtsstreit kommt und das Gericht mit der Anwendung des gewählten (ausländischen) Rechts nicht vertraut ist. Von Bedeutung ist dabei, ob ein staatliches indisches Gericht oder ein international besetztes Schiedsgericht zur Streitentscheidung berufen ist. Grundsätzlich sollte dafür gesorgt werden, dass das Gericht das anwendbare Recht selbst, ohne fremde Rechtsgutachten, bewerten kann (vgl. hierzu das Kapitel L. Staatliche Zivilgerichtsbarkeit). Falls die Vertragsparteien keine Rechtswahl getroffen haben, bestimmen die indischen Gerichte das anwendbare Recht auf der Grundlage des sich aus dem Vertrag im Wege der Auslegung ergebenden Parteiwillens. Anhaltspunkte hierfür ergeben sich oft aus dem Ort des Vertragsschlusses und dem Zahlungsort oder dem Ort, zu dem das Vertragsverhältnis die engste Verbindung hat.[47]

Im indischen Vertragsrecht gelten die Regeln der Privatautonomie, d.h., die Parteien sind frei darin, ob und mit wem sie Verträge schließen wollen (Abschlussfreiheit), und sie sind frei in der inneren Ausgestaltung des Vertrages (Gestaltungsfreiheit). Die gesetzlichen Regeln sind grundsätzlich dispositiv. Sie gelten daher nur, soweit nichts anderes zwischen den Parteien vereinbart wurde. Die Grenze der Gestaltungsfreiheit bilden auch hier – ähnlich wie im deutschen Recht (§§ 134, 138 BGB) – gesetzliche Verbote (*Unlawful Object*)[48] und die guten Sitten (*Public Policy*). So können Einfuhrverbote für gebrauchte Maschinen bestehen, die ein bestimmtes Höchstalter überschritten haben. Die jeweilige sich schnell ändernde Gesetzeslage ist in jedem Einzelfall vor einem Vertragsschluss zu prüfen. Als Verstoß gegen die *Public Policy* werden beispielsweise unzulässige Wettbewerbsabreden, Absprachen bei Ausschreibungen, Ehevermittlung und Prozessfinanzierung gegen Gewinnbeteiligung angesehen. Vor diesem Hintergrund können auch nachvertragliche Wettbewerbsbeschränkungen (*Non-Compete-Provisions*, *Non-Solicitation-Clauses*) unwirksam sein.[49]

---

47 Boissevain v. Weil, 1949 1 KB 482, on appeal 1950 A.C. 327.
48 Beispielhafte Entscheidungen zu „*unlawful objects*" sind etwa Hormasji v. Pestonji, 1887 12 Bom 422; Vishwanathan v. Namakchand, 1955 AIR Mad 536; 1954 IIMLJ 782; Maniam Hiria Gowder v. Naga Maistry, 1957 AIR Mad 620; weitere Beispiele finden sich etwa bei *Wadhwa*, Mulla Indian Contract Act, 13th Edition 2011, S. 97ff.
49 Weiterführend *Avtar Singh*, Law of Contract & Specific Relief, 10th Edition, Reprinted 2010, S. 256ff.

II. Zustandekommen von Verträgen

1. *Offer, Acceptance, Consideration*

Wie im deutschen Recht kommen Verträge durch Angebot und Annahme zustande. Sowohl Angebot (*Offer*) als auch Annahme (*Acceptance*) müssen eindeutig und bestimmt sein. Unklarheiten führen zur Unwirksamkeit des Angebots. Eine Annahme des Angebots mit auch nur leichtesten Einschränkungen stellt ein Gegenangebot dar. Wichtig ist der klare Wille, eine verbindliche Rechtsbeziehung einzugehen (*intention to create legal relationship*).[50] In der indischen Vertragspraxis ist ein vorsichtiges Herantasten an verbindliche Erklärungen verbreitet. Diese werden oft über Absichtserklärungen vorbereitet (*Expression of Interest, Non-binding Letter of Intent, Memorandum of Understanding*, etc.).

Weitere Grundvoraussetzungen für einen wirksamen Vertragsschluss sind die Geschäftsfähigkeit und die freie Willensentschließung. Geschäftsfähigkeit haben Personen ab dem 18. Lebensjahr (*India Majority Act*, 1875), die nicht als geschäftsunfähig gemäß dem *Indian Lunacy Act*, 1912 gelten. Die freie Willensentschließung wird grundsätzlich dann angenommen, wenn keine unzulässige Beeinflussung durch Zwang, Arglist, Irreführung (*misrepresentation*) oder Tatsachenirrtum besteht. Ein Rechtsirrtum ist dabei unbeachtlich. Allerdings wird ein Irrtum über ausländisches Recht (*mistake of foreign law*) als Tatsachenirrtum angesehen. Im Verhältnis zu Verbrauchern sind die Beschränkungen des *Consumer Protection Act*, 1986 zu beachten, der Verbraucher vor unfairen Handelspraktiken (*unfair trade practices*), z. B. durch irreführende Angaben, schützen soll.

Eine Besonderheit ist das rechtliche Konzept der *Consideration*. Dieses dem traditionellen englischen Recht entstammende Prinzip besagt, dass für jede Verpflichtung zu einer Leistung auch eine hinreichende Gegenleistung vereinbart werden muss.[51] Hierdurch kann es zu hoch komplexen vertragsrechtlichen Fragestellungen kommen. Dies gilt vor allem für Verträge, die nicht klassische Austauschverträge darstellen. Es gibt jedoch Ausnahmen. Nach Section 25 *Indian Contract Act*, 1872 ist ein Vertrag auch ohne *Consideration* wirksam, wenn die Leistung auf Liebe und Zuneigung beruht oder ein Kompensationsversprechen für eine bereits erbrachte, freiwillige Leistung des Versprechensempfängers oder ein Leis-

---

50 Carlill v. Carbolic Smoke Ball Co, 1893 1 QB 256, (1891–1894) All ER Rep 127; *Bhadbhade*, Contract Law in India, 2010, S. 91.
51 *Bhadbhade*, Contract Law in India, 2010, S. 92.

D Allgemeines Recht der Verträge

tungsversprechen auf eine bereits verjährte Schuld darstellt. Daneben ist auch der Abschluss eines Handelsvertretervertrages ohne *Consideration* wirksam.[52] Die Festlegung eines Zahlungsversprechens bezüglich einer Handelsvertreterprovision ist daher keine Wirksamkeitsvoraussetzung für die Bestellung eines Handelsvertreters.

Aus fehlgeschlagenen Vertragsverhandlungen, z.B. bei fehlender *Consideration* oder beim Wegfall der vertraglichen Grundlage, können quasi-vertragliche Rechte auf der Grundlage der Rechtsdoktrin des *Promissory Estoppel*[53] entstehen. Diese dem deutschen Bereicherungsrecht nicht unähnliche Rechtsfigur des *Common Law* führt zu einem Leistungsanspruch in Höhe des *quantum meruit* (*as much as deserved*).[54]

2. Vertragsschluss auf der Grundlage von Allgemeinen Geschäftsbedingungen

Die Verwendung von Allgemeinen Geschäftsbedingungen ist in Indien erlaubt und weit verbreitet. Eine besondere gesetzliche Regelung gibt es diesbezüglich nicht. Genau wie in Europa sind in der Praxis die Fragen der wirksamen Einbeziehung sowie die Inhaltskontrolle und Auslegung der AGB von entscheidender Bedeutung. So müssen auch in Indien AGB klar und eindeutig formuliert werden, als *Contractual Document* in den Vertrag mit eingeführt werden und dürfen den Vertragspartner nicht unangemessen benachteiligen. Die AGB müssen also in einem als Vertragsdokument erkennbaren Schriftstück enthalten sein. Generell muss daher empfohlen werden, dass neben dem eigentlichen Vertrag auch die AGB von beiden Vertragsparteien unterzeichnet werden. Dies muss vor oder spätestens bei Vertragsschluss erfolgen. In Allgemeinen Geschäftsbedingungen kann auch ein Haftungsausschluss vereinbart werden. Die Grenzen eines solchen Haftungsausschlusses sind in Indien weiter gesteckt als nach deutschem Recht, insbesondere im Hinblick auf die „Kardinalpflichten" genannten vertraglichen Hauptpflichten. Haftungsausschlussklauseln bedürfen allerdings auch nach indischer Rechtsprechung einer besonderen sorgfältigen Formulierung, da diese grundsätzlich sehr eng zu Lasten des Verwenders ausgelegt werden.

---

52 *Bhadbhade*, Contract Law in India, 2010, S. 239.
53 Vgl. hierzu eine grundlegende Entscheidung des Supreme Court: Motilal Padampat Sugar Mills Co Ltd v. State of Uttar Pradesh, 1979 AIR 621; 1979 SCR (2) 641.
54 Vgl. im Einzelnen *Fung*, Precontractual Rights and Remedies: Restitution and Promissory Estoppel, 1999; *Avtar Singh*, Law of Contract & Specific Relief, 10th Edition, Reprinted 2010, S. 139 ff.

3. Stellvertretung

Das Recht der Stellvertretung ist vorwiegend in Section 188 des *Indian Contract Act*, 1872 geregelt.[55] Im Regelfall ist eine Bevollmächtigung eines Stellvertreters (*Agent*) durch den Vertretenen (*Principal*) formlos möglich. Die inhaltliche und zeitliche Beschränkung sowie der Widerruf sind grundsätzlich frei vereinbar. Allerdings gelten die nachfolgend genannten Formvorschriften für das Hauptgeschäft auch für die Vereinbarung der Vertretung. Für Handelsvertreter bestehen teilweise noch besondere staatliche Genehmigungspflichten unter der *Foreign Trade Policy* der indischen Regierung.

4. Formvorschriften

Nach dem *Indian Contract Act*, 1872 sind auch mündliche Vereinbarungen wirksam und durchsetzbar, sofern deren Abschluss nachweisbar ist. Die Partei, die die Durchsetzung einer mündlichen Vereinbarung begehrt, trägt allerdings die Beweislast für deren wirksames Zustandekommen. Ein Schriftformerfordernis besteht nur in einigen Fällen, so z.B. für Kaufverträge über Immobilien und andere Verträge, die nach dem *Indian Registration Act*, 1908 zusätzlich behördlich registriert werden müssen. Nachfolgend werden die wichtigsten Schriftformerfordernisse und Registrierungspflichten dargestellt.

Schriftform- und Registrierungspflichten wichtiger Vertragsverhältnisse in Indien

Das indische Recht verlangt in folgenden Fällen die Schriftform:

Fortlaufende Nummer	Gesetzestitel	Inhalt
1.	*The Apprentices Act*, 1961, Section 4	Ausbildungsverträge
2.	*The Arbitration and Concilliation Act*, 1996, Section 7	Schiedsverträge
3.	*The Scene Workers and Cinema Theater Workers (Regulation of Employment) Act*, 1981, Section 3	Verträge über Mitarbeit bei Filmprojekten

---

55 *Wadhwa*, Mulla Indian Contract Act, 13th Edition 2011, S. 309 ff.

D Allgemeines Recht der Verträge

Fortlaufende Nummer	Gesetzestitel	Inhalt
4.	The *Indian Contract Act*, 1872, Section 25 (1) (3)	Verträge zwischen nahen Verwandten ohne *Consideration*, Versprechen, eine verjährte Forderung zu erfüllen
5.	*Companies Act*, 1956, Section 15, 30, 46, 108	*Memorandum of Associations, Articles of Associations, Transfer of Shares, Debentures*
6.	The *Copyright Act*, 1957, Section 19, 30 A	Übertragung des Urheberrechts, Lizenzierung
7.	The *Income Tax Act*, 1961, Section 269 UC	Bestimmte Immobiliengeschäfte
8.	The *Limitation Act*, 1963, Section 18	Schuldanerkenntnis (Verjährungsneubeginn)
9.	The *Patents Act*, 2005, Section 68	Übertragung oder Belastung von Patentrechten
10.	The *Trade and Merchandise Marks Act*, Section 18, 49	Übertragung oder Lizenzierung von Marken
11.	The *Transfer of Property Act*, 1882, Section 54, 59, 107, 128, 130	Übertragung und Belastung von Grundstücksrechten
12.	The *Indian Trusts Act*, 1882, Section 5	Stiftung mit Immobilienwerten

Das indische Recht verlangt in folgenden Fällen Schriftform und Registrierung:

- Schenkung oder andere Rechtsübertragung, Rechtsänderung oder Belastung von Grundstücksrechten – ausgenommen testamentarische Übertragung;
- Jede Bestätigung einer Gegenleistung für ein Grundstücksgeschäft;
- Rechtsdokumente, die indirekte Rechte an Grundstücken verändern.
- Immobilienverträge, die sich von Jahr zu Jahr verlängern, eine Mindestdauer von einem Jahr beinhalten oder die jährliche Mietzahlung vorsehen;
- Insolvenzrechtliche Vergleiche;
- Verfügungen über Gesellschaftsanteile an einer Kapitalgesellschaft;
- Anleihen einer Kapitalgesellschaft in bestimmten Fällen;

– die Übertragung von Schuldverschreibungen von Kapitalgesellschaften.

Zu beachten ist außerdem das so genannte *Stamping*. Geschlossene Verträge können in Indien mit Stempelmarken versehen werden, die z. B. bei den Banken erhältlich sind. Über die Stempelmarke wird die Stempelsteuer (*Stamp Duty*) bezahlt. Teilweise wird auch schon im Voraus gestempeltes Dokumentenpapier verwendet (*Stamped Paper*). Der Wert der so verwendeten Stempelmarken wird durch den *Indian Stamp Act, 1899* je nach Vertragsgegenstand vorgeschrieben. Verträge, die nicht auf gestempeltem Papier ausgefertigt oder mit Stempelmarken versehen sind, sind rechtlich zwar nicht unwirksam, sie können jedoch unter bestimmten Umständen nicht vor Gericht zum Beweis von Ansprüchen herangezogen werden. Daher ist das *Stamping* üblich und in jedem Fall zu empfehlen. Das *Stamping* muss grundsätzlich vor der Unterzeichnung und Ausfertigung (*Execution*) des Vertrages erfolgen. Es existieren allerdings Ausnahmen, so dass ein Vertragsdokument auch nachträglich – gegen Zahlung eines Strafzuschlages (*Penalty*) in Höhe von bis zu dem Zehnfachen der regulären *Stamp Duty* – noch gestempelt werden kann.[56] Falls keine oder eine zu niedrige Stempelgebühr entrichtet wurde, kann die Stelle, der das Vertragsdokument vorgelegt wird, dieses beschlagnahmen. Einzelheiten des *Stamping* sind in dem *Indian Stamp Act, 1899* und in einzelnen Landesgesetzen geregelt.

III. Vertragsauslegung

Die Vertragsauslegung nach indischem Recht unterscheidet sich deutlich vom deutschen Recht. Grundlegende Regelungen zur Auslegung von Verträgen finden sich im *Indian Evidence Act, 1872*. So gilt grundsätzlich die *Plain Meaning Rule* (Sections 93–98 *Indian Evidence Act*, 1872), d. h., dass sich Gerichte bei der Vertragsauslegung besonders eng am Wortlaut orientieren. Alles, was im Vertragswortlaut nicht ausdrücklich enthalten ist, gilt nicht als vereinbart. Falls der Wortlaut klar (*plain*) ist, können die Parteien sich später nicht darauf berufen, diese Aussagen anders gemeint zu haben. Die vorangegangene Korrespondenz oder der Inhalt von Vertragsverhandlungen können dann grundsätzlich nicht zur Vertragsauslegung genutzt werden.[57] Eine Erforschung des „wirklichen Willens der Parteien" findet nur dann statt, wenn der Wortlaut des Vertrags

---

56 *Bhadbhade*, Contract Law in India, 2010, S. 108.
57 *Bhadbhade*, Contract Law in India, 2010, S. 156 f.

uneindeutig ist und sich der Wille der Parteien hieraus nicht zweifelsfrei ableiten lässt. Dann werden neben dem Wortlaut auch die Umstände des Vertragsschlusses, der Vertragsgegenstand sowie die vorvertragliche Korrespondenz und das nachvertragliche Verhalten der Parteien zu Auslegungszwecken herangezogen.[58]

Außerdem gilt die so genannte *Parol Evidence Rule*.[59] Hiernach darf – verkürzt gesagt – ein Vertragsdokument nur aus sich selbst heraus ausgelegt werden, andere als die Vertragsdokumente sind unbeachtlich. Dies bedeutet, dass nur solche Schriftstücke zur Auslegung eines Vertragswerkes genutzt werden können, die diesem als Anlage beigefügt wurden. Beide Regeln führen in der Praxis dazu, dass Vertragswerke nach indischem Recht – ebenso wie die in anglo-amerikanischer Tradition – sehr ausführlich und umfassend geschrieben werden. Es ist dringend zu raten, sich dieser Tradition im Handelsverkehr anzuschließen, auch wenn die Vertragswerke hierdurch sehr umfangreich werden.

IV. Typische Vertragsregelungen und Besonderheiten im indischen Recht

1. Begriffsbestimmungen (*Definitions*)

Typisch indische Handelsverträge folgen üblicherweise dem klassischen Aufbau der anglo-amerikanischen Vertragsgestaltung. Hierbei werden oft in sehr umfangreichen Eingangsbestimmungen mittels einer Präambel und Begriffsbestimmungen (*Definitions*) Grundlagen für die Auslegung des Vertragstextes geschaffen. Die Bedeutung dieser Bestimmungen sollte auf keinen Fall unterschätzt werden. Da im *Common-Law*-System viele Begriffe nicht gesetzlich definiert sind, kommt den *Definitions* erhebliche praktische Bedeutung zu. Auch die genaue Festlegung der Vertragsparteien erfolgt in den Eingangsbestimmungen. Es ist wichtig, dass hier ein kreditwürdiger indischer Vertragspartner definiert wird. Viele – auch kleinere – indische Unternehmen bestehen aus einem Konglomerat von verschiedenen verbundenen (Familien-)Gesellschaften. Eine Kreditauskunft, die auch in Indien in recht verlässlicher Form erhältlich ist, ist unbedingt empfehlenswert.

---

58 Joseph Darmanin v. Carmel Micallef, 1946 AIR (PC) 50; Godhra Electricity Co Ltd v. State of Gujarat, 1975 AIR 32; 1975 SCR (2) 42; Vatsavaya Venkata v. Venkatapathi Raju, 1924 AIR PC 162 Mad 230; weiterführend *Wadhwa*, Mulla Indian Contract Act, 13th Edition 2011, S. 131 f.
59 Vgl. hierzu *Bhadbhade*, Contract Law in India, 2010, S. 109 ff.

IV. Typische Vertragsregelungen und Besonderheiten im indischen Recht **D**

2. Leistungszeit und Verzug (*Delay*)

Der Käufer hat üblicherweise ein essentielles wirtschaftliches Interesse an einer pünktlichen Lieferung der erwarteten Ware sowie an einer weitgehenden Haftung des Verkäufers bei Verspätungen. Nach indischem Recht ist zu beachten, dass der Verkauf und die Eigentumsübertragung beweglicher Sachen im *Sale of Goods Act*, 1930 geregelt sind. *Goods* im Sinne dieses Gesetzes sind sämtliche beweglichen Sachen; ausgenommen sind Rechtsansprüche und Geld. Der Begriff *Goods* umfasst auch Aktien und andere Unternehmensanteile, Wasser, Elektrizität, Gas sowie gewerbliche Schutzrechte und den *Good-Will* eines Unternehmens.

Das indische Vertragsrecht enthält keine Regelung über die Lieferzeit und die besondere Bedeutung eines Fixgeschäfts. Ob die Einhaltung der Lieferzeit eine vertragliche Hauptpflicht ist oder nicht, hängt vom erkennbaren Willen der Vertragsparteien und den Umständen des Vertragsschlusses ab. Pünktliche Lieferung ist immer dann eine Hauptpflicht, wenn Art und Erfordernis des Vertrages eine solche Auslegung notwendig machen. In Handelsverträgen ist die Lieferzeit grundsätzlich als wesentlich für die Vertragserfüllung anzusehen.[60] Ein solcher Vertrag unter Kaufleuten liegt vor, wenn beide Parteien Handelsgeschäfte betreiben und in deren Rahmen den Vertrag schließen. Ansonsten gilt nur bei ausdrücklicher Parteivereinbarung und bei offensichtlichen absehbaren Verzugsschäden die Regel „*time is of the essence*".

In einer Vertragsbeziehung, in der die pünktliche Lieferung essentiell ist, kann eine verzögerte Lieferung das Recht zur einseitigen Vertragsauflösung durch die vertragstreue Partei auslösen.

Zur Vermeidung von Auseinandersetzungen sollten die Lieferzeiten und Verzugsfolgen eindeutig geregelt werden. Hierzu kann ein pauschalierter Schadensersatz im Verzugsfall vertraglich vereinbart werden (*Liquidated Damages*). Vertragsstrafen (*Penalties*) sind dagegen nach indischem Recht absolut unwirksam.[61] *Liquidated Damages* müssen so fair und angemessen ausgehandelt werden, dass sie in der Praxis nicht als Vertragsstrafe angesehen und für nichtig erklärt werden.

Liquidated Damages werden in Section 74 des *Contract Act*, 1872 geregelt. Enthält demnach der Vertrag eine solche Schadensersatzvereinbarung, nach der im Falle eines Schadens eine bestimmte, im Vertrag fest-

---

60 Dominion of India v. Raj Bahadur Seth Bhikhraj Jaipuria, 1957 AIR Pat 586; Orissa Textile Mills Ltd. and Anr v. Ganesh Das Ramkishun, 1961 AIR Pat 107.
61 Zur Abgrenzung „penalty" und „liquidated damages" vgl. *Wadhwa*, Mulla Indian Contract Act, 13th Edition 2011, S. 232; *Bhadbhade*, Contract Law in India, 2010, S. 153.

gelegte Entschädigung an die geschädigte Partei zu entrichten ist, so darf diese Regelung nur eine angemessene Wiedergutmachung für erlittene Schäden darstellen und keinen Strafcharakter (*Penalty*) haben. Im Falle einer gerichtlichen Auseinandersetzung überprüft das Gericht die Höhe der *Liquidated Damages* grundsätzlich nicht, sondern akzeptiert die Parteivereinbarung, solange diese nicht als *Penalty* angesehen wird.[62] Ein darüber hinaus gehender Schadensersatz ist rechtlich nicht durchsetzbar.[63] Leistungsklage und Schadensersatzklage schließen sich gegenseitig aus.[64] Außerdem muss geregelt werden, ob die verspätete Lieferung zur Kündigung und Rückabwicklung des Vertrages führt oder nur Schadensersatzpflichten auslöst.

3. Kaufpreiszahlung (*Payment*)

Die Vereinbarung einer festen Zeit für die Kaufpreiszahlung bleibt den Vertragsparteien vorbehalten (Section 11 *Sale of Goods Act*, 1930).

Die Absicherung der Kaufpreiszahlung erfolgt im internationalen Handel insbesondere mit neuen, unbekannten Geschäftspartnern häufig durch den Einsatz von Dokumentenakkreditiven (*Letter of Credit*). Im Exportgeschäft von Europa nach Indien wird hierdurch eine Sicherung des Exporteurs gegen Zahlungsverweigerung oder -unfähigkeit erreicht. Das Akkreditiv sichert als Zahlungsversprechen der eröffnenden, in diesem Fall indischen Bank die Bonität des Käufers ab. Die eröffnende Bank ist zur Zahlung des Akkreditivgegenwertes verpflichtet, wenn der Akkreditivbegünstigte, der Exporteur, über seine Hausbank die unter dem Akkreditiv geforderten Dokumente unter Wahrung aller Akkreditivbedingungen vorlegt.

Klassische Kreditversicherungen von privaten Kreditversicherungsgesellschaften sind für indische Käufer nur in Ausnahmefällen zu erhalten. Anders sieht es bei der staatlichen Exportkreditversicherung aus. Angesichts der positiven Entwicklung des Landes verfolgt die deutsche Bundesregierung bereits seit 1997 eine offene Deckungspolitik, die insbesondere dem Investitionsgüterexporteur vielfältige Absicherungsmöglichkeiten eröffnet.

Bei der klassischen Absicherung durch den Einsatz von Bankinstrumenten kann man zwischen dem so genannten Dokumenteninkasso und dem

---

[62] Oil and Natural Gas Corporation Ltd v. SAW Pipes Ltd, 2003 AIR SC 2629; State of Orissa v. Calcutta Co. Ltd., 1981 AIR Ori 206.
[63] Fateh Chand Balkishan v. Das, 1963 AIR 1405; 1964 SCR (1) 515.
[64] Mulluk Chand Mollah v. Surendra Nath Majumdar, 1957 AIR Cal 217, 219.

IV. Typische Vertragsregelungen und Besonderheiten im indischen Recht **D**

Dokumentenakkreditiv unterscheiden. Beide Instrumente unterliegen in der Praxis den international anerkannten Richtlinien der *International Chamber of Commerce* (ICC) in Paris, d. h. den Einheitlichen Richtlinien für Inkassi (ICC ERI, Publikation 522) in ihrer Fassung vom 1. Januar 1996 bzw. den überarbeiteten Einheitlichen Richtlinien und Gebräuchen für Dokumenten-Akkreditive (ICC ERA, Publikation 600) in ihrer Revision 2007.[65]

Das Dokumenteninkasso (*CAD-Cash against Documents*) stellt sich in der Praxis häufig etwas einfacher und kostengünstiger dar, da die Dokumentenstrenge des Akkreditives keine Anwendung findet. Allerdings fehlt dem Dokumenteninkasso das Zahlungsversprechen der Bank des Käufers (Importeur), welches für Akkreditive charakteristisch ist und diese zu einer sehr sicheren Zahlungsvereinbarung macht. Das Dokumenteninkasso stellt lediglich sicher, dass der Käufer nur gegen Zahlung Zugriff auf die (Waren-)Dokumente und damit die Ware erhält. Verweigert der Käufer jedoch die Aufnahme der Dokumente bzw. ist nicht mehr zahlungsfähig, erhält der Exporteur nur die Dokumente zurück und ist gezwungen, die schwimmende oder im Zielhafen eingelagerte Ware anderweitig zu veräußern.

Das Dokumentenakkreditiv sichert auch diesen Fall ab und ist damit immer dann zu empfehlen, wenn auch nur ein geringer Zweifel an der Zahlungsfähig- und/oder -willigkeit des Käufers besteht. Allerdings ist es unabdingbar, dass der Verkäufer (Exporteur) die Dokumentenstrenge beachtet. Das Zahlungsversprechen der akkreditiveröffnenden Bank erlischt auch bei kleinsten Abweichungen zwischen den eingereichten Exportdokumenten (Handelsrechnung, Ursprungszeugnis, Konnossement etc.) und dem Wortlaut des Akkreditives. Selbst unerheblich scheinende Nichtübereinstimmungen in der Schreibweise (z.B. „Schweißtechnik GmbH" statt „Schweisstechnik GmbH") führen dazu, dass das Zahlungsversprechen der Auslandsbank und damit die Sicherheit des Exporteurs erlischt. Es ist demzufolge dringend angeraten, die Akkreditivbedingungen exakt und eindeutig zu formulieren. In der Praxis hat es sich als sehr hilfreich erwiesen, ein von der eigenen Bank erstelltes individuelles Akkreditivmuster zum Vertragsbestandteil zu machen.

Die Bonität der im internationalen Geschäft tätigen indischen Banken ist in aller Regel akzeptabel. Zum Beispiel *State Bank of India*, *ICICI Bank*, *Punjab National Bank*, *Bank of Baroda*, *Canara Bank*, *Bank of India*, *Industrial Development Bank of India*, *Central Bank of India*, *Union Bank*

---

[65] Abrufbar hier: http://www.icc-deutschland.de/icc-regeln-und-richtlinien/icc-era-dokumentenakkreditiv-ablauf-vorteile.html (besucht am 13.8.2012).

D Allgemeines Recht der Verträge

of India oder auch die *HDFC Bank* sind im Welthandel anerkannte Banken. Die Absicherung des Länder- und Bankrisikos ist bei Akkreditiven, die von den namhaften Banken eröffnet wurden, meist zu überschaubaren Kosten möglich. Der sehr heterogene indische Bankenmarkt verfügt jedoch auch über eine ganze Reihe im internationalen Geschäft unerfahrener Klein- und Kleinstbanken. Ist die Akkreditiveröffnung durch eine der namhaften Banken nicht möglich, sollte der Exporteur im Vorfeld in enger Abstimmung mit seiner Hausbank klären, ob und zu welchen Kosten eine Absicherung in Form einer Akkreditivbestätigung möglich ist.

Europäische Importeure, die indische Ware gegen ein Dokumentenakkreditiv kaufen, sollten sich darüber im Klaren sein, dass ihre Bank bei Vorlage akkreditivgerechter Dokumente in jedem Fall zur Zahlung verpflichtet ist. Es ist daher von größter Bedeutung sicherzustellen, dass die Ware, die sich zum Zeitpunkt der Dokumentenvorlage eventuell noch auf dem Seeweg befindet, den Bedingungen des Kaufvertrages entspricht. Eine wesentliche Verringerung des Risikos der Fehl- oder Schlechtlieferung bietet der Einsatz von international anerkannten Qualitätszertifizierern, wie z. B. der *Société General de Surveillance* (SGS) mit Hauptsitz in Genf und Niederlassungen in allen für den Handel wichtigen Ländern. Die Vorlage eines positiven SGS-Zertifikates sollte in diesen Fällen zu einem integralen Bestandteil des Akkreditives gemacht werden.

4. Gewährleistung (*Warranty*)

Der wohl entscheidende Unterschied zwischen deutschen bzw. europäischem und indischem Gewährleistungsrecht ist die Tatsache, dass die Gewährleistung nach indischem Recht kein zwingendes Recht, sondern disponibel ist und in der Praxis daher häufig eingegrenzt oder ganz ausgeschlossen wird.[66]

Section 16 des *Sale of Goods Act*, 1930 liegt das Prinzip des *caveat emptor* zu Grunde (*let the buyer beware*). Dies bedeutet, dass der Käufer grundsätzlich selbst dafür Sorge tragen muss, dass er eine fehlerfreie und für den Einsatzzweck geeignete Ware zum Kauf auswählt. Von diesem Grundsatz gibt es folgende Ausnahmen:

Gemäß Section 16 (1) *Sale of Goods Act*, 1930 besteht eine stillschweigende Zusicherung der Tauglichkeit des verkauften Produkts für den vom Käufer vorausgesetzten Verwendungszweck (*fitness for the buyers purpose*), wenn der Käufer dem Verkäufer diesen Zweck mitgeteilt hat oder

---

66 *Von Braunmühl*, VuR 2010, 413.

IV. Typische Vertragsregelungen und Besonderheiten im indischen Recht **D**

sich dieser zweifelsfrei aus den Umständen ergibt. In diesen Fällen kann sich der Käufer auf die Sachkenntnis des Verkäufers verlassen. Bei Handelsgeschäften unter Kaufleuten wird dieser Ausnahmegrundsatz schnell zur Regel. Daher sollte im Zweifel in der Praxis ein klarer Ausschluss für eine solche *Warranty for Fitness for Purpose* vereinbart werden. Eine Gewährleistungsverpflichtung in Bezug auf *Fitness for any Particular Purpose* besteht allerdings nicht bei Produkten, die unter einem Patent oder einer Marke verkauft werden.

Gemäß Section 16 (2) *Sale of Goods Act*, 1930 gilt eine stillschweigende Zusicherung, dass die Waren von einer handelstauglichen Qualität (*Merchantable Quality*) sind, wenn diese aufgrund einer Beschreibung gekauft wurden und der Verkäufer regelmäßig mit Waren der beschriebenen Art handelt. Mit *Merchantable Quality* ist die Wiederverkaufsfähigkeit der Waren gemeint sowie ein Zustand, in dem ein durchschnittlicher Käufer sie nach eingehender Untersuchung (nach Lage des Einzelfalls in vernünftiger Weise) für den Eigengebrauch oder Weiterverkauf akzeptieren würde.

Handelsbräuche (*Usage of Trade*) können zu einer stillschweigenden Qualitätszusage oder einer Zusage der *Fitness for Particular Purpose* führen. Schließlich kann in Fällen arglistiger Täuschung (*Fraud*) die *Caveat-Emptor*-Regel nicht angewendet werden.

Warranties bedeuten gemäß Section 12 (3) *Sale of Goods Act*, 1930 Gewährleistungsverpflichtungen, deren Verletzung zu Schadensersatzansprüchen, aber nicht zum Recht der Zurückweisung der Ware führen kann. *Warranties* müssen von den so genannten *Conditions* abgegrenzt werden. Hierbei handelt es sich um ganz wesentliche Vertragsbestimmungen, deren Verletzung den gesamten Vertragszweck vereiteln kann (Section 12 (2) *Sale of Goods Act*, 1930). Die Nichterfüllung einer *Condition* kann zur Rückabwicklung des gesamten Vertrages führen, wohingegen der enttäuschte Käufer bezüglich einer *Warranty* nur auf Schadensersatzansprüche verwiesen wird. Die Abgrenzung zwischen *Condition* und *Warranty* erfolgt im Einzelfall und ist eine Frage der Vertragsauslegung. Falls festgestellt wird, dass eine *Condition* verletzt wurde, so kann der Käufer einseitig bestimmen, dass die *Condition* als *Warranty* behandelt wird und Schadensersatz geleistet werden muss. Nach einer (teilweisen) Annahme der Ware als vertragsgemäß ist der Käufer allein auf die Rechte aus der *Warranty* beschränkt (Section 13 (2) *Sale of Goods Act*, 1930), es sei denn, die Parteien haben etwas anderes ausdrücklich vereinbart.

Weiterhin ist zwischen den ausdrücklichen Gewährleistungszusagen (*Express Warranties*) und stillschweigenden Gewährleistungszusagen (*Im-*

D Allgemeines Recht der Verträge

plied Warranties) zu unterscheiden. Von erheblicher praktischer Bedeutung ist hier die bereits oben erwähnte *Implied Warranty of Fitness for a Particular Purpose*.

Die Vertragsparteien können zudem auch so genannte *Representations* (Zusicherungen) vereinbaren. Hierin können besondere Eigenschaften oder eine besondere Beschaffenheit des Vertragsgegenstandes beschrieben werden. Der Verkäufer steht dann dafür ein, dass solche *Representations* zutreffend sind und erfüllt werden. Dies ist vergleichbar mit einer Leistungs- oder Funktionsgarantie. Eine genaue Beschreibung der Beschaffenheit der vertraglich erwarteten Kaufsachen ist daher auch im Handelsverkehr mit Indien absolut notwendig.

Eine bestimmte Gewährleistungsfrist ist in Indien nicht gesetzlich festgelegt. Die Verbrauchergerichte nehmen regelmäßig eine Gewährleistungsfrist von einem Jahr an;[67] in Verträgen zwischen Unternehmern sollte hierzu eine ausdrückliche vertragliche Regelung aufgenommen werden.

5. Vertragliche Haftung bei Vertragsverletzung (*Breach of Contract*)

Vertragliche Leistungsstörungen wie z.B. Unmöglichkeit, Verzug sowie Schlecht- oder Nichtleistung werden unter dem Begriff *Breach of Contract* (Vertragsverletzungen) zusammengefasst.[68] Ein solcher *Breach of Contract* führt zur Haftung (*Liability*). Für die vertragstreue Partei erfolgen hieraus verschiedene Rechte (*Remedies*), wie die Verpflichtung zur Erfüllung (*Specific Performance of Contract*), Unterlassung (*Restraint*), Rücktrittsrecht (*Rescission of Contract*) oder Schadenersatz (*Damages*). Außerdem bestehen Minderungs- (*Diminuition*) und Kündigungsrechte (*Termination for Default*).

Vertragliche Schadensersatzrechte sind vor allem in Section 73 und 74 *Indian Contract Act*, 1872 geregelt. Hiernach besteht – ähnlich wie im deutschen Recht – der Grundsatz der Totalreparation (§ 249 BGB). Auf dieser Grundlage ist derjenige Schaden zu ersetzen, der durch das schädigende Verhalten entstanden ist. Grundsätzlich sind somit alle Nachteile zu ersetzen, die aus dem haftungsbegründenden Verhalten resultieren. Als gewisses Korrektiv für eine solche „Endloshaftung", die nach deutschem Recht auch indirekte Schäden (Folgeschäden) umfassen kann, bestimmt Section 73 *Indian Contract Act*, 1872, dass für entfernte und indirekte Schäden (*Remote and Indirect Loss or Damage*) kein Ersatz verlangt wer-

---

67 *Von Braunmühl*, VuR 2010, 413.
68 Weiterführend *Wadhwa*, Mulla Indian Contract Act, 13th Edition 2011, S. 217 ff.

den kann.[69] Einen Strafschadensersatz (*Punitive Damage*) wie im US-amerikanischen Recht kennt das indische Vertragsrecht grundsätzlich nicht. Durch ein *Amendment* zu dem *Consumer Protection Act, 1986* wurde den zuständigen Verbrauchergerichten[70] allerdings die Befugnis eingeräumt, in Verfahren, welche Verbraucher und deren Rechte betreffen, Strafschadensersatz zu gewähren.[71] Gleichwohl sollte – wie in sämtlichen Handelsverträgen, insbesondere in Investitionsgüterlieferverträgen – die Haftung der Parteien im Detail geregelt werden. Vor allem in Maschinenlieferverträgen oder so genannten Anlagenbauverträgen können Streitigkeiten über Folgeschäden besondere rechtliche und damit letztlich auch wirtschaftliche Gefahren bedeuten.[72]

Schließlich enthalten viele indische Verträge eine besondere Haftungsfreistellung für die vertragstreue Partei. Solche Klauseln werden meistens unter der Überschrift *Indemnities* aufgenommen. *Indemnity* bedeutet im weitesten Sinne Haftungsfreistellung bezüglich jeder Art von Schäden oder Haftungsansprüchen. In Section 124 des *Indian Contract Act*, 1872 ist der so genannte *Contract of Indemnity* geregelt, in welchem die eine Vertragspartei gegenüber der anderen das Versprechen abgibt, sie von allen Schäden freizuhalten, die durch den Versprechenden selbst oder einen Dritten verursacht werden. Verschiedene solcher Freistellungsrechte sind auch gesetzlich geregelt (z.B. im Recht der Vertretung, Section 222 und 223 *Indian Contract Act*).

6. Wettbewerbsverbote/Geheimhaltungsvereinbarungen

Gemäß Section 27 *Indian Contract Act*, 1872 sind Wettbewerbsverbote (*non-compete*) grundsätzlich nichtig. Hiervon betroffen sein können auch Geheimhaltungsvereinbarungen zum Schutz von Geschäftsgeheimnissen, wenn sie indirekt zu einem Wettbewerbsverbot führen. In der Praxis wird zwischen vertraglichen und nachvertraglichen Wettbewerbsverboten unterschieden. Während derartige Verbote während der Laufzeit eines Vertrages bei Vorliegen bestimmter Voraussetzungen als zulässig angesehen werden können,[73] sind nachvertragliche Wettbewerbsverbote in aller Regel unwirksam. Dessen ungeachtet sind *non-compete*-Regelungen üblich

---

69 *Bhadbhade*, Contract Law in India, 2010, S. 215 f.
70 Zu diesen Quasigerichten *von Braunmühl*, VuR 2010, 413.
71 *Bhadbhade*, Contract Law in India, 2010, S. 218.
72 Vgl. hierzu *Podehl*, Der Betrieb, 2005, 2453 ff.
73 Niranjan Shankar Golikari v. Century Spinning & MfG Co Ltd, 1967 AIR SC 1098; 1967 SCR (2) 378; Gopal Paper Mills v. Surendra K Malhotra, 1962 AIR Cal 61; weiterführend *Wadhwa*, Mulla Indian Contract Act, 13th Edition 2011, S. 121 ff.

D Allgemeines Recht der Verträge

und empfehlenswert, da sie unabhängig von ihrer gerichtlichen Durchsetzbarkeit eine nicht zu unterschätzende Hemmschwelle vor möglichen Wettbewerbshandlungen errichten.

Das Datenschutzrecht in Indien ist derzeit noch zu schwach ausgearbeitet. So weigert sich z. B. die Europäische Union bislang, Indien als „*Data Secure Country*" anzuerkennen. Gesetze wie der *Information Technology Act*, 2000, ergänzt durch ein *Amendment* im Jahr 2008, regeln vor allem die zivilrechtliche Haftung für einen nicht gesetzmäßigen Umgang mit personenbezogenen Daten. Im Jahr 2011 hat das *Department of Electronics and Information Technology* zudem die *Information Technology (Reasonable security practices and procedures and sensitive personal data or information) Rules*, 2011 erlassen. Diese *Rules* regeln unter anderem das Sammeln, die Benutzung und die Übermittlung von sensiblen personenbezogenen Daten und Informationen. Ein Unternehmen, das solche Daten verarbeitet, ist hiernach verpflichtet, eine interne Datenschutzrichtlinie zu erlassen, die den Umgang mit diesen Daten regelt. So muss die Einwilligung des Betroffenen eingeholt werden, bevor sensible personenbezogene Daten erhoben werden.

Trotz einer feststellbaren Verbesserung des Datenschutzes in Indien sollten ausländische Investoren zum Schutz ihrer eigenen datenschutzrechtlichen Verpflichtungen im Heimatland daher in besonderem Maße Vorkehrungen zur Einhaltung ihrer inländischen Verpflichtungen treffen.

7. Vertragsbeendigung

Nach indischem Recht werden Verträge durch Vertragserfüllung, entsprechende Parteivereinbarung, Zeitablauf, Tod oder Insolvenz einer Partei, Unmöglichkeit (Section 56 *Indian Contract Act*, 1872) und in bestimmten Fällen bei *Breach of Contract* beendet. Unabhängig davon bestehen keine Besonderheiten, so dass hier – wie in anderen Handelsverträgen auch – klare „*Exit*-Strategien" festgelegt werden müssen, die Regelungen etwa zu noch ausstehenden Vergütungen, zur Rückgabe von Vermögenswerten und anderen Abwicklungspflichten beinhalten.

Notwendig und gleichzeitig kritisch sind so genannte *Force-Majeure*-Klauseln, die eine mögliche Vertragsbeendigung bei höherer Gewalt (*Acts of God*) beinhalten.[74] Sie sind einerseits zweckmäßig, um ein Geschäft in besonderen Notfällen nach angemessener Frist beenden zu können. Solche Klauseln werden in der indischen Rechtspraxis aber oftmals

---

[74] Zum möglichen Regelungsgehalt vgl. Afshar M M Tacki v. Dharamsey Tricamdas, 1947 AIR Bom 98; *Bhadbhade*, Contract Law in India, 2010, S. 191.

sehr weit ausgelegt, so dass hier eine präzise Beschreibung solcher Akte höherer Gewalt notwendig ist.

8. Verjährung

Soweit vertraglich nichts Besonderes geregelt ist, gelten für die Verjährung von Ansprüchen die Regelungen des *Limitation Act*, 1963.[75] Hiernach gilt für vertragliche Rechte grundsätzlich eine dreijährige Verjährungsfrist. Im Zusammenhang mit Grundstücken und Grundpfandrechten gelten deutlich längere Verjährungsfristen von 12 bis 30 Jahren, je nach Art des Anspruches. Teilweise finden sich im indischen Recht auch kürzere Verjährungsfristen von nur einem Jahr, z.B. im Recht der unerlaubten Handlung.

---

75 *Bhadbhade*, Contract Law in India, 2010, S. 226 ff.

E. Gesellschaftsrecht – Schwerpunkt: *Private Limited Company*

I. Gesetzliche Grundlagen und Gesellschaftsformen

In Kapitel C wurden die verschiedenen Möglichkeiten eines Markteintritts in Indien erörtert. In den meisten Fällen wird der ausländische Investor die Vertriebsform einer eigenen Tochtergesellschaft oder eines *Joint Venture* wählen. Rechtsgrundlage des indischen Gesellschaftsrechts ist der *Indian Companies Act*, 1956 (ICA) einschließlich seiner späteren Änderungen. Im ICA sind alle gesellschaftsrechtlichen Belange geregelt – von der Gründung bis zur Kapitalaufbringung, Geschäftsführung sowie der Auflösung und Liquidation der Gesellschaft. Der ICA behandelt Haftungsfragen sowie die Rechte und Pflichten der Gesellschaft, ihrer Gesellschafter und Geschäftsführer. Er wurde im Laufe der Jahre immer wieder ergänzt, um den sich geänderten Wirtschaftsbedingungen gerecht zu werden. Darüber hinaus bemüht sich die Regierung weiterhin um Vereinfachungen, z. B. können im Hinblick auf die Eintragung einer Gesellschaft und die Errichtung ihrer Hauptniederlassung in Indien Dokumente nunmehr auch in elektronischer Form verschickt werden.[76] Der ICA stellt mit über 658 Sections wohl die umfangreichste schriftliche Kodifizierung im indischen Recht dar. Dabei fehlt der aus dem europäischen *Civil Law* bekannte hohe Abstraktionsgrad. Das Gesetz fasst vielmehr die bisher ergangene Rechtsprechung zum Gesellschaftsrecht zusammen. Die Regelungen sind dadurch sehr detailliert und oft unübersichtlich.[77]

Dieses Kapitel behandelt die für ausländische Investoren wichtigsten praktischen Aspekte des indischen Gesellschaftsrechts, vor allem die der *Private Limited Company* (nachfolgend kurz *Private Company* genannt).

Das indische Gesellschaftsrecht definiert die Kapitalgesellschaft (*Incorporated Company*) als einen freiwilligen Zusammenschluss von mehreren Personen, gerichtet auf die Ausübung einer Geschäftstätigkeit unter eigener Firma. Die *Company* ist eine juristische Person mit eigener Rechtspersönlichkeit, die unabhängig vom Bestand ihrer Mitglieder existiert und Träger von Rechten und Pflichten sein kann (*Perpetual Succession*).

---

[76] General Circular No. 6/2011 des Ministry of Corporate Affairs, abrufbar hier: http://www.mca.gov.in/Ministry/pdf/Circular_6–2011_8mar2011.pdf (besucht am 13. 8. 2012).

[77] Für eine umfassende Kommentierung wird auf *Ramaiya*, Guide to the Companies Act, 17th Edition 2010 verwiesen.

I. Gesetzliche Grundlagen und Gesellschaftsformen E

Das indische Recht definiert die Kapitalgesellschaft somit ähnlich wie das deutsche Recht.

Der ICA kennt folgende Formen von *Incorporated Companies*:
- *Private Limited Company*
- *Deemed Public Company*
- *Public Limited Company*
- *Charitable Company*
- *Unlimited Company*

Sobald eine *Public Limited Company* (nachfolgend kurz *Public Company* genannt) die mehrheitliche Kontrolle über eine *Private Company* übernimmt, wird auch die übernommene Gesellschaft wie eine *Public Company* behandelt und wird *Deemed Public Company* genannt. Bei den *Charitable Companies* handelt es sich ebenfalls um *Limited Liability Companies*, die aber gemeinnützigen Zwecken dienen und bestimmte Privilegien – vor allem steuerlicher Art – in Anspruch nehmen dürfen.

Bei der *Unlimited Company* ist die Haftung der Gesellschafter unbeschränkt, weshalb sie als Investitionsvehikel wohl nicht in Frage kommt und im Folgenden auch nicht weiter behandelt wird. Von praktischer Bedeutung sind im indischen Gesellschaftsrecht vor allem die *Private Company* und die *Public Company*, wobei die *Private Company* in etwa einer deutschen GmbH, die *Public Company* einer deutschen AG vergleichbar ist. Bei beiden Gesellschaftsformen ist die Haftung der Gesellschafter auf das Haftkapital beschränkt. Bei der *Private Company* ist wiederum zwischen der *Company Limited by Shares* und der *Company Limited by Guarantee* zu unterscheiden, die sich insbesondere in der Form der Kapitalaufbringung und der Haftung unterscheiden. Die *Private Company* ist dabei die von ausländischen Investoren am häufigsten gewählte Organisationsform, und zwar sowohl bei eigenen Neugründungen als auch bei *Joint Ventures*.

Neben den Kapitalgesellschaften mit eigener Rechtspersönlichkeit kennt das indische Gesellschaftsrecht auch die Personengesellschaft (*Partnership*). Der maßgebliche *Partnership Act*, 1932 definiert die *Partnership* als eine Rechtsbeziehung zwischen rechtsfähigen Personen, die gemeinsam ein Geschäft mit Gewinnerzielungsabsicht führen.

Grundsätzlich haften bei einer „klassischen" *Partnership* unter dem *Partnership Act*, 1932 die Partner mit ihrem persönlichen Vermögen für das Fehlverhalten der jeweils anderen Partner unbegrenzt, weshalb diese Gesellschaftsform in der indischen Wirtschaftspraxis nicht sehr häufig gewählt wird; ein Äquivalent findet sich in Deutschland z.B. in der Gesellschaft bürgerlichen Rechts oder der Offenen Handelsgesellschaft (OHG). Um die Rechtsform der *Partnership* attraktiver zu gestalten, hat das Parlament im Jahr 2008 den *Limited Partnership Act*, 2008 verabschiedet; dieser ist im April 2009 in Kraft getreten. Die *Limited Liability Partnership* (LLP) verbindet die flexible innere Gesellschaftsstruktur einer *Partnership* mit der Haftungsbeschränkung einer *Private Limited Company*.[78]

Während eine ausländische Beteiligung an einer LLP zunächst noch verboten war, gestattete die Press Note 1 (2011 Series) ab Mai 2011 eine solche Beteiligung. Die LLP kann grundsätzlich bei allen ausländischen (Direkt-)Investitionen gewählt werden, bei denen eine Beteiligungshöhe von 100% über die „*Automatic Route*" zulässig ist und bei denen keine besonderen Investitionsbedingungen bestehen (wie etwa bei Bauentwicklungsprojekten).[79] Für ausländische Beteiligungen bleiben somit weiterhin verschlossen LLPs in den Bereichen Landwirtschaft, Printmedien oder Immobilien.

Die ausländische Beteiligung am Kapital der LLP darf nur über eine Bareinlage erfolgen; Sacheinlagen, eine Finanzierung über Auslandsdarlehen (*External Commercial Borrowings*) oder die Beteiligung ausländischer Finanzinvestoren (*Foreign Institutional Investors, Foreign Venture Capital Investors*) sind nicht erlaubt.[80] Die Alternative, ein Darlehen bei einer indischen Bank aufzunehmen, ist nicht nur teuer, sondern auch problematisch, da die indischen Banken mit den LLP-Strukturen gegenwärtig noch nicht ausreichend vertraut und dementsprechend zurückhaltend bei der Vergabe solcher Kredite sind. Zusätzlich ist weder die Gründung einer Tochtergesellschaft noch eine Investition in andere indische Unternehmen gestattet. Die LLP ist daher als Rechtsform für ausländische Investitionen in den meisten Fällen ungeeignet. Daher beschränken sich die folgenden Ausführungen auf die indischen Kapitalgesellschaften.

---

78 Hierzu weiterführend u.a. *Bhatia/Wagle*, India Law Journal, abrufbar hier: http://www.indialawjournal.com/volume2/issue_2/article_by_bhavesh_sukhada.html (besucht am 13.8.2012); *Parameswaran-Seiffert/Parameswaran*, RIW 2012, 105, 108.
79 Näheres bei *Parameswaran-Seiffert/Parameswaran*, RIW 2012, 105, 108.
80 *Parameswaran-Seiffert/Parameswaran*, RIW 2012, 105, 108.

II. *Private Limited Company*

1. Gründung

a) Wesensmerkmale der Private Limited Company

Die *Private Company* ist in Section 3, (1) ICA definiert. Danach müssen die folgenden Voraussetzungen erfüllt und in den *Articles of Association*, der Satzung der Gesellschaft, festgelegt sein:

- Die Übertragbarkeit von Gesellschaftsanteilen ist beschränkt.
- Die Anzahl der Gesellschafter muss mindestens zwei und darf höchstens 50 betragen. Von der zahlenmäßigen Beschränkung ausgenommen sind aktive oder ehemalige Arbeitnehmer der Gesellschaft.
- Das öffentliche Angebot zur Zeichnung von Gesellschaftsanteilen und Schuldverschreibungen ist untersagt.
- Im Zeitpunkt der Gründung muss ein Stammkapital in Höhe von mindestens 100 000 INR vorhanden sein.

Die Beschränkung der Anteilsübertragung und der Gesellschafterzahl sind besondere Abgrenzungsmerkmale gegenüber der *Public Company*. Die Unterschreitung der Mindestzahl von zwei Gesellschaftern hat die persönliche Haftung des verbleibenden Gesellschafters zur Folge. Eine „Ein-Mann-*Private-Limited*", vergleichbar mit der deutschen „Ein-Mann-GmbH", gibt es folglich nicht. Ein geplanter Gesetzesentwurf, der eine solche Ein-Mann-Gesellschaft im indischen Recht vorsieht, wurde bislang noch nicht verabschiedet (s. unten II 7 d). Legen die *Articles of Association* (Satzung) die genannten Voraussetzungen nicht fest, so handelt es sich bei der Gesellschaft automatisch nicht um eine *Private Company*, sondern um eine *Public Company*. Die *Private Company* muss ein *Board of Directors* einrichten, das aus mindestens zwei Geschäftsführern (*Directors*) besteht.

Neben der Einhaltung der Gründungsvoraussetzungen des ICA muss die *Company* vom zuständigen *Registrar of Companies* eingetragen werden. Der *Registrar of Companies* ist eine Registrierungsbehörde, die ein Verzeichnis führt, das in etwa dem deutschen Handelsregister entspricht. Jeder indische Unionsstaat verfügt über einen eigenen *Registrar of Companies*. Dort werden auch die Gründungsunterlagen eingereicht. Die Behörde veröffentlicht die Eintragungen und alle weiteren notwendigen Informationen. Durch den *Companies (Amendment) Act*, 2006 (Section 4) besteht auch die Möglichkeit, alle Unterlagen, die mit der Gründung einer Gesellschaft im Zusammenhang stehen, in elektronischer Form zu übermitteln. Erforderlich ist dazu eine Online-Registrierung über das Portal des *Ministry of Corporate Affairs* (http://www.mca.gov.in/). Die *Pri-*

vate Company kann bereits nach der Eintragung bei dem zuständigen *Registrar of Companies* die Geschäftstätigkeit aufnehmen; vorbehaltlich etwaiger Genehmigungserfordernisse bei ausländischen Direktinvestitionen.

b) Firmenname

Der erste Schritt auf dem Weg zur Gründung einer Gesellschaft ist die Genehmigung des Firmennamens durch den *Registrar of Companies* (*Name Approval*). Die Antragstellung muss neben den bevorzugten Firmennamen mindestens drei Alternativvorschläge enthalten, für den Fall, dass bestimmte Namen bereits vergeben sind.[81] Der ICA enthält Bestimmungen über die Zulässigkeit bestimmter Firmennamen. Der Firmenzusatz *Private Limited* ist Pflicht. Namen, die eine zu große Ähnlichkeit mit bereits existierenden Firmennamen aufweisen, sowie unzulässige oder irreführende Namen sind nicht genehmigungsfähig. Früher war zudem zu beachten, dass abhängig von etwaigen Firmenzusätzen („*India*" oder „*International*") die Höhe des vorgeschriebenen Stammkapitals variieren konnte. Im Juli 2011 erließ die indische Regierung allerdings *Name Availability Guidelines*, 2011, die diese Unterscheidung abschafften.[82] Das Mindeststammkapital einer *Private Limited Company* beträgt nun einheitlich 100 000 INR, das einer *Public Limited Company* 500 000 INR.

Checkliste: Gesellschaftsgründung/weitere Formalitäten

1. Die Gesellschaft muss beim zuständigen Finanzamt eine *Permanent Account Number* (PAN) einholen.
2. Die Direktoren der Gesellschaft müssen ihre individuelle DIN-Nummer (*Directors Identification Number*) beim zuständigen Finanzamt einholen.
3. Außerdem müssen die Direktoren ein *Digital Signature Certificate* (DSC) beantragen. Die *Digital Signature* ist für die elektronische Einreichung von Dokumenten zwingend erforderlich.
4. Die Registrierungsformalitäten müssen gemäß *Shop and Establishment Act* bei Eröffnung der Geschäftsräume abgeschlossen sein.
5. Die nach den verschiedenen Gewerbe- und Industriegesetzen erforderlichen Genehmigungen sind einzuholen, wenn die Gesellschaft beabsichtigt, eine Fabrik zu errichten oder eine ähnliche industrielle Betätigung vorzunehmen.

---

81 Die Verfügbarkeit von Firmennamen kann auch auf der Homepage des Ministry of Corporate Affairs überprüft werden: http://www.mca.gov.in/DCAPortalWeb/dca/MyMCA-Login.do?method=setDefaultProperty&mode=16 (besucht am 13.8.2012).
82 Abrufbar hier: http://www.mca.gov.in/Ministry/pdf/Circular_45-2011_08july2011.pdf (besucht am 13.8.2012).

6. Die Einhaltung arbeits- und sozialrechtlicher Bestimmungen muss gegeben sein.
7. Eine Registrierung im Hinblick auf Mehrwertsteuer (*VAT*) und *CenVAT* muss vorgenommen werden.
8. Es muss ein *Import-Export-Code* beim *Director General of Foreign Trade* beantragt werden.
9. Die im jeweiligen Einzelfall notwendigen Genehmigungen der *Reserve Bank of India* für ausländische Direktinvestitionen müssen vorliegen.
10. Bei einer Tätigkeit in einem speziellen Software Park muss die *Software Technology Parks of India* (STPI)-Registrierung eingeholt werden.

c) Gründungsdokumente

Nach Genehmigung des Firmennamens sind beim zuständigen *Registrar of Companies* folgende Dokumente einzureichen:[83]

Checkliste: Dokumente für den *Registrar of Companies*
1. *Memorandum of Association* – MoA (Gründungsurkunde der Gesellschaft), das vor allem die Handlungsfähigkeit der Gesellschaft nach außen dokumentiert (drei gestempelte und unterzeichnete Kopien erfoderlich);
2. *Articles of Association* (Satzung der Gesellschaft), die das Innenverhältnis der Gesellschaft regeln. Die *Articles of Association* sind für die *Private Company* zwingend vorgeschrieben (drei gestempelte und unterzeichnete Kopien erfoderlich). Soweit sich das Memorandum of Association oder die Articles of Association auf weitere Übereinkünfte beziehen, müssen diese auch mit abgegeben werden.
3. Formular Nr. 32 in zweifacher Ausfertigung, das die Namen, Adressen, Nationalitäten und Datum der Ernennung der Geschäftsführer (*Director*) enthält. Dieses Formular ist vom künftigen *Director* zu unterzeichnen.
4. Formular Nr. 18 in zweifacher Ausfertigung, das die Adresse des eingetragenen Firmensitzes der Gesellschaft sowie Angaben über die für sie zuständige Polizeibehörde, enthält;
5. Formular Nr. 1 in zweifacher Ausfertigung mit der Erklärung des Geschäftsführers oder einer anderen bestimmten Person, wie Wirtschaftsprüfer oder Anwalt, dass alle Voraussetzungen für die Gesellschaftsgründung erfüllt wurden. Diese Erklärung kann auch auf einem nichtamtlichen Papier mit einer Stempelmarke über 100 INR abgegeben werden.
6. Bestätigungsschreiben (Original) des *Registrar of Companies* über die Verfügbarkeit des Namens der Gesellschaft (*Name Approval*);

---

[83] Hierzu http://india.gov.in/howdo/otherservice_details.php?service=19 (besucht am 13.8.2012).

> 7. eine von allen Unterzeichnern der *Articles of Association* und des *Memorandum of Association* unterschriebene Vollmacht, die einen der Unterzeichner oder eine andere Person bevollmächtigt, zum Zwecke der Gesellschaftsgründung im Namen aller zu handeln, eingereichte Dokumente zu ergänzen und das *Certificate of Incorporation* entgegenzunehmen;
> 8. eine Vollmacht für den Fall, dass einer der Unterzeichner eine andere Person bestimmt hat, in seinem Namen das MoA zu unterzeichnen;
> 9. Nachweis über Zahlung der Anmeldegebühren.

Das *Memorandum of Association*, die *Articles of Association* sowie die Formulare Nr. 1, 18, 32 werden elektronisch an den *Registrar of Companies* übermittelt.[84]

Der *Registrar* überprüft alle Dokumente und erteilt im Anschluss daran das *Certificate of Incorporation*. Eine *Private Company* kann mit Erhalt dieses *Certificate* sofort ihre Geschäftstätigkeit aufnehmen (Section 149 (7)).

Die Gesellschaft muss spätestens mit der Geschäftsaufnahme oder 30 Tage nach der Eintragung einen festen Geschäftssitz (*Registered Office*) errichtet und diesen dem *Registrar* angezeigt haben (Section 146). Die Gesellschaft ist verpflichtet, den Gesellschaftsnamen am Geschäftssitz, auf den Geschäftsbriefen, auf dem Siegel oder Stempel zu nennen. Ebenso muss die Anschrift der Gesellschaft aus den Geschäftsbriefen ersichtlich sein (Section 147).

Weitere Gründungsvoraussetzungen sind die Erfüllung der Anzeige- und Veröffentlichungspflichten sowie die Erstellung eines Registers der Gesellschafter, vergleichbar mit einer Gesellschafterliste nach deutschem Recht.

Jede Gesellschaft ist verpflichtet, ein Register ihrer Anteilseigner zu führen. Dieses Register enthält Namen, Anschrift und Beruf des Anteilseigners, eine fortlaufend nummerierte Aufschlüsselung der Gesellschaftsanteile sowie den auf jeden Anteil gezahlten Betrag des Kapitals und das Eintritts- und Austrittsdatum jedes Gesellschafters. Die Inhaber von Schuldverschreibungen der Gesellschaft müssen ebenfalls in einem Register erfasst werden (Section 152). Die Register müssen grundsätzlich am Geschäftssitz der Gesellschaft werktäglich für mindestens zwei Stunden zur Einsicht bereitgehalten werden (Section 163). Das Register darf jährlich für 45 Tage geschlossen werden, jedoch niemals länger als 30 Tage am Stück (Section 154). Jede Veränderung eintragungspflichtiger

---

84 Circular No. 61/2011 des Ministry of Corporate Affairs, abrufbar hier: http://www.mca.gov.in/Ministry/pdf/Circular_61-2011_05sept2011.pdf (besucht am 13. 8. 2012).

Tatsachen muss innerhalb von 14 Tagen in dem Register vermerkt werden. Für ausländische Anteilseigner kann ein gesondertes Register im Ausland geführt werden (*Foreign Register*, Sections 157, 158). Am inländischen Hauptsitz der Firma ist dann neben dem Hauptregister (*Principal Register*) eine Zweitfertigung des *Foreign Register* zu führen. Einträge in das *Foreign Register* werden im *Principal Register* nicht vermerkt. Erst mit Auflösung des *Foreign Register* werden die Einträge in das *Principal Register* integriert.

d) Memorandum of Association

Das *Memorandum of Association* ist als Gründungsurkunde die „Verfassung der Gesellschaft" und regelt die Rechtsverhältnisse nach außen. Das *Memorandum of Association* hat einen gesetzlich bestimmten Mindestinhalt und muss Regelungen zu folgenden Punkten enthalten:

- Name der Gesellschaft, bei der *Private Company* mit dem entsprechenden Zusatz (Section 13 (1));
- Sitz der Gesellschaft unter Angabe des jeweiligen Bundesstaates (Section 13 (1));
- Gesellschaftszweck (Section 13 (1));
- Beschränkte Haftung der Gesellschaft (Section 12 (2) (c));
- Betrag des Mindestkapitals sowie die Aufspaltung dieses Kapitals in Gesellschaftsanteile mit bestimmten Nennwert (Section 13 (4)). Jedes Gründungsmitglied ist verpflichtet, mindestens einen Gesellschaftsanteil zu zeichnen.

Das *Memorandum* muss in maschinenschriftlicher Form vorliegen (Section 15). Dabei muss es in fortlaufend nummerierten Abschnitten untergliedert und von jedem Gründungsmitglied vor einem Zeugen unterzeichnet werden.

Das *Memorandum* kann frei entworfen werden, wobei der *Companies Act* in seinen Anhängen (*Schedules*) Muster für die einzelnen Gesellschaftsformen bereithält, auf die zurückgegriffen werden kann (Section 14).

Besondere Beachtung bedarf die Regelung des Gesellschaftszwecks, da das indische Gesellschaftsrecht strikt der *ultra-vires*-Doktrin folgt. Danach sind Geschäfte der Gesellschaft, die außerhalb ihres Gesellschaftszweckes betrieben werden, unzulässig. Vom *Memorandum of Association* nicht gedeckte rechtsgeschäftliche Handlungen der Gesellschaft sind nichtig.[85] Eine Heilung, etwa durch nachträgliche Genehmigung, ist aus-

---

85 A. Lakshmanaswami Mudaliar v. Life Insurance Corporation of India, 1963 AIR 1185; 1963 SCR Supl. (2) 887.

geschlossen. Die *ultra-vires*-Doktrin dient dem Schutz der Gesellschafter und der Kreditgeber der Gesellschaft, die nicht mit den Folgen einer Gesellschaftstätigkeit außerhalb ihres Zwecks konfrontiert werden sollen. In der Praxis ist die *ultra-vires*-Doktrin unter folgenden Gesichtspunkten relevant:

Im Falle einer Tätigkeit außerhalb des Gesellschaftszwecks können die Gesellschafter gegen die Gesellschaft eine Unterlassungsverfügung anstrengen. Die Directors der Gesellschaft haften dabei persönlich für den Schaden, der aufgrund der Tätigkeit *ultra vires* entsteht. Sie haften auch gegenüber Dritten, die im guten Glauben Rechtsgeschäfte mit der Gesellschaft eingegangen sind.

Da sich die Gesellschaft mit der Festlegung ihres Gesellschaftszwecks selbst die Grenzen ihrer Tätigkeit setzt, ist grundsätzlich eine weite Formulierung des Gesellschaftszwecks zu empfehlen. Neben dem Hauptgesellschaftszweck können weitere Geschäfte als Inzident- oder Hilfsgeschäfte in das Memorandum aufgenommen werden. Dadurch wird vermieden, dass bei einer späteren Ausweitung der Tätigkeit eine notwendige und umständliche Änderung des Memorandums vorgenommen werden muss. In der Praxis werden daher sehr umfangreiche Tätigkeitsfelder in das Memorandum aufgenommen. Hier finden sich daher häufig auch solche, hinsichtlich derer die betreffende Gesellschaft wohl niemals eine Aktivität entfalten wird.

e) Articles of Association

Die *Articles of Association* sind die Satzung der Gesellschaft und regeln das Verhältnis der Gesellschaft zu ihren Gesellschaftern. Die Aufstellung der *Articles of Association* ist für die *Private Company* verpflichtend (Section 26). Es existieren im Anhang des *Companies Act* so genannte *Schedules*, die eine Art Mustersatzung enthalten, an der sich die Gründer orientieren können. Im Verhältnis zum *Memorandum* sind die *Articles* im Rang untergeordnet. Im Falle eines Konflikts zwischen den Regelungen des *Memorandum* und der *Articles* gehen die Regelungen des *Memorandum* vor. Bestimmungen des Innenverhältnisses der Gesellschaft können nämlich nicht die im *Memorandum* festgelegten Regelungen im Außenverhältnis überlagern. Grund hierfür sind Gesichtspunkte des Gläubigerschutzes.

Für die *Private Company* sieht Section 3 (1) (iii) einen zwingenden Mindestinhalt für die *Articles of Association* vor:[86]

---

[86] Hierzu auch *Ramaiya*, Guide to the Companies Act, 17th Edition 2010, Section 3.

II. *Private Limited Company* **E**

- Beschränkungen der Übertragbarkeit der Gesellschaftsanteile;
- Beschränkung der Zahl der Anteilseigner auf 50;
- Verbot, Zeichnungsaufforderungen für Gesellschaftsanteile oder Anleihen öffentlich auszuschreiben;
- Verbot von Einlagen Dritter.

Erstellt die *Private Company* keine eigenen *Articles of Association*, tritt automatisch die Mustersatzung in *Table* A, *Schedule* I des *Companies Act* in Kraft. Gleiches gilt, wenn die Satzung der Gesellschaft die Bestimmungen der Mustersatzung nicht ausschließt oder diese modifiziert (Section 28 (2)). Ansonsten ist die Gesellschaft in der Gestaltung ihrer Satzung frei. Alle Regelungen bezüglich des Verhältnisses der Gesellschaft zu ihren Gesellschaftern und der Gesellschafter untereinander können in die Satzung aufgenommen werden. Allerdings dürfen sie nicht im Widerspruch zu den zwingenden Bestimmungen des *Companies Act* stehen.

f) Rechtswirksame Unterzeichnung von Gründungsdokumenten außerhalb Indiens

Sowohl *Memorandum of Association* als auch *Articles of Association* müssen rechtswirksam von den Gesellschaftern unterzeichnet werden. Diese Unterzeichnung kann innerhalb Indiens unter Zeugen stattfinden. Bei einem solchen Erwerb indischer Gesellschaftsanteile durch eine ausländische Gesellschaft muss die Vertretungsberechtigung der unterzeichnenden Personen und der entsprechende Gesellschafterbeschluss der ausländischen Gesellschaft nachgewiesen werden. Ferner enthält das indische Gesellschaftsrecht sonst keine über die Schriftform hinausgehenden besonderen Formvorschriften, mit Ausnahme des so genannten *Stamping*. Die Mitwirkung eines Notariatswesens wie in Deutschland und der Schweiz findet in Indien nicht statt.

Bei einer Unterzeichnung der Gründungsdokumente in Deutschland gilt Folgendes:

Die Dokumente müssen von der zur Unterschrift befugten Person handschriftlich unterzeichnet werden. Diese Unterschrift und die Unterschriftsbefugnis muss durch einen deutschen Notar beglaubigt werden. Die notarielle Beglaubigung muss durch eine so genannte *Apostille* durch das für den Amtssitz des Notars zuständige Landgericht überbeglaubigt werden. Schließlich muss die Überbeglaubigung von einer indischen Auslandsvertretung (Botschaft oder Konsulat) förmlich bestätigt werden.

g) Bindungswirkung von Memorandum und Articles of Association

Das *Memorandum* und die *Articles of Association* entfalten zum einen Bindungswirkung zwischen der Gesellschaft und ihren Gesellschaftern. Darüber hinaus bewirken *Memorandum* und *Articles* auch eine Bindung der Gesellschafter untereinander.[87] Sobald die *Articles* bei dem *Registrar of Companies* registriert wurden, entfalten die in den *Articles* enthaltenen Rechte und Pflichten eine vertragsähnliche Bindungswirkung nicht nur zwischen den Gesellschaftern und der Gesellschaft, sondern auch zwischen den Gesellschaftern untereinander.[88]

2. Aufnahme der Geschäftstätigkeit

Mit dem Erhalt des *Certificate of Incorporation* erlangt die Gesellschaft rechtliche Handlungsfähigkeit. Erst ab diesem Zeitpunkt kann sie wirksam Verträge schließen, die die Gesellschaft berechtigen und verpflichten. Rechtsgeschäfte, die vor Eintragung der Gesellschaft eingegangen werden (*Pre-Incorporation Contracts*), können die Gesellschaft nicht wirksam binden. Für die Erfüllung der *Pre-Incorporation Contracts* haften diejenigen Gesellschafter persönlich, die diese Verträge eingegangen sind.

3. Gesellschaftskapital

a) Ausgabe von Gesellschaftsanteilen

Das indische Recht der Kapitalgesellschaften kennt gemäß Section 85 und 86 ICA zwei Arten von Gesellschaftsanteilen, die *Preference Shares* (Vorzugsaktien) und die *Equity Shares* (Stammaktien). Die *Preference Shares* sind jene Kapitalanteile, die bei der Dividendenausschüttung und der Kapitalrückzahlung gegenüber den *Equity Shares* bevorzugt werden. *Preference Shares* beinhalten dagegen nur Stimmrechte, wenn keine Dividende ausgeschüttet wird.

Allerdings sind die engen Bestimmungen des *Companies Act* in Section 85 bis 89 nicht auf die *Private Company* anwendbar (Section 90 (2)). Dies bedeutet insbesondere, dass die *Private Company* bezüglich der Ausgestaltung ihrer Stimmrechte frei ist, während bei der *Public Com-*

---

[87] Ramakrishna Industries (P). Ltd. v. P.R. Ramakerishnan and Ors., Madras High Court, 9.7.1980.
[88] Shiv Omkar Maheshwari v. Bansidhar Jagannath, Bombay High Court, 1957 27 Comp-Cas 255 Bom.

pany das Stimmrecht mit dem einbezahlten Kapital proportional übereinstimmen soll (Section 87 (1) (b)).

Nach einer förmlichen Nummerierung (Section 89) erfolgt die Ausgabe der Gesellschaftsanteile an die im *Memorandum of Association* genannten Gesellschafter. Innerhalb von drei Monaten nach Zuweisung der Anteile hat die Gesellschaft jedem Berechtigten ein *Certificate of Shares* auszuhändigen, das die Zahl der übernommenen Anteile zu ihrem Nennwert und die geleistete Einlage angibt. Das *Certificate of Shares* dokumentiert die Beteiligung des Gesellschafters an der Gesellschaft.

Daneben darf die Gesellschaft auch so genannte *Shares at Premium* zur Zeichnung ausgeben (Section 78). Als *Premium* gelten alle geldwerten Vorteile, die die Gesellschaft erlangt. Dieses Kapital wird auf ein eigenes Konto überwiesen und darf nur gemäß den in Section 78 (2) aufgeführten Zwecken verwendet werden. Jede andere Nutzung ist als Herabsetzung des Gesellschaftskapitals zu qualifizieren. Zum Schutz der Investoren im Hinblick auf *Shares at Premium* hat das *Securities and Exchange Board of India* (SEBI) zu beachtende Richtlinien herausgegeben. Anteile können auch unter dem Nominalwert begeben werden (*Shares at Discount* – Section 79). Zudem können von der Gesellschaft rückkaufbare Anteile herausgegeben werden, so genannte *Redeemable Preference Shares* (Section 80). Dafür müssen zunächst die Amortisationsbedingungen in den *Articles of Association* festgelegt werden. Grundsätzlich ist der Rückkauf nur dann möglich, wenn die Anteile vollständig eingezahlt sind.

b) Übertragbarkeit von Gesellschaftsanteilen

Gesellschaftsanteile gelten grundsätzlich als bewegliches Vermögen, das übertragbar, belastbar und vererbbar ist. Nach der Definition der *Private Company* sind die Anteile allerdings nur eingeschränkt übertragbar, da die Gesellschafterzahl von 50 nicht überschritten werden darf (Section 3 (1) (iii) lit. (a)). Die Bestimmungen, nach denen die Übertragbarkeit der Anteile geregelt ist, sind in den *Articles of Association* enthalten (Section 82). Trotz der grundsätzlichen Beschränkung der Übertragbarkeit der Anteile können die *Articles of Association* das Recht auf Übertragbarkeit nicht gänzlich ausschließen, da dies Section 82 widersprechen würde. Auch Regelungen, die das Recht der Übertragbarkeit der Anteile derart beschränken, dass eine Übertragung de facto nicht mehr möglich ist, sind unwirksam. Falls die *Articles of Association* keine Regelungen zur Übertragung von Anteilen vorsehen, so sind die Regelungen der Mustersatzung in Table A, Schedule 1 des ICA anwendbar. Ist auch deren Anwendung ausdrücklich ausgeschlossen, so findet das allgemeine Recht bezüglich der Übertragung beweglicher Sachen Anwendung. In der Praxis beinhalten die Satzungsbestimmungen einer *Private Company* meist Vorkaufsrechte für Mitgesellschafter.

Bei der Übertragung von Aktien handelt es sich im Grunde um einen Kaufvertrag zwischen dem Gesellschafter, der seine Anteile verkaufen möchte, und dem Erwerber. Zunächst bedarf es eines schriftlichen Kauf- und Übertragungsvertrages (*Instrument of Transfer*), mit dem das Rechtsgeschäft zwischen dem Gesellschafter und dem Erwerber vollzogen wird (*Assignment*). Dieser Vertrag muss den Namen des Erwerbers, dessen Adresse und Berufsbezeichnung beinhalten (Section 108 (1)). Daraufhin erfolgt die Registrierung der Übertragung, wobei der Vertrag zwischen Gesellschafter und Erwerber Voraussetzung für die Registrierung ist. Zudem bedarf es eines *Certificate* oder *Allotment Letter* (Section 112). Die Formerfordernisse sind aus Gründen der Publizität zwingend. Werden sie nicht eingehalten, so entfaltet die Übertragung der Anteile allenfalls zwischen Verkäufer und Erwerber Wirkung, während die Übertragung gegenüber der Gesellschaft wirkungslos bleibt.[89] Innerhalb von zwei Monaten nach Stellung des Eintragungsantrages beim *Registrar of Companies* hat die Gesellschaft das *Certificate of Shares* auszustellen (Section 113).

Die Gesellschaft hat das Recht, die Registrierung der Übertragung zu verweigern (Section 111). Diese Befugnis kann nur durch einen Beschluss des *Board of Directors* ausgeübt werden und zwar auf der Grundlage der *Articles of Association*, die eine entsprechende Ermächtigung beinhalten müssen. Die Ermächtigung kann als Generalklausel ausgestaltet werden, die vom *Board of Directors bona fide* anzuwenden ist. Die Ausgestaltung durch spezifische Verweigerungsgründe ist ebenfalls möglich. Verweigert die Gesellschaft die Registrierung der Übertragung, ohne dass die Verweigerung eine entsprechende Grundlage in der Satzung findet, so kann diese vom Erwerber durch eine Beschwerde beim *Company Law Board* angegriffen werden.

Ein ausländischer Investor kann Anteile einer indischen *Company* erwerben, wenn besondere Voraussetzungen erfüllt sind. Rechtliche Grundlage für den Erwerb von Anteilen durch Ausländer ist *Regulation 5 (1)* des *Foreign Exchange Management* (*Transfer or Issue of Security by a Person Resident Outside India*) *Regulations*, 2000 (FEMA 20/2000),[90] die regelmäßig von der *Reserve Bank of India* aktualisiert und ergänzt werden. Danach darf ein ausländischer Investor grundsätzlich Anteile und Schuldver-

---

89 Ramaiya, Guide to the Companies Act, 17th Edition 2010, Vor Section 108.
90 Abrufbar hier: http://rbi.org.in/scripts/BS_FemaNotifications.aspx?Id=174 (besucht am 13.8.2012).

schreibungen einer indischen *Company* erwerben und veräußern. Die einzelnen Voraussetzungen des Erwerbs oder der Veräußerung der Gesellschaftsanteile durch einen Ausländer sind in den *Schedules* 1 bis 6 der *Regulations* festgelegt. Diese *Schedules* enthalten *Annexures*, die wie die *Policies on Foreign Direct Investment* sektorspezifische Richtlinien enthalten, die die Höchstbeteiligungsgrenzen für ausländische Investoren festlegen.

Auch für die Übertragung von Gesellschaftsanteilen gilt die Grundregel, dass jede Auslandsinvestition einer Genehmigung bedarf. So ist bei jeder Übertragung eine Genehmigung einzuholen, und zwar sowohl bei der Übertragung auf einen ausländischen Investor als auch bei dem Verkauf von Anteilen durch einen solchen:

— Überträgt ein Ausländer seine Anteile an einer indischen *Company* an eine Person, die bereits an einem indischen Unternehmen beteiligt ist oder in anderer Form geschäftliche Beziehungen in Indien unterhält, so benötigt diese Person eine vorherige staatliche Genehmigung der Zentralregierung, wenn das Unternehmen, dessen Anteile übertragen werden, in derselben Branche tätig ist.

— Erwirbt ein ausländischer Investor Unternehmensanteile von einem Inder, gleich, ob im Wege eines Kauf- oder Schenkungsvertrages, so ist auch hier eine vorherige staatliche Genehmigung einzuholen. Dazu ist bei der *Reserve Bank of India* ein Antrag einzureichen, der Namen und Adresse der Parteien, deren geschäftliche Beziehung, den Verkaufspreis bzw. den Grund der Schenkung enthalten soll.

Das Einholen einer solchen Genehmigung dauert erfahrungsgemäß circa 3 Wochen.

Bei der Übertragung von Gesellschaftsanteilen sind zudem die so genannten *Pricing Guidelines* der *Reserve Bank of India* (RBI) zu beachten. Diese stellen Vorgaben für die Ermittlung des so genannten *Fair Value* der Anteile auf und bezwecken inbesondere den Schutz der indischen Anteilseigner.

4. Die Organe der Gesellschaft

Die indische *Company* hat zwei Gesellschaftsorgane, das *Annual General Meeting* (AGM) und das *Board of Directors*. Damit folgt das indische Gesellschaftsrecht dem englischen Recht.[91]

---

91 Hierzu einführend *Vogenauer*, in: Triebel/Illmer/Ringe/Vogenauer/Ziegler (Hg.), Englisches Handels- und Wirtschaftsrecht, 3. Aufl. 2012, S. 9 ff.

E Gesellschaftsrecht – Schwerpunkt: *Private Limited Company*

a) Jahreshauptversammlung (Annual General Meeting)

Das *Annual General Meeting* (AGM) ist das wichtigste Forum für die Gesellschafter der *Company*. Dort werden die grundlegenden strategischen Entscheidungen getroffen, nachdem die Gesellschafter über die Tätigkeit der *Company* informiert wurden. Jede *Company* ist verpflichtet, in jedem Kalenderjahr ein *Annual General Meeting* (AGM) abzuhalten (Section 166 (1)). Das erste AGM muss spätestens 18 Monate nach Eintragung der Gesellschaft stattfinden. Die nachfolgenden AGMs sind in Zeitabständen von jeweils maximal 15 Monaten abzuhalten. In außergewöhnlichen Fällen kann der *Registrar* die Frist einmalig um bis zu drei Monate verlängern. Falls die Einberufung des AGM nicht erfolgt, so hat jedes Mitglied das Recht, das *Company Law Board* anzurufen, welches das AGM in die Wege leitet (Section 167). Wird das AGM nicht durchgeführt oder werden die Anordnungen des *Company Law Board* hinsichtlich der Durchführung des AGM nicht beachtet, so haften die Gesellschaft und jeder Angestellte, auf dessen Verschulden die Nichteinberufung beruht (Section 168).

Die versammlungsleitenden Vorschriften für das AGM sind im ICA ausführlich geregelt (Sections 171 bis 186). Bezüglich des AGM einer *Private Company* sind diese Vorschriften jedoch nicht zwingend, so dass diese ihre eigene Verfahrensweise in ihren *Articles of Association* festlegen kann (Section 170 (1) (ii)). Das Verfahren nach den gesetzlichen Regeln umfasst folgende Aspekte:

– Die Benachrichtigungsfrist für die Einberufung der Hauptversammlung beträgt 21 Tage (Section 171 (1)). Diese Frist kann bei einem AGM nur dann verkürzt werden, wenn alle stimmberechtigten Anteilseigner zustimmen (Section 171 (2) (i)). Die Einladung muss den Ort, das Datum und die Uhrzeit des AGM angeben sowie die Tagesordnungspunkte bezeichnen (Section 172 (1)). Sie wird nach den Zustellungsvorschriften der Section 53 (1) bis (4) versandt. Die Gesellschaft ist nicht verpflichtet, die Einladung ins Ausland zu versenden (Section 171 (2) (ii)).

– Die Tagesordnungspunkte sind in *Special* und *General Business* zu unterteilen. Als *General Business* werden Verhandlungen über die Bilanz, Berichte des Verwaltungsrates und der Wirtschaftsprüfer, Feststellungen einer Dividende, Ernennung von Direktoren und Ernennung und Vergütung von Wirtschaftsprüfern bezeichnet. Alle anderen Themen gelten als *Special Business* (Section 173 (1)). Ist ein Tagesordnungspunkt als *Special Business* bezeichnet, so muss er in der Einladung gesondert erläutert werden (Section 173 (2)).

II. *Private Limited Company* **E**

- Die Beschlussfähigkeit ist gegeben, wenn mindestens zwei Gesellschafter anwesend sind. Die *Articles of Association* können jedoch eine hiervon abweichende Anzahl vorsehen (Section 174 (1)). Ist dieses Erfordernis nicht innerhalb von 30 Minuten nach Beginn der Versammlung erreicht, so gilt diese als aufgelöst und wird auf denselben Werktag der nachfolgenden Woche auf dieselbe Zeit am gleichen Ort vertagt. Wird auch in der vertagten Versammlung das *Quorum* nicht erreicht, so wird die Beschlussfähigkeit fingiert (Section 174 (2) bis (4)).
- Das AGM wird von einem Vorsitzenden (*Chairman*) geleitet, der von den Gesellschaftern gewählt wird (Section 175 (1)). Der Vorsitzende hat folgende Aufgaben und Rechte:
  - Feststellung der Beschlussfähigkeit;
  - Feststellung der Stimmberechtigung der anwesenden Anteilseigner;
  - Schließen der Rednerliste;
  - Leitung der Verhandlungen;
  - Festlegung der Abstimmungsverfahren;
  - Feststellung der Abstimmungsergebnisse.

Soweit die *Articles of Association* dies vorsehen, kann der *Chairman* in einer Patt-Situation eine Entscheidung durch seine Stimme herbeiführen, die dann doppelt zählt (*Casting Vote*).

- Die Stimmabgabe bei Abstimmungen erfolgt grundsätzlich per Handzeichen, wobei jedem Gesellschafter eine Stimme zukommt (Section 177). Die Anteilseigner können allerdings auch eine Abstimmung nach Stimmanteilen (*Poll*) verlangen (Section 179). Bei einer solchen Abstimmung hat jeder Anteilseigner eine seinem eingezahlten Kapital bzw. seinem Geschäftsanteil entsprechende Stimmenzahl. Eine Abstimmung nach *Polls* ist möglich, wenn bei Anwesenheit von nicht mehr als sieben Anteilseignern mindestens ein persönlich anwesender Anteilseigner einen entsprechenden Antrag stellt. Sind mehr als sieben Anteilseigner anwesend, müssen zwei Anteilseigner den Antrag stellen (Section 179 (1) (b)). Gesellschafter, denen mehrere Stimmrechte zustehen, sind nicht verpflichtet, diese einheitlich auszuüben (*Splitting of Votes*, Section 183). Der *Private Company* steht es grundsätzlich frei, zu bestimmen, dass das Stimmrecht erst nach Zahlung fälliger Einlagen ausgeübt werden darf (Section 181).
- Die Stimmabgabe ist auch durch einen Stellvertreter (*Proxy*) möglich (Section 176). Der Stellvertreter ist zur Teilnahme am AGM und zur Stimmabgabe bei *Polls* berechtigt. Er hat allerdings kein

75

Rederecht auf der Versammlung (Section 176 (1)). Die Bestellung eines Stellvertreters hat gegenüber der Gesellschaft schriftlich zu erfolgen und ist spätestens 48 Stunden vor dem AGM einzureichen (Section 176 (5)). Falls in den *Articles of Association* keine Formerfordernisse vorgesehen sind, so empfiehlt sich das Formular gemäß *Schedule* IX im Anhang des ICA.

- Der ICA unterscheidet zwei Arten von Beschlüssen: die *Ordinary Resolution* und die *Special Resolution*. Eine *Ordinary Resolution* ist ein Beschluss, der mit einfacher Mehrheit der anwesenden und stimmberechtigten Gesellschafter zustande kommt (Section 189 (1)). Eine *Special Resolution* ist dagegen nur mit Dreiviertel-Mehrheit möglich (Section 189 (2) (c)). Die Tagesordnungspunkte, die als *Special Resolution* beschlossen werden sollen, müssen in der Einladung als solche bezeichnet werden.

- Über jedes AGM ist ein Protokoll zu führen. Ordnungsgemäß geführte Protokolle dienen als Anscheinsbeweis für die rechtmäßige Einberufung des AGM und Durchführung der dort vermerkten Handlungen (Sections 194, 195).

- Das *Ministry of Corporate Affairs* schuf in 2011 die Möglichkeit, dass Gesellschafter künftig „in elektronischer Form" („*through electronic mode*") an Gesellschafterversammlungen, Aufsichtsratssitzungen und Ausschusssitzungen teilnehmen. Eine Teilnahme über Videokonferenz ist daher zulässig.[92]

b) Board of Directors

Das *Board of Directors* ist das Exekutivorgan der Gesellschaft, das sowohl die Funktionen der Geschäftsführung als auch die eines Aufsichtsrates in sich vereinigt (*Mono-Board-System*). Das *Board of Directors* ist daher nicht nur der Geschäftsführung einer GmbH oder dem Vorstand einer AG nach deutschem Recht vergleichbar, sondern weist auch Merkmale eines Aufsichtsrates auf. Die *Private Company* muss mindestens zwei *Directors* haben (Section 252 (2)). Nur natürliche Personen kommen als *Director* in Frage (Section 253). Es gibt keine Beschränkung für die Bestellung von Ausländern als *Director*; auch ist es nicht erforderlich, dass der ausländische *Director* einen Wohnsitz in Indien hat. Der ICA enthält keine Definition des *Director*. Die Rechtsprechung definiert den *Director* als Vertreter der Gesellschaft, Treuhänder des Gesellschafts-

---

[92] http://www.mca.gov.in/Ministry/pdf/Circular_27–2011_20may2011.pdf (besucht am 13.8.2012).

vermögens und Organ der Gesellschaft.[93] Der Status eines *Directors* ist nicht der eines Angestellten der Gesellschaft. Diese Unterscheidung ist im Hinblick auf steuerrechtliche und arbeitsrechtliche Gesichtspunkte relevant.

Enthält das *Memorandum of Association* keine Regelung im Hinblick auf die ersten *Directors*, so gelten die Gründer der Gesellschaft, die das *Memorandum* unterzeichnet haben, als die ersten *Directors* der Gesellschaft (Section 254). Es kann auch in den *Articles of Association* eine Bestimmung aufgenommen werden, wonach nur jene Gründungsgesellschafter als *Directors* gelten, die eine bestimmte Mindestzahl von Anteilen gezeichnet haben (*Share Qualification*). Eine Liste mit den ersten *Directors* der Gesellschaft (Formular Nr. 32) ist zusammen mit dem *Memorandum* beim *Registrar of Companies* einzureichen. Häufig werden die Namen der ersten *Directors* auch in den *Articles of Association* aufgeführt, so dass diese die volle Handlungsvollmacht erlangen.

Der ICA stellt keine Kriterien für die Bestellung der *Directors* auf. Jedoch enthält der ICA bestimmte Disqualifikationsmerkmale, die in den *Articles of Association* noch erweitert werden können (Section 274 (1)). Disqualifikationsmerkmale sind beispielsweise Privatinsolvenz, Geisteskrankheit, Vorstrafen, fehlende Einzahlung auf Aktien. Die Beschränkungen in Bezug auf die Anzahl von Gesellschaften, in denen eine Person die Stellung eines *Director* bekleiden darf, gelten nicht für die *Private Company* (Section 278).

Für das Verfahren der *Director*-Bestellung besteht für die *Private Company* eine weitgehende Gestaltungsfreiheit. Auch im Falle einer plötzlichen Vakanz eines *Director*-Postens kann die *Private Company* dessen Besetzung frei regeln. Die Anzahl der *Directors* kann aufgrund einer *Ordinary Resolution* vom AGM geändert werden. Darüber hinaus dürfen zusätzliche *Directors* (*Additional Directors*) bestellt werden, wobei eine in den *Articles of Association* festgelegte höchstzulässige Anzahl der *Directors* nicht überschritten werden darf (Section 260).

Die *Directors* werden im Rahmen des AGM durch eine *Ordinary Resolution* abberufen (Section 284 (1)).

Das *Ministry of Corporate Affairs* schuf in 2011 die Möglichkeit, dass *Directors* „in elektronischer Form" (*through electronic mode*) an den Sitzungen des *Board of Directors* teilnehmen können. Eine Teilnahme über

---

93 Ferguson v. Wilson, 1866 36 LJ Ch 67; Albert Judah Judah v. Rampada Gupta and Anr. 1959 AIR Cal 715; 1960 30 CompCas 582 Cal; Gopal Khaitan and Ors v. The State And Ors, 1969 AIR Cal 132; 1969 39 CompCas 150 Cal.

Videokonferenz ist daher zulässig.[94] Insbesondere für ausländische Directors stellt dies eine spürbare Erleichterung dar. Ein Mal pro Jahr muss jeder *Director* allerdings persönlich an einem *Board Meeting* teilnehmen.

5. Geschäftsführung

Dem *Board of Directors* obliegt die Geschäftsführung der Gesellschaft. Die *Directors* sind grundsätzlich zu allen Handlungen ermächtigt, die von einer Gesellschaft nach dem ICA, dem *Memorandum* und den *Articles of Association* wahrgenommen werden dürfen (Section 291). Die Befugnisse der *Directors* reichen demnach nur so weit, wie die Gesellschaft nach ihrem Gesellschaftszweck handeln darf. Die Befugnisse der *Directors* lassen sich in drei Gruppen untergliedern:

(a) Grundsätzlich ist das *Board* als Kollektivorgan ermächtigt. Einzelne Befugnisse können auf die jeweiligen *Directors* übertragen werden.
(b) Gewisse Befugnisse dürfen nur aufgrund eines Beschlusses des gesamten *Boards* ausgeübt werden (Sections 291, 292, 262, 297, 372).
(c) In bestimmten Fällen ist die Mitwirkung des AGM notwendig (Sections 269, 386, 293, 294, 314).

Die Pflichten und die Stellung eines *Director* lassen sich im Hinblick auf dessen umfassende Kompetenz mit der eines Sonderhandlungsbevollmächtigten und im Hinblick auf das Gesellschaftsvermögen mit denen eines Treuhänders vergleichen. Der ICA selbst beinhaltet keine konkreten Pflichten der *Directors*, so dass sich diese erst durch die Rechtsprechung herausgebildet haben. Die Pflichten des *Director* bestehen in erster Linie gegenüber der Gesellschaft. Zu unterscheiden ist zwischen den Treuepflichten (*Fiduciary Duties*) und den Sorgfaltspflichten (*Duty of Care, Skill and Diligence*). Erstgenannte Pflicht ergibt sich aus der Stellung des *Director* als Treuhänder und der Generalermächtigung, nach der die *Directors* stets nach bestem Wissen und Gewissen für die Gesellschaft handeln sollen. Die Sorgfaltspflichten entsprechen in etwa der deutschen kaufmännischen Sorgfaltspflicht. Zudem bestehen Verschwiegenheits- und Offenlegungspflichten (Section 299 ff.).

Die *Directors* haften gegenüber der Gesellschaft persönlich für alle rechtswidrigen Handlungen sowie für Transaktionen, zu deren Abschluss sie nicht ermächtigt waren. Ob die Rechtsgeschäfte selbst gültig sind und die Gesellschaft zu binden vermögen, hängt in erster Linie davon ab, ob sie vom Gesellschaftszweck im *Memorandum of Association* umfasst sind

---

[94] http://www.mca.gov.in/Ministry/pdf/Circular_28-2011_20may2011.pdf (besucht am 13.8.2012).

(*Ultra-vires*-Doktrin). Darüber hinaus haften die *Directors* für Pflichtverletzungen.[95] Ihre Haftung für schuldhafte Pflichtverletzungen kann auch nicht ausgeschlossen werden, weder vertraglich noch in den *Articles of Association*, da *Directors* als *Officer* gemäß Section 2 (30) einzustufen sind (Section 201). Eine nachträgliche Haftungsbefreiung im Einzelfall kann nur gerichtlich festgestellt werden, wenn nachgewiesen wird, dass der *Director* redlich und angemessen (*honestly and reasonably*) gehandelt hat (Section 633).

6. Company Secretary

Der *Company Secretary* gilt nicht als Organ der Gesellschaft, hat jedoch praktisch große Bedeutung. Er ist ranghöchster Angestellter des Unternehmens nach den *Directors*. Seinem Aufgabenkreis unterfallen das Führen der Bücher und Protokolle, die Überwachung der Registrierungsvorschriften sowie die Ausstellung der Anteilszertifikate.

Alle Gesellschaften mit einem Stammkapital von derzeit mindestens 50 Mio. INR sind verpflichtet, einen vollzeitbeschäftigten *Company Secretary* einzustellen (vgl. Sec. 383 A *Companies Act*, 1956, mit den Ausführungsbestimmungen *Companies (Appointment and Qualification of Secretary) Rules,* 1988 as amended by *Companies (Appointment and Qualification of Secretary) Rules*, 2009). Der *Company Secretary* benötigt eine besondere Qualifikation, über deren Grundlagen das *Institute of Company Secretaries of India* (ICSI) wacht. Das ICSI hat nach dem *Satyam*-Skandal besondere Corporate Governance Empfehlungen (*Recommendations to Strengthen Corporate Governance Framework*) herausgegeben.[96] Der *Company Secretary* kann gerade für ausländische Investoren eine wichtige Rolle spielen, da er die Einhaltung der gesellschaftsrechtlichen Vorgaben und die Corporate Governance überwachen soll. Er kann damit als „verlängerter Arm" der jeweiligen Investoren auch für wichtige Compliance-Themen eingesetzt werden. Gesellschaften, die aufgrund ihres Stammkapitals verpflichtet sind, einen *Company Secretary* einzustellen, müssen im Falle der Nichterfüllung dieser Pflicht mit einem Bußgeld rechnen.

---

95 Vgl. Official Liquidator v. P. A. Tendolkar 1973 AIR 1104; 1973 SCR (3) 364; Globe Motors Ltd. v. Mehta Teja Singh And Co., 1984 55 CompCas 445 Delhi; 24 (1983) DLT 214.
96 Abrufbar hier: http://www.icsi.edu/docs/webmodules/LinksOfWeeks/Recommendations%20Book-MCA.pdf (besucht am 13.8.2012); zum Skandal auch *Hofer*, Handelsblatt, 3.6.2009, abrufbar hier: http://www.handelsblatt.com/unternehmen/it-medien/nach-dem-skandal-it-dienstleister-satyam-kaempft-um-vertrauen/3190244.html (besucht am 13.8.2012).

7. Liquidation der Gesellschaft (*Winding-up*)

Nach dem *Companies Act* kann die Liquidation einer Gesellschaft auf drei Arten stattfinden:[97] Aufgrund einer gerichtlichen Anordnung, freiwillig oder unter gerichtlicher Aufsicht. Die Anfang 2011 zunächst lediglich für einige Monate bestehende besondere Möglichkeit einer beschleunigten Abwicklung von gescheiterten Gründungen (*Easy Exit Scheme*) wurde von der Regierung seit Juni 2011 in modifizierter Weise fortgeführt (*Fast-Track Exit Scheme*).[98]

Das Abwicklungsverfahren selbst richtet sich dabei stets nach Section 44 (1) lit. (a). *Companies Act*. Liquidationsverfahren gelten als langwierig und mühsam. Nicht ganz zu Unrecht kursiert der Erfahrungssatz: „In Indien dauert es achtundachtzig Tage, um eine Gesellschaft zu gründen und elf Jahre, um sie wieder abzuwickeln."

a) Gerichtliche Liquidation

Die Liquidation der Gesellschaft durch das Gericht kann nur auf Antrag (*Petition*) erfolgen. Antragsberechtigt sind:

- die Gesellschaft;
- jeder Gläubiger;
- jedes Gesellschaftsmitglied, soweit es beitragspflichtig ist;
- der *Registrar*;
- jede von der Zentralregierung ermächtigte Person (Section 243).

Das Gericht kann dem Antrag stattgeben, wenn gemäß Section 433:

- die Gesellschaft aufgrund einer *Special Resolution* die Auflösung durch das Gericht beschlossen hat;
- die Gesellschaft nicht innerhalb eines Jahres ab Gründung ihren Geschäftsbetrieb aufnimmt oder diesen für ein Jahr aussetzt;
- die Gesellschaft weniger als zwei Gesellschafter hat;
- das Gericht die Auflösung der Gesellschaft für recht und billig hält (*just and equitable*).

b) Freiwillige Liquidation (Voluntary Winding-up)

Die freiwillige Liquidation kann unter folgenden Voraussetzungen beschlossen werden (Section 484 (1)):

---

[97] Hierzu umfassend *Podehl*, RIW 2011, 54 ff.
[98] http://www.mca.gov.in/Ministry/pdf/Circular_36-2011_07jun2011.pdf (besucht am 13.8.2012).

- Die im Gesellschaftsvertrag bestimmte Dauer der Gesellschaft ist abgelaufen oder eine auflösende Bedingung ist eingetreten; dazu bedarf es eines einfachen Beschlusses;
- ein außerordentlicher Beschluss mit dem Inhalt einer freiwilligen Liquidation (*Resolution for Voluntary Winding-up*)

Der Gesellschaftsbeschluss ist öffentlich bekannt zu machen (Section 485). Der Geschäftsbetrieb kann im Anschluss daran nur insoweit fortgesetzt werden, als dies zur Abwicklung noch erforderlich ist (Section 487).

c) Liquidation unter gerichtlicher Aufsicht

Die indischen Gerichte können selbst während einer freiwilligen Liquidation beschließen, dass diese unter gerichtlicher Aufsicht fortgesetzt werden soll (Section 522). Das Gericht kann einen solchen Beschluss jedoch nur auf Antrag erlassen; antragsberechtigt sind Gläubiger, Gesellschafter, der Liquidator und die Gesellschaft selbst.

d) Gesetzesentwurf Indian Companies Bill, 2009

Mit dem Gesetzesentwurf einer *Indian Companies Bill*, 2009 sollen die Insolvenz, Restrukturierung und Liquidation indischer Gesellschaften neu reguliert werden. Das Reformvorhaben soll die bisher auf verschiedene Spezialgesetze verteilten Insolvenzregeln einheitlich bündeln, an die geänderten wirtschaftlichen Rahmenbedingungen anpassen und darüber hinaus gesellschaftsrechtliche Regelungen modernisieren. Hierzu gehört auch die Einführung einer Ein-Personen-Gesellschaft, die ursprünglich bereits für das Jahr 2012 geplant war. Außerdem sollen neue Regelungen für die Geschäftsführerhaftung festgelegt werden. Der Entwurf basiert grundlegend auf der *United Nations Commission on International Trade Law* (UNCITRAL). Es wird allerdings befürchtet, dass die Realisierung dieses Vorhabens noch Jahre dauern wird.

Das derzeitige Insolvenzverfahren und System zur Abwicklung von Gesellschaften ist stark fragmentiert, teilweise unklar und ineffektiv. Selbst der rechtliche Sprachgebrauch ist uneinheitlich. So werden die Begriffe *„Insolvency"*, *„Bankruptcy"*, *„Liquidation"* und *„Dissolution"* in der Rechtssprache uneinheitlich verwendet. Dies führt in der Praxis häufig zu Missverständnissen. Lediglich der Banken- und Finanzsektor ist rechtlich gut durch spezielle Regelungen geschützt.[99]

Von der Wahl der richtigen Liquidationsart hängt viel ab, doch oftmals lässt sich in der jeweiligen Situation nicht ohne Weiteres entscheiden,

---

[99] Weiterführend *Podehl*, RIW 2011, 54, 57.

welches die richtige Methode ist, und ob die Voraussetzungen dafür erfüllt sind. Hier bedarf es sowohl einer gründlichen und objektiven Analyse der unternehmerischen Gegebenheiten als auch einer guten Kenntnis der indischen Rechtslage und geschäftlichen Gepflogenheiten. Die falsche Herangehensweise und eine falsche Entscheidung können die Abwicklung sehr verlangsamen – bis hin zu den sprichwörtlichen elf Jahren – und sich in geringen Insolvenz- und Vergleichsquoten für die Gläubiger niederschlagen.

Dass die gesetzlichen Regelungen in Indien noch nicht umfassend ausgeprägt sind, führt zu Rechtsunsicherheit. Doch trotz aller Schwierigkeiten kann keinesfalls empfohlen werden, eine indische Gesellschaft einfach aufzugeben, anstatt sie ordentlich abzuwickeln. Eine solche *„abandoned company"* kann zu schwierigen Auseinandersetzungen mit indischen Behörden, insbesondere den Steuerbehörden führen und auch kritische Fragen zur Haftung der Direktoren und der Gesellschaft aufwerfen.

III. *Public Company*

Die *Public Company* ist im Gegensatz zur *Private Company* eine von ausländischen Investoren eher selten gewählte Gesellschaftsform. Der Vollständigkeit halber werden diese Gesellschaftsform und die wichtigsten Unterschiede im Hinblick auf die *Private Company* kurz dargestellt.[100]

Die *Public Company* wird im ICA nur negativ definiert; danach ist jede Gesellschaft mit eigener Rechtspersönlichkeit, die keine *Private Company* darstellt, eine *Public Company*. Die *Public Company* ist also eine Gesellschaft, bei der eines der konstituierenden Merkmale der *Private Company* nicht erfüllt ist. Zu beachten ist ferner, dass – wie am Anfang des Kapitels bereits erwähnt – eine als *Private Company* organisierte Tochtergesellschaft einer *Public Company* selbst als *Public Company* behandelt wird (*Deemed Public Company*). Zu den wesentlichen Unterschieden zwischen *Private Company* und *Public Company* zählen:

- Bei der *Public Company* müssen mindestens sieben Gründungsgesellschafter vorhanden sein.
- Die Kapitalaufbringung erfolgt durch öffentliche Zahlungsaufforderung.
- Das *Board of Directors* besteht aus mindestens drei *Directors*.

---

[100] Zur Public Company *Afsharipour*, Northwestern Journal of International Law and Business, 2009, 335, 353 ff.

III. *Public Company* **E**

- Im Zeitpunkt der Gründung muss ein Stammkapital von mindestens 500 000 INR aufgebracht sein.
- *Articles of Association* sind nicht zwingend vorgeschrieben. Der ICA enthält eine Art Mustersatzung für die *Public Company*, die automatisch gilt, soweit die Gesellschaft keine eigene Satzung erstellt.
- Zusätzlich zu den oben bei *Private Company* genannten Formularen ist das Formular Nr. 29 erforderlich, das den Vertrag mit einer natürlichen Person über deren Ernennung als geschäftsführender Direktor oder Geschäftsführer (*Director*) enthält. Dieses Formular ist von jedem *Director* zu unterzeichnen.

Die *Public Company* muss vor Aufnahme ihrer Geschäfte beim *Registrar* ein *Certificate of Commencement of Business* beantragen. Das *Certificate of Incorporation* ist anders als bei der *Private Company* nicht ausreichend. Bis zur Ausstellung des *Certificate of Commencement of Business* kann die *Public Company* rechtsgeschäftlich nicht verpflichtet werden. Vorher abgeschlossene Verträge binden die Gesellschaft nur, soweit sie nachträglich genehmigt werden.

Für die Erteilung des *Certificate of Commencement of Business* sind unterschiedliche Voraussetzungen zu erfüllen, je nachdem, ob eine öffentliche Zeichnungsaufforderung vorliegt oder nicht. Soweit die Gesellschaft eine öffentliche Zeichnungsaufforderung für ihre Anteile herausgegeben hat, sind gemäß Section 149 (1) folgende Voraussetzungen zu erfüllen:

- Das Mindestzeichnungskapital muss in bar aufgebracht werden. Dieser Betrag ist gemäß Section 69 nach dem Muster in Schedule II, Clause 5 zu errechnen.
- Jeder *Director* muss die von ihm gezeichneten Anteile voll bar bezahlen.
- Es dürfen keine Rückzahlungsverpflichtungen für Gesellschaftsanteile oder Schuldverschreibungen fällig werden oder bestehen, weil ein Antrag auf Börsenzulassung nicht gestellt oder verweigert wurde.
- Eine der in Section 149 (1) (d) genannten Personen (*Director, Secretary of Company*) muss eine formgültige Erklärung abgeben, die besagt, dass die oben genannten Voraussetzungen erfüllt wurden.

Soweit die Gesellschaft keine öffentliche Zahlungsaufforderung für ihre Anteile herausgegeben hat, bestehen vereinfachte Voraussetzungen:

- Die Gesellschaft muss ein so genanntes *Statement in Lieu of Prospectus* beim *Registrar* einreichen, dessen Voraussetzungen in Section 70 geregelt sind.

E Gesellschaftsrecht – Schwerpunkt: *Private Limited Company*

- Jeder *Director* muss die von ihm gezeichneten Anteile voll bar bezahlen.
- Eine der in Section 149 (2) (c) genannten Personen (*Director, Secretary of Company*) muss eine formgültige Erklärung abgeben, die besagt, dass die oben genannten Voraussetzungen erfüllt wurden.

F. Arbeitsrecht

I. Entwicklung des Arbeitsrechts

Die Wurzeln des indischen Arbeitsrechts reichen zurück in die koloniale Phase des Subkontinents. In British-India entstanden zunächst Arbeitsgesetze für einzelne Industriezweige (Industrie, Bergbau, Plantagen). Diese Ausrichtung auf bestimmte Branchen findet sich auch heute noch in vielen gültigen Gesetzen, wie z.B. dem *Factories Act*, 1948, dem *Mines Act*, 1952 oder dem *Plantation Labour Act*, 1951 wieder. Etliche andere Spezialgesetze beschäftigen sich mit besonderen arbeitsrechtlichen Themen wie Mindestlöhnen (*Minimum Wages Act*, 1948), variabler Vergütung (*Payment of Bonus Act*, 1965) oder mit Arbeitskämpfen (*The Industrial Disputes Act*, 1947). Ein einheitliches Arbeitsgesetzbuch ist nicht vorhanden. Eine Initiative der indischen *National Labour Law Association* (NLLA) aus dem Jahre 1994, die ein einheitliches Arbeitsgesetzbuch für Indien vorschlug, hat bisher keinen Erfolg gehabt. Damit ist die indische Rechtslage der deutschen nicht ganz unähnlich. Auch in Deutschland ist ein einheitliches Arbeitsgesetzbuch seit langem geplant, aber bisher in der politischen Praxis nicht verwirklicht worden.

Ursprünglich lag die überwiegende Gesetzgebungskompetenz für das Arbeitsrecht bei der indischen Zentralregierung. Durch den *Government of India Act*, 1935 erhielten jedoch die indischen Länder in großen Teilen die gesetzgeberische Zuständigkeit für das Arbeitsrecht. Als Folge dieser dezentralen Gesetzgebung existieren zahlreiche ähnliche Gesetze auf Bundes- und Länderebene. Von der Gesetzgebungszuständigkeit im Arbeitsrecht machen die Länder in unterschiedlicher Intensität Gebrauch. Dies führt in der Praxis dazu, dass in einigen Ländern sehr detaillierte arbeitsrechtliche Regelungen existieren, während in anderen die Regelungsdichte nur sehr gering ist. Ein einheitlicher arbeitsrechtlicher Standard besteht in Indien daher nicht. Da die indischen Bundesstaaten auch das Recht haben, die bundesgesetzlichen Regelungen durch *Amendments* der Länder zu ergänzen, kommt es häufig vor, dass die bestehenden gesetzlichen Regelungen in den einzelnen Bundesstaaten unterschiedlich ausgestaltet sind. Bei der Begutachtung eines Arbeitsgesetzes des Bundes muss daher geprüft werden, ob dieses nicht durch spezielle Regelungen der Länder ergänzt wurde. Außerdem gibt es für spezielle Industriezweige eine Rahmengesetzgebung der Zentralregierung und in einigen Bereichen eine konkurrierende Gesetzgebung. Diese Teilung der Gesetzgebungskompetenz führt zu Administrationsschwierigkeiten und zu Ineffizienz.[101]

Erstaunlicherweise hat sich das indische Arbeitsrecht seit der 1991 von der Regierung eingeleiteten *New Industrial Policy* kaum weiterentwickelt. Viele Regelungen stammen noch aus der Kolonialzeit oder aus der quasisozialistischen postkolonialen Zeit. In der postkolonialen Zeit wurde großer Wert auf die gesetzliche Ausprägung des in der indischen Verfassung enthaltenen Sozialstaatsprinzips gelegt (Kapitel IV. Artikel 38 bis 43 der indischen Verfassung). Auf dieser Basis ist jedoch über Jahrzehnte hinweg eine Überregulierung entstanden, mit sehr starren überkommenen arbeitsrechtlichen Vorschriften.[102] Selbst für deutsche Arbeitsrechtsexperten, die eine große Zahl von arbeitsrechtlichen Einzelgesetzen gewohnt sind, ist die Vielzahl der anwendbaren Gesetze in Indien überraschend.

In einzelnen Bundesstaaten bestehen besondere arbeitsrechtliche Gesetze zur Wirtschaftsförderung. So gibt es z. B. in West Bengalen gemäß der so genannten IT-Policy von Mai 2012 Sondergesetze, die die Entwicklung der Hardware- und Software-Industrie fördern sollen. Nahezu jeder Bundesstaat hat eine eigene IT-Policy.

II. Wesentliche Rechtsquellen des Arbeitsrechts

1. Überblick zu den Arbeitsgesetzen

Ähnlich wie in Europa sind die Quellen des Arbeitsrechts auch in Indien die Verfassung, die staatlichen Gesetze, Einzelarbeitsverträge und die betriebliche Übung. Ergänzend gilt das Richterrecht auf der Basis des *Common Law*. Nachfolgend findet sich eine Übersicht von wichtigen arbeitsrechtlichen Gesetzen der indischen Zentralregierung:

---

101 Vgl. *Koepff*, Das indische Arbeitsrecht, 2005, S. 12.
102 Vgl. auch *Koepff*, Das indische Arbeitsrecht, 2005, S. 15.

II. Wesentliche Rechtsquellen des Arbeitsrechts **F**

	Kollektivarbeitsrecht
1	*The Trade Unions Act*, 1926 *The Trade Unions (Amendments) Act*, 2001
2	*The Industrial Employment (Standing Orders) Act*, 1946 *The Industrial Employment (Standing Orders) Rules*, 1946
3	*The Industrial Disputes Act*, 1947 *The Industrial Disputes (Amendment) Act*, 2010
4	*Employer's Liability Act, 1938*

	Vergütungsregelungen
1	*The Payment of Wages Act*, 1936 *The Payment of Wages Rules*, 1937 *The Payment of Wages (Amendment)* Act, 2005
2	*The Minimum Wages Act*, 1948 *The Minimum Wages (Central) Rules*, 1950
3	*The Working Journalist (Fixation of Rates of Wages) Act*, 1958 *Working Journalist (Conditions of Service) and Miscellaneous Provisions Rules*, 1957
4	*The Payment of Bonus Act*, 1965 *The Payment of Bonus Rules*, 1975 *The Payment of Bonus (Amendment) Act*, 2007

	Arbeitszeitgesetze und Arbeitsbedingungen
1	*The Factories Act*, 1948
2	*The Dock Workers (Regulation of Employment) Act*, 1948
3	*The Plantation Labour Act*, 1951 *The Plantation Labour (Amendment) Act*, 2010
4	*The Mines Act*, 1952

F Arbeitsrecht

Überblick zu den Arbeitsgesetzen (Fortsetzung)

Arbeitszeitgesetze und Arbeitsbedingungen	
5	The Working Journalists and other Newspaper Employees' (Conditions of Service and Misc. Provisions) Act, 1955 The Working Journalists and other Newspaper Employees' (Conditions of Service and Misc. Provisions) Rules, 1957
6	The Merchant Shipping Act, 1958
7	The Motor Transport Workers Act, 1961
8	The Beedi & Cigar Workers (Conditions of Employment) Act, 1966
9	The Contract Labour (Regulation & Abolition) Act, 1970
10	The Sales Promotion Employees (Conditions of Service) Act, 1976 The Sales Promotion Employees (Conditions of Service) Rules, 1976
11	The Inter-State Migrant Workmen (Regulation of Employment and Conditions of Service) Act, 1979
12	The Shops and Establishments Act
13	The Cinema Workers and Cinema Theatre Workers (Regulation of Employment) Act, 1981 The Cinema Workers and Cinema Theatre Workers (Regulation of Employment) Rules, 1984
14	The Dock Workers (Safety, Health & Welfare) Act, 1986
15	The Building & Other Construction Workers (Regulation of Employment & Conditions of Service) Act, 1996
16	The Dock Workers (Regulation of Employment) (Inapplicability to Major Ports) Act, 1997

Gleichbehandlung/Frauenförderung	
1	The Maternity Benefit Act, 1961 The Maternity Benefit (Amendment) Act, 2008
2	The Equal Remuneration Act, 1976

II. Wesentliche Rechtsquellen des Arbeitsrechts **F**

Überblick zu den Arbeitsgesetzen (Fortsetzung)

Besondere Schutzgesetze	
1	*The Bonded Labour System (Abolition) Act*, 1976
2	*The Child Labour (Prohibition & Regulation) Act*, 1986

Gesetze zur sozialen Sicherung	
1	*The Employees' Compensation Act*, 1923 *The Workmen's Compensation (Amendment) Act*, 2000
2	*The Employees' State Insurance Act*, 1948 *The Employees' State Insurance (Amendment) Act*, 2010
3	*The Employees' Provident Fund & Miscellaneous Provisions Act*, 1952 *The Employees' Provident Fund & Miscellaneous Provisions (Amendment) Act*, 1996
4	*The Payment of Gratuity Act*, 1972 *The Payment of Gratuity (Amendment) Act*, 2010 *The Unorganised Workers Social Security Act,* 2008

Besondere branchenbezogene Schutzgesetze	
1	*The Mica Mines Labour Welfare Fund Act*, 1946
2	*The Limestone & Dolomite Mines Labour Welfare Fund Act*, 1972
3	*The Beedi Workers Welfare Fund Act*, 1976
4	*The Beedi Workers Welfare Cess Act*, 1976
5	*The Iron Ore Mines, Manganese Ore Mines & Chrome Ore Mines Labour Welfare Fund Act*, 1976
6	*The Iron Ore Mines, Manganese Ore Mines & Chrome Ore Mines Labour Welfare Cess Act*, 1976
7	*The Cine Workers Welfare Fund Act*, 1981

F Arbeitsrecht

Überblick zu den Arbeitsgesetzen (Fortsetzung)

Besondere branchenbezogene Schutzgesetze	
8	The Cine Workers Welfare Cess Act, 1981
9	The Employment of Manual Scavengers and Construction of Dry Latrines Prohibition Act, 1993

Andere bedeutsame Arbeitsgesetze	
1	The Fatal Accidents Act, 1855
2	The War Injuries Ordinance Act, 1943
3	The Weekly Holiday Act, 1942
4	The War Injuries (Compensation Insurance) Act, 1943
5	The Personal Injuries (Emergency) Provisions Act, 1962
6	The Personal Injuries (Compensation Insurance) Act, 1963
7	The Coal Mines (Conservation and Development) Act, 1974
8	The Labour Laws (Exemption from Furnishing Returns and Maintaining Register by Certain Establishments) Act, 1988
9	The Public Liability Insurance Act, 1991

Die Anwendung der unterschiedlichen indischen Arbeitsgesetze hängt in vielen Fällen von der Arbeitnehmerzahl des Betriebes und/oder der Definition des Arbeitnehmerbegriffs ab.

Insbesondere Arbeitnehmer in Großbetrieben mit über 100 Beschäftigten sind besonders arbeitsrechtlich geschützt. Daher werden in vielen Betrieben von den Arbeitgebern die Beschäftigtenzahlen künstlich, z. B. durch den Einsatz von Subunternehmern, niedrig gehalten, damit bestimmte Schutzgesetze nicht anwendbar werden.

In der Praxis werden *Blue Collar Worker* (Arbeiter) und *White Collar Worker* (Angestellte) meist streng unterschieden. Der Schlüsselbegriff ist der des *Workman*. Den besonderen arbeitsrechtlichen Schutz erhalten in vielen Fällen nur *Workmen*. *Workmen* sind typischerweise gering bezahlte und schlecht ausgebildete Arbeitnehmer, die einfache Tätigkeiten verrichten.

Eine wichtige Änderung gab es zuletzt durch den *Workmen's Compensation (Amendment) Act*, 2009. Durch dieses Gesetz wird klargestellt, dass von allen wesentlichen Regelungen, die der *Workmen's Compensation Act*, 1923 bezüglich Schadensersatzforderungen von Arbeitnehmern gegen ihren Arbeitgeber enthält, nun nicht mehr nur *Workmen*, sondern auch *Employees* erfasst sind.

Nachfolgend werden einige der wichtigsten indischen Arbeitsgesetze näher vorgestellt.

2. Einführung zu den wichtigsten indischen Arbeitsgesetzen

a) The Industrial Disputes Act, 1947 (IDA)

aa) Anwendungsbereich

Eines der wichtigsten indischen Arbeitsgesetze ist der *Industrial Disputes Act*, 1947 (IDA). Schlüsselbegriffe für die Anwendbarkeit des IDA und damit für die Eröffnung eines sehr weitgehenden Arbeitnehmerschutzes sind die Begriffe *Industry* und *Workman*. Der Begriff *Industry* wird allerdings sehr weit gebraucht, er deckt nahezu sämtliche Aspekte wirtschaftlichen Handelns ab, von der Produktion über den Handel bis hin zur Dienstleistung.

Maßgeblich ist der vom Supreme Court grundsätzlich angewandte *Triple Test*: "Where is [...]systematic activity, [...] organized by cooperation between employer and employee [...] for the production and/or distribution of goods and services calculated to satisfy human wants and wishes [...], prima facie there is an 'industry' in that enterprise."[103] Auf Gewinnerzielungsabsichten kommt es dabei nicht an.

Auch der Begriff *Workman* wird eher weit ausgelegt. Hierzu gibt es eine umfassende Rechtsprechung. Der IDA definiert den Begriff *workman* in Section 2 lit. (s) für den Anwendungsbereich dieses Gesetzes als "*any person ... employed ... to do any manual, unskilled, skilled, technical, operational, clerical or supervisory work for hire or reward, whether the terms of employment be express or implied, ... but does not include any such person ... who is employed mainly in a managerial or administrative*

---

103 Bangalore Water Supply and Sewerage Board v. A. Rajappa, 1978 AIR SC 548.

F   Arbeitsrecht

capacity; or who, being employed in a supervisory capacity, draws wages exceeding one thousand six hundred rupees per mensem or exercises, either by the nature of the duties attached to the office or by reason of the powers vested in him, functions mainly of a managerial nature."

In den Schutzbereich des IDA kommen damit Mitarbeiter, die „*stereotype work without elements of initiative or creativeness*" verrichten.[104] In der sich schnell wandelnden Arbeitswelt wird die Abgrenzung zwischen einfachen *Workmen* und anderen Arbeitnehmern immer schwieriger und die Unterscheidung sehr fragwürdig. Entscheidend ist eine Einzelfallbetrachtung. Von der Definition des *Workman* ausgeschlossen sind im Wesentlichen Manager, auch auf unterer Ebene. Außerdem setzt der Schutz des Gesetzes nur für solche *Workmen* ein, die eine Betriebszugehörigkeit von mindestens einem Jahr aufweisen können.

Folgende Fälle sind im IDA geregelt:

– Auseinandersetzungen mit einer Gewerkschaft;
– Veränderungen der Arbeitsbedingungen;
– Streik oder Aussperrung;
– Entlassungen;
– Betriebsübergang;
– Betriebsstilllegung oder Wiedereröffnung eines Betriebs.

Auf einige Einzelheiten soll nachfolgend vertieft eingegangen werden.

bb) Streik und Aussperrung

Arbeitnehmer – ausgenommen in öffentlichen Einrichtungen – haben das Recht, auch ohne Vorankündigung, zu streiken. Eine Definition des rechtmäßigen Streiks findet sich in Section 2 lit. (q) des IDA. Demnach ist ein Streik eine gemeinschaftliche Aktion im Zusammenhang mit Forderungen bezüglich der Beschäftigung oder Nichtbeschäftigung oder im Hinblick auf die Änderung von Arbeitsbedingungen. Streiks kommen in Indien in verschiedenen Varianten vor, etwa als spontane Arbeitsniederlegung ohne oder mit nur kurzer Ankündigungsfrist (*quickie-strike* oder auch *sit-down* oder *lay-down* genannt). Wird nur ein Teil der Arbeiten nicht ausgeführt, wird dies als „fauler" Streik (*lazy strike*) bezeichnet. Vorkommen soll auch eine Variante des Streiks, in der die Arbeit nicht niedergelegt wird, sondern diese nur in einer gegenüber dem Arbeitgeber provokanten Form weitergeführt wird (so genannter *irritation strike*).[105]

---

[104] Vgl. Vandana Joshi v. Standard Chartered Bank, Bombay High Court APP/67/10 1 SSK Appeal No. 67 of 2010.
[105] *Vgl. Koepff*, Das indische Arbeitsrecht, 2005, S. 134.

Allerdings gibt es nach der Rechtsprechung des Supreme Court kein *„fundamental right to go on strike"*,[106] d. h. soweit der Streik nicht mit der gegebenen Gesetzeslage übereinstimmt, ist er nicht rechtmäßig. Illegal sind beispielsweise Bummelstreiks (*go-slow-strikes*), bei denen die Arbeit absichtlich verlangsamt wird. Eine solche Vorgehensweise stellt einen besonders schweren Verstoß gegen den Arbeitsvertrag dar, der mit Lohnkürzung oder auch mit verhaltensbedingter Kündigung des Arbeitsverhältnisses geahndet werden kann.[107] Verboten ist auch das so genannte *Gherao*, eine Blockade, Versperrung oder Einkreisung eines Betriebs. Teilweise richtet sich ein solches *Gherao* auch gegen einzelne Personen, in dem diese umstellt oder eingesperrt werden. Außerdem gibt es die besonders aus der Zeit des Unabhängigkeitskampfes von Mahatma Ghandi bekannten Formen des politischen Streiks gegen Regierungsentscheidungen. Bei solchen *Bahnds* oder *Hartals* ziehen sich Teile der Bevölkerung zeitweilig gänzlich ins Privatleben zurück. Arbeitsrechtlich handelt es sich hierbei um illegale Streiks. Für die Dauer von illegalen Streiks können Arbeitnehmer keinen Lohnanspruch geltend machen.

Als Gegenmittel steht den Arbeitgebern die Aussperrung (*lock-out*) zur Verfügung. Die Aussperrung ist in Section 2 lit. (l) des IDA definiert. Hiernach handelt es sich um eine vorübergehende Schließung eines Betriebes mit der Absicht, Arbeitgeberforderungen gegenüber den Arbeitnehmern durchzusetzen.

Streiks und Aussperrungen sollen im Arbeitskampf nur als letztes Mittel – *ultima ratio* – zulässig sein. Zunächst müssen sämtliche anderen arbeitsrechtlichen Lösungsmechanismen ausgeschöpft werden. Streiks und Aussperrungen sind nur in besonders schwerwiegenden und dringlichen Fällen erlaubt, wenn für den Konflikt keine anderen vertraglichen oder gesetzlichen Regelungen vorliegen. Meinungsverschiedenheiten hierüber können einem so genannten *Conciliation Officer* vorgelegt werden, der eine Schlichtung durchführen soll. Falls diese scheitert, kann die Angelegenheit den Arbeitsgerichten vorgelegt werden. Die letzten Jahre zeigen allerdings auch, dass es vereinzelt bei Arbeitskämpfen aggressiver zugehen kann.[108] Im Juli 2012 hatte es der indisch-japanische Automobilhersteller Maruti-Suzuki mit erheblichen Auseinandersetzungen zu tun. Bei einem Streik an einem ihrer Standorte wurde einer der führenden Perso-

---

106 T.K. Rangaranjan v. Government of Tamil Nadu & Others, 2003 AIR SC 3032.
107 *Koepff*, Das indische Arbeitsrecht, 2005, S. 139.
108 Vgl. Internationaler Gewerkschaftsbund: http://survey.ituc-csi.org/India.html?edition =336 (besucht am 13.8.2012).

F Arbeitsrecht

nal-Manager von aufgebrachten Arbeitern getötet und das Produktionsgebäude in Brand gesetzt.[109]

Im Allgemeinen werden Streiks und andere Auseinandersetzungen durch ein auf Ausgleich der widerstreitenden Interessen ausgerichtetes System vermieden. Hierzu werden in Großbetrieben häufig *labor welfare officers* als Mittelsmänner eingestellt.

cc) Kündigungsschutzbestimmungen

Der IDA enthält einen besonderen Kündigungsschutz für Arbeitnehmer im Betrieb mit mehr als 100 Beschäftigten. Hier ist eine Entlassung nur auf der Grundlage einer behördlichen Genehmigung möglich. Diese Regelung ist mittlerweile heftig umstritten und gilt als Relikt aus der quasisozialistischen Zeit, das nicht zur geltenden liberalen *New Industrial Policy* passt.

Ein dem deutschen Kündigungsschutzgesetz vergleichbares Regelwerk gibt es in Indien nicht. Jedoch findet man in verschiedenen Gesetzen – vor allem auch im IDA – Arbeitnehmerschutzvorschriften, die das Kündigungsrecht der Arbeitgeber einschränken. Generell kann festgestellt werden, dass das indische Kündigungsschutzrecht zweigeteilt ist, in einen Bereich mit sehr hohem Schutz und einen Bereich praktisch ohne Arbeitnehmerschutzvorschriften. Ein verhältnismäßig hoher Schutz besteht für einfache Arbeitnehmer (*Workman*), die in einem klassischen Arbeitsverhältnis mit Über- und Unterordnung abhängig beschäftigt sind und in Großbetrieben arbeiten. Dagegen besteht nur ein geringer Schutz für Mitarbeiter in leitenden Funktionen, unabhängig von der Größe des Betriebes und für Arbeitnehmer in kleineren Betrieben, unabhängig von ihrer Hierarchieebene. Die Einzelheiten hierzu werden nachfolgend in einem gesonderten Abschnitt dargestellt.

Falls sich bei einer Veränderung der Besitzverhältnisse oder bei einem Betriebsübergang (*Transfer of Undertaking*) die Arbeitsbedingungen ändern, steht nach dem IDA den Arbeitnehmern ein Kündigungs- und Schadensersatzrecht zu. Wenn ein Betrieb geschlossen und später wieder geöffnet wird, so muss den früheren Arbeitnehmern zunächst wieder eine neue Beschäftigung angeboten werden, soweit diese länger als ein Jahr in dem Altbetrieb beschäftigt waren.

---

109 Hierzu *Magnier*, Los Angeles Times, 26.7.2012: http://www.latimes.com/news/nation-world/world/la-fg-india-labor-unrest-20120727,0,1878734.story (besucht am 13.8.2012).

dd) Streitbeilegung

Der IDA enthält besondere Regelungen zur Streitbeilegung im Arbeitsverhältnis. Hierzu gibt es die bereits erwähnten *Conciliation Officers*, ein so genanntes *Grievance Redressal Machineries, Board of Conciliation, Courts of Enquiry, Labour Courts, Industrial Tribunals* und das *National Industrial Tribunal*. Jede dieser Einrichtungen hat besondere Zuständigkeiten, die hier nicht im Einzelnen dargestellt werden können. Das Schlichtungsverfahren durch einen *Conciliation Officer* ist jedoch in vielen Fällen zwingende Prozessvoraussetzung. Weitere Ausführungen zur Arbeitsgerichtsbarkeit folgen in diesem Kapitel im Abschnitt V. (Arbeitsrechtliche Konfliktlösungsmechanismen).

b) Factories Act, 1948

Ein weiteres, besonders wichtiges Arbeitsgesetz ist der *Factories Act*, 1948. Nach diesem überkommenen Gesetz gelten besondere Vorschriften in Betrieben, die Elektrizität nutzen und mehr als 10 Arbeitnehmer beschäftigen und in nicht elektrifizierten Betrieben mit mehr als 20 Arbeitnehmern. Das Gesetz regelt Arbeitsbedingungen und Mindest-Schutzvorschriften hinsichtlich der Arbeitssicherheit. In Betrieben mit mehr als 1000 Beschäftigten müssen Sicherheitsbeauftragte beschäftigt werden, wenn besondere Verletzungs- oder Gesundheitsrisiken bestehen.

Der *Factories Act* und der *Child Labour* (*Prohibition and Reputation*) *Act*, 1986 verbieten die Arbeit von Kindern unter 14 Jahren in bestimmten Bereichen (*Occupation*) und bezüglich bestimmter Tätigkeiten (*Processes* – Section 3 i.V.m. Schedule Part A und B) – *Child Labour Act*, 1986). Hier bestehen in der Praxis immer noch grobe Verstöße. Während offizielle Statistiken die Zahl der arbeitenden Kinder in Indien auf über 12,5 Mio. angeben, gehen andere Institutionen von einer viel höheren Dunkelziffer aus, denn etwa 65 Mio. Kinder besuchen keine Schule.[110] Europäische Unternehmer sollten im eigenen Interesse dringend auf die Einhaltung des Kinderarbeitsverbotes achten und ihre indischen Geschäftspartner und deren Subunternehmer hierbei kontrollieren. Verstöße können sich als besonders geschäftsschädigend erweisen. Abhilfe können nur sensible nachhaltige eigene Kontrollen vor Ort schaffen.[111]

---

110 Vgl. z.B. Brot für die Welt: http://www.brot-fuer-die-welt.de/weltweit-aktiv/index_3474_DEU_HTML.php (besucht am 13.8.2012).
111 Vgl. z.B. C&A Nachhaltigkeitsbericht 2012: http://www.c-and-a.com/ch/de/corporate/fileadmin/templates/master/img/fashion_updates/CR_Report/CR_Report_D.pdf (besucht am 13.8.2012).

F Arbeitsrecht

Für Verstöße gegen den *Factories Act*, 1948 wird der *Owner* des Betriebes zur Verantwortung gezogen, und zwar mit persönlicher Haftung. Der indische Supreme Court hat im Fall *JK Industries*[112] entschieden, dass auch die verantwortlichen *Manager* (*Directors*) als Fremdgeschäftsführer persönlich haftbar sind.

c) Industrial Employment (Standing Orders) Act, 1946 (IESA)

In Betrieben mit 100 oder mehr Beschäftigten gilt der IESA. Dieser sieht vor, dass Betriebsordnungen (*Standing Orders*) geschaffen werden müssen, die die Arbeitsbedingungen beschreiben. In den *Standing Orders* muss u. a. Folgendes geregelt werden: Vergütungsrahmen, Arbeitsschichten und Arbeitszeit, Urlaubsregelungen, Lohngestaltung und Beendigung des Arbeitsverhältnisses. *Standing Orders* müssen schriftlich vom Arbeitgeber in der vorgeschriebenen Form aufgestellt und den Arbeitnehmern und Gewerkschaften vorgelegt werden. Diese können hiergegen Einwendungen erheben.

Für die *Standing Orders* besteht ein gesetzliches Muster, die so genannten *Model Standing Order*s. Die Endfassung der *Standing Orders* muss einem so genannten *Certifying Officer* zur Zertifizierung vorgelegt werden. Streitigkeiten über die *Standing Orders* werden von der Arbeitsgerichtsbarkeit entschieden. Dabei bilden die *Model Standing Orders* eine gesetzliche Untergrenze für die Arbeitsbedingungen, die nicht unterschritten werden darf. *Standing Orders* oder Individualarbeitsverträge, die hiervon zu Lasten der Arbeitnehmer abweichen, sind rechtlich unwirksam.

d) Shops and Establishments Acts (SEA)

Für Einzelhandelsgeschäfte, Gaststätten- und Unterhaltungsgewerbe gelten Sonderregeln, die so genannten SEA. Die SEA unterscheiden sich in Indien von Land zu Land, da sie der Ländergesetzgebung unterliegen. Betroffen sind Arbeitnehmer in *"Shops, Commercial Establishments, Residential Hotels, Restaurants, Eating Houses, Theaters, other Places of Public Amusement or Entertainment and other Establishments"*. Die SEA enthalten spezielle Registrierungsvorschriften für die Eröffnung und Schließung solcher Betriebe. Außerdem sind hierin Arbeitszeiten, spezielle Regelungen für die Kündigung, Buchführungspflichten und anderes geregelt.

---

112 J.K. Industries Ltd. and Ors. v. Chief Inspector of Factories and Boilers and Ors., 1996 (6) SCC 665.

e) Equal Remuneration Act, 1976

Artikel 39 der indischen Verfassung bestimmt, dass der Arbeitslohn für Männer und Frauen gleich sein soll. Zur Umsetzung dieses Gleichbehandlungsgebots wurde der *Equal Remuneration Act*, 1976 erlassen. Dieser bezieht sich auch auf das Verhalten der Arbeitgeber bei der Einstellung von Beschäftigten und bei der Ausarbeitung von Arbeitsbedingungen. Hierzu gibt es für Arbeitgeber auch bestimmte Nachweispflichten. Anknüpfungsmerkmal für die Gleichbehandlung ist der Tatbestand *"Same work or work of a similar nature"*. Bei der Bestimmung, ob es sich um gleichwertige oder ähnliche Arbeit handelt, ist nach der Rechtsprechung des Supreme Court ein weiter und praxisbezogener Ansatz zu wählen.[113] Bei dem Vergleich von Tätigkeiten im Bezug auf den Grundsatz der gleichen Vergütung müssen die geforderten Fertigkeiten, die geforderte Leistung und die Arbeitsbedingungen verglichen werden (*Skill, Effort and Conditions of Work*).[114] Hierzu gibt es viele Gerichtsentscheidungen. Unter anderem hat der *Supreme Court* auch entschieden, dass die Vereinbarung einer niedrigeren Altersgrenze für das Ausscheiden von weiblichen Mitarbeitern im Vergleich zu ihren männlichen Kollegen eine Verletzung des Gleichheitsgrundsatzes des Artikels 16 (1) der indischen Verfassung ist und dass hierin eine Diskriminierung liegt.[115]

Einen besonderen richterlichen Schutz der Arbeitnehmerinnen gegen sexuelle Belästigung hat die Entscheidung *Vishaka and Ors. v. State of Rajasthan and Ors.*[116] hervorgebracht. Die Grundsätze dieser Entscheidung sind für sämtliche Betriebe anwendbar. Arbeitgeber sind demnach verpflichtet, sexuelle Belästigung auch präventiv aktiv zu vermeiden und zu unterbinden. Hierzu müssen in den Betrieben entsprechende Richtlinien eingehalten werden. Diese Regelungen sind in etwa vergleichbar mit den Zielen des deutschen Beschäftigtenschutzgesetzes. Die Opfer sexueller Belästigung haben einen Anspruch darauf, dass sie selbst oder der Täter so versetzt werden, dass eine künftige Belästigung ausgeschlossen ist. In den Betrieben soll ein so genanntes *Complaints Committee* geschaffen werden, das zur Hälfte mit Frauen besetzt ist und auch von einer Frau geführt werden soll. Außerdem sollen bei der Besetzung des Komitees auch Nichtregierungsorganisationen eingebunden werden. Die *Complaints Committees* sollen Jahresberichte fertigen und den zuständigen Regierungsstellen vorlegen.

---

113 Mackinnon Mackenzie & Co. Ltd. v. Audrey D'Costa, 1987 AIR 1281; 1987 SCR (2) 659.
114 Ashok Kumar Garg v. State of Rajasthan, 1994 SC (L&S) 768; 1994 27 ATC 200.
115 Air India v. Nergesh Meerza, 1981 AIR 1829; 1982 SCR (1) 438.
116 Vishaka and Ors. v. State of Rajasthan and Ors., 1997 AIR SC 3011.

III. Individualarbeitsrecht

1. Rechte und Pflichten aus dem Arbeitsverhältnis

Grundsätzlich ist das Zustandekommen des Arbeitsverhältnisses formfrei möglich. Während in Indien bei ungelernten Arbeitnehmern noch mündlich oder stillschweigend geschlossene Arbeitsverhältnisse vorherrschen, sind im Geschäftsleben mit ausgebildeten Arbeitnehmern schriftliche Arbeitsverträge mittlerweile die Regel. Zusätzlich zu dem Arbeitsvertrag (oftmals nur als *Letter of Appointment* bezeichnet) gelten in Großunternehmen die *Standing Orders* ähnlich den Betriebsordnungen im deutschen Recht. Arbeitsverträge werden üblicherweise unbefristet geschlossen mit einer meistens drei bis sechs Monate dauernden Probezeit. Es besteht auch die Möglichkeit einer Befristung von Arbeitsverhältnissen.

Ausländer benötigen vor der Aufnahme einer Beschäftigung in Indien ein Arbeitsvisum, das üblicherweise mit der Vorlage eines Angebotes eines Arbeitsvertrages beantragt wird. Eine bestimmte Mindestvergütung ist für die Visa-Erteilung eine Grundvoraussetzung. Ausländer mit einem Arbeitsvisum müssen sich innerhalb von 14 Tagen nach der Einreise bei dem *Foreigners Registration Officer* anmelden. Das indische *Ministry of Commerce and Industry* hat klargestellt, dass Ausländer, die Projekte oder Verträge in Indien abwickeln, nicht allein auf der Grundlage ihres *Business Visa* tätig werden dürfen, sondern ein Arbeitsvisum (*Employment Visa*) benötigen. Die Visa-Bestimmungen werden sehr streng gehandhabt und sind unbedingt einzuhalten. Bei der Anstellung von Ausländern in Indien entstehen neben den Visa-Fragen auch die allgemeinen Fragen bei Entsendungen von Arbeitnehmern, nämlich die des anwendbaren Rechts und der steuerrechtlichen Behandlung. Bei einer längeren Entsendung (über 6 Monate) sollten die rechtlichen Grundlagen umfassend geprüft werden. Im Ergebnis sind bei einem längeren Aufenthalt häufig die indischen Rechtsvorschriften anwendbar.

Gemäß Section 54 des *Factories Act*, 1948 beträgt die tägliche Arbeitszeit 9 Stunden unter Einrechnung einer einstündigen Pause. Die wöchentliche Arbeitszeit soll 48 Stunden nicht übersteigen (Section 51 *Factories Act*, 1948). In der Praxis üblich ist bei Büroangestellten eine fünftägige Arbeitswoche mit 40 bis 45 Arbeitsstunden. Fabrikarbeiter arbeiten meist 48 Stunden wöchentlich an sechs Tagen.

Überstunden müssen mit dem doppelten Stundensatz vergütet werden (Section 59, *Factories Act*, 1948). Der Urlaubsanspruch beträgt üblicherweise ein Tag pro gearbeitete 20 Arbeitstage. Es wird zwischen bezahltem Urlaub (*Earned Leave*) und dem Recht auf Abwesenheit bei grundsätzlich fortbestehender Arbeitspflicht (*Casual Leave*) unterschieden. Das Urlaubsrecht ist auf der Länderebene geregelt. Auf der Grundlage des *Karnataka Shops and Commercial Establishments Act* und des *Karnataka Industrial Establishments* (*National & Festival Holiday*) *Act*, 1963 wäre folgende Abwesenheits-/Urlaubsregelung beispielhaft:

Leave Entitlement:
Public Holiday = 8 days
Paid/Earned Leaves (basis 26 working days per month) = 16 days
Casual/Sick Leave = 12 days
TOTAL = 36 days leave in a year

Schließlich besteht gemäß des *Maternity Benefit Act, 1961* für Arbeitnehmerinnen in Indien ein Anspruch auf einen mindestens zwölfwöchigen Mutterschaftsurlaub.

Der Arbeitspflicht des Arbeitnehmers steht die Lohnzahlungspflicht des Arbeitgebers gegenüber, die in vielen Einzelgesetzen geregelt ist. Der *Minimum Wages Act*, 1948 bestimmt Mindestlöhne für diverse Industriezweige. Diese werden von einem staatlichen Komitee bestimmt. Allerdings ist der Mindestlohn so gering, dass das Gesetz in der Praxis leer läuft (derzeit 115 INR pro Tag – in einigen Industriezweigen höher). Die Lohnzahlung erfolgt üblicherweise monatlich. Nur bei Industriearbeitern oder Aushilfstätigkeiten (*casual worker*) werden oft noch Stundenlöhne oder Tageslöhne vereinbart.

Die Vergütung besteht üblicherweise in einem Grundgehalt (*basic salary*) und verschiedenen – teilweise gesetzlich oder tariflich geregelten – Zulagen. Die gesetzlichen Zulagen addieren sich in der Praxis meist auf ca. 30 bis 40% des Grundgehalts. Die wichtigsten gesetzlichen Zulagen können wie folgt skizziert werden – durch Tarifverträge können weitere Ansprüche entstehen:

In Betrieben mit mehr als 20 Arbeitnehmern gilt der *Payment of Bonus Act*, 1965. Damit soll den Arbeitnehmern ein gesetzlicher Anspruch auf Beteiligung am Unternehmenserfolg gewährleistet werden. In der Praxis gilt dieses Gesetz jedoch nicht für alle Arbeitnehmer. Eine solche Gewinnbeteiligung besteht nämlich nur für Mitarbeiter, die nicht mehr als 10 000 INR im Monat verdienen. Der *Payment of Bonus Act*, 1965 gibt die Berechnung der Zahlungen genauestens vor. Der Minimum Bonus beträgt 8,33% der Fixvergütung oder 100 INR, je nachdem, welcher Betrag der höhere ist. Der Bonus ist begrenzt auf 20% der Fixvergütung.

F Arbeitsrecht

Darüber hinaus wird gesetzlich zwingend die *Dearness Allowance* gezahlt. Die *Dearness Allowance* ist eine Zulage, die an die Inflationsentwicklung gekoppelt ist und auf der Basis eines Warenkorbindexes berechnet wird.

Eine weitere Zulage ist das so genannte Überstundengeld, das üblicherweise den regulären Stundenlohn verdoppelt.

Außerdem gibt es oft Sachwertbezüge und Werkswohnungen, um die Mitarbeiterbindung zu erhöhen. Kritisch ist, dass einmal gewährte Zulagen künftig als Bestandteil des Arbeitsvertrages angesehen werden und nicht mehr revidierbar sind.[117]

Teilweise wird die Arbeitsvergütung von Managern in eine relativ geringe Fixvergütung und eine aus mehreren Bestandteilen bestehende variable Vergütung aufgeteilt. Insbesondere leitende Angestellte und Geschäftsführer haben aus steuerlichen Gründen ein erhebliches Interesse an einer solchen Aufspaltung der Vergütung in beispielsweise: *Basic Salary, Performance Bonus, House Rent Allowance, Conveyance Allowance, Special Allowance, Medical Reimbursement and Leave Travel Allowance.*

In vielen Fällen ist die Loyalität zum Arbeitgeber in Indien eher schwach ausgeprägt. So ist die jährliche Fluktuation im Vergleich zu Europa sehr hoch. Bessere Verdienst- oder Weiterbildungsmöglichkeiten in anderen Unternehmen werden meist sehr schnell angenommen. Besondere Regelungen über vertragliche und nachvertragliche Wettbewerbsverbote gehören daher zu wichtigen arbeitsrechtlichen Überlegungen. Im anglo-amerikanischen Rechtskreis sind vertragliche und nachvertragliche Wettbewerbsverbote in weitem Umfang, teilweise auch ohne Entschädigung, rechtlich zulässig. Im deutschen Arbeitsrecht ist der Arbeitgeber bereits durch den Arbeitsvertrag während des Bestehens des Arbeitsverhältnisses weitgehend gegen Konkurrenztätigkeit des Arbeitnehmers geschützt. Nachvertragliche Wettbewerbsverbote sind hier jedoch nur zeitlich begrenzt (bis zu 2 Jahre) und gegen Zahlung einer so genannten Karenzentschädigung wirksam. Das indische Recht vertritt dagegen eine sehr ablehnende Haltung gegenüber nachvertraglichen Wettbewerbsverboten. Ausgangspunkt ist Section 27 *Indian Contract Act*. Dieser bestimmt: *"Every agreement by which anyone is restrained from exercising a lawful profession, trade or business of any kind, is to that extend void."* Hierzu gibt es nur eine Ausnahme, nämlich bei der Veräußerung von Firmenwerten (*Goodwill*). Folglich sind nachvertragliche Wettbewerbsverbote im indischen Arbeitsrecht generell unwirksam. Wettbewerbsverbote während der

---

117 Vgl. *Koepff*, Das indische Arbeitsrecht, 2005, S. 32 m. w. N.

Vertragslaufzeit eines Arbeitsvertrages (*Negative Covenants*) fallen nach der Rechtsprechung jedoch nicht unter dieses Verbot, solange sie nicht als *"unconscionable, exclusively harsh, unreasonable or one sided"* erachtet werden.[118] Das Wettbewerbsverbot darf keinesfalls so ausgestaltet werden, dass eine Partei einseitig „gefesselt" ist und der Vertrag insgesamt den Charakter einer Wettbewerbsbeschränkung erhält.[119] Auf dieser Grundlage sind auch so genannte *Non Solicitation Clauses*, die das Anwerben von Beschäftigten des früheren Arbeitgebers für andere Tätigkeiten verbieten, vor indischen Gerichten kaum durchsetzbar. Trotz mangelnder Durchsetzbarkeit werden Wettbewerbsverbote in der indischen arbeitsrechtlichen Vertragspraxis häufig vereinbart, um eine Verhandlungsposition zu eröffnen.

Auch Geheimhaltungsklauseln werden von den Gerichten kritisch betrachtet, wenn hieraus eine (indirekte) Wettbewerbsbeschränkung über die Vertragslaufzeit hinaus erfolgen könnte. Generell müssen Geheimhaltungspflichten detailliert in indischen Arbeitsverträgen geregelt werden. Es muss ausdrücklich schriftlich niedergelegt werden, dass die Geheimhaltungsabrede auch nach der Beendigung des Vertragsverhältnisses für eine bestimmte Zeitspanne wirksam bleiben soll (*Specification to Survive*).

2. Beendigung des Arbeitsverhältnisses

Das Arbeitsverhältnis kann von den Parteien durch ordentliche und außerordentliche Kündigung einseitig beendet werden. Die besonderen formalen Voraussetzungen für die ordentliche Kündigung hängen vom rechtlichen Status des zu kündigenden Arbeitnehmers ab. Im Falle eines *Workman*, definiert nach dem *Industrial Disputes Act*, 1947 richten sich die Voraussetzungen hauptsächlich nach dem *Industrial Employment* (*Standing Orders*) *Act*, 1946 und dem *Industrial Disputes Act*, 1947. Die Betriebsgröße ist von entscheidender Bedeutung. In Unternehmen mit über 100 Beschäftigten gelten besonders strenge Arbeitnehmerschutzgesetze.[120] Das indische Arbeitsrecht unterscheidet zwischen verhaltensbedingter und betriebsbedingter Kündigung. Gründe für die verhaltensbedingte Kündigung finden sich in den bereits beschriebenen *Model Standing Orders*. Diese nennen beispielhaft: *"Willfull insubordination or disobediance, theft or dishonesty,*

---

118 Vgl. Niranjan Shankar Golikari v. Centary Spinning and Mfg. Co. Ltd., 1967 AIR 1098; 1967 SCR (2) 378 mit Hinweis auf WH Milsted & Son Ltd. v. Hamp, 1927 WN 233.
119 Greig v. Insole, 1978 3 All ER 449.
120 Vgl. zu den Einzelheiten *Koepff*, Das indische Arbeitsrecht, 2005, S. 38 ff.

F Arbeitsrecht

willful damage or loss of employers property, bribery, habitual lateness or absence and striking unlawfully."

Eine Kündigung darf nicht gegen *Fair Labour Practices* verstoßen, anderenfalls ist sie unwirksam. Der *Industrial Disputes Act*, 1947 listet Beispiele für so genannte *Unfair Labour Practices* auf. Hierzu gehören insbesondere Benachteiligungen von Arbeitnehmern aufgrund ihrer Teilnahme an rechtmäßigen Arbeitskämpfen und aufgrund ihrer Gewerkschaftstätigkeit. Insgesamt sind arbeitsrechtliche Überreaktionen verboten (*"discharge or dismissal of workmen for misconduct of a minor or technical character, without having any regard to the nature of particular misconduct or the past record of service of the workmen, thereby leading to a disproportioned punishment"*). Allgemein steht nach der indischen Rechtsprechung Arbeitnehmern ein Anhörungsrecht vor dem Ausspruch einer Arbeitgeberkündigung zu. Außerdem bedarf es bei einer verhaltensbedingten Kündigung im Regelfall – wie im deutschen Arbeitsrecht – einer Abmahnung (*Warning*).

Betriebsbedingter Personalabbau (*Retrenchment*) kann sich in Indien schwierig gestalten. Solche Fälle werden häufig vor die Arbeitsgerichte getragen. Gemäß dem *Industrial Employment* (*Standing Orders*) *Act*, 1946 ist eine Kündigungsfrist von einem Monat oder eine entsprechende Abfindungszahlung (*Payment in lieu of notice*) vorgeschrieben. Die Kündigungsfristen gelten nicht für die weitgehend ungeschützten Aushilfskräfte, in Indien *Badli* genannt. Arbeitnehmern mit mehr als einem Jahr Betriebszugehörigkeit muss die Kündigung schriftlich mit entsprechender Begründung zugestellt werden. Außerdem ist die Zahlung einer Abfindung in Höhe von einem halben Bruttomonatsgehalt pro Jahr der Betriebszugehörigkeit weitere Wirksamkeitsvoraussetzung für die Kündigung. Schließlich ist die Anzeige der Kündigung gegenüber der zuständigen Regierungsstelle notwendig (für Unternehmen mit 50 bis 100 Arbeitnehmern – Section 25 f *Industrial Disputes Act*, 1947). In Unternehmen mit mehr als 100 Arbeitnehmern muss die Kündigung mit dreimonatiger Frist schriftlich mit entsprechender Begründung zugestellt werden. Hier ist nicht nur die Anzeige sondern auch die Zustimmung der zuständigen Regierungsstelle für die Wirksamkeit der Kündigung erforderlich. Außerdem muss ebenfalls die vorangehend genannte Abfindung gezahlt werden.

Die beschriebenen Kündigungsvorschriften stammen – wie bereits ausgeführt – aus der quasi-sozialistischen postkolonialen Phase der indischen Gesetzgebung. Damit verbunden war die idealistische Vorstellung, dass der Staat jedem Bürger einen sicheren Arbeitsplatz gewähren müsse. Der indische Supreme Court dagegen hat anerkannt, dass Unternehmerentscheidungen in ihrem Kern nicht gerichtlich überprüft werden können, solange sie sich im gesetzlichen Rahmen halten. Dies entspricht in etwa der deutschen Rechtsprechung zur betriebsbedingten Kündigung, die anerkennt, dass der Arbeitgeber in bestimmten Fällen unternehmerische Entscheidungen treffen muss, um seinen Betrieb den veränderten Marktgegebenheiten anzupassen. In Deutschland werden solche unternehmerischen Entscheidungen von den Arbeitsgerichten nicht auf ihre Notwendigkeit und Zweckmäßigkeit überprüft, sondern nur darauf, ob sie „offenbar unsachlich, unvernünftig oder willkürlich" sind. Ohne auf die Einzelheiten hier eingehen zu können, verhält es sich mit dem indischen Konzept des *Bona Fide Redundancy* (Missbrauchskontrolle) ähnlich. Nur eine solche Missbrauchskontrolle soll der entscheidenden staatlichen Behörde bei ihrer Genehmigungsentscheidung zustehen. In der Praxis gibt es jedoch große Schwierigkeiten bei der Erlangung solcher Genehmigungen. Daher versuchen viele Unternehmer, die Grenze von 100 Beschäftigten nicht zu überschreiten.

Diese Kündigungsvorschriften sind auch politisch hochumstritten. Durch die derzeitigen tatsächlichen wirtschaftlichen Verhältnisse ist der Veränderungsdruck hierzu jedoch relativ gering. Zum Beispiel im Bereich Informationstechnologie führt die Angebots- und Nachfragerelation dazu, dass die Kündigungsvorschriften nahezu gänzlich missachtet und eine Politik von „*Hire and Fire*" praktiziert wird. Die meisten Callcenter-Mitarbeiter dürften als so genannte *Workmen*, wie im *Industrial Disputes Act* definiert, gelten und seinen Schutz genießen. In der Praxis jedoch ziehen die Arbeitnehmer in Streitfällen einfach weiter zum nächsten Unternehmen und erhalten dort in den meisten Fällen auch höhere Vergütungen. Außerdem gelten indische Arbeitnehmer ungern als *Trouble Maker* und achten lieber auf ihr Ansehen in der Branche als auf die Einhaltung arbeitsrechtlicher Vorschriften. Eine einmal ausgesprochene Kündigung kann – ebenso wie in Deutschland – nicht einseitig zurückgenommen werden.[121]

Schließlich ist jederzeit eine außerordentliche Kündigung wegen wichtigen Grundes möglich. Ähnlich wie in europäischen Rechtskreisen, gibt es hierzu auch in Indien eine sehr umfassende Rechtsprechung. Auch die Gründe für eine solche fristlose Kündigung liegen in Indien ganz ähnlich wie in Europa. Längere unentschuldigte Abwesenheit vom Arbeitsplatz, häufiges Zuspätkommen, strafbare Handlungen, Bedrohung des Arbeitgebers und andere schwere und gegebenenfalls dauerhafte Verstöße gegen

---

121 Riordan v. War Office, 1959 3 All ER 552.

F   Arbeitsrecht

den Arbeitsvertrag können zur fristlosen Kündigung führen. Hier muss der Arbeitgeber zunächst den Fall genau untersuchen und dem Arbeitnehmer die Möglichkeit zur Stellungnahme geben.

Eine einvernehmliche Aufhebung eines Arbeitsverhältnisses durch einen Aufhebungsvertrag ist jederzeit möglich. Üblich und empfehlenswert ist dabei die Vereinbarung einer Abgeltungsklausel (*General Release*) in der beide Parteien bestätigen, dass keine weiteren Ansprüche gegeneinander bestehen.

3. Soziale Sicherung

In Indien existiert kein allgemeines staatliches soziales Sicherungssystem, das mit dem Österreichs, Deutschlands oder der Schweiz vergleichbar wäre.

Eine Arbeitslosenversicherung besteht nicht. Entlassene Arbeitnehmer sind daher im Regelfall auf Abfindungen angewiesen.

Hinsichtlich der Kranken-, Unfall- und Rentenversicherung besteht ein komplexes rechtliches System, das auf einer Vielzahl von Einzelgesetzen basiert, wie z.B. dem *Employees State Insurance Act*, 1948, dem *Employees Compensation Act*, 1923, dem *Payment of Gratuity Act*, 1972, dem *Employees' Provident Fund and Miscellaneous Provisions Act*, 1952 sowie dem *Unorganised Worker's Social Security Act*, 2008.

Gemäß *Employees Compensation Act*, 1923 sind in Betrieben, die mindestens 10 Arbeitnehmer beschäftigen, Krankenversicherungsbeiträge abzuführen. Dabei haben die Arbeitgeber 4,75% und Arbeitnehmer 1,75% als monatliche Beiträge vom Bruttolohn zu leisten.

Unter dem *Employees' Provident Funds & Miscellaneous Provisions Act*, 1952 sind drei Versorgungssysteme etabliert worden: Das *Employees' Provident Fund Scheme*, 1952, das *Employees' Deposit Linked Insurance Scheme*, 1976 und das *Employees' Pension Scheme*, 1995. Die Anwendung dieser Vorschriften hängt von der Anzahl der Beschäftigten im Betrieb ab. Sobald mindestens 20 Arbeitnehmer im Betrieb beschäftigt werden, sind 12% vom Arbeitnehmer von bestimmten Vergütungsanteilen (*basic wages, dearness allowance* u.a.) in das *Provident Fund Scheme* einzuzahlen. Die Versicherungspflichtgrenze liegt bei 6 500 INR pro Monat. Ist die Einkommensgrenze überschritten, kann freiwillig in die Rentenversicherung eingezahlt werden. Der Arbeitgeber zahlt ebenfalls einen Anteil von 12% der Vergütung, davon 8,33% in den *Pension Fund* und den Rest in den *Provident Fund*.

III. Individualarbeitsrecht **F**

Dieses komplexe System steht jedoch hinter seinen selbst gesetzten Ansprüchen weit zurück. Eine umfassende ausreichende und wohlfunktionierende staatliche soziale Sicherung wird hierdurch nicht gewährleistet. Die Leistungen aus diesem Sicherungssystem sind meist viel zu gering. So hängt in der Praxis die persönliche Sicherheit der Arbeitnehmer immer noch vorwiegend von gegenseitiger Hilfe der Familienmitglieder ab.

Für ausländische Arbeitnehmer in Indien besteht seit 2008 ebenfalls eine Beitragspflicht zur indischen Sozialversicherung in Betrieben mit mindestens 20 Beschäftigten, es sei denn, es besteht ein Sozialversicherungsabkommen mit dem Herkunftsland des Arbeitnehmers und dieser leistet weiterhin Sozialabgaben in seinem Heimatland. Seit dem Inkrafttreten des Deutsch-Indischen Sozialversicherungsabkommens im Jahre 2009,[122] das im Oktober 2011 nochmals erheblich erweitert wurde, sind für die nach Indien vorübergehend entsandten deutschen Mitarbeiter in Indien keine Sozialabgaben zu zahlen. Zwischen Indien und der Schweiz gibt es ebenfalls ein Sozialversicherungsabkommen. Österreich und Indien haben ein solches Abkommen noch nicht geschlossen.

4. Regelungen des Arbeitsvertrages

Im Arbeitsvertrag sollten alle wesentlichen Regelungen (*terms of employment*) festgehalten werden, um späteren Streit zu vermeiden. Die wichtigsten Punkte, auf die der Arbeitgeber achten sollte, sind:

1. Pflichten und Verantwortlichkeiten des Arbeitnehmers
2. Beginn und Ende des Arbeitsverhältnisses
3. Vergütungen
4. Verschwiegenheits- und Geheimhaltungspflichten
5. Regelungen zum Schutz des geistigen Eigentums
6. Wettbewerbsverbot und Abwerbeklauseln (nicht bzw. nur eingeschränkt wirksam)
7. Regelungen zur Streitbeilegung

Verschwiegenheits- und Geheimhaltungspflichten (*Confidentiality and Non-Disclosure Agreement* – CNDA) werden besonders im IT-Sektor sehr genau formuliert. Festgehalten werden sollte insbesondere, welche Informationen vertraulich sind und wie der Arbeitnehmer mit diesen Informationen umzugehen hat, d.h. insbesondere an wen und unter welchen Umständen eine Weitergabe gestattet ist. Seit Erlass der *Information Technology (Reasonable Security Practices and Procedure and Sensitive Perso-*

---

[122] BT-Drucks. 16/12065 vom 26.2.2009.

nal Data or Information) Rules, 2011 sind juristische Personen zudem verpflichtet, interne Datenschutzrichtlinien zu erlassen, um den Umgang mit sensiblen personenbezogenen Daten zu regeln.

Empfehlenswert und in größeren Unternehmen üblich sind interne Arbeitsordnungen (*Human Resources Policy*). Hier können beispielweise allgemeine Verhaltenspflichten des Arbeitnehmers, die Benutzung von Computern oder Regelungen bezüglich des Insiderhandels (verpflichtend für börsennotierte Unternehmen) festgehalten werden.

IV. Kollektives Arbeitsrecht

Mit dem *Trade Unions Act*, 1926 erhielten die Gewerkschaften einen gesetzlich geschützten rechtlichen Status. Die Gründungsvoraussetzungen für die Errichtung einer Gewerkschaft sind gering. Der Antrag zur Eintragung als Gewerkschaft bei der zuständigen Behörde muss lediglich von 10% der im Betrieb Beschäftigten oder mindestens von 100 Arbeitnehmern – in jedem Fall aber von 7 *Workmen* – unterzeichnet werden. So ist die Zahl der Gewerkschaften und auch die ihrer absoluten Mitgliederzahl von beeindruckender Größe. Nach der letzten offiziellen Statistik aus dem Jahr 2008 bestanden 84.642 registrierte Gewerkschaften.[123] Diese Einzelgewerkschaften haben allerdings oft weniger Mitglieder als ein deutscher Betriebsrat. Ihre Bedeutung schwankt je nach Größe und politischen Einflussmöglichkeiten. Die Gewerkschaften organisieren im großen Umfang Beschäftigte von staatlichen Einrichtungen. Im privaten Sektor sind allerdings viele Arbeitnehmer nicht organisiert. Die Rolle der Gewerkschaften ist eher mit einem deutschen Betriebsrat, den das indische Recht nicht kennt, vergleichbar. Es handelt sich also in den meisten Fällen um „Betriebsgewerkschaften", die mit nationalen Arbeitnehmerorganisationen zusammenarbeiten und nicht um Industriegewerkschaften. Einige Gewerkschaften sind auch mit politischen Parteien verbunden.

V. Arbeitsrechtliche Konfliktlösungsmechanismen

Als Konfliktlösungsmechanismen bietet das indische Arbeitsrecht verschiedene gerichtliche und quasi-gerichtliche Gremien an. Die Konfliktlösungsversuche beginnen (seit 2010) auf der betrieblichen Ebene in Be-

---

[123] http://labourbureau.nic.in/Trade_Unions_2008.pdf (besucht am 13.8.2012).

V. Arbeitsrechtliche Konfliktlösungsmechanismen F

trieben mit über 20 *Workmen* mit der Einrichtung einer *Grievance Redressal Machinery*. Dieses außergerichtliche Gremium besteht aus nicht mehr als sechs Personen, die sowohl vom Arbeitgeber als auch von Seiten der *Workmen* gestellt werden (Chapter II B *Industrial Disputes (Amendment) Act*, 2010).

Soweit der Betrieb über 100 Beschäftigte hat, wird ein *Works Committee* (Section 3 *Industrial Disputes Act*, 1947) eingerichtet. Das *Works Committee* wird zu gleichen Teilen aus Arbeitnehmer- und Arbeitgebervertretern zusammengesetzt. Das Gesetz (Section 3 (2) *Industrial Disputes Act*, 1947) beschreibt die Aufgaben wie folgt:

It shall be the duty of the works committee to promote measures for securing and preserving amity and good relations between the employer and workmen and, to that end, to comment upon matters of their common interest or concern and endeavour to compose any material difference of opinion in respect of such matters.

Soweit das *Works Committee* keine Einigung zwischen den streitenden Parteien herbeiführen kann, stehen drei außerbetriebliche Streitschlichtungsgremien bereit: *Conciliation Officer, Board of Conciliation* und *Court of Enquiry*. In der Praxis werden Streitigkeiten oft im Wege eines Vergleichs *(Settlement Agreement)* mit den Gewerkschaften beigelegt.

Conciliation Officers sind von der Regierung eingesetzte Mediatoren. Sie können keine Entscheidungen treffen, sondern nur eine Einigung vermitteln (Section 4 *Industrial Disputes Act*, 1947). Ähnliche Aufgaben und Befugnisse hat das *Board of Conciliation* (Section 5 *Industrial Disputes Act*, 1947). Dieses Vermittlungsgremium kann bei Bedarf von der Regierung zusammengesetzt werden. Es besteht aus zwei oder vier Mitgliedern und einem Vorsitzenden. Außerdem kann ein Untersuchungsgericht (*Court of Inquiry*) gemäß Section 6 *Industrial Disputes Act*, 1947 auf Entscheidung der zuständigen Regierungsstelle einberufen werden. Vor einem solchen *Court of Inquiry* kann eine Art Beweissicherungsverfahren durchgeführt werden, um den einem *Industrial Dispute* zugrunde liegenden Sachverhalt in tatsächlicher Hinsicht aufzuarbeiten.

In der Praxis erscheinen die vorangehend genannten Konfliktlösungsmechanismen nicht besonders erfolgreich zu sein, so dass die große Masse der arbeitsrechtlichen Auseinandersetzungen immer noch von den Arbeitsgerichten streitig entschieden wird. Gemäß Section 7 des *Industrial Disputes Act*, 1947 kann die Regierung ein oder mehrere Arbeitsgerichte (*Labour Courts*) zur Beilegung von *Industrial Disputes* einsetzen. Das Arbeitsgericht ist mit jeweils einem juristisch qualifizierten Richter be-

F Arbeitsrecht

setzt. Daneben stehen so genannte *Industrial Tribunals* (Section 7a *Industrial Disputes Act*, 1947), die mit einem Einzelrichter besetzt sind, aber auch zwei Beisitzer bestimmen können. Das Tribunal ist teilweise erste Instanz und teilweise Berufungsinstanz. Die Abgrenzung zur Zuständigkeit gegenüber dem *Labour Court* ist gesetzlich in den *Schedules* II und III des *Industrial Disputes Act*, 1947 bestimmt. Verfahren übergeordneter nationaler oder über die Ländergrenzen hinausgehender Bedeutung können von einem *National Tribunal* entschieden werden (Section 7b, *Industrial Disputes Act*, 1947). Hinsichtlich des Verfahrens dieser Gerichte gilt der Untersuchungsgrundsatz und nicht der Verhandlungsgrundsatz. Section 14 *Industrial Disputes Act*, 1947 bestimmt:

A court shall inquire into the matters referred to it and report thereon to the appropriate government ordinarily within a period of 6 months from the commencement of its inquiry.

Rechtsanwälte (*Legal Practitioner*) sind hier nur mit Zustimmung der Gegenpartei und des Gerichts zur Vertretung der Parteien zugelassen (Section 36 (4) *Industrial Disputes Act*, 1947). In der Praxis kritisch ist die Regelung in Section 33 (1) *Industrial Disputes Act*, 1947, die dem Arbeitgeber Veränderungen hinsichtlich des *Status Quo* zum Nachteil des Arbeitnehmers bis zum Abschluss des Verfahrens verbietet.

Die *Labour Courts* sind nur für *Grievances of Workmen* gemäß *Industrial Disputes Act*, 1947 zuständig. Die Verfahrensdauer vor den Arbeitsgerichten übersteigt oftmals ein Jahr. Streitigkeiten mit Arbeitnehmern, die nicht als *Workmen* qualifiziert werden können, werden dagegen von den ordentlichen Gerichten (*Civil Courts/High Courts*) entschieden.

G. Schutz des geistigen Eigentums

I. Neuere Entwicklung

Der angeblich schwache Schutz geistigen Eigentums in Indien ist oft eine Hauptsorge von ausländischen Investoren. Im Zuge der Liberalisierung des indischen Marktes hat sich aus rechtlicher Sicht auf diesem Gebiet viel verbessert. Allerdings ist Indien wegen Mängeln bei der Durchsetzung von Schutzrechten nach wie vor in der *Priority Watch List* der Länder mit schwachem gewerblichem Rechtsschutz vertreten. Die Liste wird jährlich vom *Trade Representative* der Vereinigten Staaten von Amerika herausgegeben.[124] Ebenso wie die Justiz ist auch das indische Patentamt praktisch hoffnungslos überlastet.[125] Die hohe Bedeutung des gewerblichen Rechtsschutzes ist jedoch mittlerweile in Indien anerkannt, insbesondere seitdem das Land eine starke Stellung in der Informationstechnologie erlangt hat, einer Branche, die auf einen starken Schutz des geistigen Eigentums besonders angewiesen ist. Der Angst ausländischer Investoren, in Indien Know-how-Verluste zu erleiden, wurde vor allem dadurch begegnet, dass Indien wichtigen internationalen Abkommen zum Schutz des geistigen Eigentums beigetreten ist: Indien ist Mitglied der Weltorganisation für geistiges Eigentum (WIPO), der Pariser Verbandsübereinkunft zum Schutz des gewerblichen Eigentums (PVÜ), des Vertrages über die internationale Zusammenarbeit auf dem Gebiet des Patentwesens (PCT), der Revidierten Berner Übereinkunft (RBÜ) und des Budapester Vertrages über die internationale Anerkennung der Hinterlegung von Mikroorganismen für die Zwecke von Patentverfahren. Durch den Beitritt zur WTO und dem TRIPS-*Agreement* (*Trade Related Aspects of Intellectual Property Rights*) mit Wirkung zum 1. 1. 1995 war Indien zudem gezwungen, den Verpflichtungen aus diesem Beitritt nachzukommen und entsprechende Standards zum Schutze geistigen Eigentums einzuführen. Die so geschaffenen neuen Gesetze entsprechen insbesondere durch den Einfluss des TRIPS-*Agreements* – zumindest dem Wortlaut nach – weitgehend den in Europa bestehenden Schutzgesetzen. Kernproblem ist jedoch nach wie vor die Durchsetzung von gewerblichen Schutzrechten. Dieses Problems haben sich die indischen Gerichte angenommen, indem sie zunehmend den zum Schutz des geistigen Eigentums entscheidenden

---

[124] 2011: http://www.ustr.gov/webfm_send/2849 (besucht am 13. 8. 2012).
[125] *Breitenstein*, in: Fritz (Hg.), Entwicklungsland, Schwellenland, Global Player: Indiens Weg in die Verantwortung, 2010, S. 184.

vorläufigen Rechtsschutz gewähren. Möglich sind sowohl Arrest- als auch Sicherungsverfügungen. Hierzu wird auf die Ausführungen in Kapitel L. verwiesen.

Darüber hinaus hat Indien diverse bilaterale Erklärungen (*Memorandum of Understanding*) zur Verbesserung des Schutzes des geistigen Eigentums abgegeben. So bestehen etwa eine Übereinkunft mit dem Europäischen Patentamt (2006) und eine weitere mit dem Deutschen Patent- und Markenamt (2007),[126] mit dem Ziel, eine bessere Zusammenarbeit im Markenrecht zu erreichen. Ähnliche Absichtserklärungen wurden bereits mit Australien, der Schweiz, Frankreich, den USA und dem Vereinigten Königreich erarbeitet.

Bemerkenswert ist in diesem Zusammenhang ein Urteil des *Supreme Court* aus dem Jahr 2009, in dem entschieden wurde, dass alle Gerichte, die sich mit einer Rechtsverletzung von Marken, Copyright und Patenten beschäftigen, innerhalb von vier Monaten ab Klageerhebung zu einem Urteil kommen müssen.[127]

II. Urheberrecht (*Copyright*)

Das indische Urheberrecht ist im *Copyright Act*, 1957 niedergelegt, der durch den *Copyright (Amendment) Act*, 1999 ergänzt wurde, um die Bestimmungen der Revidierten Berner Übereinkunft (RBÜ) umzusetzen. Zusätzliche Änderungen, vor allem im Bereich der Importbeschränkung, erfolgten durch den im Juni 2012 in Kraft getretenen *Copyright (Amendment) Act*, 2012.[128] Indien ist zudem Unterzeichnerstaat des Genfer Tonträger-Abkommens und des Welturheberrechtsabkommens. Darüber hinaus ist ein Copyright-Abkommen mit der EU geplant, durch das der EU-Schutzstandard weitestgehend auch in Indien gewährleistet werden soll.

Das indische Urheberrecht unterscheidet sich vom deutschen grundlegend darin, dass dem indischen die Unterscheidung zwischen Urheberrecht und Verwertungsrecht fremd ist. Der indische *Copyright Act* kennt nur das *Copyright*, das Urheberrecht, das alle Rechte des Schöpfers eines Werkes vereint. Dazu ist das Urheberpersönlichkeitsrecht, ähnlich wie im amerikanischen Rechtsraum, weniger stark ausgeprägt. Eine hervorzu-

---

126 Abrufbar hier: http://ipindia.nic.in/ipr_bilaterals/India_Germany.pdf (besucht am 13.8.2012).
127 Bajaj Auto Ltd. v. Tvs Motor Company Ltd., Civil Appeal No. 6309 of 2009, 16.9.2009.
128 Vgl. hierzu *Scaria*, GRUR Int. 2010, 663.

hebende Besonderheit ist die Möglichkeit der Registrierung von Urheberrechten.

1. Inhalt und Umfang des *Copyright*

Das indische Urheberrecht sieht in Section 13 *Copyright Act*, 1957 drei grundsätzliche urheberrechtliche Werkkategorien vor:
- Werke der Literatur, dramatische Werke, Musik und Kunst,
- Filmwerke und
- Tonaufnahmen.[129]

Diese Begriffe werden in Section 2 inhaltlich weiter definiert, so dass beispielsweise Computerprogramme als Werke der Literatur im Sinne des Gesetzes gelten. Der Umfang des Urheberrechts wird in Section 14 entsprechend den verschiedenen Werkkategorien definiert. In allen Werkkategorien stehen dem Rechteinhaber insbesondere das Recht der Vervielfältigung sowie das Recht der öffentlichen Zugänglichmachung (*right to communicate the work to the public*) zu. Das indische Urheberrecht gewährt daneben verwandte Schutzrechte, wie das Senderecht für Rundfunkunternehmen oder das Aufführungsrecht des ausübenden Künstlers. Diese Rechte sind in Chapter VIII des *Copyright Act*, 1957 geregelt.

Der Grundgedanke des indischen Urheberrechts ist, dass der Schöpfer des Werkes auch Rechteinhaber wird. Ausnahmen hierzu sieht Section 17 jedoch beispielsweise für den Fall vor, dass der Urheber Arbeitnehmer ist und das Werk im Rahmen seines Arbeitsverhältnisses geschaffen hat. In diesem Fall ist der Arbeitgeber Inhaber des Urheberrechts, ohne dass – etwa wie in Deutschland – eine ausdrückliche Rechteeinräumung erforderlich ist. Insoweit entspricht die indische urheberrechtliche Regelung der des deutschen Patentrechts, wonach solche Erfindungen, die von einem Arbeitnehmer während der Dauer des Arbeitsverhältnisses gemacht wurden, als so genannte „Diensterfindungen" dem Arbeitgeber zustehen.[130]

Im indischen Recht ist wie im deutschen Recht eine Miturheberschaft möglich. Den Miturhebern steht das Urheberrecht grundsätzlich zu gleichen Teilen zu. Es können jedoch abweichende Vereinbarungen getroffen werden. Jeder Miturheber ist berechtigt, Ansprüche aus der Verletzung des gemeinsamen Urheberrechts geltend zu machen; er ist aber verpflich-

---

[129] Für eine ausführliche Kommentierung wird auf *Sarma*, Commentary on Intellectual Property Laws, Vol. 2, Edition 2009, S. 1643 ff. verwiesen.
[130] Nähere Regelungen enthält das Arbeitnehmererfindungsgesetz von 1957, BGBl. I S. 756.

tet, alle Leistungen, die er hieraus erhält, gegenüber den Miturhebern darzulegen.

Das Urheberrecht für literarische, dramaturgische, musikalische oder künstlerische Werke (mit Ausnahme von Fotografien) erlischt gemäß Section 22 sechzig Jahre nach dem Tod des Urhebers. Die Frist beginnt am Anfang des Jahres, welches auf das Todesjahr des Urhebers folgt. Im Falle einer Miturheberschaft richtet sich die Schutzdauer nach dem zuletzt versterbenden Miturheber. Bei Fotografien, Kinofilmen oder Tonaufnahmen beginnt die Schutzdauer mit der Veröffentlichung des Werkes.

Der *Copyright Act*, 1957 sieht Fälle vor, in welchen der Inhaber des Urheberrechts gezwungen werden kann, Dritten eine Nutzungsberechtigung hieran einzuräumen. Der Antrag auf eine solche Nutzungsberechtigung kann vom Dritten beim so genannten *Copyright Board* gestellt werden, welches unter der Aufsicht des Urheberrechtsregisters steht. Das *Copyright Board* kann dem Antragsteller das Recht übertragen, das Werk neu zu veröffentlichen, öffentlich aufzuführen oder über Rundfunk auszustrahlen. Dafür erhält der Inhaber des Urheberrechts eine Ausgleichszahlung, deren Höhe das *Copyright Board* festlegt.

Anders als im deutschen Urheberrecht besteht nach Section X des *Copyright Act*, 1957 die Möglichkeit, das geschützte Werk mitsamt den Namen des Schöpfers, des Rechteinhabers sowie des veröffentlichenden Verlages in ein Register aufnehmen zu lassen. Das so genannte *Register of Copyrights* (Urheberrechts-Register) wird vom *Copyright Office* geführt. Den Antrag auf Eintragung kann neben dem Urheber oder Rechteinhaber jede andere Person stellen, die ein berechtigtes Interesse im Hinblick auf das Urheberrecht geltend machen kann. Der *Registrar of Copyrights* führt von Amts wegen eine Überprüfung der einzutragenden Informationen durch. Für die im Register eingetragenen Tatsachen gilt in einem möglichen Verletzungsprozess die gesetzliche Vermutung der Richtigkeit (*prima facie evidence*).

2. Einräumung und Lizenzierung von Rechten

Die Möglichkeiten der Lizenzierung richten sich nach den Sections 18 bis 19A des *Copyright Acts*, 1957. Rechte können exklusiv und in räumlicher und zeitlicher Hinsicht unbeschränkt eingeräumt werden. Section 19 stellt ausdrücklich klar, dass jegliche Rechteeinräumung unwirksam ist, die nicht das Schriftformerfordernis einhält. Das indische Urheberrecht gibt klare Vorgaben für den Inhalt eines Lizenzvertrages. Insbesondere bei längeren Vertragslaufzeiten ist es wichtig, diese im Vertrag genau zu spezifizieren, da in Ermangelung einer solchen klaren Regelung gemäß Section 19 (5) die gesetzliche Vermutung für eine fünfjährige Laufzeit eingreift. Ist der räumliche Schutzbereich der Lizenz nicht eindeutig bestimmt, so gilt die Lizenz lediglich innerhalb Indiens. Über Streitigkeiten bezüglich Umfang oder Wirksamkeiten von Lizenzen entscheidet das *Copyright Board*.

3. Urheberrechtsverletzung und gesetzliche Schrankenregelungen

Eine Urheberrechtsverletzung liegt nach der Generalklausel in Section 51, *Copyright Act*, 1957 dann vor, wenn ein Dritter eine Aktivität ausübt, welche aufgrund eines exklusiven Rechts nur dem Inhaber des Urheberrechts zusteht. Zu diesen geschützten Aktivitäten gehören insbesondere die Kopie des Werkes, dessen Vertrieb sowie der Import von unrechtmäßigen Kopien nach Indien. Ebenso wie im deutschen Urheberrecht unterliegt das Recht gesetzlichen Schranken. Diese sind in Section 52 im Einzelnen aufgeführt. Mit der Ausnahme von Computerprogrammen dürfen geschützte Werke im Rahmen eines so genannten *Fair Dealing* für private und wissenschaftliche Zwecke sowie für die Erstellung von Kritiken oder Inhaltsbeschreibungen frei genutzt werden. Computerprogramme dürfen nur durch den Eigentümer eines rechtmäßig erworbenen Programms kopiert und abgeändert werden. Auch dürfen Kopien als *Back-up* erstellt werden.

4. Abwehrrechte des Urhebers und deren Durchsetzung

Im Falle einer Urheberrechtsverletzung stehen dem Urheber zivilrechtliche, strafrechtliche und öffentlich-rechtliche Schutzinstrumente zur Verfügung. Auf der zivilrechtlichen Ebene kann der Urheber gemäß Chapter XII des *Copyright Act*, 1957 Unterlassung, Auskunft und Schadensersatz verlangen. Hiervon erfasst ist auch die Herausgabe von unrechtmäßig erstellten Kopien. Strafrechtliche Sanktionen sind in Chapter XIII aufgeführt. Für wissentliche Urheberrechtsverletzungen sieht das Gesetz eine Freiheitsstrafe von sechs Monaten bis drei Jahren sowie eine Geldstrafe von mindestens 50 000 INR bis zu 200 000 INR vor. Schließlich kann sich der Urheber gemäß Section 53 an den *Commissioner of Customs* oder jede andere Stelle, die vom *Central Board of Excise and Customs* dazu autorisiert wurde, wenden, um den Import von unrechtmäßigen Kopien nach Indien zu unterbinden und diese Kopien beschlagnahmen zu lassen. Einschränkend wird aber seit Juni 2012 vom Gesetz gefordert, dass der Urheber angeben muss, inwieweit die Ankunft von unrechtmäßigen Kopien in zeitlicher und räumlicher Sicht erwartet wird (Section 53 I b).

Auch kann sich der gestellte Kontrollantrag nur auf einen Zeitraum von maximal einem Jahr beziehen.

Zur Durchsetzung dieser Rechte, insbesondere im Wege der einstweiligen Verfügung, wird auf die Ausführungen in Kapitel L. verwiesen.

5. Internationales Urheberrecht

Das indische Urheberrecht unterliegt ebenso wie entsprechende Rechte in den meisten anderen Staaten dem Territorialitätsprinzip, d.h. der Schutz des *Copyright Act*, 1957 steht grundsätzlich nur indischen Staatsangehörigen zu. Ein Ausländer kann sein Urheberrecht nach dem *Copyright Act, 1957* in Indien nur schützen lassen, wenn

a) es in Indien zuerst veröffentlicht wurde oder, wenn das Werk außerhalb Indiens zuerst veröffentlicht wurde, der Urheber zum Zeitpunkt der Veröffentlichung aber indischer Staatsbürger war oder wenn der Urheber zum Zeitpunkt der Veröffentlichung bereits verstorben war und zum Zeitpunkt des Todes indischer Staatsbürger war;

b) im Falle eines unveröffentlichten Werkes, das kein architektonisches Werk ist, der Urheber indischer Staatsbürger oder in Indien wohnhaft ist oder

c) im Falle eines architektonischen Werkes das Werk sich in Indien befindet.

Ein Werk gilt nach Section 5 als in Indien zuerst veröffentlicht, auch wenn es zugleich in anderen Ländern veröffentlicht wird, solange der Zeitraum zwischen den beiden Veröffentlichungen nicht mehr als 30 Tage beträgt oder ein anders lautender Zeitraum von der Zentralregierung bestimmt wird. Diese Bestimmung begünstigt die ausländische Urheberschaft, auch wenn das Werk zuerst im Ausland veröffentlicht wird. Wenn der Urheber sein Werk zuerst in Indien veröffentlicht, erwirbt er automatisch Urheberrechtsschutz und muss nicht auf die Bestimmungen zum Internationalen Urheberrecht im *Copyright Act*, 1957 zurückgreifen. Diese begünstigende Regelung hat jedoch den Nachteil, dass die indische Zentralregierung anordnen kann, dass das jeweilige Werk des Ausländers nicht nach indischem Recht geschützt wird, wenn das Herkunftsland des ausländischen Urhebers indischen Staatsbürgern nicht die gleichen Rechte gewährt.

Ausländische Werke, welche nicht unmittelbar dem Anwendungsbereich des *Copyright Act* unterliegen, sind über das TRIPS-*Agreement* sowie über die RBÜ, deren Vertragsstaat Indien ist, rechtlich geschützt. Aus dem TRIPS-*Agreement* ergeben sich die allgemeinen Prinzipien der Inländerbehandlung sowie der Meistbegünstigung. Der Grundsatz der Inländerbehandlung gemäß Artikel 3 des TRIPS-*Agreement* stellt die durch TRIPS geschützten Staatsangehörigen mit den jeweiligen Inländern des anderen Vertragsstaates gleich. Auf diese Weise genießen ausländische Rechteinhaber das gleiche Schutzniveau wie indische Staatsangehörige.

Eines der erklärten Ziele des *Copyright (Amendment) Act,* 2012 war es, das indische Urheberrecht an das Urheberrechtsregime des World Intellectual Property Organization (WIPO) *Copyright Treaty* und des WIPO *Performances and Phonograms Treaty* anzupassen, um einen Beitritt Indiens vorzubereiten.[131] Bislang ist ein solcher Beitritt aber nicht erfolgt.[132]

III. Markenrecht

Das erste Gesetz zum Schutz von Marken in Indien war der *Trade Marks Act,* 1940, der zunächst durch den *Trade and Merchandise Act,* 1958 und später durch den aktuellen *Trade Marks Act* von 1999 ersetzt wurde, welcher am 15.9.2003 in Kraft trat und durch die fortlaufend aktualisierten Trade Mark Rules, 2002 ergänzt wird.[133] Mit dem *Trade Marks Act,* 1999 wurden alle GATT- und TRIPS-Vorgaben in das nationale indische Markenrecht transformiert. Aus diesem Grunde ergeben sich im Hinblick auf Schutzumfang und -voraussetzungen keine sonderlichen Abweichungen zum deutschen Markenrecht. Mit der Reform des Markenrechts im Jahre 1999 wurde zusätzlich die Möglichkeit der Eintragung von Dienstleistungs- und Kollektivmarken geschaffen.

Um dem Protokoll zum Madrider Abkommen über die internationale Registrierung von Marken beitreten zu können, wurde 2007 die *Trade Marks (Amendment) Bill,* 2007 ins Parlament eingebracht. Diese erhielt aber erst 2010 die Zustimmung des Parlaments (*Trade Marks (Amendment) Act,* 2010).[134] Aufgrund der bisher noch nicht erfolgten Notifikation sind die Änderungen bislang jedoch noch nicht in Kraft getreten.

---

[131] *Scaria*, GRUR Int. 2010, 663 ff.
[132] http://www.wipo.int/treaties/en/ShowResults.jsp?lang=en&treaty_id=16 (besucht am 13.8.2012), http://www.wipo.int/treaties/en/ShowResults.jsp?lang=en&treaty_id=20 (besucht am 13.8.2012).
[133] Ausführlich *Hartmann*, Das Markenrecht in Indien, 2011, S. 25 ff.
[134] Abrufbar hier: http://indiacode.nic.in/fullact1.asp?tfnm=201040 (besucht am 13.8. 2012); vgl. hierzu auch *Chiramel*, The Madrid Protocol and its applicability in India, abrufbar hier: http://www.vaishlaw.com/article/indian_intellectual_property_laws/appli-

G   Schutz des geistigen Eigentums

1. Eintragung der Marke

Das Markenregister enthält alle registrierten Marken. Stellt sich eine Marke im Nachhinein als nicht eintragungsfähig heraus, so wird sie aus dem Register gelöscht. Die Wahrheit des Registers ist von enormer Wichtigkeit und entfaltet die Vermutung der Richtigkeit im Falle eines Rechtsstreites (*prima facie evidence*). Neben den registrierten Marken gibt es auch nicht-eingetragene Kennzeichenrechte. Den Inhabern dieser Kennzeichenrechte stehen jedoch nicht die Rechtsschutzmöglichkeiten aus dem *Trade Marks Act*, 1999 zu. Diese beschränken sich gemäß Section 27 ausdrücklich nur auf eingetragene Marken. Den Inhabern nicht-registrierter Kennzeichenrechte bleibt im Verletzungsfall nur der Rückgriff auf das Rechtsinstitut des so genannten *passing off* aus dem allgemeinen Deliktsrecht (*Law of Torts*).

Es gibt im indischen Markenrecht sowohl absolute als auch relative Eintragungshindernisse, welche den Regelungen im harmonisierten europäischen Markenrecht weitgehend entsprechen.[135] Als absolute Eintragungshindernisse (*absolute grounds for refusal of registration*) werden in Section 9 insbesondere die fehlende Unterscheidungskraft, das Vorliegen eines Freihaltebedürfnisses oder einer üblich gewordenen Bezeichnung genannt. Diese Eintragungshindernisse sind im Hinblick auf die jeweils beanspruchten Waren- und Dienstleistungsklassen zu überprüfen.

Die absoluten Eintragungshindernisse können durch Verkehrsdurchsetzung überwunden werden. Ein Beispielsfall ist die Registrierung der Marke *Dukan*. *Dukan* bedeutet „Laden" in Hindi. Dem Grunde nach war die Bezeichnung daher rein beschreibend für den Verkauf von Süßigkeiten in einem Ladengeschäft. Aufgrund der langjährigen Nutzung des Zeichens durch den Ladeninhaber konnte dieser jedoch gegenüber dem Markenregister erfolgreich nachweisen, dass sich der Begriff zu seinen Gunsten im Verkehr durchgesetzt hatte. Eine Eintragung konnte daher trotzdem erfolgen.

Relative Eintragungshindernisse (*relative grounds for refusal*) ergeben sich gemäß Section 11 insbesondere aus der Identität oder Ähnlichkeit mit bereits eingetragenen Marken.

Eine Besonderheit im indischen Recht ist, dass der Eintragungsantrag nur im eigenen Namen oder für eine bereits im Antrag benannte Person möglich ist. Andernfalls liegt die Vermutung nahe, der Antragsteller wolle

---

cability°f_madrid_protocol_in_inida.pdf?articleid=100324 (besucht am 13.8.2012) und *Hartmann*, Das Markenrecht in Indien, 2011, S. 34.
135 *Hartmann*, Das Markenrecht in Indien, 2011, S. 173 ff.

nur eine Spekulativmarke (*Ghost Mark*) anmelden oder einen illegalen Handel mit Marken führen.

Die Dauer des Eintragungsverfahrens kann in der Praxis stark variieren. Es gibt Verfahren, die bereits seit zehn Jahren andauern und noch nicht abgeschlossen sind. Auf der anderen Seite gibt es auch Beispiele, in denen das Verfahren nicht länger als zwei Jahre gedauert hat. Durchschnittlich muss mit einer Verfahrensdauer von Anmeldung bis Eintragung der Marke von drei Jahren gerechnet werden.[136]

2. Schutzdauer

Die Schutzdauer für Marken beträgt zehn Jahre und kann gegen Zahlung einer Gebühr jeweils vor Ablauf der zehnjährigen Schutzdauer verlängert werden. Marken unterliegen wie im deutschen Recht einem Benutzungszwang. Wichtig ist daher, dass das eingetragene Warenzeichen in der Art und Weise genutzt wird, wie es im Register eingetragen ist. Die Marke kann gemäß Section 47 (1) lit. (b) auf Antrag eines Dritten gelöscht werden, wenn dieser nachweisen kann, dass die Marke innerhalb der letzten fünf Jahre nach deren Eintragung nicht ernsthaft benutzt wurde (*no bona fide use*).

3. Verletzung von Markenrechten

Die Verletzung von Markenrechten ist Gegenstand von Section 29 des *Trade Marks Act,* 1999 und ist weitgehend inhaltsgleich mit § 14 des deutschen Markengesetzes. Section 29 sieht einen Schutz gegen identische Zeichen, Verwechslungsgefahr sowie gegen die unlautere Ausnutzung der Unterscheidungskraft oder Wertschätzung einer bekannten Marke im geschäftlichen Verkehr (*Course of Trade*) vor.[137] Das Markenrecht unterliegt gesetzlichen Schranken, welche in Section 30 aufgeführt sind. Hinzuweisen ist insbesondere auf die Erschöpfung (*Exhaustion*) des Markenrechtes. Die Erschöpfung beschränkt die Verbotsrechte des Markeninhabers hinsichtlich solcher Stücke der gekennzeichneten Ware, die mit seiner Zustimmung in den Verkehr gebracht worden sind. Den weiteren Vertriebsweg kann der Markeninhaber damit allerdings ebenso wenig wie im deutschen Recht kontrollieren.

---

136 *Hartmann*, Das Markenrecht in Indien, 2011, S. 419.
137 Ausführlich *Sarma*, Commentary on Intellectual Property Laws, Vol. 2, Edition 2009, S. 2234 ff.

G   Schutz des geistigen Eigentums

4. Rechtsdurchsetzung

Im Falle einer Markenrechtsverletzung sieht der *Trade Marks Act,* 1999 wie der *Copyrights Act,* 1957 zivilrechtliche, strafrechtliche und öffentlich-rechtliche Sanktionen vor. Der Markeninhaber kann seinen Unterlassungs- und Schadensersatzanspruch zum einen vor dem *District Court* durchsetzen. Ferner besteht die Möglichkeit, eine einstweilige Verfügung gegen die verletzende Partei auf Unterlassung und Herausgabe der verletzenden Produkte zum Zwecke ihrer Zerstörung zu erwirken.

Seit Ende 2007 besteht zudem die Möglichkeit eines Beschlagnahmeantrages, um Plagiate an der Grenze zu stoppen (Section 140). In der Praxis wird jedoch vielfach bemängelt, dass die indischen Behörden nicht konsequent genug gegen Produktfälscher vorgehen und die strafrechtlichen Sanktionen vergleichsweise milde ausfallen.

5. Antragstellung durch Ausländer

Ein Ausländer kann gemäß Section 154 *Trade Marks Act,* 1999 die Eintragung einer Marke in Indien beantragen, vorausgesetzt er ist Staatsbürger eines Staates, mit welchem eine völkerrechtliche Verbürgung der Gegenseitigkeit besteht (Reziprozität), so dass für indische Staatsbürger die gleichen Rechte gewährleistet sind. Der Antrag muss in Indien innerhalb von sechs Monaten nach Antragstellung im Abkommensstaat gestellt werden. Dem Antrag muss eine beglaubigte Kopie der früheren Anmeldung im Abkommensstaat beigefügt werden. Wenn der Antrag auf Eintragung in mehr als einem Abkommensstaat gestellt wurde, so gilt gemäß Section 154 Absatz 3 das Datum der ersten Eintragung als maßgeblich für den Fristlauf. Der Antragsteller kann seine markenrechtlichen Ansprüche erst auf den Zeitraum nach dem Antrag auf Eintragung der Marke in Indien stellen.

Nach der Rechtsprechung des Supreme Court können international tätige Unternehmen, die eine internationale Marke besitzen und eine über die Grenzen hinausgehende Reputation außerhalb von Indien genießen, ihre Marke auch in Indien schützen, auch wenn sie keine tatsächliche Präsenz in Indien haben.[138]

Im August 2008 bewilligte das *Indian Trademark Office* den Antrag des kalifornischen Internet-Anbieters Yahoo Inc. auf Eintragung ihres bekannten drei-tönigen „Yahoo-Jodel". Damit wurde erstmals in Indien

---

138 N.R. Dongre and Ors. v. Whirlpool Corpn. And Anr., 1996 VIAD SC 710; 1996 (2) ARBLR 488 SC.

unter dem *Trademark Act*, 1999 eine Musikmarke eingetragen und der Markenschutz auf Erkennungsmelodien erweitert.

IV. Patent- und Lizenzrecht

Das indische Patentrecht hat im Jahr 1999 eine Novellierung erfahren, um den Verpflichtungen aus dem WTO-Beitritt und der damit verbundenen Pflicht zur Umsetzung des TRIPS-Agreements beizukommen. Bis zum Ende der Umsetzungsfrist im Jahre 2005 fanden weitere Änderungen statt, die letztlich in der Verabschiedung des *Patent Act*, 2005 mündeten.

Im Zuge der Reform wurde überlegt, auch Softwareprodukte dem Schutz des Patentrechts zu unterstellen. Dieser Vorschlag löste jedoch eine öffentliche Kontroverse aus. Indien vertritt nach wie vor eine eher zurückhaltende Politik bezüglich des Schutzes von Software und Computerprogrammen. Trotz enormen Drucks von führenden multinationalen Unternehmen, die indische Gesetzgebung dem US-amerikanischen Patentrecht anzupassen, wird der Schutz von Software und Computerprogrammen weiterhin (ähnlich wie im deutschen Recht) nur urheberrechtlich gewährt.

1. *Patent Act*, 2005

Hauptziel des *Patent Act*, 2005 war es, Patente für Erfindungen im Bereich der Arzneistoffe und Arzneimittel zu gewähren. In den letzten Jahrzehnten gab es in Indien kein Produktpatent für pharmazeutische Produkte. Seit den 1970er-Jahren besteht in Indien daher ein großer Markt für die Nachahmung von geschützten Medikamenten und die Produktion von Generika. Dies liegt daran, dass unter dem damals geltenden Patentrecht im Ausland patentierte Pharmazeutika in Indien produziert werden durften, solange nur ein anderer Herstellungsprozess zur Anwendung kam. Der neue Patentschutz für pharmazeutische Produkte wurde stark kritisiert, da man erwartete, dass dadurch die Preise für lebensnotwendige Arzneimittel für unheilbare Krankheiten in die Höhe schnellen würden. Die WTO-Regeln enthalten jedoch einige Vorkehrungen, die die Regierungen dazu ermächtigen, solche Arzneimittel im Interesse der Volksgesundheit zu importieren und zu verteilen und im Falle eines nationalen Notstandes, worunter vor allem auch hohe medizinische Dringlichkeiten zu verstehen sind, das patentierte Mittel im Wege von Zwangslizenzen herstellen zu lassen. Nach diesen Regelungen hat Thailand beispielsweise

G Schutz des geistigen Eigentums

den Patentschutz für ein HIV-Medikament von Abbott sowie für ein Blutgerinnungsmittel von Sanofi-Aventis aufgehoben. In jüngerer Vergangenheit wurde auch in Indien erstmals eine solche Zwangslizenz gewährt: Unter Berufung auf Section 84 *Patent Act*, 2005 gewährte der *Controller General of Patents, Designs and Trademarks of India* in Mumbai am 9.3.2012 dem indischen Hersteller Natco Pharma Limited eine Zwangslizenz (*compulsory license*) für das Krebsmittel Nexavar, das seit 2008 für Bayer unter indischem Patentschutz stand.[139] Als Grund wurde u.a. angeführt, das Medikament sei nicht bezahlbar (*reasonably affordable*), was im Widerspruch zu den Bedürfnissen der Öffentlichkeit (*requirements of the public*) stehe. Natco darf Nexavar nun zu einem Bruchteil des von Bayer verlangten Preises verkaufen und hat an Bayer lediglich eine Lizenzgebühr von 6 Prozent auf den Nettoumsatz eines jeden Quartals zu entrichten.

Seit der Zeit des WTO-Beitritts und der damit verbundenen Pflicht zur Umsetzung der WTO-Regelungen wurde auf Antrag des Anmelders die Prüfung aller Patentanmeldungen in dem betreffenden Bereich bis zur Verabschiedung des *Patent Act*, 2005 ausgesetzt. Falls ein solcher Antrag nicht gestellt wurde, erfolgte das Patentverfahren nach altem – unzureichenden – Patentrecht. Diese neuen Anmeldungen, die auf diese Weise schwebend gehalten wurden, nannte man *Black-Box*-Anmeldungen. Bis 2005, also bis zum Inkrafttreten des *Patent Act*, 2005 waren pharmazeutische Erzeugnisse vom Patentschutz gänzlich ausgenommen. Die *Black-Box*-Anmeldungen werden seit 2005 nach neuem Recht geprüft, so dass man nunmehr auch für pharmazeutische Erzeugnisse Patentschutz erlangen kann.

Falls ein angeblicher indischer Patentverletzer jedoch nachweisen kann, dass er mit der entsprechenden Substanz bereits vor dem 1.1.2005 gearbeitet hat, dann ist eine Verletzung des künftig erteilten Patents ausgeschlossen. Der Patentinhaber kann in diesem Fall die Produktion nicht verbieten, sondern hat nur einen Anspruch auf angemessene Vergütung. Eine Markteinführung ist dabei nicht notwendig, die bloße Marktvorbereitung reicht. Damit dürfte in der Praxis für sämtliche relevanten und bekannten Stoffe ein entsprechendes Vorbenutzungsrecht für indische Her-

---

139 Die Entscheidung ist im Wortlaut abrufbar hier: http://www.whitecase.com/files/Uploads/Documents/Compulsory-License-12032012.pdf (besucht am 13.8.2012); beispielhafte Pressemeldungen sind abrufbar unter http://www.thehindu.com/news/national/article2988811.ece (besucht am 13.8.2012), http://www.ilntoday.com/2012/04/india-grants-its-first-compulsory-license/(besucht am 13.8.2012); *Rajasingh*, Journal of Intellectual Property Law & Practice, 2012, 482 ff.; *Sadasivam*, Journal of Intellectual Property Law & Practice, 2011, 664, 665.

steller gelten. Folglich kann sich ein sinnvoller Schutz in der Praxis nur für neue Anmeldungen nach dem Jahr 2005 entfalten. Es ist umstritten, ob diese Regelung mit den Vorgaben des TRIPS-*Agreement* vereinbar ist. In der Vergangenheit gab es tausende *Black-Box*-Anmeldungen, die einen großen Prüfungsstau verursachten. Die Frage des Patentschutzes für Pharmaprodukte in Indien ist zuletzt auch deswegen umstritten, weil kaum höchstrichterliche Rechtsprechung zu den neu eingeführten Tatbeständen vorliegt. Die Ablehnung von Patentschutz kann im Einzelfall auch hohe Wellen schlagen. So griff das Pharmaunternehmen Novartis die indische Regierung scharf an, als der Patentschutz für das Krebsmedikament Glivec abgelehnt wurde, und warf Indien vor, die TRIPS-Vorgaben nicht einzuhalten. Nach der Ablehnung des Eintragungsantrags ging Novartis 2007 gegen die einschlägige Regelung für die Patentierbarkeit von Medikamenten vor dem Madras High Court erfolglos an,[140] ein weiterer Antrag auf Eintragung scheiterte 2009. Eine endgültige Entscheidung durch den Supreme Court stand im August 2012 noch aus.

2. Patentierbarkeit

Das indische Patentgesetz unterscheidet sich aufgrund der Vorgaben des TRIPS-*Agreement* nicht erheblich vom deutschen Patentgesetz oder dem Europäischen Patentübereinkommen. Für die Erlangung von materiellem Patentschutz ist zunächst eine Erfindung (*Invention*) erforderlich. Der Begriff wird in Section 2 wie folgt definiert: „*An invention means a new product or process involving an inventive step and capable of industrial application*". Es erfolgt demnach auch im indischen Patentrecht die klassische dreigeteilte Prüfung, ob eine Erfindung neu ist, ob sie die erforderliche Erfindungshöhe aufweist und ob sie gewerblich anwendbar ist. Das Erfordernis der gewerblichen Anwendbarkeit wurde erst im Zuge der letzten Reform aus dem Jahre 2005 in das Gesetz mit aufgenommen.

Nicht patentierbar sind nach Section 3 u.a. „unseriöse" Erfindungen oder die mit bekannten Naturgesetzn nicht im Einklang stehen („*an invention which is frivolous or which claims anything obvious contrary to well established natural laws*"). Ferner ist die bloße Entdeckung eines wissenschaftlichen Prinzips oder einer Theorie von der Eintragung ausgeschlossen. Insoweit gilt auch nach indischem Patentrecht der Grundsatz, dass bloße Ideen oder Entdeckungen nicht patentierbar sind, sondern nur deren

---

[140] Novartis AG v. Union of India, 2007 4 MLJ 1153; *Bazzle*, Georgetown Journal of International Law, 2011, 785, 802 ff.; *Unni*, Pacific McGeorge Global Business & Development Law Journal, 2012, 323, 337.

Ausführung. Gemäß Section 4 sind Erfindungen auf dem Gebiet der Atomenergie ebenfalls nicht patentierbar.

3. Anmeldung

Das Patentwesen steht unter der Aufsicht des *Controller General of Patents, Designs, Trademarks and Geographical Indications* in Mumbai. Es gibt vier Patentämter in Indien. Das Hauptamt befindet sich in Kolkata. Nebenämter befinden sich in Delhi, Mumbai und Chennai. Vor allem die Patentbeschreibung (*Specification*) und der Umfang des geltend gemachten Patentanspruches (*Claim*) sind besonders sorgfältig und detailliert abzufassen. Ebenso wie in Deutschland sind daher für das Anmeldeverfahren spezialisierte Anwälte hinzuzuziehen. Das Patent kann gemäß Section 133 und 134 auch durch ausländische Staatsbürger angemeldet werden, sofern zwischen Indien und dem anderen Staat ein entsprechendes Abkommen besteht und zwischen den Staaten die Gegenseitigkeit verbürgt ist. Für Deutschland und Indien gilt in diesem Fall die von beiden Ländern ratifizierte Pariser Verbandsübereinkunft (PVÜ). Um die Priorität der Erstanmeldung in einem anderen Vertragsstaat auch in Indien zu erhalten, muss die Anmeldung in Indien binnen zwölf Monaten nach der Erstanmeldung erfolgen. Indien ist ferner seit 1998 Vertragsstaat des Vertrags über die internationale Zusammenarbeit auf dem Gebiet des Patentwesens (*Patent Cooperation Treaty* – PCT), womit auch eine internationale Patentanmeldung (*patent application*) möglich ist. In Indien ansässige Personen dürfen jedoch im Ausland Patente nur nach vorheriger behördlicher Zustimmung anmelden, es sei denn, ein Patent wurde für die gleiche Erfindung zuvor auch in Indien angemeldet. Falls die Erfindung für Verteidigungszwecke oder Atomenergie relevant ist, wird die Behörde die Genehmigung nicht ohne vorherige Zustimmung der Zentralregierung erteilen. Die Anmeldegebühr richtet sich in der Höhe danach, ob eine natürliche Person oder eine juristische Person den Antrag stellt. Es fallen Gebühren für die reine Anmeldung (*application*), für die Prüfung der Anmeldung (*examination of application*) und die Eintragung (*grant and sealing of patent*) an, die sich in ihrer Gesamtheit zuletzt auf etwa 5 000 INR für natürliche Personen und auf etwa 20 000 INR für juristische Personen beliefen.

4. Rechtsverletzung

Der Begriff der Patentrechtsverletzung ist im *Patent Act,* 2005 selbst nicht definiert. Er kann jedoch aus den Bestimmungen des *Patent Act,* 2005 und der Auslegung indischen Rechts hergeleitet werden. Patentrechtsverletzung bedeutet daher die Verletzung eines dem Patentinhaber verliehenen Rechts, das Gegenstand der Bestimmungen im *Patent Act,* 2005 ist. Rechte aus dem Patent können gemäß Section 11 erst von dem Zeitpunkt der Veröffentlichung der Anmeldung an geltend gemacht werden.

Im Verletzungsfalle kann der Patentinhaber oder sein Lizenznehmer eine einstweilige Verfügung erwirken. Zusätzlich kann er Auskunft und Schadensersatz vom Verletzer verlangen. Die Güter, die unter Verletzung des Patentrechts produziert wurden, können ebenso wie im deutschen Recht entschädigungslos beschlagnahmt und vernichtet werden.

Eine patentrechtliche Streitigkeit, die auch international hohe Wellen schlug, ist der „Enercon-Fall". Im Januar 1994 schlossen die deutsche Enercon GmbH und die indische Mehra-Gruppe Verträge zu Technologietransfer und einem *Joint Venture.* Der Gesellschaftsvertrag sah vor, dass die Enercon GmbH 56% der Anteile, die Mehra-Gruppe 44% der Anteile an dem *Joint Venture* Enercon India Ltd. hält. Die vereinbarte und faktische Unternehmensteuerung der Enercon India Ltd. erfolgt durch die Mehra-Gruppe.

Seit September 2006 kam es verstärkt zu Meinungsverschiedenheiten zwischen den *Joint Venture*-Partnern, vor allem über ein *Intellectual Property Licence Agreement.* In der Folge gab es eine Reihe von vor Gericht ausgetragenen gesellschaftsrechtlichen Auseinandersetzungen, die 2009 von der indischen Seite auch auf eine patentrechtliche Ebene ausgedehnt wurden. Enercon India Ltd. legte im Januar 2009 beim *Intellectual Property Appellate Board* (IPAB) Einsprüche gegen 23 Patente von Aloys Wobben, dem Geschäftsführer der Enercon GmbH, ein. Ende 2011 widerrief das IPAB 12 der Patente, 11 weitere sind noch streitig.

Für Besorgnis unter deutschen und ausländischen Investoren, aber auch auf höchster diplomatischer und politischer Ebene, sorgte seinerzeit die vermeintliche Tatsache, dass sich das IPAB in seiner Entscheidung angeblich auf „nationale Interessen Indiens" berufen hatte, die höher zu bewerten seien, als das Interesse eines privaten ausländischen Unternehmens am Schutze seiner Technologie. So jedenfalls wurde es in deutschen Medien teilweise, unter Berufung auf die unterlegene Enercon GmbH, berichtet.[141] Liest man allerdings die Entscheidungen des IPAB, so stellt man fest, dass sich an keiner Stelle eine solche Bezugnahme auf nationale indische Interessen, geschweige denn auf deren Vorrang vor den In-

---

141 Handelsblatt v. 25.1.2011, Frankfurter Allgemeine Zeitung v. 2.2.2011; vgl. hierzu auch *Breckheimer,* RIW, 5/2011, Die erste Seite.

teressen eines privaten ausländischen Unternehmens findet. In den Entscheidungsgründen wird die Nichtigerklärung ausschließlich mit „mangelnder Neuheit" und „mangelnder Erfindungshöhe" begründet und damit mit patentrechtlich üblichen und rechtlich korrekten Kriterien. Die Angelegenheit war 2012 in der Berufungsinstanz vor dem Delhi High Court anhängig.

V. Designschutz

Der *Design Act*, 2000 schützt gewerbliche Muster und ist somit mit dem deutschen Geschmacksmusterschutz vergleichbar. Auch inhaltlich stimmen die Vorschriften des *Design Act*, 2000 weitgehend mit denjenigen des deutschen Geschmacksmusterrechts überein.

Bezüglich gewerblicher Muster, die nach dem *Design Act*, 2000 registriert werden, besteht gemäß Section 15 des *Copyright Act*, 1957 kein darüber hinausgehender Urheberrechtsschutz. Das Urheberrecht an registrierbaren, jedoch nicht registrierten gewerblichen Mustern erlischt, wenn das Muster von seinem Urheber oder einer Person, die eine Lizenz über das Muster erlangt hat, mehr als fünfzigmal in einem Herstellungsprozess nachgebildet wird.

Die Anmeldung des Designs erfolgt gemäß Section 3 des *Design Act*, 2000 über den *Controller General of Patents, Designs and Trade Marks*. Vor der Eintragung wird die Eintragungsfähigkeit des Designs durch den *Controller* von Amts wegen überprüft. Ein Design kann nach Section 4 (3) nur in einer Klasse eingetragen werden. Wenn Zweifel bezüglich der Zuordnung zu einer bestimmten Klasse bestehen, so steht die Zuordnung im Ermessen des *Controllers*. Dieser kann die Eintragung eines Designs aufgrund eigener Ermessensentscheidung auch ablehnen. Der durch eine solche Entscheidung Beschwerte kann beim zuständigen *High Court* dagegen Rechtsmittel einlegen.

Die Schutzdauer für ein gewerbliches Muster beträgt gemäß Section 11 (1) zehn Jahre. Vor Ablauf der zehn Jahre kann unter Zahlung einer Gebühr ein Antrag auf Verlängerung der Schutzdauer gestellt werden. Die Schutzdauer kann dann um weitere fünf Jahre verlängert werden, beginnend mit Ablauf der ersten zehn Jahre.

Jeder, der einen Antrag auf Designschutz in einem Verbandsland gestellt hat, kann gemäß Section 44 des *Design Act*, 2000 alleine oder zusammen mit einer weiteren Person beanspruchen, dass sein Antrag auf Eintragung nach dem *Design Act*, 2000 Priorität besitzt und unter dem gleichen Datum eingetragen wird wie der Antrag im Verbandsland. Um in den Genuss der Vorteile dieser wechselseitigen Bestimmung des *Design Act*, 2000 zu kommen, muss der Antrag auf Eintragung innerhalb von sechs Monaten nach Antragstellung im Verbandsland gestellt werden. Der Urheber eines Designs kann für unrechtmäßige Kopien, die vor Eintragung in Indien vorgenommen wurden, keinen Schadensersatz beanspruchen. Diese Wechselseitigkeit des Designschutzes beruht nach Section 44 (4) auf der Voraussetzung, dass die indische Zentralregierung die Schutzbestimmungen des Verbandslands für in Indien eingetragene Designs für ausreichend erachtet. Die Zentralregierung gibt ihre Entscheidung hierüber im Amtsblatt bekannt.

VI. Schutz der Rechte in der Praxis

Wenn für gewerbliche Schutzrechte Eintragungsmöglichkeiten nach indischem Recht gesetzlich vorgesehen sind, sollte eine Eintragung sehr ernsthaft in Betracht gezogen werden. Auch wenn eingetragene Schutzrechte eine gesetzliche Vermutung der Richtigkeit begründen (*prima facie evidence*) und daher zugunsten ausländischer Marken und Wertzeichen eine gewisse Vermutung für deren Richtigkeit besteht, so ist es ratsam, alle in Indien verwendeten Marken und Kennzeichen schützen zu lassen. Vorab sollten auch relevante Internetdomains gesichert werden. Momentan werden in Indien ähnlich wie in Deutschland 1998/1999 viele Domains zu Spekulations- und Blockadezwecken angemeldet (*domain-grabbing*). Während die Registrierung der Domain nur mit wenig Aufwand verbunden ist, kann ein späterer Streit um Domainnamen ärgerlich und vor allem kostspielig sein.

Ein Patentprüfungsverfahren in Deutschland dauert im Durchschnitt drei bis vier Jahre. In Indien ist hingegen mit einer Anmeldezeit von sechs bis acht Jahren zu rechnen. Aufgrund der langen Verfahrensdauer sollte zusätzlich hierzu eine nationale Marke angemeldet und das Design – sofern schutzfähig – geschützt werden. Im Verletzungsfall kann man dann aus mehreren Schutzrechten vorgehen. Wird nämlich beispielsweise das Produkt aufgrund mangelnder Erfahrung technisch nur mit geringerer Qualität nachgeahmt, kann dies dazu führen, dass aufgrund der technischen Abänderungen das Patent nicht verletzt wird. In diesem Fall ist der Marken- und Designschutz besonders wichtig, weil in den überwiegenden Fällen auch gleich die Marke des ausländischen Produktes mitkopiert und dessen Design nachgeahmt wird.

G Schutz des geistigen Eigentums

Ebenso sollte bei Abschluss eines Patentlizenzvertrages oder einer Produktionslizenz besonderes Augenmerk auf die Markenrechte gelegt werden, wenn die Vertriebslizenz räumlich beschränkt ist. Der Lizenznehmer muss verpflichtet werden, den Vertragsgegenstand nur unter Anbringung der Marke des Lizenzgebers und einer Seriennummer herzustellen. Vertreibt der Lizenznehmer das Vertragsprodukt außerhalb des Lizenzgebietes, so kann gegen diesen Vertrieb mittels Markenrecht vorgegangen werden. Zusätzlich ist hierfür jedoch erforderlich, dass der Lizenzgeber über Markenrechte in den wichtigsten globalen Absatzmärkten verfügt.

Das weitere Vorgehen unterscheidet sich in der Praxis, je nachdem, ob nur die Unterlassung des Vertriebs in Indien begehrt wird oder ob zusätzlich ein Import von Indien nach Europa droht.

In Indien sollte versucht werden, im Wege der gerichtlichen einstweiligen Verfügung den Verletzer schnellstmöglich zu stoppen. Anders als in Deutschland, wo die Glaubhaftmachung für das Erwirken einer solchen Verfügung genügt, ist in Indien allerdings ein höherer Grad des Beweises notwendig. Ein Antrag auf eine einstweilige Verfügung muss daher sehr sorgfältig vorbereitet werden. Für den Nachweis des Verfügungsanspruches müssen greifbare Beweismittel vorgelegt werden. Zusätzlich sollte eine Produktbeschlagnahme in Indien versucht werden. Anderenfalls ist der Verletzer zwar gestoppt, aber die Produkte befinden sich weiterhin im Markt.

Ein anderes Vorgehen ist erforderlich, um den Verletzer in Europa zu stoppen. Versucht werden sollte eine Produktbeschlagnahme an der Grenze sowie im Inland, im Wege der einstweiligen Verfügung. Um den rechtsverletzenden indischen Exporteur zu stoppen, sollte eine solche Beschlagnahme sehr schnell durchgeführt werden. In diesem Fall hat der indische Exporteur zumeist noch keine Vergütung für die Ware erhalten und wird dann auch künftig nach der Beschlagnahme keine Vergütung mehr erhalten. Damit dürften Verletzer vor einer weiteren Produktion zurückschrecken. Hierzu ist es auch sinnvoll, eine so genannte „EU-Marke" anzumelden, da es in diesem Fall unerheblich ist, in welchem Hafen der EU die Produkte angeliefert werden. Der günstigste Schutz erfolgt über die Anmeldung eines Unionsdesigns und einer Unionsmarke. Ein Unionsdesign ist bis zu 25 Jahre wirksam.

H. Wettbewerbs- und Kartellrecht

I. Wettbewerbs- und Kartellrecht im Umbruch

Das indische Wettbewerbs- und Kartellrecht hat mit dem Inkrafttreten des neuen Fusionskontrollrechts auf der Grundlage des *Competition Act*, 2002 im Jahr 2011 eine lange Umbruchphase abgeschlossen.[142] Der wettbewerbsrechtliche Teil des *Competition Act* (Kartellverbote, Vertikalvereinbarungen) war bereits 2009 in Kraft getreten. Die neue liberalere Gesetzgebung wurde damit schrittweise in den Jahren 2002 bis 2011 eingeführt.

In der quasi-sozialistischen Phase der indischen Politik bis 1991 fand eine sehr enge Kontrolle des Verhaltens der Marktteilnehmer statt. Aus dieser Zeit stammte der *Monopolies and Restrictive Trade Practices Act*, 1969 (MRTP *Act*). Hauptaugenmerk dieses zwischenzeitlich außer Kraft getretenen Gesetzes war die Drosselung und Verhinderung der Konzentration von Marktmacht. Unter der Leitung des so genannten *Raghvan*-Komitees wurde das Gesetz seit 1999 umfassend überprüft und ein neues, liberaleres Gesetz erarbeitet, der *Competition Act*, 2002, der 2007 nochmals ergänzt wurde. Die entscheidenden Schritte zur Abwicklung von Altfällen und für den Übergang zwischen MRTP *Act* und *Competition Act* wurden vom *Ministry of Corporate Affairs* 2009 eingeleitet. Die bis zum 1. September 2011 noch nicht gelösten kartellrechtlichen Altfälle wurden an das *Competition Appellate Tribunal* (unter dem *Competition Act*) übertragen, während Fälle der *unfair trade practices* an die *National Commission* auf der Grundlage des *Consumer Protection Act*, 1986 übergeben wurden.

Die aus dem früheren MRTP *Act* bekannten *unfair trade practices* sind nicht unmittelbar Regelungsgegenstand des *Competition Act*. Diese Vorschriften gegen den unlauteren Wettbewerb finden sich nun allein im *Consumer Protection Act*, 1986, in den die im Jahr 1984 für diesen Bereich geschaffenen Regeln des MRTP *Act* einfach hineinkopiert wurden. Für die Einhaltung der Lauterkeitsregeln sind Spezialgerichte zuständig. Ob diese nur den Verbraucher individuell schützen können oder ob ihnen auch die generelle Befugnis zur Untersagung von unlauterem Wettbewerb zusteht, ist umstritten. Teilweise wird vertreten, dass letzteres nur der

---

142 Vgl. umfassend *Sharma*, European Competition Law Review, 2011, 602 ff. mit rechtsvergleichenden Ausführungen sowie *Chaudhry/Mahajan*, European Competition Law Review, 2011, 314 ff.

Competition Commission of India gemäß Section 3 *Competition Act* möglich ist.[143]

Einige wettbewerbsrechtliche Regelungen sind auch in andere Gesetze integriert worden. So sind z. B. geografische Herkunftsbezeichnungen (z. B. Tee aus Darjeeling oder Assam) im *Geographical Indications of Goods (Registration and Protection) Act*, 1999 geregelt. Bei der Nachahmung von Produkten kann der *Designs Act*, 2000 als gesetzliche Grundlage anwendbar sein. Im Ergebnis ist dieser wettbewerbsrechtliche Bereich noch unzureichend geregelt. Es bleibt abzuwarten, wie das Lauterkeitsrecht nach dem Außerkrafttreten des MRTP *Act* im indischen Rechtssystem Beachtung finden wird.

In der folgenden kurzen Einführung in das indische Wettbewerbs- und Kartellrecht wird das Recht gegen den unlauteren Wettbewerb auf der Grundlage des *Consumer Protection Act*, 1986 vorgestellt. Es folgt eine kurze Darstellung des *Competition Act*, 2002 in seinen Grundzügen. Sodann erfolgt eine Kurzübersicht zu den drei klassischen Säulen des indischen Kartellrechts: der Kontrolle wettbewerbsbeschränkender Absprachen, der Missbrauchsaufsicht über marktbeherrschende Unternehmen und die Kontrolle von Unternehmenszusammenschlüssen.

II. *Consumer Protection Act,* 1986 – *Unfair Trade Practices*

Das Regime des *Consumer Protection Act* wird rechtlich von drei quasigerichtlichen Institutionen überwacht: *District Forum, State Forum* und *National Forum*. In der indischen Rechtspraxis werden hier Produkthaftungsfälle und Fälle des unlauteren Wettbewerbs entschieden.

Der zentrale Rechtsbegriff des indischen Lauterkeitsrechts heißt *unfair trade practices*. Eine Legaldefinition des Begriffs findet sich in Section 2 (1) lit. (r) *Consumer Protection Act*, 1986 (früher auch in Section 36 A MRTP *Act*):

... unfair trade practice means a trade practice which, for the purpose of promoting the sale, use or supply of any goods for the provisions of any services, adopts any unfair method or unfair or deceptive practice including any of the following practices, namely ..."

Dieser Legaldefinition folgen etliche Beispiele, insbesondere falsche Angaben über die Produkte (Qualität, Quantität, Standard etc.), irreführende Werbung oder unlautere Preiswerbung. Vergleichende Werbung ist nicht

---

[143] Hierzu The Indian Express, 16.5.2011, abrufbar hier: http://www.indianexpress.com/news/mrtpcs-unfair-trade-practices-not-in-new-act-govt-tells-watchdog/791244/ (besucht am 13.8.2012).

II. Consumer Protection Act, 1986 – Unfair Trade Practices H

per se verboten, kann aber als *unfair trade practice* geahndet werden, wenn sie nicht korrekt und fair ausgeführt wird.[144] In dem schnellen und hart umkämpften indischen Markt sind nicht selten *Ambush-Marketing*-Aktionen zu beobachten oder spontan zur bereits platzierten Werbung eines Konkurrenten hinzugefügte Plakate, mit denen diese Werbung des Konkurrenten unmittelbar kommentiert wird.

Der Begriff *unfair trade practices* fasst in etwa die Handlungen im geschäftlichen Verkehr zusammen, die im deutschen Recht im UWG geregelt und verboten sind. Die indische Rechtsprechung legt den Begriff *unfair trade practices* relativ weit aus. Demnach ist grundsätzlich eine Produktdarstellung (*Representation*) falsch und „unfair", wenn sie mit der Wirklichkeit nicht übereinstimmt. Bei der rechtlichen Beurteilung ist auf die Sichtweise eines vernünftigen Beobachters (*reasonable interpreter*) abzustellen.[145] Nur wenn dieser zu falschen Rückschlüssen über das Produkt geführt wird, kann von *unfair trade practices* ausgegangen werden. So hat die *National Consumer Dispute Redressal Commission* (NCDRC) 2011 nach zwölf Jahren Rechtsstreit den Vorwurf eines Autokäufers gegen Mercedes Benz India,[146] *unfair trade practices* anzuwenden, nicht gelten lassen. Der Vorwurf lautete, Mercedes Benz verkaufe noch zu einem Zeitpunkt, in dem bereits die Nachfolgeserie geplant sei, Fahrzeuge als neu. Im vorliegenden Fall erfolgte der Neuwagenkauf etwa ein Jahr vor der Einführung des Nachfolgemodells.

Zu einigen praktisch wichtigen Themen des Direktmarketings gibt es noch keine abschließenden Regelungen. Bezüglich des Telefon-Direktmarketings hat der *Supreme Court* in der Sache *Harsh Pathak v. Union of India* entschieden, dass nur so genannte *telemarketers* tätig werden dürfen, die bei dem *Department of Telecommunication* registriert sind. Zu *Spamming*, dem massenhaften Versenden von ungewünschten Werbe-E-Mails, gibt es in Indien noch keine klare rechtliche Leitlinie. Auch der *Information Technology Act*, 2000 enthält hierzu keine Regelung. Der *Delhi High Court* hat hierzu lediglich entschieden, dass *Spamming* nach dem klassischen *Tort Law* (Schadensersatzrecht) des *Common Law* als Belästigung (*Nuisance*) verboten sein kann.[147]

---

[144] Die wegweisenden Fälle hierzu sind Pepsi Co. Inc. and Ors. v. Hindustan Coca Cola Ltd. and Anr., 2003 (27) PTC 305 Del, Lakhanpal National Ltd v. MRTP Commission, 1989 AIR 1692; 1989 SCR (2) 979 und Palmolive (India) Limited v. Vicco Laboratories, MRTP Commission, 1997 (5) CTJ 488.
[145] Lakhanpal National Ltd. v. MRTP Commission, 1989 66 Comp. Cas. 519 (SC).
[146] Marine Container Services (India) Pvt. Ltd v. Mercedes Benz India Ltd. and Tata Engineering and Locomotive Co. Ltd., Consumer Complaint No. 227 of 1998.
[147] Vgl. *Thakker*, Ahmedabad Chartered Accountant Journal 6/2011, 157, 164.

III. *Competition Act,* 2002

Im Gegensatz zum überkommenen MRTP *Act* sieht der *Competition Act* nicht alle latent wettbewerbsbeeinträchtigenden Handlungen als schädlich an. Ziel des *Competition Act* ist es vor allem, den Wettbewerb zu fördern, die Verbraucherinteressen zu schützen und den freien Handel zu gewährleisten. Der Tatbestand des „Missbrauchs einer marktbeherrschenden Stellung" ist nun der zentrale Ansatzpunkt der neuen Gesetzgebung und nicht mehr nur das bloße Innehaben einer marktbeherrschenden Stellung.

Der *Competition Act* sieht in Section 7 die Errichtung der *Competition Commission of India* (CCI) vor, die mit sieben Persönlichkeiten aus Wirtschaft, Justiz und Verbraucherschutzverbänden besetzt wird. Die CCI soll die Einhaltung des Wettbewerbs- und Kartellrechts überwachen und hat weitgehende, justizähnliche Kompetenzen, ohne jedoch ein Gericht im eigentlichen Sinne darzustellen. Section 36 (1) stellt die CCI sogar ausdrücklich von den Verfahrensvorschriften der indischen Zivilprozessordnung frei und erlaubt ihr, das Verfahren selbst zu regeln, wobei sie sich von den *Principles of Natural Justice* leiten lassen soll. Die Anordnungen der CCI sollen wie ein gerichtliches Urteil vollstreckbar sein (Section 39). Sie kann Rechtshilfe vom *Supreme Court* oder einem *High Court* erbitten, die ihre Anordnungen ohne weitere eigene Überprüfung vollstrecken können. Diese Verfahrensfragen haben heftigen Streit in der öffentlichen Diskussion in Indien ausgelöst, denn es handelt sich um eine Durchbrechung der klassischen Gewaltenteilung, wenn ein Gericht Anordnungen von Staatsbeamten ohne eigene Prüfung vollstrecken muss. Teilweise wird sogar die Vereinbarkeit dieser Regelung mit der indischen Verfassung angezweifelt. Eine Entscheidung des *Supreme Court* vom 20. 1. 2005 ließ die Frage offen, da die Regierung noch Änderungen des *Competition Act* durchführte, gab der Politik allerdings einen weiten Gestaltungsspielraum, solange der Rechtsschutz durch ein Justizgericht sichergestellt wird.[148]

Inhaltlich regelt der *Competition Act* die folgenden Kernbereiche:

- wettbewerbsbeschränkende Absprachen,
- Missbrauch einer marktbeherrschenden Stellung und
- wettbewerbsbeeinträchtigende Zusammenschlüsse.

Ein weiteres zentrales Tatbestandsmerkmal des *Competition Act* ist der „relevante Markt" (Section 2 lit. (r–t)), der im jeweiligen Einzelfall durch die CCI festgelegt wird, um festzustellen, ob und wie der Wettbewerb in

---

148 Brahm Dutt v. Union of India, 2005, Writ Petition (civil) 490 of 2003.

diesem Markt beschränkt wird. Das Gesetz unterscheidet zwischen dem „räumlich relevanten Markt", in welchem der Wettbewerb von benachbarten Regionen unterscheidbar ist, und dem „sachlich relevanten Markt", in dem die Waren oder Dienstleistungen nach ihren Eigenschaften und ihrem Verwendungszweck aus der Sicht der Marktteilnehmer austauschbar sind.

Für die grundsätzliche Anwendbarkeit des *Competition Act* ist allein entscheidend, dass ein verbotenes Verhalten Auswirkungen auf den indischen Markt hat. Es kommt nicht darauf an, ob es sich um indische oder ausländische Marktteilnehmer handelt. Auch ein Verhalten von Marktteilnehmern im Ausland, das den Wettbewerb in Indien negativ beeinflusst, kann zum Gegenstand von Untersuchungen der CCI gemacht werden (Section 32 *Competition Act*).

IV. Überblick zum Kartellrecht

1. Wettbewerbsbeschränkende Absprachen (*Anti Competitive Agreements*)

Section 3 des *Competition Act* erklärt wettbewerbsbeschränkende Absprachen für unwirksam. Solche Absprachen werden aufgeteilt in:

(1) horizontale Absprachen (Subsection 3) und
(2) vertikale Absprachen (Subsection 4).

Horizontale Absprachen (z. B. unter direkten Wettbewerbern) sind diejenigen mit besonders schwerwiegenden Auswirkungen auf den freien Wettbewerb und stehen deshalb unter stärkerer Beobachtung als vertikale Absprachen. Gemäß Section 3 (1) *Competition Act* sind generell Absprachen verboten, die nachteilige Auswirkungen auf den Wettbewerb haben.

Section 3 (3) nennt ausdrücklich bestimmte horizontale Absprachen und Praktiken, die eine merklich negative Auswirkung auf den Wettbewerb (*appreciable adverse effect on competion*) haben und *per se* verboten sind, insbesondere

- direkte oder indirekte Preisabsprachen,
- Absprachen, die die Produktion, die Lieferung, den Markt oder die technische Entwicklung begrenzen oder steuern,
- Marktaufteilungen, Aufteilung der Produktion, Aufteilung von Dienstleistungen,
- direkte oder indirekte Angebotsabsprachen oder
- Absprachen bei Ausschreibungen (*bid rigging/collusive bidding*).

Von dem Verbot umfasst sind nicht nur formale Absprachen, sondern auch informelle Verabredungen oder Verhaltensweisen (*action in concert*). Auch der Austausch von sensiblen Informationen in diesem Zusammenhang zwischen Wettbewerbern ist verboten. Ebenso können gemeinsame Forschungs- oder Standardisierungsvorhaben von Wettbewerbern dem Kartellverbot unterfallen. Dies muss im Einzelfall geprüft werden.

Eine wichtige Ausnahme besteht für Absprachen im Rahmen eines *Joint Venture*. Diese gelten dann nicht als wettbewerbsbeschränkend, wenn die in Frage stehende Absprache die Effizienz der Produktion, der Lieferung, des Vertriebs, der Lagerung oder der Beschaffung von Waren oder Dienstleistungen verbessert (Section 3 (3)).

Ähnlich wie im europäischen Kartellrecht gibt es die Möglichkeit, durch eine Selbstanzeige (*whistle blowing*) an der Aufdeckung von verbotenen Absprachen (etwa als Kronzeuge) mitzuwirken und damit gesetzlichen Sanktionen zu entgehen. Der erste *whistleblower* kann völlig von Sanktionen verschont bleiben. Für später nachfolgende *whistleblower* gibt es eine Bonusregelung.

Section 3 (4) widmet sich den vertikalen Absprachen, die nicht *per se* und nur dann verboten sind, wenn sie eine nennenswerte negative Auswirkung auf den indischen Wettbewerb haben, oder eine solche Auswirkung droht (*"if such agreement causes or is likely to cause an appreciable adverse effect on competition in India"*). Das Verbot untersteht damit der so genannten *Rule of Reason*. Vom Gesetz kritisch betrachtet werden demnach die Koppelung beim Erwerb von Produkten, exklusive Bezugsbindungen und Vertriebsbindungssysteme, Verkaufsbeschränkungen, Boykotte, Konditionen- und Preisbindungen, es sei denn, im letzten Fall wird ausdrücklich vereinbart, dass der Weiterverkauf auch zu einem niedrigeren Preis erfolgen darf.

2. Missbrauch einer marktbeherrschenden Stellung (*Abuse of Dominant Position*)

Section 4 (1) verbietet den Missbrauch einer marktbeherrschenden Stellung (*Abuse of Dominant Position*). Darin liegt ein wesentlicher Unterschied zum MRTP *Act*, der bereits das Innehaben einer marktbeherrschenden Stellung verbot. Der *Competition Act* untersagt diese Marktstellung nicht *per se*, sondern nur deren Missbrauch. Eine solche marktbeherrschende Stellung ist dann zu bejahen, wenn das Unternehmen auf dem relevanten Markt so stark vertreten ist, dass es unabhängig von anderen Marktkräften ist oder seine Konkurrenten oder die Konsumenten zu seinen Gunsten beeinflussen kann. Die relevanten Kriterien für die Prüfung, ob eine marktbeherrschende Stellung vorliegt sind, wie in vielen Staaten üblich: Marktgröße und Struktur des Marktes, Marktmacht und Gegenmacht der Konkurrenten, Marktanteil, Markteintrittsbarrieren etc.

Liegt eine marktbeherrschende Stellung vor, so muss nachgewiesen werden, dass diese Stellung missbraucht wurde. Gemäß Section 4 (2) liegt ein Missbrauch vor, wenn das betroffene Unternehmen direkt oder indirekt unlautere oder diskriminierende Bedingungen beim An- oder Verkauf von Waren oder Dienstleistungen aufzwingt, Preisdumping (*Predatory Pricing*) betreibt, die Produktion von Gütern beschränkt oder Handlungen vornimmt, die den Marktzutritt versperren. Ob es sich tatsächlich um einen Missbrauch handelt, wird in einem wertenden Vergleich mit Aktivitäten einer „normalen" Geschäftspraxis festgestellt. Abweichungen von einer „normalen" Praxis, die zu einer Schwächung des Wettbewerbs führen, werden als missbräuchlich angesehen. Beispielsweise können ungerechtfertigte Rabatte, Skonti oder Kaufanreize diskriminierend wirken und auf ein missbräuchliches Verhalten hinweisen.

Eine der prominenten ersten Entscheidungen der CCI im Rahmen der Missbrauchskontrolle erfolgte im Jahr 2011 im Fall *Belaire Owners' Association v. DLF Limited & Ors*. Die Immobilien-Entwicklungsgesellschaft DLF hatte ihre Markmacht in einem Wohnungsbauprojekt in Gurgaon ausgenutzt, um den Wohnungs-Erwerbern einseitige und unfaire Kaufbedingungen aufzuzwingen. Beanstandet wurden insbesondere sehr hohe Verzugszinsen bei verspäteter Kaufpreiszahlung (15 – 18%) und gleichzeitig extrem geringe vertragliche Schadensersatzansprüche der Erwerber bei der verspäteten Fertigstellung von Wohnungen. Außerdem soll DLF nachträglich einseitig die Geschosshöhe der Wohnhäuser von 19 auf 29 festgelegt haben. Die CCI erließ ein Verbot der beanstandeten Praxis (*cease and desist order*) und verhängte ein Bußgeld in Höhe von 6,3 Mrd. INR, dies entsprach 7% des durchschnittlichen Jahresumsatzes der DLF in den vorangegangenen drei Geschäftsjahren. DLF hat Klage gegen die Entscheidung der CCI vor dem *Competition Appellate Tribunal* erhoben.

In einer Auseinandersetzung zwischen Indiens größter Börse *National Stock Exchange* (NSE) und ihrem Wettbewerber *MCX Stock Exchange Ltd.* wegen des Missbrauchs einer marktbeherrschenden Stellung mittels Preisdumpings hat die CCI ein Bußgeld in Höhe von 555 Mio. INR gegen NSE verhängt, was ca. 5% des NSE-Jahresumsatzes entsprach, und ebenfalls eine *cease and desist order* ausgesprochen.

Weitere bekannte Prüfungen der CCI betrafen eine strategische Allianz der Fluggesellschaften Jet Airways und Kingfisher Airlines sowie das

Marktverhalten von Facebook, Apple und Google in Indien. Im Bereich der Ausschreibungen ging die CCI 2011 auf Antrag der National Highways Builders Federation gegen die Ausschreibungspraxis der *National Highway Authority of India* mit verschiedenen Verfügungen vor. Die *Highway Authority* hatte die Zahl der zugelassenen Bieter auf nur 7 begrenzt und sehr hohe Zulassungsbeschränkungen in den Ausschreibungsunterlagen verhängt.

3. Zusammenschlüsse (*Combinations*)

Die Zusammenschlusskontrolle gemäß dem *Competition Act* erfasst acquisitions, *mergers* und *amalgamations*. Hierzu gehören Unternehmensübernahmen durch Anteilserwerb, Erwerb von Vermögenswerten, Erwerb der Kontrolle über das Management und Verschmelzungen. Damit nur volkswirtschaftlich bedeutsame Vorgänge erfasst werden, gibt es Vermögens- und Umsatzschwellenwerte, die regelmäßig angepasst werden. Soweit der geplante Zusammenschluss aus der Sicht der CCI spürbare negative Auswirkungen auf den Wettbewerb in Indien haben wird, kann er verboten werden.

a) Relevante Zusammenschlüsse

In Section 5 *Competition Act* sind die Voraussetzungen geregelt, nach denen ein relevanter Zusammenschluss vorliegt. Section 6 (1) legt fest, dass ein Zusammenschluss mit nachteiligen Auswirkungen auf den Wettbewerb verboten und die entsprechende Vereinbarung nichtig ist. Ein Zusammenschluss im Sinne des *Competition Act* deckt drei Arten von Transaktionen ab:

- Die Akquise von Anteilen, Stimmrechten oder Vermögenswerten (*Assets*) einer anderen Person durch eine Person oder ein Unternehmen;
- Machtübernahme durch eine Person über ein Unternehmen;
- Verschmelzungen oder Fusionen von Unternehmen.

Ob ein relevanter Zusammenschluss im Sinne der Section 5 vorliegt, richtet sich nach Schwellenwerten. Die in Section 5 genannten Schwellenwerte für die Fusionskontrolle basieren auf dem Unternehmenswert und dem Umsatz der einzelnen und der zusammengefassten Unternehmen oder Gruppen. Für die Vermögenswerte entscheidend sind die Buchwerte gemäß den geprüften Jahresabschlüssen.

Der Begriff „Gruppe" bedeutet, dass mindestens zwei Unternehmen bestehen müssen, von denen das eine bei dem anderen mindestens 26% der Stimmrechte ausüben kann, oder mehr als die Hälfte der Vorstände/Ge-

IV. Überblick zum Kartellrecht **H**

Schwellenwerte für die Fusionskontrolle (Stand 2012):

Art des Zusammenschlusses	Relevante Einheit für die Kriterien	Kriterien	in Indien (INR in Mio.)	weltweit (US-Dollar bzw. INR in Mio.)
Erwerb von Kontrolle, Anteilen, Stimmrechten oder Vermögenswerten eines anderen Unternehmens durch eine Person	unmittelbar an der Transaktion beteiligtes erwerbendes Unternehmen und Zielunternehmen – zusammen	Vermögenswerte	15 000	USD 750 (min. INR 7 500 in Indien)
		Umsätze	45 000	USD 2 250 (min. INR 22 500 in Indien)
	Gruppe des Erwerbers zusammen mit Zielunternehmen	Vermögenswerte	60 000	USD 3 000 (min. INR 7 500 in Indien)
		Umsätze	180 000	USD 9 000 (min. INR 22 500 in Indien)
Erwerb von Kontrolle eines anderen Unternehmens durch eine Person, wobei diese Person bereits ein anderes Unternehmen kontrolliert, welches gleiche, vergleichbare oder austauschbare Waren oder Dienstleistungen anbietet, produziert oder vertreibt, wie das Zielunternehmen	Zielunternehmen zusammen mit Unternehmen, welches der Erwerber bereits direkt oder indirekt kontrolliert	Vermögenswerte	15 000	USD 750 (min. INR 7 500 in Indien)
		Umsätze	45 000	USD 2 250 (min. INR 22 500 in Indien)
	Gruppe des Erwerbers zusammen mit Zielunternehmen	Vermögenswerte	60 000	USD 3 000 (min. INR 7 500 in Indien)
		Umsätze	180 000	USD 9 000 (min. INR 22 500 in Indien)
Übernahme oder Verschmelzung von Unternehmen	Verbleibendes Unternehmen nach Übernahme oder durch Verschmelzung entstehendes Unternehmen	Vermögenswerte	15 000	USD 750 (min. INR 7 500 in Indien)
		Umsätze	45 000	USD 2 250 (min. INR 22 500 in Indien)
	Gruppe zu der das nach der Übernahme verbleibende Unternehmen oder durch Verschmelzung entstehende Unternehmen gehört	Vermögenswerte	60 000	USD 3 000 (min. INR 7 500 in Indien)
		Umsätze	180 000	USD 9 000 (min. INR 22 500 in Indien)

H Wettbewerbs- und Kartellrecht

schäftsführer (*directors*) des anderen Unternehmens bestimmen kann, oder die Führung der Geschäft kontrolliert. Gruppen, die weniger als 50% der Stimmrechte im anderen Unternehmen halten, fallen für fünf Jahre nicht unter die Definition der „Gruppe" in diesem Sinne, wenn nicht die anderen Tatbestände vorliegen.

Eine Mindestbeteiligungsschwelle gibt es nicht. Allerdings besteht für den Erwerb von Minderheitsbeteiligungen unter 15% ohne gleichzeitigen Kontrollerwerb ein vereinfachtes Verfahren.

b) Überprüfung von Zusammenschlüssen

Ein relevanter Zusammenschluss muss innerhalb von 30 Tagen nach der Entscheidung des relevanten Leitungsorgans für den Zusammenschluss oder nach Abschluss der entsprechenden gesellschaftsrechtlichen Vereinbarung gegenüber der CCI angezeigt werden (Section 6 (2)). Für die Prüfung durch die CCI gilt eine Frist von 210 Tagen, wobei nach 30 Tagen eine prima *facie* Einschätzung abgegeben werden soll. Nach eigener Einschätzung der CCI soll der allergrößte Teil der Prüfungen innerhalb der 30-Tagefrist abgeschlossen werden. Dies ist im internationalen Vergleich sehr lang und Rückfragen der CCI können die Frist nochmals verlängern.[149] Im Jahr 2011 hat die CCI die *Competition Commission of India (Procedure in regard to the transaction of business relating to combination) Regulations*, 2011 erlassen, die im Rahmen des *Competition Act* Detail-Regelungen für die Fusionskontrolle enthalten. Die internen *Combination Regulations* der CCI sehen vor, dass die Entscheidung über die Freigabe möglichst innerhalb von 180 Tagen getroffen wird.[150] Es gilt ein Vollzugsverbot bis zum Ablauf der Prüfungsfrist oder der vorherigen Freigabe. In der Praxis wird auch von mehreren Entscheidungen innerhalb von 15 Tagen berichtet. So soll die Übernahme des 74%-Anteils der Bharti-Gruppe in einem *Joint Venture* mit dem Versicherer AXA France durch Reliance Industries in so kurzer Zeit genehmigt worden sein.

c) Prüfungsumfang

Die CCI überprüft, ob der geplante Zusammenschluss spürbare nachteilige Auswirkungen auf den Wettbewerb in Indien haben wird. Auf der Grundlage der bisherigen Fusionskontrollgesetze haben die Gerichte dabei die Beachtung des öffentlichen Interesses gefordert (vgl. auch Section

---

149 *Hoenig/Klauß*, Asia Bridge 6, 2011, 40 f.
150 Regulation 28 (6) of „The Competition Commission of India (Procedure in regard to the transaction of business relating to combinations) Regulations, 2011" – (No. 3 of 2011).

394 *Companies Act*, 1956). Besonders im Hinblick auf eine Beteiligung von ausländischen Unternehmen fordert die Rechtsprechung, dass das Zusammenschlussvorhaben (*Scheme of Merger*) sicherstellt, *„that the merger shall not result in impeding promotion of industry or obstruct the growth of national economy"*.[151]

In Section 20 (4) *Competition Act* sind Kriterien für die Entscheidung der CCI katalogartig zusammengestellt, wie z.B. die Marktanteile, das bestehende Wettbewerbsverhalten im relevanten Markt, die Marktzutrittsschranken, die zu erwartende künftige Wettbewerbssituation und die Innovationskräfte des Marktes selbst. Es handelt sich hierbei um international allgemein akzeptierte Kriterien, so dass der Prüfungsmaßstab dem des europäischen Fusionskontrollrechts nicht unähnlich ist. Auch wenn ein *„appreciable adverse effect on competition"* durch den Zusammenschluss festgestellt wird, ist die Prüfung noch nicht beendet. Section 20 (4) lit. (m) und (n) bestimmt vielmehr, dass die CCI bei der Bewertung von Zusammenschlüssen auch vorteilhafte Gesichtspunkte durch deren Beitrag zur wirtschaftlichen Entwicklung in Betracht ziehen muss. Die CCI hat zu berücksichtigen, ob die Vorteile einer Verschmelzung die möglichen Nachteile aufwiegen können. Die CCI ermittelt beispielsweise, ob eine Preisreduzierung oder Verbesserung der Qualität der Ware voraussichtlich stattfinden wird. Entsprechende Tatsachen sind von den an der Verschmelzung Beteiligten konkret vorzutragen.

Von praktischer Bedeutung ist auch der Zusammenschluss mit von der Insolvenz bedrohten Unternehmen (*failing business*) (Section 20 (4) lit. (k)). Hier hat die CCI einen besonderen Ermessensspielraum bei der Genehmigung des Zusammenschlusses. Um mit diesem Argument gehört zu werden, müssen die Beteiligten vortragen und nachweisen, dass das von der Insolvenz bedrohte Unternehmen ohne den Zusammenschluss seinen finanziellen Verpflichtungen nicht mehr nachkommen könnte, sich nicht erfolgreich reorganisieren kann und es keine Alternativen zum Zusammenschluss gibt.

d) Auflagen für Zusammenschlüsse

Die CCI kann angemessene Auflagen und Änderungen vorschlagen, wenn die Möglichkeit besteht, einen wettbewerbsbeschränkenden Effekt damit zu beseitigen (Section 31 (3)). Die Parteien müssen den Auflagen innerhalb der von der CCI gesetzten Frist (Section 31 (4)) Folge leisten. Falls keine Änderungen vorgenommen werden, gilt der Zusammenschluss als nachteilig in Bezug auf den Wettbewerb (Section 31 (5)).

---

151 Hindustan Lever Employees Union v. Hindustan Lever Ltd., 1995 83 Com Cases 30.

H Wettbewerbs- und Kartellrecht

Falls die Parteien mit den Auflagen der CCI nicht einverstanden sind, können sie gemäß Section 31 (5) innerhalb von 30 Tagen der CCI Änderungsvorschläge unterbreiten. Die CCI kann diese Vorschläge annehmen und den Zusammenschluss genehmigen (Section 31 (7)) oder aber den Parteien eine weitere Frist von 30 Tagen gewähren, um die ursprünglichen Auflagen der CCI umzusetzen. Geschieht dies nicht, so gilt der Zusammenschluss als nachteilig in Bezug auf den Wettbewerb (Section 31 (9)) und wird nicht genehmigt.

4. Sanktionen bei Wettbewerbs- und Kartellrechtsverstößen

Der CCI stehen weitreichende Investigationsmöglichkeiten zur Verfügung. Sie kann Vernehmungen durchführen, Dokumente anfordern, mit richterlicher Genehmigung Durchsuchungen anordnen und Sachverständige einschalten. Die CCI kann Untersagungsverfügungen erlassen und Geldstrafen verhängen. Geldstrafen bemessen sich meist auf bis zu 10% des Jahresumsatzes.

Der *Competition Act* enthält Bestimmungen zur Verhängung von Sanktionen, falls gegen die Anordnungen der CCI verstoßen wird. Section 48 des *Competition Act* enthält Bestimmungen über Verstöße von Gesellschaften und sieht vor, dass jede Person, die für die Führung der Geschäfte verantwortlich ist und den Verstoß wissentlich und ohne Beachtung der erforderlichen Sorgfalt begangen hat – einschließlich des Geschäftsführers, Managers, Sekretärs (*Company Secretary*) oder Handlungsbevollmächtigten – zur Verantwortung zu ziehen ist. Bei den im *Competition Act* vorgesehenen Strafen handelt es sich um Geldstrafen, die je nach Verstoß von 1 *lakh* INR bis maximal 1 *crore* INR reichen (Sections 43 bis 45). Auch Haftstrafen sind möglich.

Anordnungen der CCI sind grundsätzlich beschwerdefähig und müssen innerhalb von 60 Tagen an das *Competition Appellate Tribunal* gerichtet werden. Der Supreme Court hat aber klargestellt, dass die Anordnung von Untersuchungen der CCI, Untersuchungen im Normalfall nicht einfach durch eine Beschwerde vor dem *Competition Appellate Tribunal* gestoppt werden kann.[152] Verträge, die gegen kartellrechtliche Vorschriften verstoßen, sind nichtig. Schließlich können hohe Schadenersatzforderungen von geschädigten Wettbewerbern drohen, die auf dem zivilrechtlichen Wege durchgesetzt werden können. Sammelklagen sind möglich.

---

[152] CCI v. Steel Authority of India, 2010 98 CLA 278; Zusammenfassung in Global Competition Litigation Review, 2010, R84.

# I. Immobilienrecht

I. Markt und Erwerbsbeschränkungen

Das indische Immobilienrecht ist vorwiegend durch den *Transfer of Property Act*, 1882 und ergänzendes *case law* geregelt. Vor der Einführung des *Transfer of Property Act* gab es praktisch kein geschriebenes Immobilienrecht. Die Gerichte wandten englisches Recht als „*rule of justice, equity, and good conscience*" an, was nicht immer zu den örtlichen Verhältnissen und sozialen Gegebenheiten passte. Der *Transfer of Property Act* wurde von einer englischen *Law Commission* vorbereitet. Ähnlich wie das englische Immobilienrecht erscheint dem kontinentaleuropäischen Juristen das entsprechende indische Recht unübersichtlich und extrem komplex.[153]

Der indische Immobilienmarkt erlebte in den letzten Jahren einen beispiellosen Aufschwung in den Ballungszentren. Kauf- und Mietpreise in Teilen von Mumbai überflügeln mittlerweile sogar das Preisgefüge von europäischen und amerikanischen Weltstädten. Die indischen urbanen Zentren werden in drei Rangstufen (*tiers*) eingeteilt. Rangstufe 1 bilden die Städte Mumbai als Wirtschaftsmittelpunkt des Landes, Delhi als politische Hauptstadt sowie als Wirtschaftszentrum des Nordens, Bangalore als Technologiezentrum sowie Chennai und Kolkata. Diese Städte ziehen den größten Anteil ausländischer Direktinvestitionen an. Sie bieten qualifizierte Arbeitskräfte, eine vergleichsweise weit entwickelte Infrastruktur und einen lebhaften Immobilienmarkt. Auf Rang 2 folgen die Städte Hyderabad, Pune und Ahmedabad. Die enormen Kostensteigerungen in den Zentren Mumbai, Delhi und Bangalore haben dazu geführt, dass in- und ausländische Investoren in diese Städte ausweichen. Dies gilt insbesondere für Pune, das gegenüber dem mit über 18 Mio. Einwohnern überquellenden und nur ca. 100 km entfernten Mumbai noch viel Entwicklungspotenzial hat. Auf Rang 3 der gängigen Immobilieninvestorenliste stehen kleinere Städte mit einer Einwohnerzahl von unter 1 Mio., die aber aufgrund ihrer Lage, ihres Arbeitskräftepotenzials oder besonderer touristischer Attraktivität als aufstrebend gelten. Hierzu gehören z.B. Mangalore, Mysore, Thiruvananthapuram und Bhubaneshwar.

Im Gegensatz zu der sonst weitgehenden Liberalisierung der indischen Märkte ist die Öffnung des Immobilienmarktes für ausländische Investitio-

---

[153] Eine Einführung findet sich bei *Bharuka*, Mulla The Transfer of Property Act, 10th Edition, 2012.

I Immobilienrecht

nen nicht weit vorangeschritten. Die indische Gesetzgebung erlaubt ausländischen Investoren den Immobilienerwerb nur sehr eingeschränkt innerhalb eines bestimmten Geschäftszweckes. So können z.B. *Branch Offices* innerhalb des genehmigten Geschäftszweckes Immobilien erwerben. Der Direkterwerb von bebauten oder unbebauten Grundstücken in Indien durch ausländische natürliche oder juristische Personen, die nicht dauerhaft in Indien ansässig sind, ist dagegen von einigen Ausnahmen abgesehen, nicht möglich. So musste in der Fallpraxis eine Düsseldorfer Unternehmerin zur Kenntnis nehmen, dass sie die ihr angebotene Ayurvedaklinik in Kerala nicht – wie von ihren indischen Geschäftspartnern versichert – erwerben konnte. Ein solcher Erwerb wäre nur über die Gründung einer indischen Gesellschaft möglich gewesen, die wiederum als indische juristische Person zum Immobilienerwerb berechtigt ist. Auch Ausländer mit ständigem Wohnsitz in Indien können grundsätzlich Immobilien erwerben, allerdings sind auch hier die Umstände des Einzelfalls zu prüfen.

Der Immobilienerwerb durch Ausländer ist vornehmlich im *Foreign Exchange Management Act*, 1999 (FEMA) geregelt. Die indische Regierung hat einige Beschränkungen für *Non-Resident-Indians* (NRI) aufgehoben. Als NRI wird eine Person bezeichnet, die zwar indischer Staatsbürger ist, jedoch sich weniger als 182 Tage jährlich in Indien aufhält. Eine Ausnahme gilt auch für so genannte *Persons of Indian Origin* (PIO), die zu irgendeiner Zeit Inhaber eines indischen Passes waren oder deren Vater/Mutter oder Großvater/-mutter aufgrund der indischen Verfassung oder des *Citizenship Act*, 1945 indischer Staatsbürger waren.

Besonders restriktive Investitionsbestimmungen gelten für den Erwerb landwirtschaftlich genutzter Flächen. Im Bereich der Stadtentwicklung und bei Infrastrukturprojekten sind die harten Beschränkungen für Auslandsinvestitionen allerdings im Jahr 2005 etwas gelockert worden. Unter bestimmten Bedingungen können Ausländer in Großvorhaben mit gesetzlich vorgegebenen Mindestgrößen investieren. Außerdem bestehen umfassende Vorschriften für die Einbringung von Mindestkapital in diese Projekte (10 Mio. US-Dollar bei 100% eigenen Tochtergesellschaften und 5 Mio. US-Dollar bei *Joint Ventures* mit einem indischen Partner). Investiertes Kapital kann erst nach einem Ablauf von drei Jahren nach der Kapitaleinbringung repatriiert werden. Nur nach vorheriger Erlaubnis durch das *Foreign Investment Promotion Board* (FIPB) können Gewinnkapitalrückflüsse auch früher realisiert und repatriiert werden.

Diese gelockerten Vorschriften gelten jedoch nur für bebaute Sanierungsgebiete. Ausländer können nach wie vor nicht in unerschlossene Grundstücke investieren. Mit „unerschlossen" sind Grundstücke gemeint, die nicht an das Straßenverkehrsnetz, die Wasserversorgung, Straßenbeleuchtung, Entwässerung, Kanalisation oder andere Netze angeschlossen sind. Der ausländische Investor müsste daher diese Infrastruktur selbst bereitstellen und eine entsprechende Abnahmebescheinigung der lokal zuständigen Behörde erhalten. Hierdurch sollen bloße Spekulationsgeschäfte verhindert und nur solche Geschäfte zugelassen werden, die auch dazu geeignet sind, die indische Infrastruktur zu verbessern.

II. Erwerb von Grundeigentum

Der Erwerb von Immobilien in Indien ist aufgrund verschiedener Faktoren äußerst schwierig. Auf die vielen Erwerbsbeschränkungen, insbesondere für Ausländer, wurde bereits in der Einführung eingegangen.

Welche Schwierigkeiten im Einzelnen bestehen, zeigt der Fall eines Unternehmers aus dem Ruhrgebiet. Über eine indische Bekannte wollte er Land an einer neu gebauten Straße einer indischen Metropole erwerben, die zu deren im Bau befindlichen Großflughafen führte. In diesem Fall waren bereits mehrere 100 000 EUR zum Grundstückserwerb nach Indien überwiesen worden. Erst nach einiger Zeit stellte sich heraus, dass es sich hier um Agrarland handelte, das zunächst mit großem Aufwand zur weiteren Nutzung in Gewerbeflächen umgewidmet werden müsste. Außerdem schienen einzelne indische Körperschaften Vorkaufsrechte geltend zu machen. Auch die rechtliche Form der Beteiligung des Unternehmers an dem Grundstücksgeschäft und die Repatriierung von Erlösen waren ungeklärt.

Eine besondere Herausforderung ist das nur mangelhaft entwickelte Grundbuchwesen. Zwar gibt es teilweise ein so genanntes Land-Register. Dieses entspricht jedoch meistens nicht den akribisch geführten Grundbüchern in einigen europäischen Staaten. Der Erwerb bedarf daher einer gründlichen vorherigen Prüfung der Eigentumsverhältnisse und der möglichen Belastung des Grundstücks. Gleiches gilt für Wohneigentum. Gerade in Zeiten des wirtschaftlichen Aufschwungs werden Eigentumswohnungen schnell und unbürokratisch und ohne ausreichend präzise Beschreibung von Gemeinschaftseigentum und Sondereigentum verkauft („*to book a flat*").[154] Eine Prüfung der Eigentumsverhältnisse (*title search*) und des

---

[154] Als Beispiel sei der Belaire-Case genannt, in dem das Immobilien-Unternehmen DLF vor der Competition Commission of India beschuldigt wird, eine dominante Marktposition ausgenutzt zu haben und Erwerber beim Wohnungskauf in Gurgaon benachteiligt zu haben – http://www.business-standard.com/india/news/competition-commission-floodedcomplaints-against-realtors/468916/(besucht am 13.8.2012).

I Immobilienrecht

Umfangs der Rechte muss daher mindestens die letzten 30 Jahre umfassen. Besonders Erbfälle sind tückisch, da sich das Erbrecht oft nach der Zugehörigkeit zu einer Religionsgemeinschaft unterscheidet.[155] Oftmals kann nur aufgrund von Verjährungsvorschriften die Berechtigung eines Eigentümers mit Sicherheit bestimmt werden. Eine solche Prüfung sollte in jedem Fall von lokal ansässigen spezialisierten Immobilienrechtsexperten durchgeführt werden. Schließlich sind öffentlich-rechtliche Vorschriften zu beachten. So berichtete ein in Indien ansässiger Manager, der eine Wohnung erworben hatte, dass er acht Jahre nach dem Kauf eine Abrissverfügung für das Haus erhalten habe, da angeblich in einem Wasserschutzgebiet gebaut worden sei. Auch die öffentlich-rechtliche Klassifizierung eines Grundstücks nach landwirtschaftlicher, industrieller, gewerblicher oder anderer Nutzungsart ist wichtig.

Folgende Punkte sollten besonders beachtet werden:

Checkliste: Erwerb von Grundeigentum – Prüfung von:
1. Flächennutzungsplan (Klassifizierung)
2. Erwerbskette nebst sämtlicher Originalzahlungsbelege
3. Allein- oder Miteigentum
4. Grundpfandrechten und anderen Belastungen
5. Einholung eines so genannten *No-Incumberance-Certificate* bezüglich der letzten 30 Jahre, um sicherzustellen, dass kein Grundpfandrecht besteht
6. Einholung der notwendigen Genehmigungen, z.B. gemäß *Indian Urban Land* (*Ceiling and Regulation*) *Act*, 1976 – Baugenehmigung, umweltrechtliche Genehmigung etc.
7. Vertretungsmacht des Verkäufers
8. Erbfälle

Aufgrund der vielen Unwägbarkeiten bei einem Immobilienerwerb von Privatpersonen ziehen es viele Investoren vor, Grundstücke von einem so genannten *Industrial Development Board* zu erwerben. Dabei handelt es sich um öffentliche Wirtschaftsförderungsgesellschaften, die landwirtschaftliche Flächen erwerben, die Infrastruktur entwickeln und die Flächen an Industrieunternehmen weiterveräußern. Der Erwerb von der öffentlichen Hand gilt als relativ sicher.

Zu beachten ist auch, dass eine Umwidmung von landwirtschaftlichen Flächen in gewerbliche Flächen oder von Wohnflächen in gewerbliche Flächen zuvor behördlich genehmigt werden muss. Die Umwidmung und

---

[155] Vgl. Hardei v Bhagwan Singh, 1919 24 Cal WN 105, 50 IC 812 zit. nach *Bharuka*, Mulla The Transfer of Property Act, 10th Edition, 2012, S. 91.

II. Erwerb von Grundeigentum

der Umgang mit den Behörden ist in der Praxis extrem schwierig. Außerdem sollte der Erwerber von dem Veräußerer eine Erklärung verlangen, mit der dieser bestätigt, dass keine Rechtsstreitigkeiten (*Litigation*) bestehen oder drohen (*Potential Litigation*).

Der eigentliche Erwerbsakt richtet sich nach dem *Transfer of Property Act*, 1882. Dieser regelt die wesentlichen immobilienrechtlichen Grundlagen, wie Veräußerung, Bestellung von Grundpfandrechten, Pachtverträge, Sicherungsrechte, Schenkung und Tausch. Die Rechtsübertragung erfolgt im Regelfall mit dem Abschluss eines Kaufvertrages und der Aushändigung der Vertragsurkunde. Sodann erfolgt die behördliche Eintragung des Erwerbsgeschäfts auf der Grundlage des *Registration Act*, 1908. Section 28 des *Registration Act*, 1908 bestimmt, dass alle Dokumente, die für die Eintragung eines Immobiliengeschäfts notwendig sind, bei der lokal zuständigen Regierungsbehörde einzureichen sind. Vorlagefähige Dokumente sind:

– Schenkungsurkunden;
– Kaufverträge;
– Zahlungsbelege bezogen auf Immobilienkaufverträge;
– Kettenmietverträge;
– Mietverträge mit Laufzeiten von mehr als einem Jahr.

Nicht registriert werden können testamentarische Grundstücksübertragungen. Dies ist eine besondere Tücke bei der *Title Search*. Problematisch ist auch, dass Section 17 des *Indian Registration Act*, 1908 keine Eintragungspflicht für die vorgenannten Dokumente vorsieht. Ein nicht eingetragenes Dokument entfaltet zunächst keine Eigentumswirkungen, kann jedoch im Rahmen eines Rechtsstreits beweisrechtlich gewürdigt werden. Nach dem *Indian Registration Act,* 1908 ist bei einem Immobilienerwerb auch eine so genannte Stempelgebühr (*Stamp Duty*) fällig. Diese ist in den einzelnen Unionsstaaten unterschiedlich geregelt. Sie variiert zwischen 5 und 13% des Kaufpreises. Die *Stamp Duty* trägt üblicherweise der Erwerber. In einigen Unionsstaaten wird die *Stamp Duty* doppelt erhoben, sie bezieht sich einmal auf das Grundstück und zum anderen auf das damit verbundene mögliche Bauvorhaben. Der Käufer einer Immobilie muss sicherstellen, dass der Kaufvertrag ausreichend mit Nachweisen über die Zahlung der Stempelgebühr (Stempelmarken) versehen ist.

Außerdem sieht der *Income Tax Act*, 1961 gemäß Section 269 vor, dass die Eintragung einer Immobilientransaktion erst erfolgt, wenn die zuständige Steuerbehörde ein so genanntes *No-Objection-Certificate* ausgestellt hat.

In einigen Bundesstaaten gilt zusätzlich der *Indian Urban Land (Ceiling and Regulation) Act*, 1976. Dieses Gesetz legt Höchstgrenzen hinsichtlich

I Immobilienrecht

des Immobilienerwerbs natürlicher und juristischer Personen fest. Es gilt heute nur noch in Andhra Pradesh, Assam, Bihar, Maharashtra und West Bengalen. Schließlich ermächtigt der *Land Acquisition Act*, 1894 die Regierung zur Akquise von Land zu öffentlichen Zwecken, insbesondere zur Stadt- und Landentwicklung und zur Errichtung von Einrichtungen des Bildungs- und Gesundheitswesens.

III. Immobilienmiete

Das indische Mietrecht ist im Wesentlichen ebenfalls im *Transfer of Property Act*, 1882 geregelt. Ebenso wie in anderen Rechtsordnungen ist das Mietverhältnis als eine Überlassung eines Grundstücks auf bestimmte oder unbestimmte Zeit gegen Zahlung eines Mietzinses (*rent*) definiert. Auch bei der Miete von Grundstücken sollte in jedem Fall die Hilfe von lokalen Immobilienrechtsexperten in Anspruch genommen werden, denn in vielen Fällen ist nicht klar, wer zur Vermietung eines bestimmten Objekts überhaupt berechtigt ist. Wie ein ehemaliger hochrangiger Diplomat berichtete, passierte es ihm nach langen Mietvertragsverhandlungen in Delhi, dass sein Vertragspartner zugeben musste: *"Sir, I have only a slight problem. I am not the owner of the property."*

Da die meisten Vertragspartner nicht bereit sein werden, entsprechende Dokumente vorzulegen, bleibt es hier dem Mietinteressenten überlassen, selbst eigene Erkundigungen einholen zu lassen. In Indien kann der Mietvertrag grundsätzlich auch mündlich oder stillschweigend geschlossen werden. Bei einer Laufzeit von mehr als einem Jahr bedarf es allerdings einer schriftlichen Vertragsurkunde, die bei der zuständigen Stelle registriert werden muss. Der Mieter kann grundsätzlich sein Recht am Gebrauch der Sache einem Dritten überlassen (Untermiete). Hierzu müssen entsprechende Regelungen im Hauptmietvertrag vorhanden sein. Wird das Mietobjekt verkauft, so besteht das Mietrecht des Mieters an der Sache fort (Grundsatz: „Kauf bricht Miete nicht").

Eine Besonderheit besteht hinsichtlich der Kaution. Bei Abschluss eines Mietvertrages muss üblicherweise eine Mietkaution hinterlegt werden, die bei der Vertragsbeendigung und Rückgabe der Mietsache zurückzuzahlen ist. Beim Verzug des Vermieters mit der Rückzahlung der Kaution kann der Mieter die Mietsache weiter nutzen und die Zahlung von Verzugszinsen verlangen. Üblicherweise wird in dem Mietvertrag eine Klausel aufgenommen, die vorsieht, dass bei Verzug der Rückzahlung der Kaution von mehr als drei Monaten der Mieter das betreffende Grundstück zum bestmöglichen Marktpreis verkaufen und von dem Erlös die Kautionsrückforderung sowie die weiteren Verzugskosten einbehalten kann. Diese Regelung ist für den europäischen Rechtskreis durchaus ungewöhnlich, in Indien aber wirksam.

Schließlich gibt es ein besonderes Schutzgesetz, das Mieter vor unfairen Mietpreisen und vor ungerechtfertigter Räumung schützt. Der *Rent Control Act* erlaubt es dem Mieter unter Umständen, das Mietobjekt selbst zu veräußern. Diese Norm wird für ausländische Investoren von geringer Bedeutung sein, erklärt allerdings in vielen Fällen auch den schlechten Zustand von einfachem Wohnraum in Indien.

In Mietverträgen sollte unbedingt eine (Freistellungs-)Regelung (*Indemnity*) zugunsten des Mieters im Falle des Fehlens der notwendigen baurechtlichen Genehmigungen aufgenommen werden. So wurde z.B. das Büro eines deutschen DAX-Unternehmens in Indien geschlossen, weil der Bürobau wohl ohne Baugenehmigung errichtet worden war.

J. Steuern und Zölle

I. Überblick

Die indische Verfassung ermächtigt die Zentralregierung und die Regierungen der Teilstaaten (28 *States*), Steuern zu erheben. Dieser Abschnitt beschreibt in kurzer Form die wesentlichen indischen Steuern und anderen Abgaben, über die Manager und Unternehmer informiert sein sollten, wenn sie in Indien Geschäfte betreiben möchten. Es handelt sich dabei nur um einen kursorischen Überblick, der eine aktuelle, detaillierte Einzelfall-Beratung keinesfalls ersetzen kann. Die Steuergesetzgebung in Indien befindet sich – wie in den meisten Ländern – in einem stetigen Wandel. Viele Änderungen sind angekündigt, aber noch nicht beschlossen oder umgesetzt.[156] Eine frühzeitige Überprüfung der Investitions-Modelle zur Vermeidung von Steuerrisiken empfiehlt sich.

Besondere Befreiungen bzw. Erleichterungen bei Steuern und Zöllen gibt es in den indischen Sonderwirtschaftszonen (*Special Economic Zones – SEZ*). Die wesentlichen Vergünstigungen bestehen in zeitlich befristeten Steuerbefreiungen (*tax holidays*). Daneben gibt es Möglichkeiten, Exportgewinne auf einem Fremdwährungskonto zu halten und es besteht Zugang zu einer vereinfachten Zollabwicklung. Schließlich bestehen besonders günstige steuerliche Abzugsmöglichkeiten für Forschung und Entwicklung. Daneben gibt es so genannte *Export-Oriented-Units* (EOU), die im Vergleich zu einer SEZ noch einmal zusätzliche staatliche Vergünstigungen in steuerrechtlicher Hinsicht erhalten.

Eine erste Übersicht über die Abgabenarten und die Besteuerungshoheit in Indien bietet die nachfolgende Tabelle. Die laufende Nummer der ersten Spalte bezieht sich auf die Nummerierung der folgenden Abschnitte.

---

[156] Einen umfassenden, laufend aktualisierten Überblick bietet *Winkler*, in: Mennel/Förster (Hg.), Steuern in Europa, Amerika und Asien (87. Lieferung 2011).

I. Überblick **J**

Lfd. Nr.	Abgabenart	Besteuerungshoheit		
		Union	Teilstaat	Kommune
	Direkte Steuern			
II.	Einkommensteuer (*Income Tax*)	x		
III.	Vermögensteuer (*Wealth Tax*)	x		
	Indirekte Steuern			
IV.	Zentrale Mehrwertsteuer (*CenVAT*)	x		
V.	Mehrwertsteuer auf Dienstleistungen (*Service Tax*)	x		
VI.	Dezentrale Mehrwertsteuer (VAT)		x	
VII.	**Zölle und Einfuhr-Nebenabgaben**			
	Basis-Zoll	x		
	CenVAT-Äquivalent	x		
	VAT-Äquivalent	x		
	Äquivalent für Bildungsabgabe	x		
	Andere Abgaben, auf die im Folgenden nicht eingegangen wird			
	Verschiedene Abgaben auf den Konsum bestimmter Waren (*Octroi*)			x
	Spezialabgabe auf Kraftstoffe	x		
	Spezialabgabe auf Erdöl	x		
	Spezialabgabe zur Katastrophenvorsorge (*National Calamity Contingent Duty*)	x		

Die Tabelle wird nachfolgend kurz erläutert:

1. Direkte Steuern

Die zuständige Verwaltungsbehörde für die Erhebung der direkten Steuern ist das *Central Board of Direct Taxes* (CBDT), welches dem Finanzministerium unterstellt ist. Gegen Steuerbescheide kann vor dem *Commissioner of Income Tax* Einspruch (*Appeal*) erhoben werden. Falls die zu-

J Steuern und Zölle

ständige untere Steuerbehörde oder der Steuerpflichtige mit der Entscheidung des *Commissioner* nicht einverstanden sind, können beide eine Beschwerde beim *Income Tax Appellate Tribunal* einlegen. Dies ist die letzte Tatsacheninstanz. Soweit erhebliche Rechtsfragen mit der Angelegenheit verbunden sind, kann der Instanzenweg zum zuständigen *High Court* und sodann gegebenenfalls zum *Supreme Court of India* fortgesetzt werden. Zur schnellen Erledigung von Streitigkeiten über Verrechnungspreise wurden 2009 die *Dispute Resolution Panels* eingerichtet.

Allgemein werden die Belastungen mit direkten Steuern in Indien als hoch empfunden. Ausländische Unternehmen sollten daher die rechtlichen Möglichkeiten für eine optimale Gewinnrepatriierung genau prüfen. Die indische Regierung unternimmt derzeit erhebliche Anstrengungen, das früher noch komplexere, mit zahlreichen Ausnahmeregelungen ausgestattete Steuersystem zu vereinfachen, die Steuerbasis zu verbreitern, die Anzahl der Steuersätze und deren Höhe zu verringern bzw. abzusenken. Das System leidet jedoch nach wie vor noch an einem unzureichenden tatsächlichen Steueraufkommen und einer schwach ausgestatteten Finanzverwaltung. Die einzelnen Unionsstaaten versuchen über Subventionen und Steuererleichterungen ausländische Investoren anzuziehen. Das Zusammenspiel zwischen Steuererleichterungen und staatlichen Subventionen ist allerdings immer noch unübersichtlich.[157] Schätzungen zufolge werden nur 30 bis 35 Mio. Inder zur Einkommensteuer veranlagt. Routinemäßige Steuerhinterziehung und eine florierende Schattenwirtschaft entziehen der indischen Wirtschaft erhebliche Finanzmittel.[158]

Ein neues Gesetz zur Regelung von Einkommensteuer und Vermögensteuer *(Direct Tax Code - DTC)* soll frühestens im April 2013 an die Stelle der bisherigen Einzelgesetze treten. Damit soll der durch die vielen Änderungen kaum noch durchschaubar gewordene *Income Tax Act*, 1961 durch eine vereinheitlichte und vereinfachte Regelung ersetzt werden. Weitere Ziele des DTC sind die Senkung der Steuersätze und eine Verbreiterung der Bemessungsgrundlage. Außerdem sieht der DTC erstmalig eine *General Anti Avoidance Rule* (GAAR) vor, die steuerlichen Umgehungsmodellen einen Riegel vorschieben soll. Gestaltungen, die nicht dem „*dealing at arms' length principle*" entsprechen, ein „*misuse or abuse*" des DTC darstellen, denen „*commercial substance*" fehlt oder die grundsätzlich nicht für „*bona fide purposes*" eingesetzt würden, wird die steuerliche Anerkennung entzogen.

---

157 Hierzu *Dwivedi*, Subsidies in India, Neu Delhi, 2006.
158 Schätzung *Deutsch-Indische Handelskammer* 2010; *Oliver Müller*, Wirtschaftsmacht Indien, 2006, S. 138.

Generell wird in Indien derzeit weder Erbschaft- noch Schenkungsteuer erhoben. Eine Ausnahme bilden Geldgeschenke an andere Personen als bestimmte Verwandte.

2. Steuern auf den Umsatz

Drei unterschiedliche Umsatzsteuern kommen bei der Bewirkung von Umsätzen innerhalb Indiens in Betracht, und es ist für einen Außenstehenden nicht ganz einfach zu erkennen, in welchem Fall welche Steuer auf welchen Betrag und zu welchem Satz erhoben wird. Neben der im Jahr 2005 eingeführten dezentral erhobenen Mehrwertsteuer (VAT) können die zentrale Mehrwertsteuer auf Warenlieferungen (*Central Value Added Tax – CenVAT*) und die Mehrwertsteuer auf Dienstleistungen (*Service Tax*) fällig werden. Diese Steuern weisen gewisse Ähnlichkeiten mit dem europäischen Umsatzsteuersystem auf, insbesondere insofern, als sie mit einem Vorsteuerabzug ausgestattet sind.

Die indische Regierung plant seit 2010 die schrittweise Einführung einer einheitlichen Umsatzsteuer mit dem Namen *Goods and Services Tax (GST)*. Sie soll insbesondere die Steuern *CenVAT, Service Tax* und *VAT* ersetzen. Wesentliche Gründe für diese Reform sind die damit verbundene Steuervereinfachung, die Verminderung des Kaskadeneffektes und die Harmonisierung des Vorsteuerabzugsverfahrens. Außerdem soll sichergestellt werden, dass nur die Wertschöpfung besteuert wird. Da zur Einführung weitgehende Gesetzesänderungen, auch auf der Ebene der Unionsstaaten, sowie eine Verfassungsänderung notwendig sind, verzögert sich die Umsetzung dieses Planes immer wieder.[159]

Für die auf Bundesebene erhobenen indirekten Steuern und für die Zollaufsicht ist der *Central Board of Excise and Customs* (CBEC), das ebenfalls dem Finanzministerium untersteht, zuständig. Das CBEC überwacht auch die einzelnen Zollstellen und lokalen Ämter sowie das Amt für Steuerprüfung. Die Einrichtung einer *Revision Application Authority* sowie einer Schlichtungsstelle für *Service Tax*-Angelegenheiten zur Überprüfung von Steuerbescheiden ist geplant.

3. Zölle und ähnliche Abgaben

Teilweise hohe Zölle und andere Abgaben werden insbesondere bei der Einfuhr von Waren nach Indien, und in hier kaum interessierenden Fällen

---

159 Vgl. http://www.business-standard.com/india/news/will-gst-ever-happen/481737/ (besucht am 13.8.2012).

auch bei der Ausfuhr, erhoben. Obwohl ausländische Lieferanten nur ausnahmsweise (bei Lieferung frei Indien) betroffen sein dürften, ist eine – wenn auch oberflächliche – Kenntnis des Systems sicherlich von Vorteil – und sei es auch nur als Vorbereitung auf ein Beratungsgespräch mit einem indischen Experten. Die Verzollung in Indien gilt als ganz besonders komplex und intransparent.

II. Einkommensteuer (*Income Tax*)

1. Informationen allgemeiner und verfahrensrechtlicher Art

Wesentliche Grundlage des indischen Steuerrechts ist das Einkommensteuergesetz (*Indian Income Tax Act*) von 1961, das jedes Jahr Ende Februar im Rahmen des vom Finanzminister vorgelegten Budgets (*Annual Budget*) aktualisiert wird. Das Gesetz besteht aus 23 Kapiteln (*Chapters*), die aus einer Vielzahl von Abschnitten (*Sections*) zusammengesetzt sind. Zusätzlich gelten die *Income Tax Rules* von 1962, die verfahrensrechtliche Regelungen enthalten und ebenfalls fortlaufend geändert werden.

Die Besteuerung knüpft an das Vorjahreseinkommen des Steuerschuldners an. Der anwendbare Steuersatz wird jährlich mit dem sogenannten *Finance Bill* (Gesetzesentwurf) parlamentarisch angenommen. Er gilt nach der Zustimmung durch den indischen Staatspräsidenten als *Finance Act* (Gesetz). Das indische Finanzjahr umfasst eine Zeitspanne von 12 Monaten mit jeweiligem Beginn am 1. April und Beendigung am 31. März des Folgejahres. Das im Finanzjahr (*Previous Year, Financial Year*) erzielte Einkommen unterliegt im unmittelbar folgenden Veranlagungsjahr (*Assessment Year*) der Besteuerung nach den im Veranlagungsjahr geltenden Regeln. Ein etwaiges (handelsrechtlich zulässiges) abweichendes Wirtschaftsjahr ist dagegen für die Besteuerung ohne Bedeutung. Die Bilanz muss einheitlich im Hinblick auf das Finanzjahr geführt werden, d. h. in einem solchen Fall sind separate Abschlüsse zu erstellen.

Jede „Person" im Sinne des Steuerrechts, sei es eine Gesellschaft oder eine natürliche Person, ist verpflichtet, eine Einkommens-Erklärung einzureichen, wenn ihr Gesamteinkommen im Finanzjahr (*Previous Year*) den steuerfreien Grundbetrag übersteigt. Die Erklärung ist, abgesehen von bestimmten Ausnahmefällen, bis zum vorgeschriebenen Termin auf elektronischem Wege abzugeben. Vorgeschriebene Termine sind:
- der 30. September des Veranlagungsjahres (*Assessment Year*), wenn steuerpflichtige Person eine Gesellschaft ist oder eine Person, deren Jahresabschlüsse einer gesetzlichen Prüfungspflicht unterliegen;

– der 30. November des Veranlagungsjahres bei Steuerpflichtigen, die eine besondere Erklärung hinsichtlich ihrer Verrechnungspreise (*Transfer Pricing Certificate*) abgeben müssen;
– der 31. Juli des Veranlagungsjahres für alle übrigen Steuerpflichtigen.

Es empfiehlt sich, die Abgabefristen genau einzuhalten, da das indische Steuerrecht, ebenso wie das Gesellschaftsrecht, äußerst formal gehandhabt wird und empfindliche Strafzuschläge bei Nichteinhaltung der gesetzlichen Fristen drohen.

Jeder Steuerpflichtige erhält eine Steuernummer (*Permanent Account Number* – PAN), die in allen Steuererklärungen, Dokumenten und der sonstigen Korrespondenz anzugeben ist. Auf Basis eines geschätzten Einkommens ist vierteljährlich eine Steuervorauszahlung zu leisten. Im Abzugswege gezahlte Quellensteuern werden, wie die Vorauszahlungen, auf die Steuerschuld laut Erklärung angerechnet. Deutsche Zahlungsempfänger dürfen indische Quellensteuern im Rahmen der einschlägigen deutschen Regeln und nach den Vorschriften des Doppelbesteuerungs-Abkommens ebenfalls anrechnen oder abziehen, soweit nicht das zugrunde liegende Einkommen hier von der Besteuerung freigestellt ist.

Die laut Erklärung geschuldete Einkommensteuer ist vom Steuerpflichtigen zu entrichten. Ein Steuerbescheid ergeht in der Regel nicht. Der örtlich zuständige *Tax Officer* hat aber das Recht, auf der Grundlage der Steuererklärung ein Veranlagungsverfahren einzuleiten. Dafür hat er ab Ende des Veranlagungsjahres maximal 2 Jahre Zeit. Die Frist verlängert sich um weitere 12 Monate, wenn eine gesonderte Verrechnungspreis-Veranlagung erfolgt ist. Ergeht innerhalb dieser Fristen kein Steuerbescheid, so gilt die Steuererklärung als akzeptiert. Bei vermuteter Steuerverkürzung kann die Veranlagung allerdings innerhalb von 6 Jahren wieder aufgerollt werden. Bezieht sich die Steuer auf einen außerhalb Indiens befindlichen Steuergegenstand, so beträgt die Wiederaufnahme-Frist sogar 16 Jahre.

Es gibt ein Auskunftsverfahren in Bezug auf die voraussichtliche steuerliche Behandlung geplanter oder auch bereits durchgeführter Transaktionen, das mit einem für Finanzverwaltung wie Steuerpflichtigen bindenden Bescheid endet. Zuständig ist eine separate *Authority for Advance Ruling* (AAR) gemäß Section 245 S *Income Tax Act*. Die Entscheidungen der AAR können gerichtlich überprüft werden.[160]

---

160 Columbia Sportswear Company v. Director of Income Tax, Bangalore, Special Leave Petition (C) No. 31543 of 2011.

J Steuern und Zölle

Bei Nichtbeachtung steuerlicher Vorschriften drohen dem Steuerpflichtigen Steuerstrafen und Strafzinsen, unter Umständen aber auch strafrechtliche Verfolgung. Beispielsweise ist für unterlassene oder nicht rechtzeitige Zahlung fälliger Steuerbeträge ein Strafzins von 12–18% p. a. zu entrichten. Steuerhinterziehung kann zu Steuerstrafen in Höhe von 100–300% des hinterzogenen Betrages führen. In besonders gravierenden Fällen drohen rigorose Haftstrafen.

2. Steuerpflicht

a) Steuerpflichtige Personen

Der Einkommensteuer unterliegen alle „Personen", deren Einkünfte über dem gesetzlich fixierten Höchstbetrag liegen. Der Begriff umfasst:

– natürliche Personen,
– eine *Hindu undivided family*,
– juristische Personen (*a company*),
– Firmen (*a firm*),
– Personengesellschaften (*an association of persons or a body of individuals, whether incorporated or not*),
– Lokale Behörden (*a local authority*), und
– jegliche juristische Person (*artificial juridical person*), die nicht in eine der anderen Kategorien einzuordnen ist.

Company im obigen Sinne sind die in Indien nach örtlich geltendem Gesellschaftsrecht als juristische Personen registrierten Gesellschaften. Dabei wird für steuerliche Zwecke zwischen indischen (*domestic*) und nichtindischen (*foreign*) Gesellschaften unterschieden (siehe den folgenden Unterabschnitt). Der Begriff „Firm" schließt eine *Limited Liability Partnership* (LLP) ein.

Personengesellschaften (*partnerships*) werden steuerlich wie juristische Personen behandelt. Das Prinzip der „steuerlichen Transparenz" wird in Indien nicht angewendet. Dies gilt auch für die sogenannten „Arbeitsgemeinschaften" (ARGEN), die zur gemeinsamen Durchführung von Aufträgen gebildet werden. Es gilt aber nicht für „Konsortien", die demselben Zweck dienen. Der wesentliche Unterschied zwischen diesen beiden Formen, der auch der Grund für die unterschiedliche steuerliche Behandlung ist, besteht darin, dass die ARGE einen einheitlichen Gewinn ermittelt, während beim Konsortium jeder Beteiligte auf eigene Rechnung arbeitet.[161]

---

161 Näheres s. *Sonntag/Mathur*, Principles of International Taxation, 2006, S. 810–813 – in Neubearbeitung 2012; sowie *Sonntag*, Intertax, November 1992, 611.

II. Einkommensteuer (*Income Tax*) **J**

b) Ansässigkeit, beschränkte und unbeschränkte Steuerpflicht

Der Umfang der Steuerpflicht hängt davon ab, ob der betreffende Steuerpflichtige nach den Regeln des Einkommensteuerrechts als in Indien ansässig betrachtet wird oder nicht. Für uneingeschränkt Ansässige gilt das Welteinkommensprinzip, d. h. ihr gesamtes Einkommen wird ohne Rücksicht darauf, woher es stammt, steuerlich erfasst. Sie unterliegen der so genannten „unbeschränkten Steuerpflicht". Andere Personen müssen nur das aus indischen Quellen stammende Einkommen in Indien versteuern. Für sie gilt die „beschränkte Steuerpflicht". Die Behandlung der besonderen Kategorie der eingeschränkt Ansässigen (NOR, siehe unten) erfolgt im Wesentlichen nach den Grundsätzen der beschränkten Steuerpflicht, jedoch wird solchen Steuerpflichtigen auch Einkommen zugerechnet, dessen Quelle im Ausland liegt, vorausgesetzt, das Geschäft wird von Indien aus kontrolliert.

Das indische Recht kennt also bezüglich der Ansässigkeit drei unterschiedliche Kategorien von potenziellen Steuerzahlern, nämlich

— den uneingeschränkt Ansässigen (*resident and ordinarily resident* – ROR),
— den eingeschränkt Ansässigen (*resident but not ordinarily resident* – NOR),
— den nicht Ansässigen (*Non-resident*).

Natürliche Personen gelten als uneingeschränkt ansässig (ROR), wenn sie sich

— entweder im Finanzjahr (Previous Year) mindestens während 182 Tagen in Indien aufgehalten haben
— oder wenn sie im Finanzjahr mindestens 60 Tage *und* in den davor liegenden 4 Finanzjahren kumuliert mindestens 365 Tage in Indien waren.

Ausnahmen gelten für indische Bürger bzw. Bürger indischer Abstammung, die sich temporär im Ausland bzw. in Indien aufhalten.

Natürliche Personen werden als nur eingeschränkt ansässig (NOR) behandelt, wenn sie zwar eine der beiden oben genannten Bedingungen erfüllen, aber

— entweder in 9 der 10 vorausgegangenen Finanzjahre den Status eines Non-Resident besaßen
— oder in den 7 vorausgegangenen Finanzjahren kumuliert höchstens 729 Tage in Indien waren.

Natürliche Personen, die die Voraussetzungen für den *ordinarily* oder den *not ordinarily resident* nicht erfüllen, werden als *Non-resident* behandelt.

J Steuern und Zölle

Obige Regelungen sind insbesondere für die so genannten *Expatriates* (z. B. für kürzere oder auch längere Zeit zur Arbeit nach Indien entsandte Angestellte) von Bedeutung, die, wenn sie zum ersten Mal nach Indien kommen, in der Praxis erst nach zwei Jahren dort unbeschränkt steuerpflichtig werden.

Gesellschaften gelten als (uneingeschränkt) ansässig, wenn sie im Finanzjahr in Indien gesellschaftsrechtlich registriert waren, oder (falls dieses Merkmal fehlt) sich der Ort der tatsächlichen Geschäftsleitung (*Place of Effective Management*) dort befunden hat. Bei Vorliegen dieses Tatbestandsmerkmals können also im Ausland inkorporierte Gesellschaften in Indien unbeschränkt steuerpflichtig werden. „Firmen" und Personengesellschaften werden als *Residents* behandelt, es sei denn, Firmenleitung und Kontrollorgane befinden sich vollständig im Ausland.

Als *Non-Residents* werden ungeachtet ihres rechtlichen Status alle Personen behandelt, die nach den vorstehend beschriebenen Kriterien weder eingeschränkt noch uneingeschränkt ansässig sind.

c) Quellenbesteuerung (Tax Deduction at Source – TDS)

Jeder Empfänger von quellensteuerpflichtigen Leistungen, ob *Resident* oder *Non-Resident,* muss eine Quellensteuer nach festgelegten Sätzen einbehalten und an den Fiskus abführen, sofern der Zahlungsempfänger mit den entsprechenden Einkünften in Indien steuerpflichtig ist. Die einbehaltenen Beträge sind monatlich abzuführen und vierteljährlich in einer speziellen Steuererklärung zu erfassen. Der Zahlungsverpflichtete erhält eine Steuernummer (*Permanent Account Number* – PAN), die in allen anfallenden Dokumenten angegeben wird. Bei Nichtbeachtung dürfen die aus der Eingangsrechnung entstehenden Kosten steuerlich nicht abgesetzt werden. Der Zahlungsempfänger muss ebenfalls eine Steuernummer (PAN) beantragen. Wird diese in der Rechnung nicht angegeben, muss der Zahlende mindestens 20 % Quellensteuer einbehalten. Die Steuersätze variieren je nach Einkunftsquelle. Bei Lizenzgebühren und technischen Dienstleistungen beträgt der Steuersatz 10,3 % bzw. 10,6 %, wird aber bspw. auf 10 % begrenzt durch das Doppelbesteuerungs-Abkommen (DBA) zwischen Indien und Deutschland. Zinsen werden mit einem Satz von 20 % besteuert, wobei ebenfalls die Begrenzung auf 10 % durch das deutsch-indische DBA gilt.

3. Einkommensarten (Überblick)

Der *Income Tax Act*, 1961 unterscheidet die folgenden Arten von Einkommen:

- Einkommen aus nichtselbstständiger Tätigkeit (Lohn und Gehalt – *Salaries*);
- Einkommen aus Hauseigentum;
- Einkommen aus unternehmerischer Tätigkeit und freiem Beruf (*Profits and Gains from Business or Profession*);
- Veräußerungsgewinne (*Capital Gains*);
- Einkommen aus anderen Quellen (*Income from other Sources*).

In die Kategorie Einkommen aus anderen Quellen (Section 56 des *Income Tax Act*) fallen unter anderem Zinsen und Mieten, soweit sie nicht unternehmerischer oder freiberuflicher Tätigkeit zuzuordnen sind, sowie Dividenden. Seit kurzem können auch Geschenke der Einkommensteuer unterliegen. Dasselbe gilt bei unangemessen niedrigem Entgelt aus der Übertragung von Gesellschaftsanteilen und anderen Vermögensgegenständen in Bezug auf den Unterschiedsbetrag zwischen gezahltem und angemessenem Entgeltsbetrag.

Auf die vier erstgenannten Einkommensarten wird im Folgenden näher eingegangen.

4. Einkommen aus nichtselbstständiger Tätigkeit (*Salaries*)

Der Steuer unterliegt Einkommen aus in Indien ausgeübter nichtselbstständiger Arbeit (*income which falls under the head ,salaries'*) ohne Rücksicht darauf, wo die Auszahlung erfolgt und wie die Vergütung bezeichnet wird. Die Steuerpflicht setzt erst nach Überschreiten der gesetzlichen Freibeträge ein. Einige (wenige) Arten von Vergütungen (*allowances*), die nicht als Lohn oder Gehalt angesehen werden, sind steuerbefreit. Sachzuwendungen unterliegen der Besteuerung ebenfalls. Ihre Bewertung erfolgt auf Basis der aufgewendeten Kosten (*actual cost*).

Arbeitnehmer eines ausländischen Unternehmens unterliegen nicht der Besteuerung, wenn

- das Unternehmen in Indien keine Geschäfte betreibt;
- die Vergütung in Indien nicht als abzugsfähige Betriebsausgabe behandelt wird;
- der Arbeitnehmer sich im Finanzjahr (*previous year*) nicht länger als 90 Tage in Indien aufgehalten hat.

Ist ein Doppelbesteuerungsabkommen anzuwenden, wird die Frist von 90 Tagen regelmäßig auf 183 Tage ausgedehnt. Die erstgenannte Bedingung wird im Allgemeinen als erfüllt angesehen, wenn es sich um einen kurzfristigen Aufenthalt handelt, z.B. zur Erbringung technischer Dienstleistungen (Garantieleistungen, Kulanzdienste, kurzfristige Montagen und ähnliches).

Ist von einer Steuerpflicht auszugehen, so sind Abzüge vom Bruttolohn in beschränktem Umfang zulässig. Gemäß *Indian Budget* 2012 gelten die folgenden Einkommensteuersätze:

Einkommen (Rupien)	Satz
bis 200.000	Null
200.001–500.000	10%
500.001–1.000.000	20%
ab 1.000.001	30%

Hinzu kommt die Ausbildungsabgabe (*Education Cess*) zum Satz von 3%. Bei der Einkommensberechnung werden Aufwendungen für medizinische Behandlungen bis zu 100 000 INR abgezogen.

5. Einkommen aus Hauseigentum

Bei der Besteuerung von *Income from House Property* wird ein Jahreswert (Mietwert) zugrundegelegt. Ein selbstgenutztes Haus (oder eine Wohnung) werden mit dem Wert Null angesetzt. Jede weitere selbstgenutzte Wohnimmobilie wird wie ein vermietetes Objekt bewertet und versteuert. Schuldzinsen sind im Rahmen detaillierter Vorschriften abziehbar, ebenso andere mit den Einnahmen in Zusammenhang stehende sonstige Aufwendungen, jedoch nur bis zur Höhe von maximal 30% der Einnahmen.

6. Einkommen aus gewerblicher Tätigkeit und freiem Beruf

a) Begriff

Chapter IV des *Income Tax Act*, 1961, nennt die Einkünfte aus gewerblicher Tätigkeit bzw. freiem Beruf (*profits and gains from business and profession*). Eine abstrakte Definition existiert nicht.[162] Der Begriff wird

---

162 Eine Abgrenzung zwischen *professional services* und Lizenzgebühren (*fees for technical services*) findet sich in der Entscheidung TUV Bayern (India) Ltd. v. Deputy Commissioner of Income Tax Circle-2(1), Mumbai; 2012-TII-105-ITAT-Mum-Intl.

II. Einkommensteuer (*Income Tax*) **J**

weit ausgelegt und umfasst Einkünfte aus jeglicher Art von gewerblicher Betätigung bzw. freiem Beruf sowie aus anderen Quellen, wie z.B. Zinsen, Lizenzgebühren und Entschädigungen für Wettbewerbsverbote. Als steuerbar gelten Gewinne, die aufgrund ordentlicher Buchführung auf der Basis geltender Bilanzierungsprinzipien festgestellt werden. Die Regeln schreibt das *Institute of Chartered Accountants of India* vor. Sie stimmen mit internationalen Standards weitgehend überein. Es besteht Buchführungspflicht, soweit gesetzlich fixierte Umsatzgrößen erzielt werden.

b) Einkommensermittlung

Bei der Ermittlung der steuerpflichtigen Einkünfte können von den steuerbaren Erlösen alle der Einkunftserzielung dienenden Aufwendungen abgezogen werden, soweit sie nicht durch gesetzliche Vorschriften ausdrücklich als nichtabziehbar bezeichnet werden. Für *Non-Residents* sind insbesondere die folgenden Restriktionen von Bedeutung:

- Allgemeine Verwaltungs- und Vertriebsgemeinkosten (*overheads*) dürfen nur bis zu einer Grenze von 5% eines *adjusted total income* genannten Einkunftsbetrages abgezogen werden.
- Aufwendungen im Zusammenhang mit Erlösen, die einer vom Bruttobetrag abgezogenen pauschalen Quellensteuer unterliegen, wie Dividenden, Zinsen und Lizenzgebühren dürfen nicht abgezogen werden.

Selbstverständlich sind mit steuerfreien Einkünften zusammenhängende Aufwendungen generell ebenfalls nicht abziehbar. Dasselbe gilt für gezahlte direkte Steuern, wie Einkommensteuer und Vermögensteuer.

Abschreibungen auf gewerblich oder freiberuflich genutzte Vermögensgegenstände sind innerhalb gesetzlich fixierter Grenzen abziehbar. Beispielshalber seien die folgenden Jahres-Sätze im Hinblick auf die Absetzung für Abnutzung genannt:

Fabrikgebäude, Möbel	10%
Maschinen, Anlagen, Kraftfahrzeuge	15%
Immaterielle Wirtschaftsgüter, wie Lizenzen	
Patente, Know-how, *Copyright* und Handelsmarken	25%
Computer, Software	60%
Bestimmte dem Umweltschutz dienende Maschinen und Anlagen bis zu	80%

So genannte Kapitalkosten (*capital expenditure*) sind steuerlich nicht abzugsfähig.

J   Steuern und Zölle

c) Steueranreize

Die derzeit angebotenen Steueranreize beziehen sich meist – mit Ausnahmen in den *Special Economic Zones* (SEZ) – auf bestimmte Arten von Investitionen, nicht auf Einkünfte. Zu nennen sind erhöhte Abschreibungen für neue Maschinen und Anlagen, verbesserte Abzugsmöglichkeiten für Forschung und Entwicklung sowie Hausbau- und Infrastrukturprojekte. Wie bereits ausgeführt, ist dieser Bereich sehr unübersichtlich.

d) Mindestbesteuerung (Minimum Alternate Tax)

Beträgt die Einkommensteuer einer steuerpflichtigen Person für ein bestimmtes Jahr weniger als 18,5% ihres Bilanzgewinnes bzw. des nach detaillierten Vorschriften ermittelten *adjusted total income*, so ist für dieses Jahr eine Mindeststeuer in Höhe von 18,5% des betreffenden Gewinnes bzw. des *adjusted total income* zuzüglich des allgemeinen Zuschlags und der Bildungsabgabe zu entrichten, so dass insgesamt ein Satz von 19,06% fällig ist. Die Sätze können je nach Jahresumsatz und je nach Qualifikation als *domestic* oder *foreign company* leicht variieren. Der so gezahlte Betrag kann 10 Jahre lang vorgetragen und in diesen Folgejahren von einer etwaigen höheren Einkommensteuer abgezogen werden.

e) Steuer auf ausgeschüttete Dividenden

Indische Gesellschaften zahlen zusätzlich zur Steuer auf den Gewinn eine Dividendensteuer (*Dividend Distribution Tax*) in Höhe von derzeit 15% auf die Nettodividende (plus 5% allgemeiner Zuschlag auf 15% = 15,75% plus 3% Bildungsabgabe hierauf = insgesamt 16,22%) auf an indische oder ausländische Anteilseigner ausgeschüttete Dividenden. In der Hand der Anteilseigner sind die Dividenden steuerfrei.

f) Verlustvortrag

Innerhalb einer Gesellschaft können negative Einkünfte, die von unterschiedlichen Sparten oder aus unterschiedlichen Einkommenskategorien erzielt werden, mit positiven Einkünften anderer Sparten bzw. Kategorien ohne Einschränkung verrechnet werden. Ein danach noch verbleibender steuerlicher Verlust kann acht Jahre lang vorgetragen werden, soweit er nicht aus Abschreibungen stammt. Dieser Teil des Verlustes kann vielmehr zeitlich unbeschränkt vorgetragen werden. Ein Verlustrücktrag ist nicht vorgesehen.

Der Verlustvortrag geht verloren bei einem Wechsel der Mehrheitsbeteiligung an der Gesellschaft. Das gilt aber nicht, wenn der Eigner-Wechsel

II. Einkommensteuer (*Income Tax*) **J**

bei der indischen Gesellschaft das Ergebnis einer Fusion oder Aufspaltung einer ausländischen Gesellschaft ist, und dieser Anteilseigner selbst keinem Mehrheitswechsel unterworfen war. Die vorstehenden Vorschriften bezüglich des Eigentümerwechsels gelten nicht, wenn an der Gesellschaft die öffentliche Hand wesentlich beteiligt ist.

g) Steuersätze

Der *Income Tax Act*, 1961 unterscheidet bei der Besteuerung von juristischen Personen zwischen inländischen (*domestic*) und ausländischen (*foreign*) Unternehmen. Dabei ist eine Gesellschaft, die nach indischen Rechtsvorschriften gegründet wurde und ihren Sitz in Indien hat, eine *domestic company*. Auf die Nationalität oder den Sitz der Gesellschafter kommt es nicht an. Dagegen ist eine Zweigniederlassung (Betriebsstätte) eines ausländischen Unternehmens in Indien (*Branch Office*) eine *foreign company*, die mit einem höheren Satz besteuert wird.

Für das Finanzjahr 2012/2013 (Veranlagungsjahr 2013/2014) ist vorgesehen, die Gewinne von Gesellschaften mit folgenden kumulierten (effektiven) Sätzen zu besteuern (Körperschaftsteuer plus 5% Zuschlag plus 3% Education Cess auf 105%):

	Einkommen	
	bis 10 Mio. INR	über 10 Mio. INR
in Indien ansässige Gesellschaft	30,9%	33,99%
ausländische Gesellschaft	41,2%	42,23%
Mindeststeuer für indische Gesellschaft	10,3%	11,33%
Mindeststeuer für ausländische Gesellschaft	10,3%	10,56%
Steuer auf Dividendenausschüttung	17,0%	17,00%

h) Organschaft

Das indische Einkommensteuerrecht sieht die einheitliche Besteuerung einer Gruppe von verbundenen Unternehmen nicht vor. Jedes einzelne Mitgliedsunternehmen wird als separates Steuersubjekt behandelt. Jedoch dürfen Gewinne aus der Veräußerung von Anlagevermögen zwischen Mutter- und Tochtergesellschaft steuerneutral behandelt werden, sofern die Muttergesellschaft alle Anteile hält.

i) Fusionen, Aufspaltungen

Zur Erleichterung gesellschaftsrechtlicher Restrukturierungsmaßnahmen (Unternehmenszusammenführungen und -trennungen) enthält der *Income Tax Act* Regelungen, die eine steuerneutrale Durchführung erlauben. Im Falle einer Fusion darf die aufnehmende Gesellschaft die Verlustvorträge der untergehenden Einheit nutzen. Umgekehrt darf im Falle einer Trennung die neue Gesellschaft die aus ihrem Geschäftsbetrieb stammenden Verlustvorträge mitnehmen.

7. Veräußerungsgewinne

Gewinne aus der Veräußerung von Wirtschaftsgütern (*capital assets*) unterliegen der Einkommensteuer (*capital gains taxation*). Ausgenommen sind Gewinne aus der Veräußerung von

- Handelsware, Verbrauchsmaterial und Rohstoffen, die der gewerblichen oder freiberuflichen Tätigkeit dienen (*stocks in trade*);
- privatem Eigentum, mit Ausnahme von Schmuck;
- landwirtschaftlich genutzten Flächen außerhalb von Gemeindegrenzen im Rahmen spezieller Festlegungen;
- speziellen von der Regierung emittierten Wertpapieren.

Der Begriff „Veräußerung" ist weit gefasst und schließt z. B. Tauschvorgänge, den entgeltlichen Verzicht auf Gegenstände oder Rechte und die Umwandlung von Anlage- in Umlaufvermögen ein.

Entsprechend einer rückwirkenden Änderung aufgrund des *Finance Act, 2012* gelten nunmehr auch direkte oder indirekte Übertragungen von im Ausland befindlichen Beteiligungen und anderen Vermögensgegenständen als steuerpflichtige Veräußerungen, wenn sie ihren Wert substantiell von in Indien befindlichem Vermögen beziehen. Dieser Änderung ging ein spektakulärer Rechtsstreit voraus, *Vodafone International Holdings BV v. Union of India and Ors.*, der zuletzt schlicht der „Vodafone-Fall" genannt wurde.[163] In diesem Fall hatte im Januar 2012 der indische Supreme Court zu Gunsten von Vodafone entschieden, dass der Konzern keine Steuern für den Kauf seiner indischen Mobilfunk-Tochtergesellschaft in Indien in Höhe von 2,2 Mrd. US-Dollar nachzahlen müsse. Hintergrund war der Kauf des indischen Mobilfunkunternehmens Hutchison Essar Limited, einer Tochtergesellschaft von Hutchison Whampoa, durch Vodafone im Jahr 2007. Die 11 Mrd. US-Dollar-Übernahme wurde seinerzeit

---

[163] Vodafone International Holdings BV v. Union of India and Ors &, Civil Appeal No. 733 of 2012; hierzu *Breckheimer*, RIW 7/2012, Die erste Seite.

II. Einkommensteuer (*Income Tax*) J

über die Cayman-Inseln abgewickelt. Konkret hatte eine niederländische Tochtergesellschaft von Vodafone, die Vodafone International Holdings BV, die CGP Investments Limited, eine Holding-Gesellschaft auf den Cayman-Inseln, die von Hutchison Whampoa aus Hong Kong kontrolliert wurde, gekauft. Zum Portfolio von CGP gehörten Anteile an der indischen Hutchison Essar Limited. Auf diesem Wege erlangte Vodafone einen Anteil von 67% an der indischen Hutchison Essar Limited. Indische Steuerbehörden wollten die Kapitalgewinne aus dieser Übernahme besteuern. Vodafone wandte sich hiergegen mit der Begründung, dass weder Vodafone noch Hutchison seinen Sitz in Indien habe und es sich daher um eine Transaktion zwischen zwei ausländischen Unternehmen handele. Außerdem sei eine eventuell anfallende Steuer nach anwendbarem Recht allenfalls vom Verkäufer, nicht aber vom Käufer zu zahlen – der Gewinn sei auf Seiten von Hutchison entstanden.

Dieser Auffassung trat der High Court in Mumbai in erster Instanz jedoch entgegen. Die Forderung der indischen Steuerbehörden sei berechtigt, da vorliegend ein Großteil der *capital assets* in Indien liege und nach lokalem indischem Recht in dieser Konstellation der Käufer steuerpflichtig sei. Der von Vodafone angerufene Supreme Court hingegen entschied im Januar 2012 anders. Da nur *capital assets*, die sich tatsächlich in Indien befinden, versteuert werden könnten, es sich aber vorliegend um eine „*bonafide offshore transaction*" zwischen zwei ausländischen Unternehmen handele, sei keine Steuerpflicht gegeben. Voraussetzung sei jedoch, dass die Transaktion „auf redliche Weise" (*bonafide*) vollzogen und Strukturen für „legitime Geschäftsziele" (*legitimate business purposes*) geschaffen würden. Dies wurde im aktuellen Fall bejaht.

Bereits im März 2012 und somit in unmittelbarem zeitlichem Zusammenhang mit der Supreme Court-Entscheidung präsentierte die indische Regierung im Rahmen des *Union Budget* 2012 eine Reihe von Maßnahmen, die vornehmlich der Förderung der indischen Wirtschaft dienen sollten. Besonderes Aufsehen, vor allem bei ausländischen Investoren, erregte der in der *Finance Bill*, 2012 enthaltene Vorschlag, Section 2 und Section 9 des *Income Tax Act*, 1961 dergestalt zu ändern, dass dadurch faktisch das im Januar 2012 ergangene Vodafone-Urteil des Supreme Court nachträglich ausgehebelt würde. Diese Änderung soll rückwirkend ab dem 1.4. 1962 wirksam sein – dies bedeutet eine rückwirkende Gesetzesänderung über einen Zeitraum von 50 Jahren. Nach indischem Verfassungsrecht ist eine echte Rückwirkung von Gesetzen allerdings unzulässig.

Die Regierung nahm daher für sich in Anspruch, lediglich genau jene Begrifflichkeiten klarzustellen – durch ein so genanntes *clarificatory amendment* –, die im Vodafone-Fall letztlich streitentscheidend waren. So wird nunmehr bezüglich Section 2 (14), *Income Tax Act*, 1961 festgestellt, was unter einem *capital asset* zu verstehen ist und dass bereits *rights of management or control* in Bezug auf eine indische Gesellschaft unter diesen Begriff fallen. Sowohl der *Bombay High Court* als auch der indische *Supreme Court* hatten dies zuvor in Sachen Vodafone anders gesehen.

Section 9 (1) *Income Tax Act*, 1961 regelt, wann Einkommen „in Indien" generiert wird („*accrue or arise in India*"). Der Supreme Court hatte in der Vodafone-Entscheidung festgestellt, dass es sich bei dieser Regelung nicht um eine sog. *look-through*-Regelung handele. Dem widerspricht das *clarificatory amendment* der Regierung nun ausdrücklich und stellt darauf ab, ob die *underlying assets* einer Gesellschaft in Indien liegen. Ungeachtet deutlicher Kritik an dieser Vorgehensweise, die sowohl von Juristen als auch von ausländischen Investoren geübt wurde, traten diese Regelungen mit dem *Finance Act*, 2012 zum 1.4.2012 in Kraft. Es bleibt abzuwarten, ob hiergegen nochmals der Supreme Court wegen eines möglichen Verfassungsbruchs angerufen wird.

Allgemein gilt: Veräußerungsgewinn ist der Unterschied zwischen dem erzielten Erlös einerseits und den Anschaffungskosten zuzüglich der Kosten etwaiger werterhöhender oder -erhaltender Maßnahmen sowie der aus der Übertragung entstandenen Kosten wie Vermittlungsgebühren, amtlichen Gebühren, Stempelsteuern und ähnlichem andererseits.

Gewinne aus einer Reihe von Transaktionen werden nicht besteuert. Dazu gehören unter anderem Veräußerungen zwischen Mutter- und Tochtergesellschaft, sofern die Muttergesellschaft sämtliche Anteile der Tochtergesellschaft hält, sowie Übertragungen von Anlagevermögen im Rahmen von Unternehmensfusionen und -aufspaltungen. Außerdem wird zwischen „langfristigem" und „kurzfristigem" Anlagevermögen unterschieden. Als „kurzfristig" gilt Anlagevermögen, welches der Steuerpflichtige nicht länger als 36 Monate gehalten hat. Bei Gesellschaftsanteilen gilt eine Frist von 12 Monaten. „Langfristig" ist das übrige Anlagevermögen. Für langfristiges Vermögen gelten günstigere Steuersätze und Bewertungsvorschriften. Es gelten die folgenden Steuersätze:

Art des Vermögensgegenstandes	Kurzfristig	Langfristig
Gesellschaftsanteile a) sofern die Anteile an einer indischen Börse gehandelt werden und die Transaktion auch tatsächlich über die Börse abgewickelt und damit der *Securities Transaction Tax* unterworfen wurde	5%	steuerfrei
b) andere	Besteuerung als Einkünfte zu dem für den Steuerpflichtigen geltenden normalen Satz	10%
Andere Vermögensgegenstände	Besteuerung als Einkünfte zu dem für den Steuerpflichtigen geltenden normalen Satz	20%
Die genannten Sätze erhöhen sich um einen 5%igen allgemeinen Zuschlag plus 3% Bildungsabgabe (*Education Cess*) auf die erhöhte Einkommensteuer.		

Veräußerungsverluste können nach bestimmten Regeln mit steuerpflichtigen Einkünften verrechnet oder vorgetragen werden.

8. Verrechnungspreise

Seit Inkrafttreten des *Finance Act*, 2002, gelten besondere Regelungen für Verrechnungspreise zwischen verbundenen Unternehmen (*Transfer Pricing Regulations*, Chapter X des *Income Tax Act*). Die Regeln orientieren sich im Grundsatz an der OECD-Richtlinie von 1995.[164] Es bestehen umfangreiche Dokumentationspflichten, einschließlich der Abgabe eines geprüften Verrechnungspreisberichtes. Eine fehlende oder fehlerhafte Dokumentation kann zu empfindlichen Steuerstrafen führen.

Ein zentraler rechtlicher Begriff der Verrechnungspreisproblematik ist der des „verbundenen Unternehmens" (*associated enterprise*). „Verbunden" in diesem Sinne sind zwei Unternehmen, wenn das eine direkt oder indirekt mehr als 26% des stimmberechtigten Kapitals des anderen hält. Daneben

---

[164] Geändert 1999; *Transfer Pricing Guidelines for Multinational Enterprises and Tax Administrations*; Näheres s. *Sonntag/Mathur*, Principles of International Taxation, 2006 – in Neubearbeitung 2012, S. 299 ff. und Annex 4.

J Steuern und Zölle

gibt es 13 weitere Arten von Tatbeständen, bei denen von verrechnungspreisrelevanter Verflechtung ausgegangen wird, so z. B. eine Darlehensgewährung von mindestens 51% des Nettobuchwertes des Aktivvermögens des Schuldners, die Garantieübernahme in Bezug auf mindestens 10% der Schulden sowie andere Indizien, die auf ein besonders stark ausgeprägtes wirtschaftliches Abhängigkeitsverhältnis oder einen anderen maßgeblichen Einfluss auf die Leitung des anderen Unternehmens schließen lassen. Zu Letzterem gehören die Entsendung von Leitungspersonal in die Geschäftsführung ebenso wie die Überlassung von wichtigen Lizenzen bzw. von Know-how oder die Zulieferung von mindestens 90% des Roh- oder Verbrauchsmaterials.[165]

Ebenfalls von großer Bedeutung ist das Prinzip des *„dealing at arm's length"*. Mit dieser Metapher wird das steuerrechtliche Erfordernis gekennzeichnet, dass zwischen verbundenen Unternehmen vereinbarte Vertragskonditionen, insbesondere Preise, denjenigen Konditionen entsprechen müssen, die unter gleichen Umständen auch zwischen nichtverbundenen Unternehmen vereinbart worden wären. Hier liegt auch in Indien ein Hauptstreitpunkt bei der Verrechnungspreisproblematik. So hat denn auch die OECD in ihrer Richtlinie die Warnung vorangestellt: *„Es wird an dieser Stelle daran erinnert, dass Transfer Pricing keine exakte Wissenschaft ist, und deshalb sowohl von den Finanzverwaltungen als auch von den Steuerpflichtigen ein hohes Maß an Einsicht, Verständnis und Urteilskraft aufgebracht werden muss"*.

Verschiedene Methoden sind in den auf der Grundlage der OECD-Richtlinie entwickelten indischen Vorschriften beschrieben worden, mit deren Hilfe der im praktischen Einzelfall angemessene Fremdvergleichspreis bestimmt werden soll. Am häufigsten werden die folgenden drei Methoden angewendet, nämlich:

– die Fremdvergleichsmethode (*Comparable Uncontrolled Price Method*), die versucht, eine vergleichbare Transaktion zwischen Fremden zu finden, um deren Preis dem zu prüfenden gegenüber zu stellen;
– die Wiederverkaufspreismethode (*Resale Price Method*), die dem Einkaufspreis aus einer verbundenen Transaktion den Fremd-Verkaufspreis für die betreffende Ware gegenüberstellt und dann prüft, ob die realisierte Marge unter vergleichbaren Umständen auch von nichtverbundenen Unternehmen erzielt wird;
– die Kostenaufschlagsmethode (*Cost Plus Method*), die wie die Wiederverkaufspreismethode versucht, eine Fremdmarge finden, die in

---
165 Im Einzelnen s. *Sonntag/Mathur*, Principles of International Taxation, 2006, S. 304.

diesem Fall den Selbstkosten des Produktes hinzugerechnet wird, um dann festzustellen, ob das Ergebnis in etwa mit dem dem verbundenen Unternehmen berechneten Preis übereinstimmt.

Weniger oft kommen in der weltweit zu beobachtenden Praxis andere Methoden vor, wie die Gewinnaufteilungsmethode (*Profit Split Method*) oder die Transaktionsbezogene Nettogewinnmethode (*Transactional Net Margin Method*). Letztere wird allerdings von den indischen Steuerbehörden in vermehrtem Maße herangezogen. In Bezug auf Indien ist allgemein festzustellen, dass Verrechnungspreis-Änderungen von den Behörden zunehmend festgesetzt werden, was zu einer nennenswerten Zunahme der Einspruchsverfahren geführt hat. Um dieser Entwicklung entgegen zu wirken, soll die Bewertung vor dem bereits oben genannten *Dispute Resolution Panel* geklärt werden.

Bei der Erstellung des jährlichen Verrechnungspreisberichtes sollte besonders sorgfältig verfahren werden. Hierbei ist die Beteiligungsstruktur zu beschreiben. Internationale Geschäftsvorfälle mit verbundenen Unternehmen müssen übersichtlich aufgeführt und Kopien der Verträge über solche Transaktionen bereit gehalten werden. Marktprognosen und Budgets für das gesamte Unternehmen sind ebenfalls beizufügen. Der Verrechnungspreisbericht muss von einem unabhängigen Prüfer eingereicht werden.

9. Vermeidung der Doppelbesteuerung

Wie im Unterabschnitt 2. b) erläutert, erfasst Indien steuerlich bei dort Ansässigen die weltweit erzielten Einkünfte und bei *Non-Residents* die Einkünfte aus indischen Quellen. Da andere Staaten, wie z. B. Deutschland, gleichermaßen verfahren, käme es zu einer den freien Waren- und Dienstleistungaustausch hemmenden doppelten Besteuerung der Einkünfte aus indischen Quellen, wenn nicht einschlägige Vorschriften, insbesondere die Doppelbesteuerungs-Abkommen (DBA), dies verhindern oder zumindest mildern würden. Die Abfassung von DBA wird erleichtert durch Vertragsmodelle, die von der OECD und den Vereinten Nationen entworfen worden sind. Diese Modelle unterscheiden sich insbesondere dadurch, dass das UN-Modell den Quellenstaaten in stärkerem Maße Besteuerungsrechte zugesteht (Quellenstaatsprinzip) als das OECD-Modell, das mehr das Sitzstaatsprinzip bevorzugt. Zwischen Indien und Deutschland gilt das DBA vom 19.6.1995.[166]

Das indische DBA-Netz umfasst derzeit Abkommen mit 84 Ländern, die sich mehrheitlich am UN-Modell orientieren. Hinzu kommen spezielle

---
166 BGBl. 1996 II 706 ff.

Abkommen, die sich nur mit wirtschaftlichen Teilaspekten befassen (z. B. der Luftfahrt). Die betreffenden Regeln der beiden Länder Indien und Deutschland sind in rechtssystematischer Hinsicht vergleichbar. Diese sind aber im Detail in der gebotenen Kürze nicht ausreichend zu vermitteln, weshalb hier nur die allgemeinen Grundsätze erklärt werden.

Zu unterscheiden ist zwischen Einkünften aus Ländern, mit denen ein Abkommen zur Vermeidung der Doppelbesteuerung (DBA) geschlossen wurde (DBA-Länder), und Einkünften aus anderen Ländern (Nicht-DBA-Länder). Für Indien gilt Folgendes:

Section 91 des *Income Tax Act*, 1961 sieht vor, dass in Fällen, in denen ein indischer *Resident* aus einem Nicht-DBA-Land Einkünfte bezieht, im anderen Land erhobene Steuern auf die nach dem Welteinkommensprinzip in Indien festgesetzte Steuer angerechnet werden können (Anrechnungs- bzw. *Tax-Credit*-Methode).

Das DBA regelt zunächst im Detail, welche Einkünfte in welchem der Vertragsstaaten besteuert werden dürfen. Wird dabei nur einem der beiden Länder das Besteuerungsrecht zuerkannt (Freistellungsmethode), so wird die Doppelbesteuerung auf diesem Wege ausgeschlossen. Jedoch gibt es Einkunftsarten, bei denen beide Länder besteuern dürfen. Dabei sind aber diese Besteuerungsrechte von unterschiedlicher Qualität (primäre und sekundäre Rechte). Beispielsweise wird bei Lizenzgebühren und Zinsen dem Staat des Lizenznehmers üblicherweise das (primäre) Recht auf Erhebung einer Quellensteuer auf die von dort aus zu leistenden Zahlungen zugestanden, während der Sitzstaat des Lizenz- oder Darlehensgebers zwar Einkommensteuer auch festsetzen darf, auf diese Steuer aber die im Quellenstaat gezahlte Steuer anrechnen muss.

Bei Einkünften aus einem DBA-Land überlagern die Spezial-Regelungen des Abkommens grundsätzlich die Vorschriften des nationalen Rechts. Auch in diesem Zusammenhang wird der *Finance Act,* 2012 mit Wirkung ab dem Finanzjahr 2013/14 zu einer Änderung der bisherigen Praxis führen. Bei internationalen Sachverhalten wird dann die *General Anti Avoidance Rule* (GAAR) dazu führen, dass Umgehungstatbestände nicht anerkannt werden und auch bei einer *pro forma* Gesetzestreue eine Steuerpflicht eintritt. Bisher hatte Indien eine liberale Haltung gegenüber einer steuerlichen Optimierung von internationalen Transaktionen eingenommen. So war auch das so genannte *treaty shopping*, also die Ausnutzung von günstigen DBA (etwa zwischen Indien und Mauritius, Zypern, Singapur und den Niederlanden) zur Bildung einer steuereffizienten Holdingstruktur vielfach möglich und rechtlich abgesichert.[167] Auf diese Weise

---

167 Vgl. Union of India v Azadi Bachao Andolan, 2003 132 Taxman 373 – SC.

konnte die Dividendenbesteuerung und die Veräußerungsgewinnbesteuerung in vielen Fällen optimiert werden. In wie weit sich hier die Behandlung solcher Fälle künftig ändern wird, ist noch nicht absehbar. In jedem Fall sollen die neuen GAAR-Regeln die Möglichkeit einer Steuervoranfrage bei einer *Authority for Advance Ruling* und damit den Erhalt einer verbindlichen Vorabauskunft enthalten.

10. Modell einer Einkommensermittlung und Steuerberechnung

Die folgende Modellrechnung zeigt, wie sich die oben erläuterten Grundsätze der Einkunftsermittlung praktisch niederschlagen.

	T/Rupien	T/Rupien
Gewinn lt. GuV-Rechnung nach Einkommensteuer		200.000
Nicht abziehbare Aufwendungen		
a) Über der steuerlich zulässigen Grenze liegende Abschreibungen	8.000	
b) Nicht abziehbare Verluste aus dem Verkauf oder der Teilwertabschreibung von unbeweglichem Anlagevermögen (*capital expenses*)	400	
c) Aufwand aus Einkommensteuer-Rückstellung lt. Bilanz	40.000	
d) Aufwand aus Vermögensteuer-Rückstellung	100	
e) Vom Arbeitgeber getragene Einkommensteuer auf Sachzuwendungen	100	
f) Quellensteuerpflichtige Aufwendungen gegenüber Ausländern, soweit Quellensteuer nicht einbehalten wurde	5.000	
g) Ebensolche Aufwendungen gegenüber Inländern	4.000	
h) Spenden	50	
i) Nicht abziehbarer Teil bestimmter in bar geleisteter Aufwendungen	10	
j) Aufwendungen im Steuerjahr, die erst in folgenden Steuerjahren (im Jahr der Zahlung) steuerlich abziehbar sind	10.000	
k) Aufwand aus der Bildung von ungewissen Verbindlichkeiten	7.000	
		+74.660

167

J Steuern und Zölle

Modellrechnung (Fortsetzung)

	T/Rupien	T/Rupien
Steuerlich abziehbare Posten, soweit in der GuV nicht abgezogen a) Mehrbetrag nach indischen Recocht an steuerlich zulässigen Abschreibungen gegenüber den buchmäßig vorgenommenen b) Drehposten gegenüber Buchst. j) oben c) Drehposten gegenüber Buchst. f) oben (nachträgliche Abführung der Quellensteuer vorausgesetzt)	16.000 8.000 900	−24.900
Einkommen des Steuerjahres vor Verlustverrechnung		249.760
Verlustvortrag, soweit aus Abschreibungen stammend 150.000 Übriger Verlustvortrag 150.000 Verbleibender Verlustvortrag aus Abschreibungen 50.240 Übriger Verlustvortrag 0		−99.760 −150.000
Steuerpflichtiges Einkommen		Null
Da die Steuerschuld weniger als 18,5 % des Buchgewinns beträgt, wird die Mindest-Einkommensteuer fällig (*Minimum Alternative Tax* – MAT), die wie folgt errechnet wird:		
Gewinn lt. GuV nach Einkommensteuer plus Aufwand aus Einkommensteuer-Rückstellung plus Aufwand aus Rückstellung für ungewisse Verbindlichkeiten abzüglich: nach den Regeln des Gesellschaftsrechts nur für MAT-Zwecke ermittelter Verlustvortrag (hat keinen Bezug zum Einkommensteuerrecht) Bemessungsgrundlage der Mindeststeuer	 40.000 7.000	200.000 +47.000 −50.000 197.000

Modellrechnung (Fortsetzung)

	T/Rupien	T/Rupien
Berechnung der Mindeststeuer Steuersatz, 18,5% plus allgemeiner Zuschlag, 5%		36.445 1.822
		38.267
plus Bildungsabgabe, 3% auf 38.267 Mindeststeuer insgesamt		1.148 39.415

III. Vermögensteuer (*Wealth Tax*)

Natürliche Personen, Familien (*hindu undivided families*) und Gesellschaften unterliegen der Vermögensteuer sobald das Nettovermögen am Bewertungsstichtag (31. März des Jahres) die Schwelle von 3 Mio. INR überschreitet. Bei der Vermögensbewertung werden jedoch Vermögenswerte, die der Erwerbstätigkeit dienen, einschließlich vermieteten Eigentums, nicht mitgerechnet. Der Steuersatz beträgt 1%. Die Steuer wird lediglich auf den über den Grenzbetrag von 3 Mio. INR hinausgehenden Betrag erhoben. Die Einzelheiten hierzu sind im *Wealth Tax Act*, 1957 geregelt.

IV. Zentrale Mehrwertsteuer (*CenVAT*)

1. Rechtsnatur

Es handelt sich bei der zentralen Mehrwertsteuer um eine Verbrauchsteuer in der Form einer Umsatzsteuer mit Vorsteuerabzug. Allerdings ist ein rechtssystematischer Vergleich mit dem in Europa üblichen Umsatzsteuersystem nur sehr eingeschränkt möglich. Zum Beispiel wird die Steuer nur auf einer Stufe erhoben (sog. Einphasensteuer) und zum Vorsteuerabzug berechtigen neben der *CenVAT* selbst auch andere „eingekaufte" Verbrauchsteuern. Vereinfachend wird hier gleichwohl der indische Name *Central Value Added Tax* „eins zu eins" mit Zentrale Mehrwertsteuer übersetzt und im folgenden Text die indische Kurzbezeichnung *CenVAT* verwendet. Die Steuer wird von der Finanzverwaltung der indischen Union zentral verwaltet. Rechtsgrundlage ist der *Central Excise*

Act von 1944 mit ergänzenden Vorschriften, von denen die wichtigsten der *Central Excise Tariff Act* von 1985 und die *CenVAT Credit Rules* von 2004 sind.

2. Steuerbare Vorgänge, steuerpflichtige Personen

Steuertatbestand ist die Herstellung von Gegenständen. Die Steuerpflicht entsteht mit der Fertigstellung, jedoch wird sie aus Praktikabilitätsgründen erst zum Zeitpunkt der Entfernung des Gegenstandes vom Ort der Herstellung definitiv wirksam.

Der Begriff „Gegenstände" umfasst nach dem *Central Excise Act* Gegenstände, Materialien und Substanzen jeglicher Art, die gegen Entgelt gekauft oder verkauft werden können. Der *Supreme Court* hat ihn dahingehend konkretisiert, dass Steuergegenstand nur ein bewegliches marktfähiges Produkt sein kann. Die Herstellung unbeweglicher Wirtschaftsgüter gehört somit nicht zum Kreis der steuerbaren Vorgänge. Das gilt auch für bewegliche Gegenstände, die mit einem unbeweglichen derart verbunden werden, dass eine spätere Ablösung ohne Beschädigung nicht möglich ist.

Ferner muss der Gegenstand neu sein, d.h. die „Herstellung" muss einen Gegenstand erzeugen, der sich von dem oder denen unterscheidet, die vor Beginn der Herstellung existierten. Geringfügige Änderungen führen also nicht zur Steuerbarkeit. Es kann davon ausgegangen werden, dass insoweit ein erheblicher „Graubereich" besteht. Der Abbau bestimmter Arten von Bodenschätzen gilt z.B. als Herstellung. Dazu gehören beispielsweise Eisen- und Manganerze und daraus gewonnene Konzentrate.

Die Gegenstände, deren Herstellung eine Steuerpflicht auslöst, sind in einer Liste zum *Central Excise Tariff Act* von 1985 enumerativ aufgeführt. Steuerpflichtige Personen sind diejenigen, die einen der vorstehend beschriebenen Gegenstände herstellen.

3. Steuerbefreiungen

Die Regierung ist ermächtigt, Herstellungsvorgänge, deren Förderung als im öffentlichen Interesse liegend beurteilt wird, von der CenVAT zu befreien. Gefördert werden auf diese Weise unter anderem die Klein- und die Baumwollindustrie sowie die Verwendung nicht-konventioneller Rohmaterialien. Auch zum Export bestimmte Gegenstände sind steuerfrei.

4. Steuersätze

In der oben erwähnten Liste zum *Central Excise Tariff Act* wird der für den einzelnen Gegenstand geltende Steuersatz genannt. Die meisten unterliegen dem Satz von 12%. Hinzu kommen aufgrund anderer Vorschriften für bestimmte Gegenstände (z.B. Kraftstoffe und bestimmte Tabakprodukte) Steuerzuschläge. Auf die kumulierte Steuer wird ferner die Bildungsabgabe (*Education Cess*) mit 3% aufgeschlagen.

5. Bemessungsgrundlage

Bemessungsgrundlage der Steuer ist in der Regel der „Wert". Entsprechend den Umständen des Einzelfalles kommen drei unterschiedliche Bewertungsmethoden zum Zuge.

Erste Methode

Wird der Gegenstand ab Herstellungsort verkauft und ist der in Rechnung gestellte Preis die alleinige Vergütung für die Lieferung und sind Käufer und Verkäufer keine „verbundenen Personen", so ist der so genannte Transaktionswert anzusetzen. Das ist in der Regel der Rechnungswert, wobei unterstellt wird, dass er die Kosten aus Werbung, Verkauf, Service, Garantiegewährung und Provisionen einschließt. Wo dies erkennbar nicht der Fall ist, müssen sie hinzugesetzt werden. Die CenVAT selbst und andere Verbrauchsabgaben gehören ebenso wenig zum Transaktionswert wie Transportkosten. Der Begriff „verbundene Person" beruht auf anderen Kriterien als der im Bereich des *Transfer Pricing* verwendete (siehe oben zu II.8. Verrechnungspreise). Der *Central Excise Act* verwendet zur Definition den Begriff „inter-connected undertakings", der im Gesetz ausführlich beschrieben wird. Außerdem gelten generell Verwandte als verbunden, und schließlich gibt es noch eine Generalklausel, die Verbundenheit unterstellt, wenn die Personen „so miteinander verflochten sind, dass sie ein direktes oder indirektes Interesse am Geschäft des anderen haben".

Zweite Methode

Wo eine der drei oben genannten Voraussetzungen nicht vorliegt, gelten die Regeln der *Central Excise Valuation Rules* aus dem Jahr 2000, die je nach Tatbestand ebenfalls unterschiedlich ausgestaltet sind. Beispielsweise sind bei einem Verkauf frei Kunde die im Rechnungswert enthaltenen Versandkosten abzuziehen und bei Eigenverbrauch sind 110% der Herstellkosten anzusetzen. Besondere Regeln gelten bei der Herstellung eines Gegenstandes aus vom Kunden beigestelltem Material, was als steuerbarer Herstellungsvorgang im Sinne des Gesetzes angesehen wird.

J   Steuern und Zölle

Dritte Methode

Für bestimmte abgepackte Lebensmittel, die einer Preisregulierung unterliegen (kondensierte Milch, Schokolade, Speiseeis, Mineralwasser u. a.) gilt der behördlich festsetzte Preis (*Maximum Retail Price*), abzüglich ebenfalls festgelegter Rabatte, als Bemessungsgrundlage. Außerdem hat die Regierung das Recht, auch für andere Waren die *CenVAT*-Bemessungsgrundlage amtlich festzulegen.

6. Vorsteuerabzug (*CenVAT Credit*)

Von der auf CenVAT-pflichtige Vorgänge entfallenden Steuer können diejenigen Verbrauchsteuern abgezogen werden, die auf dem Zukauf von Rohmaterialien und anderen bei der Herstellung verwendeten Waren und Dienstleistungen lasten. Dazu gehören *CenVAT, Service Tax* und die schon mehrfach erwähnte Bildungsabgabe (*Education Cess*) ebenso wie die anderen in der obigen Zusammenstellung (siehe I. Überblick) genannten Abgaben. Verbrauchsabgaben, die auf dem Kaufpreis von in der Produktion eingesetzten Produkten lasten, können zur Hälfte im ersten Jahr abgezogen werden. Der Rest ist auf die Folgejahre zu verteilen. Die Steuerbefreiung von exportierten Waren schließt den Vorsteuerabzug nicht aus.

7. Verfahrensvorschriften

Steuerpflichtige Hersteller von Gegenständen müssen sich bei der zuständigen Behörde registrieren lassen. Selbstverständlich sind umfangreiche Aufzeichnungen betreffend die Art der Gegenstände, Einzelheiten der Herstellung, die Bewertung und die „eingekauften" Vorsteuern zu führen. Außerdem besteht eine Pflicht zur Ausstellung von Rechnungen. *CenVAT*-Erklärungen sind monatlich abzugeben. Der zuständige *Tax Officer* beim *Superintendent of Central Excise* prüft die Korrektheit und nimmt erforderlichenfalls Änderungen vor. Hiergegen kann der Steuerpflichtige Einspruch beim *Commissioner of Appeals* einlegen. Weitergehende Rechtsmittel sind die Beschwerde beim *Customs Excise Service Tax Appellate Tribunal*, die Klage beim *High Court* des jeweiligen Teilstaates sowie letztinstanzlich die Klage beim *Supreme Court of India*. Eine eigens für diesen Zweck eingerichtete zentrale Behörde, die *Authority for Advance Ruling*, erteilt auf Anfrage verbindliche Auskünfte in Bezug auf einzelne Elemente der steuerlichen Beurteilung bestimmter Herstellungsvorgänge, wie Klassifizierung des betreffenden Gegenstands für *CenVAT*-Zwecke, Befreiungsmöglichkeiten, Bewertung und Umfang des Vorsteuerabzugs.

V. Mehrwertsteuer auf Dienstleistungen (*Service Tax*)

1. Rechtsnatur

Wie die *CenVAT* ist die *Service Tax* eine Verbrauchsteuer in der Form einer Umsatzsteuer mit Vorsteuerabzug. Auch sie ist mit dem europäischen Umsatzsteuersystem nur entfernt verwandt. Da sie aber mit Vorsteuerabzug ausgestattet ist, wird gleichwohl auch hier vereinfachend der Begriff „Mehrwertsteuer", im folgenden Text aber die indische Bezeichnung *Service Tax* benutzt.

Die *Service Tax* wurde im Jahre 1994 mit der amtlichen Begründung eingeführt, dass es keinen Grund dafür gebe, Warenlieferungen einer Verbrauchsteuer zu unterwerfen, Dienstleistungen aber nicht. Der Dienstleistungssektor erbringt heute ca. 59 % des indischen Bruttoinlandsproduktes.

Die Steuer wird von der Finanzverwaltung der indischen Union zentral verwaltet. Sie wird im Unionsgebiet mit Ausnahme des Teilstaates Jammu and Kashmir erhoben. Rechtsgrundlage ist der *Finance Act*, 1994 mit ergänzenden Vorschriften, von denen die wichtigsten die *Service Tax Rules* von 1994 und die *CenVAT Credit Rules* von 2004 sind (die also auch für die *Service Tax* gelten). Eine Neuregelung ist geplant, dabei sollen auch die Steuersätze für Warenlieferungen und Dienstleistungen vereinheitlicht werden; diese wird aber voraussichtlich nicht vor dem Jahr 2013 erfolgen.

2. Steuerbare Vorgänge, steuerpflichtige Personen

Die *Service Tax* wird als eine verbrauchsorientierte Steuer (*Consumption Based Tax*) definiert. Folglich werden die innerhalb des Anwendungsgebietes „verwerteten" Dienstleistungen der Steuer unterworfen, und zwar grundsätzlich ohne Rücksicht darauf, von wo aus sie erbracht werden. Das gilt offenbar in vollem Umfang erst seit dem Jahr 2005, in dem durch eine „Klarstellung" (*Explanation*) positiv geregelt wurde, dass auch vom Ausland her erbrachte Dienstleistungen der Steuer unterliegen, wenn sie im Inland verwertet werden. Diese Grundsätze sowie weitere diesbezügliche Einzelheiten wurden mit den in 2006 erlassenen *Taxation of Services Rules* bekannt gegeben. Abgesehen von wenigen Ausnahmefällen wird die *Service Tax* von dem Leistenden geschuldet.

Im Ausland verwertete Dienstleistungen (*export of services*) werden demnach vom Grundsatz her der *Service Tax* nicht unterworfen. Eine Dienstleistung wird gemäß *Service Tax Rules* als exportiert angesehen, wenn:

173

- der Dienstleister in Indien seinen Sitz hat;
- der Empfänger der Dienstleistung seinen Sitz außerhalb Indiens hat;
- die Dienstleistung nicht in der Negativliste (siehe unten) enthalten ist;
- der Bestimmungsort der Dienstleistung im Ausland liegt (*Place of Provision of Service Rules*, 2012);
- die Vergütung in konvertierbarer ausländischer Währung geleistet wird.

Bei der Einführung der *Service Tax* im Jahr 1994 unterlagen ihr nur drei Arten von Dienstleistungen, und zwar zum Satz von 5%. Der Kreis der steuerbaren Leistungen wurde dann kontinuierlich in einem Katalog erweitert, so dass er letztlich etwa 120 Arten von Leistungen einschloss. Mit der *Finance Bill,* 2012 wurde der bisherige Katalog aufgegeben und mit Wirkung zum 1.7.2012 gilt grundsätzlich für alle Dienstleistungen eine *Service Tax* in Höhe von 12% (zzgl. Bildungsabgabe in Höhe von 3%), es sei denn die entsprechende Dienstleistung ist auf einer so genannten Negativliste ausdrücklich vermerkt. Damit werden jetzt praktisch alle mit geschäftlichen oder freiberuflichen Aktivitäten in Zusammenhang stehenden Leistungen erfasst, soweit sie nicht exportiert werden.

3. Andere Steuerbefreiungen

Neben den in der Regel nicht steuerbaren Export-Dienstleistungen, werden einige andere, an sich steuerbare Leistungen ausdrücklich von der Steuer befreit. Dazu gehören die Leistungen von Kleinunternehmen, die aber auf die Befreiung verzichten können, ferner Leistungen gegenüber enumerativ aufgelisteten internationalen Organisationen wie WHO, IMF, UNICEF und schließlich Leistungen an Unternehmen, die eine *Special Economic Zone* (SEZ) entwickeln oder in ihr etabliert sind.

4. Steuersätze

Der Steuersatz schwankte seit 1994 zwischen 5% und 12% im Jahr 2012. Hinzu kommt die Bildungsabgabe (Education Cess) mit 3% der Steuer, so dass sich im Juli 2012 ein kumulierter Satz von 12,36% ergibt.

5. Bemessungsgrundlage, Entstehung der Steuerpflicht

Ist alleinige Vergütung für die Leistungserbringung eine Zahlung in Geld, so ist Bemessungsgrundlage der in Rechnung gestellte Preis vor Steuer. Dabei ist es unerheblich, ob die Steuer offen in der Rechnung ausgewiesen wird oder nicht.

V. Mehrwertsteuer auf Dienstleistungen (*Service Tax*)   **J**

Besteht die Vergütung nicht in Geld allein oder gar nicht in Geld (in Deutschland bekannt als tauschähnliche oder Tausch-Umsätze), so gelten Spezialregelungen zur Ermittlung eines Vergleichswertes (so geregelt in den *Determination of Value Rules*, 2006).

Die Steuerpflicht entsteht mit der Ausstellung der Rechnung. Wird die Rechnung nicht innerhalb von 30 Tagen nach Leistungserbringung ausgestellt, so entsteht die Steuerpflicht mit vollendeter Leistung. Im Falle von Vorauszahlungen wird die Steuer bei Erhalt der Zahlung fällig.

6. Vorsteuerabzug

Nimmt der Leistende im Zusammenhang mit der Leistungserbringung seinerseits unter die *Service Tax* fallende Leistungen anderer Leistender in Anspruch, so kann er die „eingekaufte" *Service Tax* (einschließlich des Zuschlags für Bildungsabgabe) als Vorsteuer von seiner geschuldeten Steuer abziehen. Mit nicht steuerpflichtigen Exporten in Zusammenhang stehende Vorsteuern können ebenfalls abgezogen werden. Nicht zum Abzug berechtigen dagegen Vorsteuern aus Einkäufen, die mit anderen steuerfreien Umsätzen zusammenhängen. Dieser Umstand könnte beispielsweise für einen Kleinunternehmer ein Motiv sein, auf die Steuerfreiheit seiner Umsätze zu verzichten, sofern er Umsätze an Kunden erbringt, die ihrerseits zum Vorsteuerabzug berechtigt sind.

Abziehbar ist auch „eingekaufte" *CenVAT*, sofern der Einkauf mit der erbrachten Dienstleistung in Zusammenhang steht. Andere eingekaufte Verbrauchsteuern berechtigen nicht zum Vorsteuerabzug.

7. Verfahrensvorschriften

Die Erbringer steuerpflichtiger Leistungen müssen sich innerhalb von 30 Tagen nach Aufnahme ihrer Tätigkeit bei der zuständigen Behörde registrieren lassen.

Innerhalb von 14 Tagen nach Erbringung der Leistung hat der Leistende eine Rechnung mit vorgeschriebenem Inhalt zu erteilen. Steuererklärungen sind halbjährlich, jeweils bis zum 25. April und 25. Oktober fällig. Die Steuer ist aber für im laufenden Monat erhaltene Entgeltzahlungen jeweils bis zum fünften Tag (bzw. bis zum sechsten Tag bei elektronischer Zahlung) des folgenden Monats zu entrichten. Für natürliche Personen und Personenvereinigungen gilt für die Zahlungen eine Vierteljahresfrist. Seit dem 1.3.2007 ist es zulässig, innerhalb von 90 Tagen nach Abgabe der ursprünglichen Erklärung diese zu berichtigen. Steuerzahler, die

1 Mio. INR oder mehr pro Jahr entrichten, müssen ihre Erklärungen auf elektronischem Wege abgeben. Andere Steuerzahler sind zur elektronischen Erklärung berechtigt, aber nicht verpflichtet. Spezielle Aufzeichnungsvorschriften gibt es nicht.

Diesbezügliche Regeln für andere Steuern, wie z. B. die Einkommensteuer, gelten aber auch für die Service Tax. Steuerveranlagungen sind generell nicht vorgesehen. Ist sich aber der Steuerpflichtige bezüglich der Höhe der geschuldeten Steuer nicht im Klaren, so kann er beantragen, die Steuer in vorläufiger Höhe zahlen zu dürfen. In solchen Fällen wird das Finanzamt tätig und setzt die Steuer durch Veranlagung fest.

In Streitfällen kann der Rechtsweg beschritten werden. Er beginnt mit einem Einspruch (*Appeal*) beim *Commissioner of Central Excise*, gegen dessen Entscheidung Beschwerde beim *Customs, Excise and Service Tax Tribunal* eingelegt werden kann. Weitere Instanzen sind der örtlich zuständige *High Court* und schließlich der *Supreme Court of India*. Die eigens für diesen Zweck eingerichtete zentrale Behörde, die *Authority for Advance Ruling*, erteilt auf Anfrage verbindliche Auskünfte in Bezug auf einzelne Elemente der steuerlichen Beurteilung bestimmter Dienstleistungen, wie Klassifizierung der betreffenden Leistung für Zwecke der *Service Tax*, Bewertung, Umfang des Vorsteuerabzuges und anderes.

VI. Dezentrale Mehrwertsteuer (VAT)

1. Rechtsnatur

Wie die *CenVAT* ist die von den indischen Teilstaaten der indischen Union erhobene Mehrwertsteuer eine Waren-Verbrauchsteuer mit dem Charakter einer Umsatzsteuer mit Vorsteuerabzug. Sie weist mehr Merkmale des europäischen Systems auf als die *CenVAT* und die *Service Tax*. Dies gilt insbesondere insofern, als es sich um eine Allphasensteuer handelt, die auf jeder Umsatz-Etappe des Weges einer Ware vom Hersteller zum Endverbraucher fällig wird. Durch den Vorsteuer-Abzug wird der sogenannte „Mehrwert" besteuert. Vereinfachend wird im Folgenden die in Indien geläufige Bezeichnung VAT (*Value Added Tax*) verwendet, obwohl die Bezeichnung „Mehrwert"steuer insofern irreführend ist, als ein echter Mehrwert im eigentlichen Sinne auf keiner Umsatzstufe besteuert wird. Über diese Tatsache hat sich aber bekanntlich auch der anderswo übliche allgemeine Sprachgebrauch hinweggesetzt. Die VAT ist an die Stelle der vorher praktizierten Warenumsatzsteuer-Systeme (*sales taxes*) getreten.

2. Steuerbare Vorgänge, steuerpflichtige Personen

Steuerpflichtig ist die Lieferung von Gegenständen innerhalb eines Unions-Staates durch in den Vorschriften so genannte *dealer*. Dabei handelt es sich, abweichend vom allgemeinen Sprachgebrauch, nicht nur um Händler sondern auch um Hersteller. Letztere unterliegen somit sowohl der *CenVAT* als auch der VAT. Steuerbar ist ausdrücklich auch die Ausführung eines Werk- oder Werklieferungsvertrages (Gebäude, Brücke, Straße, Maschine und dergleichen).

3. Steuerbefreiungen

Generell unterliegen in allen Unions-Staaten Umsätze nicht der VAT, bei denen die Liefergegenstände in andere Unionsstaaten oder ins Ausland ausgeführt werden (*interstate sales* bzw. *export sales*). Auch der Import von Waren wird nicht besteuert. Daneben gelten von Staat zu Staat unterschiedliche Befreiungsvorschriften für einzelne Arten von Gegenständen bzw. für bestimmte *dealer*. In diesem Zusammenhang sei erwähnt, dass *interstate sales* auch einer Steuer – *Central Sales Tax* genannt – zum Satz von 2% unterliegen. Es ist beabsichtigt, die separaten Vorschriften der *Central Sales Tax* mit den VAT-Vorschriften zusammenzulegen.

4. Steuersätze und Bemessungsgrundlage

Die Steuersätze variieren je nach Art des gelieferten Gegenstandes und auch von einem Unions-Staat zum anderen. Am häufigsten kommt der Satz von 12,5% vor. Ermäßigte Sätze von 5% und 1% gelten in den meisten Unions-Staaten für landwirtschaftliche und industrielle Vorleistungsgüter, Arzneimittel und Edelmetalle. In einigen Staaten wird ein Zuschlag in unterschiedlicher Form und Höhe erhoben.

Besteuerungsgrundlage ist bei normalen Warenlieferungen der Umsatzwert laut Rechnung, wobei es von Staat zu Staat kleinere Abweichungen geben kann. Schwierig kann je nach den Vorschriften des betreffenden Staates und dem zugrunde liegenden Sachverhalt die Ermittlung des steuerpflichtigen Betrages bei Werk- und Werklieferungsverträgen sein. Dem Charakter der Steuer als einer Warenumsatzsteuer entsprechend soll steuerpflichtig eigentlich nur der Wert der in das Eigentum des Kunden übergehenden körperlichen Gegenstände sein, die je nach Art des Gegenstandes unterschiedlichen Steuersätzen unterworfen werden sollen. Diese Werte im Falle eines einheitlichen Werk- oder Werklieferungsvertrages separat zu bestimmen, ist aber in der Regel schwierig, weil Vertragsgegenstand das fertige Werk ist und in ihm aufgegangene Einzelgegenstände kaum noch exakt zu bewerten sind. Einzelne Staaten behelfen sich, indem sie Pauschalverfahren zur Ermittlung des Wertes der im Werk verbundenen Gegenstände anwenden. Dabei werden vom Vertragswert die Werte der nichtkörperlichen Leistungselemente, wie Personalkosten, Dienstleistungen, Engineering, Energiekosten, Brennstoffe und ähnliches, sowie der Gewinn abgezogen. Vom Kunden beigestelltes Material gehört selbstverständlich ebenfalls nicht zur Besteuerungsgrundlage. Andere Staaten stellen auf den gesamten Vertragswert ab, wenden aber darauf einen ermäßigten Steuersatz an. Für Zwecke der Auftragskalkulation ist aufgrund der Komplexität der Berechnung die Einschaltung eines lokalen VAT-Spezialisten unerlässlich.

5. Vorsteuerabzug

Auf Einkäufen lastende VAT ist abziehbare bzw. erstattungsfähige Vorsteuer, soweit der Einkauf in Zusammenhang steht mit *VAT*-pflichtigen Umsätzen, mit steuerbefreiten Umsätzen in einen anderen Unionsstaat (*interstate sales*) oder mit ebenfalls der Steuer nicht unterliegenden Exportumsätzen. In Bezug auf die letztgenannte Kategorie von Umsätzen gibt es gesonderte Vorsteuer-Erstattungsverfahren. Andere Verbrauchsteuern, wie *CenVAT* und *Service Tax*, berechtigen nicht zum Vorsteuerabzug. Der Vorumsatz muss von einem für die VAT registrierten Lieferanten stammen und durch eine vorschriftsmäßige Eingangsrechnung belegt sein.

6. Verfahrensvorschriften

Wer unter die VAT fallende Umsätze bewirkt (*dealer*) und bestimmte Umsatzgrenzen überschreitet, muss sich bei der örtlich zuständigen Behörde registrieren lassen.

Über steuerpflichtige Umsätze sind Rechnungen mit vorgeschriebenem Inhalt zu erteilen, in denen die VAT offen ausgewiesen ist. VAT-Erklärungen sind, unterschiedlich nach Staat, monatlich oder vierteljährlich abzugeben. Es sind Aufzeichnungen zu führen, die die behördliche Überprüfung des geschuldeten Steuerbetrages erlauben. Jeder Unions-Staat hat seine eigenen diesbezüglichen Vorschriften. Die Steuererklärungen werden von der zuständigen Finanzbehörde geprüft und per Änderungsmitteilung gegebenenfalls abgeändert. In Streitfällen kann der Rechtsweg beschritten werden, und zwar durch Einspruch bei der nächsthöheren Verwaltungsinstanz, Beschwerde beim örtlich zuständigen VAT *Tribunal*,

Klage beim zuständigen *High Court* und schließlich letztinstanzlich beim *Supreme Court of India*.

VII. Zölle (*Customs Duties*)

1. Rechtsnatur

Die Zölle und ihre Nebenabgaben werden von der Zollverwaltung der indischen Union auf importierte und in geringem Umfang auch auf exportierte bewegliche Gegenstände (*goods*) erhoben. Von den Abgaben auf Exporte sind Rohleder sowie Eisen- und Chromerze und daraus gewonnene Konzentrate betroffen. Auf sie wird im Folgenden nicht mehr eingegangen. Zölle sind eine der Haupteinnahmequellen des Staates. Die Zollvorschriften sind im Laufe der letzten 20 Jahre mit dem Ziel einer Vereinfachung und Rationalisierung in erheblichem Maße reformiert worden. Dieser Prozess soll fortgesetzt werden. Die Zollsätze sollen dem innerhalb der ASEAN-Staaten üblichen Niveau angeglichen werden. Der Zolltarif entspricht in seiner Struktur der international anerkannten Nomenklatur. Er beruht auf dem *Customs Tariff Act*, 1975. Der die Zollpflicht auslösende Vorgang ist die Einfuhr von zollpflichtigen Gegenständen.

2. Zölle und Einfuhr-Nebenabgaben im Einzelnen

a) Basis-Zoll (Basic Customs Duty – BCD)

Soweit nicht mit bestimmten Ländern Präferenzzölle vereinbart worden sind, kommt der Standard-Zollsatz laut Zolltarif zum Ansatz. Von Sondersätzen für Agrar- und bestimmte andere Produkte abgesehen, beträgt der Höchstsatz derzeit 10%. Die Sätze werden regelmäßig im Februar mit der Präsentation des Jahresbudgets neu bekanntgegeben. Aus gegebenem Anlass kommt es aber auch innerjährlich zu Änderungen.

Zollwert ist der CIF-Wert plus Kosten der Anlandung. Enthält der Rechnungswert die Kosten für Fracht und Versicherung nicht, so sind zur Ermittlung des Zollwertes pauschale Zuschläge anzusetzen, und zwar für Fracht 20% und für Versicherung 1,125% des FOB-Wertes. Weitergehende Erläuterungen enthält Abschnitt VII. 3.

J Steuern und Zölle

b) CenVAT-Äquivalent (Additional Customs Duty in lieu of excise duty – CVD)

Die zentrale Mehrwertsteuer *CenVAT* wurde in Abschnitt IV. beschrieben. Das *CenVAT*-Äquivalent entspricht in etwa der deutschen Einfuhrumsatzsteuer. Solche Abgaben werden entsprechend dem so genannten Bestimmungsland-Prinzip erhoben, um die steuerliche Belastung von eingeführten Waren auf das Inlands-Niveau anzuheben und so Wettbewerbsverzerrungen zu vermeiden. Das Gegenstück zu dieser Maßnahme ist die verkehrsteuerliche Befreiung von Waren beim Export.

Die Steuersätze entsprechen den *CenVAT*-Sätzen. Jedoch wird der Zuschlag von 3% für *Education Cess* nicht erhoben. Bemessungsgrundlage ist der Zollwert zuzüglich Basis-Zoll.

Entsprechend dem Charakter der *CenVAT* als einer Umsatzsteuer mit Vorsteuerabzug kann das *CenVAT*-Äquivalent als abziehbare Vorsteuer geltend gemacht werden, wenn die eingeführten Waren bei der *CenVAT*-pflichtigen Herstellung von beweglichen Gegenständen verwendet werden. Befreiungsvorschriften in Bezug auf *CenVAT* gelten auch für das *CenVAT*-Äquivalent.

c) VAT-Äquivalent (Additional Customs Duty in lieu of Sales tax/VAT)

Für die in Abschnitt VI. dargestellte VAT gelten die im vorangehenden Abschnitt enthaltenen grundsätzlichen Ausführungen sinngemäß ebenfalls. Soweit noch andere Verkaufssteuern auf Inlandsvorgänge erhoben werden, ist die Abgabe auch für sie das Äquivalent. Der Steuersatz beläuft sich einheitlich auf 4%. Bemessungsgrundlage ist die Summe aus Zollwert, Basis-Zoll und *CenVAT*-Äquivalent. Das VAT-Äquivalent berechtigt nach den für die VAT geltenden Regeln zum Vorsteuerabzug. VAT-Befreiungsvorschriften gelten auch für das Äquivalent.

d) Äquivalent für die Bildungsabgabe (Education Cess)

Die Abgabe ist aus denselben Gründen wie den oben beschriebenen zu entrichten. Der Steuersatz beläuft sich einheitlich auf 3%. Die Ermittlung des Steuerbetrages ist nicht einfach und wird anhand folgenden Beispiels demonstriert.

VII. Zölle (*Customs Duties*) **J**

Berechnungsbeispiel für Eingangsabgaben-Belastung

A	Zollwert		100,00
B	Basis-Zoll, (z.B) 10% von A		10,00
C	A+B		110,00
D	*CenVAT*-Äquivalent 12% von A+B		13,20
E	Bildungsabgabe, 3% von B und D	10,00 13,20 23,20	0,70
F	C+D+E		123,90
G	*VAT*-Äquivalent, 4% von F		4,96
H	F+G		128,86
I	Eingangsabgaben insgesamt (10,00 + 13,20 + 0,70 + 4,96) =		28,86

Antidumping- und andere Schutzzölle können zusätzlich erhoben werden.

3. Zollwert

Die meisten Einfuhren werden auf der Grundlage des Wertes der eingeführten Güter verzollt (zum Beispiel *Retail Sales Price* oder CIF-Wert). Andere Zoll-Bemessungsgrundlagen, wie der von der Regierung festgelegte *Tariff Value*[168] kommen nur ausnahmsweise vor. Normalerweise wird der Wert der Ware nach Anlandung in einem indischen Hafen angesetzt. Einzelheiten der Bewertung enthalten die *Customs Valuation Rules*, 2007. Ihre Vorschriften entsprechen den von GATT und WTO erarbeiteten Regeln. Basis der Bewertung ist der „Transaktionswert". Dieser Wert wird vom Zollamt anerkannt, wenn er den folgenden Bedingungen entspricht:

Außer den Folgenden dürfen dem Käufer keine Verfügungsbeschränkungen auferlegt werden: durch Gesetz oder behördliche Anordnung verfügte Beschränkungen, Gebietsbeschränkungen in Bezug auf den Weiterverkauf sowie Beschränkungen, die den Wert nicht nennenswert beeinflussen. Es

---

168 Zum Beispiel 530 USD per 10 Gramm Gold, Stand: März 2012.

181

dürfen keine Bedingungen vereinbart werden, für die ein Wert nicht ermittelt werden kann. Aus der Weiterveräußerung durch den Käufer dürfen dem Lieferer weder direkte noch indirekte finanzielle Vorteile entstehen, es sei denn, es kann eine den Bewertungsregeln entsprechende Korrektur des Transaktionswertes durchgeführt werden. Käufer und Verkäufer dürfen keine verbundenen Personen (*Related Persons*) sein. Handelt es sich um verbundene Personen, so wird der erklärte Transaktionswert anerkannt, wenn glaubhaft gemacht werden kann, dass die Verbundenheit keinen Einfluss auf die Preisfestsetzung hatte. Wo dieser Nachweis nicht gelingt, wenden die Zollbehörden Wertermittlungsmethoden an, die denen auf dem Gebiet des *Transfer Pricing* üblichen vergleichbar sind.

Im Transaktionswert müssen die folgenden Kosten ihren Niederschlag gefunden haben:

- Transportkosten bis zum Ort der Einfuhr und anschließende Kosten des Handlings am Ort;
- Versicherungskosten;
- Provisionen, ausgenommen Käuferprovisionen;
- Verpackungs- und Containerkosten;
- bei der Herstellung entstandene Materialkosten einschließlich des Wertes vom Kunden kostenlos oder zu reduziertem Wert beigestellter Materialien;
- Engineering, soweit außerhalb Indiens erstellt und vom Kunden kostenlos beigestellt;
- vom Kunden zu zahlende Lizenzgebühren, soweit sie mit den eingeführten Gütern in unmittelbarem Zusammenhang stehen.

Ferner gehören zum Zollwert alle sonstigen als Gegenleistung für den Verkauf der Ware geleisteten Zahlungen, gleichgültig ob an den Verkäufer selbst oder für dessen Rechnung an einen Dritten. Nach der Rechtsprechung des *Supreme Court of India* gehören Kosten des Montage-Engineerings und Zinsen für Zahlungsaufschub dagegen nicht zum Zollwert.

Die Zollpflicht entsteht im Allgemeinen in demjenigen Zeitpunkt, in dem die *Bill of Entry for Home Consumption* den Zollbehörden vorgelegt wird. Hierzu gibt es zwei Ausnahmefälle:

Wird die *Bill of Entry* vor Ankunft der Ware im Inland präsentiert, so ist der Tag der tatsächlichen Ankunft maßgebend. Wird die Ware zunächst zollfrei in einem Zollausschluss gelagert, so entsteht die Zollpflicht am Tag der Entnahme aus diesem Lager. Zu diesem Zeitpunkt ist ein Dokument mit der Bezeichnung *Ex-bond Bill of Entry for Home Consumption* zu erstellen.

VII. Zölle (*Customs Duties*) **J**

4. Zollermäßigungen

Section 25 des *Customs Act* erlaubt es der Unionsregierung, im öffentichen Interesse Zollbefreiungen und -ermäßigungen zu gewähren. Basierend auf der Überlegung, dass zum Export bestimmte Güter von inländischen Steuern befreit werden sollten, um die Konkurrenzfähigkeit auf dem Weltmarkt zu stärken, gibt es auch auf dem Gebiet der Zölle eine Reihe von exportbezogenen Erleichterungen. Dazu gehören:

- Der abgabenfreie Import von Waren, von denen bekannt ist, dass sie der Herstellung zu exportierender Gegenstände dienen oder unbearbeitet re-exportiert werden. Die Abgabenerstattung ist möglich, wenn eingeführte Waren, die zunächst verzollt wurden, später re-exportiert werden.
- Die Einfuhr zu ermäßigten Abgabensätzen von Gegenständen des Anlagevermögens, die der Herstellung zu exportierender Waren dienen.
- Der abgabenfreie Import von Waren und Dienstleistungen durch Unternehmen, die im Rahmen eines der folgenden Exportförderprogramme tätig sind:
  - *Export Oriented Units Scheme;*
  - *Electronic Hardware Technology Park Scheme;*
  - *Software Technology Park Scheme;*
  - *Bio-Technology Park Scheme.*

Vergünstigungen gleicher Art gelten für Unternehmen, die in so genannten *Special Economic Zones* operieren.

Der Maschinen- und Anlagenbau profitiert von der Zolltarif-Nr. 98.01 des *Customs Tariff Act* von 1975, unter die die Einfuhr von Maschinen, Komponenten, Einzelteilen, Rohmaterialien und ähnlichem fallen, die für den erstmaligen Bau oder die erhebliche Erweiterung von Industrieanlagen, Bewässerungsprojekten, Minen, Öl- und Gas-Explorationseinrichtungen und ähnlichen Anlagen benötigt werden. Für sie sieht der *Customs Tariff Act* Ermäßigungen unterschiedlichen Ausmaßes vor.

Durch die Regierung veranlasste Einfuhren für Verteidigungszwecke, den Gebrauch durch die Polizei usw. sind ebenso befreit wie Einfuhren im Zusammenhang mit Ausstellungen, Seminaren, Expeditionen, von Sport-Trophäen sowie von Gegenständen für den sozialen und den Gesundheitsfürsorge-Bereich.

Groß-Importeure sind unter bestimmten Bedingungen ebenfalls zur zollfreien Einfuhr von Waren berechtigt.

J Steuern und Zölle

Es gibt bei Einfuhrabgaben Erleichterungen aufgrund internationaler Abkommen. Indien ist gebunden an GATT und WTO, sowie an eine Vielzahl von bilateralen Abkommen verschiedener Art mit Bangladesch, Bhutan, Chile, Korea, Malaysia, den Malediven, Nepal, Pakistan, Singapur, Sri Lanka, Thailand und anderen Staaten. Mit Japan wurde im Februar 2012 ein umfassendes Partnerschaftsabkommen mit dem Ziel der Marktöffnung und Reduzierung der Barrieren des Güter-, Leistungs- und Personen-Verkehrs geschlossen. Auch mit der Europäischen Union werden seit 2007 einschlägige Verhandlungen über ein Freihandelsabkommen geführt.

5. Maßnahmen zum Schutz der einheimischen Wirtschaft

Die indische Regierung kann Antidumping-Zölle verhängen, die die indische Wirtschaft vor unfairem Wettbewerb schützen sollen. Die einschlägigen Vorschriften sind weit gefasst. Die Unionsregierung hat ferner das Recht, Einfuhrbeschränkungen und Abgabenerhöhungen zu dekretieren, wenn massive Importe innerhalb eines kurzen Zeitraumes die einheimische Industrie in Gefahr bringen könnten.

6. Verfahrensvorschriften

Bei der Zollabfertigung sind die international allgemein üblichen Papiere vorzulegen. In Indien sind dies u. a. *bill of entry*, Rechnung und Packliste, Importlizenz (wo erforderlich), Herkunftsnachweis bei Beantragung von Präferenzen, Versicherungspolice und *bill of lading* oder Lieferauftrag.

Im Jahr 2011 trat an die Stelle des früheren Zollabfertigungsverfahrens durch die Zollbehörden ein Erklärungsverfahren, bei dem der Importeur sicherzustellen hat, dass die Waren in der *bill of entry* richtig beschrieben und gemäß Zolltarif klassifiziert werden. Außerdem müssen Zollsatz und -betrag angegeben werden. Die Zollerklärung ist in der Regel auf elektronischem Wege abzugeben. Hält die Zollbehörde die Erklärung für nicht korrekt, so kann sie ihrerseits ein Veranlagungsverfahren einleiten. Ist es notwendig, die Einfuhrgüter physisch zu testen oder bestehen Meinungsverschiedenheiten bezüglich der Bewertung oder Tarifierung, so wird der Zollsatz vorläufig festgesetzt, wobei der Importeur eine Sicherheit zu leisten hat. Eine solche vorläufige Veranlagung wird auch durchgeführt, wenn der Importeur nicht in der Lage ist, eine korrekte Erklärung abzugeben. Nach endgültiger Zollabfertigung sind neben dem geschuldeten Betrag Verzugszinsen zu zahlen.

Ist der Importeur mit der Zollfestsetzung nicht einverstanden, so kann er Einspruch *(Appeal)* beim *Commissioner* einlegen. Weitere Etappen des

VII. Zölle (*Customs Duties*) **J**

Rechtsweges sind das *Customs, Excise and Service Tax Appellate Tribunal* und der *Supreme Court of India*.

Die *Authority for Advance Ruling*, erteilt auf Anfrage verbindliche Auskünfte in Bezug auf einzelne Elemente der zollrechtlichen Beurteilung bestimmter Einfuhrvorgänge, wie Einordnung des betreffenden Gegenstands in den Zolltarif, Befreiungsmöglichkeiten, Bewertung und Herkunftsnachweis. Die Auskunft bindet sowohl den Antragsteller als auch die Zollbehörde. Sie muss innerhalb von 90 Tagen nach Antragstellung erteilt werden.

K. Umweltrecht

I. Umweltzustand und Entwicklung

Indien erlebt seit Jahren eine sich zunehmend verschärfende Wasser- und Umweltkrise. Die vielfältige Natur des Landes ist durch die schnell anwachsende Bevölkerung, die rasche Industrialisierung und Urbanisierung ernsthaft bedroht. Zu den größten Umweltproblemen Indiens gehört die akute Wasserknappheit – übermäßige Bewässerung und eine unzureichende Abwasserentsorgung führen vielerorts zu einem sinkenden Grundwasserspiegel. Zudem haben etwa nur ein Drittel der Inder Zugang zu sanitären Anlagen.[169] Die Luftverschmutzung, insbesondere in den großen Städten, hat bedenkliche Ausmaße angenommen. Indien zählt zu den größten Treibhausgas-Emittenten weltweit[170] und die von der WHO empfohlenen Grenzwerte für Feinstaubbelastungen[171] werden regelmäßig deutlich überschritten.[172] Dringender Handlungsbedarf besteht auch im Bereich der Abfallentsorgung. Mit zunehmendem Wohlstand in der indischen Gesellschaft wachsen auch unkontrollierte Müllberge.[173]

Sh. M. G. Bahlasubramanian und *B. Ravi* haben die indische *Laissez-Faire*-Umweltpolitik bereits im Jahr 2005 – bis heute zutreffend – wie folgt beschrieben:

"State transport buses and private trucks discharging black, thick smoke copiously out of the exhaust are freely allowed to ply; rubbish piled on the ground is allowed to be blown about in the wind; debris at building sites is allowed to be stacked on the adjoining public road for weeks; there are frequent complaints of sewage finding its way into drinking water pipes; poor house-keeping observed in large manufactories; effluents from tanneries and distilleries have been allowed to pollute water sources in the adjoining areas of these units making the water unfit for consumption by human beings and cattle. The most tragic aspect is that neither the citizens, nor the industrialists, nor the local bodies, nor the Govern-

---

169 *WHO/UNICEF JMP 2012 India: improved sanitation coverage estimates (1980–2010)*, März 2012, S. 2.
170 United Nations Statistical Yearbook 2010, S. 432.
171 WHO: Air quality guidelines for particulate matter, ozone, nitrogen dioxide and sulfur dioxide, Update 2005, S. 9.
172 Weltbank: http://data.worldbank.org/indicator/EN.ATM.PM10.MC.M3/countries/1W-IN?display=graph (besucht am 13.8.2012).
173 McKinsey Global Institute: India's urban awakening: Building inclusive cities, sustaining economic growth, April 2012.

ment have taken serious notice of pollution. The laws, both old and new, on the subject, have been dead letters."[174]

Diese realistische Einschätzung des Umweltschutzes in Indien steht in krassem Gegensatz zur fortschrittlichen Umweltgesetzgebung der indischen Regierung. Die Entwicklung der modernen Umweltgesetzgebung in Indien wurde ausgelöst durch den verheerenden Gasunfall in der Chemiefabrik Union Carbide Ltd., in Bophal im Dezember 1984. Der damalige *Chief Justice of India, Sabhaya Sachi Mukherjee*, kommentierte: *"It was the most tragic industrial desaster recorded in human history"*. Beim Austritt von überhitztem Methylisozyanat-Gas kam eine bis heute unklare Anzahl von Menschen ums Leben. Schätzungen liegen zwischen 3 000 und 25 000 Todesopfern.

II. Rechtlicher Rahmen

Der Umweltschutz ist in der indischen Verfassung durch die *Fundamental Duties* in Article 51 A (g) und durch die *Directive Principles of State Policy* in Article 48 A mit Verfassungsrang rechtlich gesichert. Hieraus entstehen entsprechende Schutzpflichten des Gesetzgebers. Zur gerichtlichen Durchsetzung von Grundrechten, zu denen gemäß Article 21 *Protection of Life and Personal Liberty* gehören, kann direkt im Wege einer so genannten *Public Interest Litigation* (Article 32 *Indian Constitution*) der *Supreme Court* angerufen werden. Die *Public Interest Litigation* eröffnet damit den Rechtsweg in Umweltsachen auch ohne unmittelbare Betroffenheit in einem eigenen, subjektiv öffentlichen Recht.[175] Allerdings gilt die Regel: *"Litigant should demonstrate that he is a victim of punishable behaviour"*. In der Praxis werden Klageschriften von Bürgern selbst dann angenommen, wenn sie nur informell eingereicht werden. Die Gerichte versuchen, das Recht auf eine intakte Umwelt pragmatisch mit den persönlichen Freiheitsrechten der Gewerbetreibenden im Wege einer praktischen Konkordanz zu verwirklichen. Im Fall *Kinkri Devu v. Himachal Pradhesh*[176] formulierte das Gericht: *"... [There is a] need of maintaining a proper balance between the tapping of the mineral resources, development and industrial growth on the one hand and ecology, environment on the other ..."*

---

174 *Doabia*, Environmental & Pollution Laws in India, Volume 2, Edition 2005, S. 1992.
175 Vgl. hierzu *Doabia*, Environmental and Pollution Laws in India, Volume 1, Edition 2010, S. 352 ff.
176 Kinkri Devu v. Himachal Pradhesh, 1988 AIR HP 9, Para 9 (1).

K   Umweltrecht

Auf der administrativen Ebene strebt die indische Regierung an, die Umwelt mit Genehmigungspflichten, Umweltverträglichkeitsprüfungen und Eingriffsrechten zu schützen. Es gibt zahlreiche Spezialgesetze mit besonderen Umweltstandards und Verhaltensregeln. Indien ist den wichtigen umweltvölkerrechtlichen Abkommen der Vereinten Nationen beigetreten. Hierzu gehören das Stockholm Übereinkommen, 1972, das Washingtoner Artenschutzübereinkommen, 1973, die Konvention über biologische Vielfalt, 1992, die Rio-Deklaration, 1992, die Basel-Konvention, 1992, sowie das Kyoto-Protokoll, 1997.

Unter Premierminister Manmohan Singh wurde im Jahr 2008 ein nationaler Aktionsplan für den Klimaschutz mit insgesamt acht Schwerpunkten erlassen, der vor allem die Energieeffizienz fördern soll. Darüber hinaus trat Indien im März 2009 als erstes großes Schwellenland der Internationalen Agentur für erneuerbare Energien (IRENA) bei und erließ im Oktober 2010 den *National Green Tribunal Act*. Die *National Green Tribunals* (NGT) genannten Spezialgerichte sollen umweltrechtliche Rechtsfragen schnell und umfassend lösen.[177]

III. Überblick über Umweltpräventions- und Haftungskonzept

1. Umweltverträglichkeitsprüfungen/Verwaltungsverfahren

Für besonders umweltgefährdende Branchen (wie z.B. Petro-Chemie, Kraftwerke, Chemie-Anlagen) bestehen bestimmte Genehmigungserfordernisse. Zentrales Gesetz ist hierbei der *Environment Protection Act*, 1986. Dieses Gesetz bildet den Rechtsrahmen für staatliche Eingriffe in Gewerbebetriebe zum Schutz der Umwelt. Die Generalklausel in Section 3 (1) formuliert: *"Subject to the provisions of this act, the Central Government shall have the power to take all such measures as it deems necessary or expedient for the purpose of protecting and improving the quality of the environment and preventing controlling and abating environmental pollution."*

Die Rechtsprechung hat hierzu ausgeführt, dass die staatlichen Stellen (a) die Umweltprojekte der Zentralregierung und der einzelnen Bundesstaaten zu beachten haben, (b) eine nachhaltige und umweltfreundliche Entwicklung und Nutzung natürlicher Ressourcen fördern müssen und

---

177 Vgl. hierzu Ministry of Environment & Forest: Annual Report 2011–2012, S. 276 ff.

(c) die Verpflichtung zur Ressourcenschonung für nachfolgende Generationen haben.[178] Die Behörden sind nach der Rechtsprechung angehalten, die umweltrechtlichen Bestimmungen strikt umzusetzen. Sie können sich nicht auf das Fehlen finanzieller und personeller Mittel berufen und hiermit mangelndes Eingreifen nicht rechtfertigen.[179] So hat der *Supreme Court* im Juli 2012 entschieden, Besucher vorübergehend aus den Kernzonen der 41 Tigerreservate des Landes zu verbannen, weil die Behörden kein zweckmäßiges Schutzkonzept implementiert hatten.

Auch in Indien gilt das „Vorsorgeprinzip", das die Umweltbehörden zur präventiven Gefahrenabwehr verpflichtet. Der Unternehmer trägt die Beweislast für die Umweltverträglichkeit seiner Tätigkeit.[180]

Indien hat die Umweltverträglichkeitsprüfung (UVP) eingeführt. Das UVP-Konzept hat als Instrument der umweltpolitischen Entscheidungsfindung sowohl im nationalen als auch im internationalen Bereich Anerkennung gefunden. Das Prinzip 17 der Rio-Deklaration von 1992, der auch Indien beigetreten ist, besagt, dass die UVP als nationales Rechtsinstrument eingesetzt werden soll, wenn ein Vorhaben wahrscheinlich erhebliche Auswirkungen auf die Umwelt mit sich bringen wird. Es besteht allgemein Übereinstimmung darüber, dass eine UVP

- nicht nur eine Studie oder ein Gutachten umfasst, sondern ein mehrphasiges Verfahren darstellt;
- bestimmte Mindestangaben fordern muss, wie
  - Zweck, Dimension und Standort des Projekts,
  - derzeitiger Umweltzustand (*status quo ante*),
  - in Betracht kommende Alternativen,
  - neue voraussichtliche Gesamtauswirkungen des Projekts auf die Umwelt;
- mit der Entscheidungsfindung zumindest so verknüpft sein muss, dass die Ergebnisse der UVP bei der Entscheidungsfindung zu berücksichtigen sind.
- Außerdem bildet eine geeignete Öffentlichkeitsbeteiligung einen unverzichtbaren Bestandteil des Verfahrens.[181]

Dieser mittlerweile international anerkannte Standard ist auch in den indischen UVP-Regeln enthalten. Hier bedarf jede industrielle Betätigung einer vorherigen umweltrechtlichen Genehmigung durch das *Expert Appraisal Committee* der Zentralregierung (für Projekte der Kategorie A) oder durch

---

178 State of Himachal v. Ganesch Wood Products, 1996 AIR SC 149, 159, 163.
179 Dr. B. L. Wadihara v. Union of India (Delhi Garbage Case), 1996 AIR SC 2969, 2976.
180 Vellore Citizens Wellfare Forum v. Union of India, 1996 AIR SC 2715, 2721.
181 Vgl. bereits *Cupei*, Umweltverträglichkeitsprüfung (UVP), 1986.

K Umweltrecht

das Umweltamt des jeweiligen Staates (*Environment Impact Assessment Authority* – für Projekte der Kategorie B). Seit September 2006 gilt das UVP-Verfahren für 39 Industriezweige. Es bildet die Grundvoraussetzung für die Erteilung der notwendigen umweltrechtlichen Genehmigungen, den so genannten *Prior Environmental Clearances*. Über die UVP wird ein Bericht gefertigt, der der zuständigen Genehmigungsbehörde vorzulegen ist. Das Verfahren ist in vier Schritte aufgeteilt: *Screening, Scoping, Public Consultation* und *Appraisal*. Im ersten Schritt (*Screening*) wird der Umfang im Hinblick auf Art und Lage des Projekts definiert. Im zweiten Schritt (*Scoping*) werden Richtlinien im Hinblick auf die wesentlichen Umweltaspekte des Projekts aufgestellt. Diese sollen dem Antragsteller von dem zuständigen *Expert Appraisal Committee* zugestellt werden. Im dritten Schritt (*Public Consultation*) findet in bestimmten Fällen eine öffentliche Anhörung statt, um die Belange der ortsansässigen betroffenen Personenkreise und derjenigen, die ein begründetes Interesse an der Umweltverträglichkeit des Projektes haben, zu berücksichtigen. Das so genannte *Appraisal* bildet den vierten Schritt im UVP-Verfahren. Hier wird der Genehmigungsantrag geprüft und eine Empfehlung durch das *Expert Appraisal Committee* abgegeben. Aufgrund dieser Empfehlung entscheidet die zuständige Stelle innerhalb einer festgesetzten Frist, wobei die Fristen in der Praxis selten eingehalten werden. Aber auch nach der Genehmigung muss das Unternehmen halbjährlich zum 1. 6. und zum 1. 12. eines jeden Jahres einen so genannten *Compliance*-Bericht im Hinblick auf die Einhaltung der Genehmigungsvoraussetzungen einreichen. Die Übertragung der Genehmigung auf einen Erwerber des Geschäftsbetriebs ist möglich, soweit die Genehmigungsbehörde ein so genanntes *No-Objection-Certificate* ausstellt.

In der Praxis empfiehlt sich ein enger Kontakt mit den zuständigen Behörden und mit entsprechenden Umweltschutzorganisationen, die als Nichtregierungsorganisationen erheblichen Einfluss haben. Auch ein guter Kontakt zur örtlichen Gemeinschaft gilt als sehr wichtig.

2. Standards und Verhaltensregeln

Das indische Umweltrecht trifft besondere Regelungen für die Kontrolle der schadstoffübertragenden Umweltmedien, Luft und Wasser. Für diese werden Qualitätsstandards (Grenz- oder Reinhaltewerte) festgelegt. Außerdem gibt es Vorschriften für die Sicherung und Kontrolle von Gefahrenquellen, beispielsweise durch die Bestimmung von Einleitungs- oder Abgashöchstmengen (Emissionsgrenzwerte) für umweltgefährliche Stoffe, oder neuerdings die Möglichkeit des Emissionshandels, wie er in der EU schon seit 2005 möglich ist. Umweltqualitätsziele kennt das indische Um-

III. Überblick über Umweltpräventions- und Haftungskonzept **K**

weltrecht dagegen seltener. An Umweltgesetzen mangelt es kaum. Zudem wird die Umweltpolitik in der *National Environment Policy* regelmäßig umfassend beschrieben. Jedoch scheinen die Behörden das Umweltrecht nicht ausreichend zur Geltung zu bringen. Ein Hemmnis ist dabei die geteilte Gesetzgebungskompetenz auf der Basis des indischen föderativen Systems. Manche Aufgaben, wie Wasserversorgung, Abwasserbeseitigung und Abfallbeseitigung, werden auf kommunaler Ebene geregelt. Andere Themen, wie Gewässer und Naturschutz, unterstehen einer einheitlichen Bundesgesetzgebung. Das Bundesparlament ist z. B. für die Atomenergie, für das Fernstraßenwesen, den Transport, Großhäfen, die Entwicklung von Ölfeldern und den Bergbau sowie für die Wasserwege zuständig. Die Bundesstaaten haben dagegen die Kompetenz für das Gesundheitswesen, die Landwirtschaft, die Wasserversorgung, die Landbewässerung und -entwässerung sowie die Fischerei. Daneben gibt es Sachgebiete für eine konkurrierende Gesetzgebung, z. B. für Forstwirtschaft und Naturschutz.

Der *Environment Protection Act*, 1986 regelt in *Schedules* bestimmte Emmisionsnormen, die von Zeit zu Zeit von der Regierung aktualisiert werden können. Zuständig sind auf Bundesebene die *Central Pollution Control Boards* (CPCB) und auf bundesstaatlicher Ebene *State Pollution Control Boards* (SPCB). Der *Environment Protection Act*, 1986 beinhaltet auch Umweltstandards für den Lärmschutz, die durch die *Noise Pollution (Regulation and Control) Rules*, 2000 ergänzt werden. Auch andere Werte zur Definition von Qualitätsstandards von bestimmten Produkten und bestimmten Abgashöchstmengen werden hier festgelegt. Speziell auf die Luftreinhaltung ausgerichtet sind der *Air (Prevention and Control of Pollution) Act*, 1981 sowie die dazugehörenden *Rules*, 1982. Ein entsprechendes Gesetz besteht zur Wasserreinhaltung, nämlich der *Water (Prevention and Control of Pollution) Act*, 1974. Auch hier sind bestimmte Kontroll- und Eingriffsrechte der Verwaltung zum Schutz der Wasserressourcen normiert. Eine grenzwertüberschreitende Entsorgung umweltverschmutzender Substanzen in Gewässer ist damit verboten.

Environment Protection Act, Air Act und *Water Act* sind ausfüllungsbedürftige Rahmengesetze, die den darin ermächtigten Behörden weite Gestaltungsspielräume überlassen. Die Entscheidungen dieser Behörden sind nur eingeschränkt überprüfbar. Die Entscheidungen des *Central and State Board for Prevention and Control of Water/Air Pollution* hingegen können innerhalb von 30 Tagen im Wege des so genannten *Appeal* mit einem Widerspruch angegriffen werden. Der *Air Act* schließt in Section 46 ausdrücklich eine Überprüfung der Entscheidung der Widerspruchsbehörde durch die Zivilgerichtsbarkeit aus.

K Umweltrecht

Entscheidungen im Zusammenhang mit dem *Environment (Protection) Act*, 1986 und damit verbundenen Angelegenheiten werden grundsätzlich nur von den *National Green Tribunals* (NGT) und nicht von zivilen Gerichten überprüft. Damit sollen die Gerichte entlastet und Umweltbelangen schneller Rechnung getragen werden. Zuständig ist das Tribunal laut *National Green Tribunal Act*, 2010 für „*effective and expeditious disposal of cases relating to environmental protection and conservation of forests and other natural resources including enforcement of any legal right relating to environment and giving relief and compensation for damages to persons and property and for matters connected therewith or incidental thereto*". Damit ersetzen die NGT die vormaligen *National Environment Tribunals* (NET) auf der Grundlage des *National Environment Tribunal Act*, 1995 sowie die *Appellate Authorities* auf Grundlage des *National Environment Appellate Authority Act*, 1997. Die NET waren aufgrund mangelnder finanzieller Ausstattung kaum funktionsfähig.

Die NGT haben ihren Sitz in Delhi, Bhopal, Pune, Kolkata und Chennai und entscheiden auf der Grundlage der so genannten *Principles of Natural Justice* und in Anwendung des *National Green Tribunal Act*, 2010 sowie den entsprechenden *Rules*. Der weitere Rechtsweg zu den Zivilgerichten ist auch hier ausdrücklich ausgeschlossen (Chapter V *National Green Tribunal Act*, 2010). Ob die NGT im Gegensatz zu den NET effektiv agieren können, bleibt noch abzuwarten. In der Praxis werden umweltgefährdende Betriebe nicht selten von den zuständigen Behörden von der Energie- und Wasserversorgung abgetrennt.

3. Haftung für Umweltschäden

Unfälle aufgrund der Handhabung gefährlicher Substanzen führen zur Schadensersatzpflicht gemäß dem *Public Liability Insurance Act*, 1991. Eine Haftpflichtversicherung gegen solche Fälle ist gesetzlich vorgeschrieben. Schadenersatzauslösende Ereignisse sind Todesfälle, Körperverletzungen oder Eigentumsverletzungen. Es gilt das Verursacherprinzip (*Polluter Pays Principle*) – bestätigt auch in der Entscheidung *Indian Counsel for Enviro-Legal-Action v. Union of India* (*Betcheri Case*).[182] Hierbei ordnet der *Public Liability Insurance Act*, 1991 die Gefährdungshaftung (*Strict Liability*) an. Die Haftung ist jedoch summenmäßig begrenzt, da sonst solche Schäden nicht versicherbar sind. Die Haftungshöchstsummen sind bescheiden und liegen bei 25 000 INR pro Todesfall und für Heilungskosten bei 12 500 INR.

---

182 *Indian Counsel for Enviro-Legal-Action v. Union of India* (*Betcheri Case*), 1996 AIR, SC 1446, 2466.

L. Staatliche Zivilgerichtsbarkeit

I. Gerichtsaufbau/Anwaltschaft

Die indische Gerichtsverfassung ist in den Grundzügen dem Vorbild des englischen Gerichtssystems gefolgt. Die indische Verfassung und die einschlägigen Prozessordnungen sehen eine Reihe von *Regular Courts* und *Specialized Judicial Bodies* zur Ergänzung vor. Die *Regular Courts* sind dreistufig aufgebaut. Höchste Instanz ist der *Supreme Court*, gefolgt von den *High Courts*, denen wiederum die *Lower Courts* untergeordnet sind. Zu den letztgenannten gehören die *City Civil Courts/District Courts* für Rechtsstreite mit einem Streitwert unter 50 000 INR und die so genannten *Small Causes Courts*, die vorwiegend Wohnungsmietangelegenheiten erledigen. Von zentraler Bedeutung sind die *High Courts*. Sie sind die Eingangsinstanz für Rechtsstreite, die nicht den *City Civil Courts/District Courts* zugewiesen sind. Zusätzlich übernehmen sie die Funktion der Berufungsinstanz gegenüber diesen Gerichten. In Indien gibt es derzeit 24 *High Courts*, die jeweils von einem *Chief Justice* geleitet werden. Dieser wird vom Staatspräsidenten in Abstimmung mit dem *Chief Justice of India* und dem *Governor* des betreffenden Bundesstaates ernannt. Die übrigen Richter werden auf ebensolche Weise unter Beteiligung des jeweiligen *Chief Justice of the High Court* bestimmt. Die Richterschaft wird aus erfahrenen Rechtsanwälten rekrutiert und gilt als unabhängig. Allerdings gibt es keine ausreichende personelle Besetzung der Gerichte. Derzeit ist pro 100 000 Einwohner nur 1 Richter ernannt, in Deutschland sind es dagegen 24 Richter. An der Spitze der Gerichtsbarkeit steht der *Supreme Court*, der originäre Entscheidungs- und Beratungsaufgaben sowie eine Funktion als Berufungsinstanz wahrnimmt (Article 32, 132 ff. und 143 *Indian Constitution*). Entscheidungen des *Supreme Court* haben Gesetzeskraft und binden die unteren Gerichte.

Zusätzlich zu diesem dreigliedrigen klassischen Gerichtsaufbau gibt es ergänzende Spezialgerichte, so genannte *Tribunals*, die das einheitliche Gerichtssystem jedoch nur ergänzen und keine eigene Spezialgerichtsbarkeit begründen. Teilweise stehen diese *Tribunals* unter der Beaufsichtigung des zuständigen *High Courts*. Zu diesen *Tribunals* zählen etwa: *Central Administrative Tribunal, Telecom Disputes Settlement Appellate Tribunal, Competition Appellate Tribunal, Debt Recovery Tribunal, Intellectual Property Appellate Board* oder *Consumer Protection Forum*.

Die so genannten *Lok Adalats* sind Schiedsgerichte auf unterster Ebene, die alltägliche Streitigkeiten beurteilen und schlichten. Hierbei handelt es sich um freiwillige Quasi-Gerichte, die durch das *State Legal Aid and Advice Board* kontrolliert werden. Die *Lok Adalats* wurzeln in den traditionellen dörflichen Gerichten, die durch Ältestenräte, die *Panchayate*, entscheiden und in den ländlichen Gegenden Indiens derzeit immer noch die Hauptform der Gerichtsbarkeit darstellen, auch wenn hier die sozialen Strukturen sehr im Wandel sind. In jüngster Zeit büßen diese Gremien jedoch an gesellschaftlicher Akzeptanz ein, insbesondere unter jüngeren Menschen.

Die indische Anwaltschaft ist in der *All India Bar* und in den zuständigen *State Bar Councils* organisiert. Nur dort zugelassene indische Rechtsanwälte dürfen vor den Gerichten auftreten. Ausländische Rechtsanwälte dürfen ihren Beruf in Indien nicht ausüben. Die Anwaltschaft ist durch das überkommene britische Rechtssystem geprägt, so dass offizielle Gerichtssprache im *High Court* und im *Supreme Court* ausschließlich Englisch ist. Die Anwälte treten in schwarzen Roben auf und sprechen die Richter in den meisten Fällen immer noch klassisch mit der Anrede *"My Lord"* an. Eine bestimmte Gruppe von Prozessvertretern, die *Senior Advocates*, pflegen, wie die englischen *Barrister*, keinen direkten Kontakt mit ihren Mandanten, sondern werden ausschließlich durch allgemein praktizierende *Solicitors* über den jeweiligen Sachverhalt instruiert. Allgemein ist festzustellen, dass der Spezialisierungsgrad der meisten indischen Rechtsanwälte derzeit noch gering ist. In den Ballungszentren haben sich dagegen auch große Kanzleien mit hochspezialisierten und international ausgebildeten Juristen gebildet.

II. Zivilverfahren

Wie in Europa wird der Zivilprozess durch die Einreichung und Zustellung der Klage in Gang gesetzt. Sodann erfolgt eine Vorladung (*Summons*) und die Aufforderung zur schriftlichen Stellungnahme. Das Gericht fasst die entscheidungserheblichen Fragen zusammen und leitet gegebenenfalls eine Beweisaufnahme ein. Dabei gilt – wie im englischen Recht – ein ausgeprägter Mündlichkeitsgrundsatz. Solche mündlichen Vorträge können in komplexen Angelegenheiten mehrere Tage in Anspruch nehmen. Generell besteht eine der Hauptverteidigungsstrategien im indischen Zivilprozess darin, den Prozess solange wie möglich zu verschleppen. Hierzu bietet die Prozessordnung umfassende Möglichkeiten, immer wieder Fristverlängerungs- und Terminverlegungsanträge zu stellen.

So waren im Jahr 2010 über 56.000 Fälle beim indischen Supreme Court, über 4 Mio. Fälle in den High Courts und über 27 Mio. Fälle in verschiedenen *Lower Courts* anhängig und nicht entschieden.[183] Streitigkeiten vor staatlichen Gerichten können in manchen Fällen deutlich über 10 Jahre dauern. Mit rechtsstaatlichen Grundsätzen ist eine solche Verfahrensdauer nicht mehr vereinbar. Insofern gilt der Satz: *"Justice delayed is justice denied."* In Europa bringt allerdings die italienische Justiz ganz ähnliche Ergebnisse hervor.

Einer der Gründe für die Überlastung der indischen Justiz ist, dass üblicherweise jede Partei ihre eigenen Kosten zu tragen hat und eine Erstattung der Kosten der Gegenpartei selbst im Falle des Unterliegens üblicherweise nicht stattfindet. Damit ist das Kostenrisiko eines Rechtsstreites deutlich eingeschränkt, was wiederum die Klagebereitschaft erhöht.

Eine Sonderfrage für den internationalen Rechtsverkehr besteht darin, ob indische Gerichte auch ausländisches Recht anwenden. Diese Frage stellt sich, wenn z.B. Handelsvertreterverträge einem ausländischen, z.B. dem schweizerischen, Recht, ausdrücklich unterstellt werden. Grundsätzlich respektiert das indische Rechtssystem so genannte *Choice of Law Clauses*, in denen ausdrücklich eine Rechtswahl für bestimmte Vertragsverhältnisse getroffen wird. In der Praxis sind die Gerichte allerdings kaum bereit, und noch weniger ausgestattet, fremdes Recht anzuwenden. Vor einigen Jahren haben manche Gerichte auch Schiedsvereinbarungen in Verträgen nicht anerkannt, solange die entsprechenden Verträge nicht dem indischen Recht unterstellt waren. In der Vergangenheit mussten bestimmte Verträge dem indischen Recht unterstellt werden, um entsprechende Wirksamkeit zu erlangen. Hierbei handelte es sich vor allem um Verträge, die nur unter der Erlaubnis der indischen Regierung ausgeführt werden durften. Dies hat sich verändert, so dass es heute kaum noch Restriktionen hinsichtlich der Rechtswahl gibt. Die Probleme lauern an anderer Stelle. Während ein deutsches Gericht ausländisches Recht, wenn es auf vertraglicher oder gesetzlicher Grundlage anwendbar ist, von Amts wegen anwenden muss und hierzu üblicherweise ein Rechtsgutachten einholt, handelt es sich nach indischem Recht um eine Beweisfrage (Section 45 *Indian Evidence Act*). Ausländisches Recht wird wie ein Tatsachenvortrag gewertet, d.h. sein Inhalt muss durch Gutachterbeweis von der beweisbelasteten Partei erbracht werden. Teilweise können die Gerichte von der Anwendung fremden Rechts absehen, wenn die Anwendung gegen

---

183 http://barandbench.com/brief/2/1518/pending-litigations-2010-32225535-pending-cases-30-vacancies-in-high-courts-government-increases-judicial-infrastructure-budget-b-y-four-times- (besucht am 13.8.2012).

die *Public Policy* Indiens (*Ordre Public*) verstoßen würde. Zur Erläuterung der *Indian Public Policy* verweisen wir auf unsere Ausführungen zur Schiedsgerichtsbarkeit in Kapitel M.

Im Hinblick auf die lange Verfahrensdauer können bestimmte Rechte auch im Wege der einstweiligen Verfügung (*Injunctive Relief*) gesichert werden (Order 39 *Civil Procedure Code* sowie *Specific Relief Act*, 1963). Mit diesem Instrument kann zumindest der *Status Quo* für die Dauer des Zivilprozesses gesichert werden. Nötig hierzu ist eine ausreichende Glaubhaftmachung des Sachverhaltes. Die Entscheidung erfolgt auf der Basis eines weiten gerichtlichen Ermessens *"in just and reasonable ways"*, die sich am Prinzip der so genannten *natural justice* messen lassen muss. Die Entscheidung sollte die Hauptsacheentscheidung nicht vorweg nehmen. Solche *Injunctive Reliefs* spielen eine besonders große Rolle im Bereich des Schutzes des geistigen Eigentums, insbesondere von Marken- und Patentrechten. Die Gerichte wenden hier international bekannte Sicherungsinstrumente, die so genannten *Anton Piller Orders* und *Mareva Injunctions*, an. Hierbei handelt es sich um besondere Durchsuchungsrechte zur Beweissicherung und um einen Arrest betreffend besonderer Sachwerte der Gegenpartei.[184]

III. Zwangsvollstreckung

Die Vollstreckung indischer Urteile erfolgt durch einen entsprechenden Antrag bei der zuständigen gerichtlichen Geschäftsstelle (*Prothonotary and Senior Master*). Die Zwangsvollstreckung aus einem Urteil kann bis zu 12 Jahre nach rechtskräftiger Entscheidung durchgeführt werden.

Die Vollstreckung ausländischer Gerichtsentscheidungen gestaltet sich dagegen schwieriger, soweit es sich nicht um Entscheidungen aus so genannten *Reciprocating Territories* handelt. Dies sind nur solche Staaten, die auf der Grundlage des völkerrechtlichen Gegenseitigkeitsprinzips (Reziprozität) entsprechende Vollstreckungsabkommen mit Indien geschlossen haben. Hierzu gehören das Vereinigte Königreich, Singapur, Hong Kong, Neuseeland, Nordirland, Bangladesch und andere Staaten. Deutschland, Österreich und die Schweiz gehören nicht dazu. Eine direkte Vollstreckung von Gerichtsentscheidungen aus diesen Ländern ist daher nicht möglich. Eine Anerkennung im Wege einer Vollstreckungsklage vor einem indischen Gericht nach Section 13 *Civil Procedure Code*

---

184 Weiterführend *Hartmann*, Das Markenrecht in Indien, 2011, S. 399.

ist hierbei zwingend notwendig. Demzufolge kann ein Urteil in Indien für vollstreckbar erklärt werden, wenn es

- von einem zuständigen Gericht
- in einem *"fair trial"* erlassen wurde und
- ein Sachurteil darstellt. Ein Versäumnisurteil dürfte daher hier nicht ausreichen.

In der Praxis kommt eine solche Vollstreckungsklage vor indischen Gerichten kaum vor. Sie dürfte wegen der langen Verfahrenslaufzeiten in Indien aus wirtschaftlicher Sicht wenig Aussicht auf Erfolg haben. Aufgrund der schwachen Ressourcen der indischen Justiz sollten generell staatliche Gerichtsverfahren in Indien vermieden werden.

M. Schiedsgerichtsbarkeit

I. Gesetzliche Grundlagen

In Anbetracht der gravierenden Überlastung der staatlichen Gerichte bieten sich für den Handelsverkehr alternative Streitschlichtungsmöglichkeiten durch Schiedsgerichte besonders an. Eines der primären Ziele der Schiedsgerichtsbarkeit ist es, die staatliche *Slow Motion Justice* zu umgehen und schnelle, kostengünstige und effiziente Möglichkeiten der Streitschlichtung zu bieten.

Indien hat eine lange Tradition der Schiedsgerichtsbarkeit, die bereits weit in die vorkoloniale Geschichte hineinreicht. In dieser Zeit wurden viele Fälle einem so genannten *Panchayat* zur Streitentscheidung vorgelegt. Ein solches *Panchayat*, das in den dörflichen Gemeinden Indiens immer noch besteht, setzt sich aus einem oder mehreren – bis zu 11 – Schiedsrichtern zusammen. Diese sind ausgewählt nach ihrem sozialen Rang in der örtlichen Gemeinschaft. Die Autorität ihrer Entscheidungen basiert vorwiegend auf ihrer gesellschaftlichen Stellung und ihrer Verbindung zur religiösen Gemeinde. Bereits in der Entscheidung *Chanbasappa Gurushantappa v. Baslinagayya Gokurnaya Hiremath* heißt es: *"It [arbitration] is indeed a striking feature of ordinary Indian life and I would go further and say that it prevails in all ranks of life to a much greater extent than is the case in England. To refer matters to a panch is one of the natural ways of deciding many a dispute in India"*[185].

Schon im 18. und 19. Jahrhundert gab es viele regionale Gesetze zur Schiedsgerichtsbarkeit. Die Basis für das moderne indische Schiedsrecht bildet der mittlerweile überkommene *Indian Arbitration Act*, 1940, der jedoch viel Raum für den Eingriff der staatlichen Gerichte in die Schiedsgerichtsbarkeit ließ. Der *Indian Arbitration Act*, 1940 wurde zwischenzeitlich ersetzt durch den *Arbitration and Conciliation Act*, 1996 (*Arbitration Act*, 1996). Dieses Gesetz basiert auf dem so genannten *Model Law of the UNCITRAL* (*United Nations Commission on International Trade Law*) und den *UNCITRAL Arbitration Rules*.[186] Damit wurde das indische Schiedsrecht an internationale Modelle angeglichen. Der *Arbitration Act*, 1996 ist auch weitgehend kompatibel mit privaten Schiedsordnungen, wie den im internationalen Handel häufig gebrauchten *Rules*

---

[185] Chanbasappa Gurushantappa v. Baslinagayya Gokurnaya Hiremath, 1927 AIR Bom 565: 29 Bom LR 1254: 105 IC 516 (fb).
[186] *Kachwaha/Eberl*, SchiedsVZ 2008, 14; *Sharma/Pfaff*, RIW 2011, 817.

of Arbitration der *International Chamber of Commerce*. Mit dem *Arbitration Act*, 1996 wurden gleich drei bestehende Gesetze ersetzt, nämlich der *Indian Arbitration Act*, 1940, der *Arbitration (Protocol and Convention) Act*, 1937 und der *Foreign Awards (Enforcement) Act*, 1961. Das Gesetz von 1996 versucht umfassend, nationale und internationale Schiedsgerichte sowie die Durchsetzung ausländischer Schiedssprüche zu regeln.

Zur Förderung der Schiedsgerichtsbarkeit gibt es in Indien mehrere Institutionen, die sich mit dem Ablauf und der Organisation beschäftigen, deren Bedeutung für internationale Verfahren aber in der Praxis gering ist. Zu nennen sind an dieser Stelle der *Indian Council of Arbitration* (ICA), das *International Centre for Alternative Dispute Resolution* (ICADR), der *Council for National and International Commercial Arbitration* (CNICA), das *Delhi High Court Arbitration Centre* (DAC), das *Federation of Indian Chamber of Commerce and Industry Arbitration and Conciliation Tribunal* (FACT), das *Indian Institute of Arbitration and Mediation* (IIAM) sowie der *London Court of International Arbitration – India* (LCIA *–India*).[187]

II. Eigenständige Durchsetzung von Schiedssprüchen in Indien

Eine der wichtigsten Fragen der Praxis ist die Durchsetzbarkeit von Schiedssprüchen in Indien. Dabei stellt sich die Problematik, ob ein Schiedsspruch als endgültig und bindend angesehen werden kann oder ob aufgrund einer Aufhebungsklage die Möglichkeit einer Überprüfung und Aufhebung des Schiedsspruchs durch staatliche indische Gerichte besteht.

Ein Schiedsspruch (*Arbitral Award*) nach dem *Arbitration Act*, 1996 ist grundsätzlich endgültig und bindend (Section 35 *Arbitration Act*, 1996).[188] Nach Section 34 des *Arbitration Act*, 1996 kann ein Schiedsspruch auf Antrag einer Partei von einem staatlichen Gericht nur in den folgenden Fällen für unwirksam erklärt werden, wenn die beantragende Partei einen der folgenden Gründe nachweist:
- die Geschäftsunfähigkeit einer Partei;
- die Unwirksamkeit der Schiedsvereinbarung auf der Grundlage des anwendbaren Rechts;

---

187 *Sharma/Pfaff*, RIW 2011, 817, 825 f.
188 Näher *Bachawat*, Law of Arbitration & Conciliation, Vol. II 5th Edition, Reprint 2012, S. 2009 ff.

M Schiedsgerichtsbarkeit

- die nicht ausreichende Einbeziehung oder Mitwirkungsmöglichkeit der anderen Partei am Schiedsverfahren;
- der Schiedsspruch betrifft einen Streitgegenstand, der nicht oder nicht ausreichend von der Schiedsvereinbarung umfasst wird;
- die falsche Besetzung des Schiedsgerichts oder Anwendung eines Schiedsverfahrens, das nicht der Schiedsvereinbarung entspricht.

Außerdem kann das Gericht einen Schiedsspruch aufheben, wenn

- die Streitsache nach indischem Recht nicht durch Schiedsverfahren entschieden werden darf (z. B. Auseinandersetzungen über die Liquidation eines Unternehmens, familienrechtliche Angelegenheiten); oder
- der Schiedsspruch im Widerspruch zum *Ordre Public* Indiens (*The Public Policy of India*) steht.

Allgemein gilt: Die ersten fünf genannten Aufhebungsgründe hat der Aufhebungskläger zu beweisen. Die beiden letztgenannten Aufhebungsgründe hat das Gericht dagegen von Amts wegen zu prüfen.

Insbesondere wegen der Schwierigkeiten, den Begriff der *Public Policy* exakt zu definieren oder auch nur klar zu umreißen, besteht in der Praxis ein erhebliches Risiko, dass die unterlegene Partei später versuchen wird, unter Verweis auf eine angebliche Verletzung der *Public Policy* Indiens, die Vollstreckung des Schiedsspruchs zu verhindern.

Der *Arbitration Act*, 1996 selbst hilft hier zunächst nicht weiter: Section 34 des *Arbitration Act*, 1996 stellt in Absatz 2 am Ende lediglich klar, dass ein Verstoß gegen den indischen *Ordre Public* insbesondere dann vorliegt, wenn der Schiedsspruch durch Betrug oder Korruption zustande gekommen oder beeinflusst (*induced or affected*) war oder Section 75 (Vertraulichkeit) oder 81 (Unzulässigkeit bestimmter Beweismittel) des *Arbitration Ac*t, 1996 verletzt wurden.

Ansonsten fehlt eine exakte Definition der *Public Policy*. PC Markanda führt hierzu aus: *"Considering that public policy cannot be exhaustively defined, but it should be approached with extreme caution. It has to be shown that there is some element of illegality or that the enforcement of the award would be injurious to the public good or possibly, that enforcement would be wholly offensive to the ordinary/reasonable and fully informed member of the public on whose behalf the power of the State are exercised."*[189]

---

[189] *Markanda*, Law Relating to Arbitration & Conciliation, 7th Edition 2009, S. 946 mit Hinweis auf Deutsche Schachtbau- und Tiefbohrgesellschaft mbH v. Ras Al Khaimah National Oil Co., 1987 2 All ER 769.

II. Eigenständige Durchsetzung von Schiedssprüchen in Indien

Diese Unbestimmtheit ist für die Parteien einer Schiedsvereinbarung besonders riskant, seit der Supreme Court in seiner vielkritisierten Entscheidung *Oil & Natural Gas Corporation Ltd* v. *Saw Pipes Ltd.*[190] der Argumentation, die *Public Policy* Indiens sei durch den Schiedsspruch verletzt worden, Tür und Tor öffnete. In besagter Entscheidung stellte das Gericht fest, dass ein Verstoß des Schiedsspruchs gegen die indische Rechtsordnung und gegen vertragliche Bestimmungen zugleich eine Verletzung des indischen *Ordre Public* begründe, weil ein auf dieser Grundlage ergangener Schiedsspruch immer auch das öffentliche Interesse beeinträchtige, welches als Definitionsmerkmal im Begriff der öffentlichen Ordnung enthalten sei. Dies ist allerdings nicht mit internationalen Standards im Schiedsverfahrensrecht vereinbar, da eben nicht jede Verletzung nationalen Rechts oder gar jede Vertragsverletzung gleichzeitig eine Verletzung der öffentlichen Ordnung darstellt. Faktisch eröffnete dieses Urteil die Möglichkeit, nunmehr beinahe jeden Schiedsspruch anzugreifen und durch staatliche indische Gerichte inhaltlich überprüfen zu lassen.

Der *Supreme Court* selbst kam in oben genannter Entscheidung zu dem Ergebnis, dass der Begriff „*public policy*" keiner festen Definition zugänglich sei. In neuerer Zeit versuchte der Supreme Court vereinzelt, den Begriff näher zu bestimmen:

"[The] award could be set aside if it is contrary to: (a) fundamental policy of Indian law; or (b) the interest of India; or (c) justice or morality, or (d) in addition, if it is patently illegal. Illegality must go to the root of the matter and if the illegality is of trivial nature it cannot be held that the award is against the public policy. Award could also be set aside if it is so unfair and unreasonable that it shocks the conscience of the court. Such award is opposed to public policy and is required to be adjudged void."[191]

Dieses weite Verständnis des *Public Policy*-Begriffs in Section 34 wurde zunächst nur auf solche Schiedssprüche angewandt, die innerhalb Indiens ergangen waren. Nach dem Wortlaut ist Teil I des *Arbitration Act*, 1996 – zu diesem Teil I zählt Section 34 – nämlich nur auf innerindische Schiedssprüche anwendbar. Dort heißt es „... *shall apply where the place*

---

[190] Oil & Natural Gas Corporation Ltd v. Saw Pipes Ltd, 2003 (5) Scc705; 2003 AIR SC 2629; hierzu auch *Sharma/Pfaff*, RIW 2011, 817, 823; *Kachwaha/Eberl*, SchiedsVZ 2008, 14.

[191] Phulchand Exports Ltd. v. Ooo Patriot, Civil Appeal No. 3343 of 2005, 12.10.2011, Volltext abrufbar; ausführlich hierzu *R S Bachawat*, Law of Arbitration & Conciliation, 5th Edition, Reprint 2012, S. 1888 ff. sowie *Markanda/Markanda/Markanda*, Arbitration Step by Step, 2012, S. 226 f.

of arbitration is India ...".[192] Und so hofften Juristen und ausländische Investoren gleichermaßen, dass die Auswirkungen der *Saw Pipes*-Entscheidung begrenzt bleiben würden.

Diese Hoffnungen machte der *Supreme Court* jedoch alsbald zunichte. Er bejahte in der so genannten „*Satyam*" Entscheidung[193] die Anwendbarkeit des Teils I des *Arbitration Act*, 1996 auch auf ausländische Schiedssprüche und entschied damit, dass auch ausländische Schiedssprüche grundsätzlich der inhaltlichen Nachprüfung durch staatliche indische Gerichte unterworfen sind.

Gegenstand dieser Entscheidung war ein Rechtsstreit zwischen dem US-amerikanischen Unternehmen *Venture Global Engineering* und dem indischen Unternehmen *Satyam Computer Services Ltd.* In deren *Joint Venture*-Vertrag gab es eine Schiedsvereinbarung, die die Zuständigkeit des *London Court of International Arbitration* (LCIA) festlegte und als anwendbares Sachrecht das Recht des US-Staates Michigan vorsah. Die indische Partei obsiegte und beantragte die Vollstreckung des Schiedsspruchs, während der amerikanische Vollstreckungsschuldner zum einen Vollstreckungsschutz vor US-Gerichten begehrte und gleichzeitig Klage vor indischen Gerichten erhob, um eine Aufhebung des Schiedsspruchs sowie eine einstweilige Verfügung gegen die – so war es im Schiedsspruch entschieden worden – Übertragung von Vermögensanteilen zu erreichen. *Venture Global Engineering* argumentierte, diese Übertragung verstoße gegen indisches Recht. Nachdem dieser Antrag in erster und zweiter Instanz ohne Erfolg geblieben war, gelangte die Sache vor den *Supreme Court*. Dieser bejahte im Ergebnis die Aufhebbarkeit eines ausländischen Schiedsspruchs durch indische Gerichte. Der *Supreme Court* griff in diesem Zusammenhang auf die *Bhatia*-Entscheidung[194] zurück, in der entschieden worden war, dass Teil I des *Arbitration Act*, 1996 trotz des gegenteiligen Wortlauts auch auf ausländische Schiedsverfahren Anwendung findet. Und der *Supreme Court* ging im Ergebnis noch darüber hinaus: Er bestätigte, dass die inhaltliche Überprüfung eines Schiedsspruchs am Maßstab der *Public Policy*, welche nach der *Saw Pipes*-Entscheidung nur für indische Schiedssprüche galt, auch auf ausländische Schiedssprüche ausgedehnt wird.

Der *Supreme Court* erntete deutliche Kritik für diese Entscheidung, vielfach wurden Stimmen laut, die eine Reform und Klarstellung im *Arbitra-*

---
192 Statt vieler *Sharma/Pfaff*, RIW 2011, 817, 821.
193 Venture Global Engineering v. Satyam Computers Services & Anr., 2008 4 SCC 190.
194 Bhatia International v. Bulk Trading S.A., 2002 AIR SC 1432; 2002 4 SCC 105.

tion Act, 1996 forderten.[195] Jüngst entwickelte der *Supreme Court* sodann seine Rechtsprechung in dieser Frage weiter. In der Angelegenheit *Videocon Industries Ltd. v. Union of India*[196] befasste sich der Supreme Court mit der Frage der teilweisen Abdingbarkeit des Teils I des *Arbitration Act*, 1996 im Falle der Durchführung eines Schiedsverfahrens außerhalb Indiens. Nach dieser Entscheidung gilt nun, dass in denjenigen Fällen, in denen Schiedsverfahren in Indien durchgeführt werden, die Anwendung von Teil I des *Arbitration Act*, 1996 zwingend ist. Bei Schiedsverfahren außerhalb Indiens kommen diese Bestimmungen hingegen nur dann zur Anwendung, wenn die Parteien diesbezüglich keine vertragliche Ausschlussvereinbarung getroffen haben. Einer individuellen vertraglichen Vereinbarung gebührt insoweit Vorrang. Daraus wurde allgemein gefolgert, dass – selbst wenn Teil I des *Arbitration Act*, 1996 nicht ausdrücklich ausgeschlossen wurde – die indische Gerichtsbarkeit auch dann nicht von der Anwendbarkeit dieser Vorschriften ausgeht, wenn der Schiedsort außerhalb Indiens liegt, das anwendbare Recht bezüglich der Schiedsvereinbarung ausländisches Recht ist und eine ausdrückliche Vereinbarung diesbezüglich vorliegt.

Zusammenfassend muss daher festgestellt werden, dass durch die Entscheidungen des *Supreme Court*, welche zu einer Anwendung von Teil I des *Arbitration Act*, 1996 geführt haben, und damit zu einer inhaltlichen Überprüfbarkeit ausländischer Schiedssprüche am Maßstab der indischen *Public Policy*, ein ganz erhebliches Einfallstor für Interventionsmöglichkeiten der indischen Gerichte geschaffen wurde. Dennoch ist die Wahl eines Schiedsverfahrens und damit das Umgehen der chronisch überlasteten staatlichen Gerichte Indiens auch weiterhin vielfach eine sinnvolle Alternative für ausländische Unternehmen. Es muss allerdings größte Sorgfalt auf die Abfassung der Schiedsvereinbarung verwandt werden, um auch tatsächlich zu einer abschließenden und vollstreckbaren Entscheidung eines Schiedsgerichts zu gelangen.

III. Vorteile des Schiedsverfahrens

Ungeachtet der soeben skizzierten rechtlichen Herausforderungen des internationalen und des indischen Schiedsverfahrensrechts überwiegen die Vorzüge des Schiedsverfahrens. Die besonderen Vorteile gegenüber staatlichen Gerichtsprozessen liegen vor allem in der freien Verfahrensgestal-

---

195 Nur *Sharma/Pfaff*, RIW 2011, 817, 822.
196 Videocon Industries Ltd. v Union of India & Anr., 2011 MANU/SC/0598/2011.

tung, der Vertraulichkeit und auch der Möglichkeit der freien Auswahl der Richter auf der Grundlage besonderer Sachkenntnis. Allerdings hat das private Schiedsgericht den Nachteil, dass es gegenüber Zeugen und Prozessbeteiligten keine Zwangsmittel kennt.[197] Die Parteien sind daher noch mehr als im staatlichen Verfahren auf den guten Willen von Zeugen und Sachverständigen angewiesen.

Die in den staatlichen Schiedsordnungen vorgeschriebenen Verfahrensrechte sind in den wesentlichen Teilen dispositiv, d.h. sie können von den Parteien bis an die Grenze ihres Kernbestandes verändert werden. Dies gilt auch für den *Indian Arbitration Act*, 1996, genauso wie für die deutsche Zivilprozessordnung (§§ 1025 ff. ZPO). Es haben sich daher viele Schiedsordnungen entwickelt, die im internationalen Handel je nach Ort und Branche gebräuchlich sind. Besonders bekannt ist die Schiedsordnung der Internationalen Handelskammer, Paris (ICC-Regeln), die Schiedsordnung der Deutschen Institution für Schiedsgerichtsbarkeit (DIS), die Schiedsordnung des *London Court of International Arbitration* (LCIA) sowie die Schiedsordnung des Ausschusses für Internationales Handelsrecht der Vereinten Nationen (UNCITRAL), die UNCITRAL-Regeln. Im deutschen Außenhandel werden auch die Verfahrensordnungen der jeweiligen Außenhandelskammer angewendet, für den Indienhandel ist dies die Schiedsordnung der Deutsch-Indischen Handelskammer – *Indo-German Chamber of Commerce* (IGCC) *Arbitration Rules*. Diese Schiedsordnungen sind für den Verfahrensablauf oft noch von stärkerer und praktischer Bedeutung als die staatliche Schiedsordnung des *Arbitration Act*, 1996. Hierzu verweisen wir auf die einschlägige Spezialliteratur. Im Nachfolgenden wird daher nur auf die ganz wesentlichen Verfahrensregeln des *Arbitration Act*, 1996 eingegangen:

Der *Act* ist in vier Teile untergliedert, wobei Teil I Vorschriften bezüglich der Wirksamkeit der Schiedsvereinbarung, des Ablaufes des Schiedsverfahrens, einstweilige Maßnahmen von Gerichten, der Zusammensetzung des Schiedsgerichts, der Ernennung und Entlassung von Schiedsrichtern und der Rolle des Schiedsgerichts enthält. Teil II des *Act* regelt die Vollstreckung ausländischer Schiedssprüche in Indien auf der Basis des New Yorker Übereinkommens. Teil III enthält Vorschriften zum Schlichtungsverfahren (*Conciliation*). Der vierte Teil beinhaltet schließlich ergänzende Vorschriften bezüglich der Zuständigkeit der indischen *High Courts*. Der *Act* sieht u.a. vor, dass die Parteien eines Schiedsverfahrens bei einem gemeinsamen Antrag Unterstützung von staatlichen oder quasi-staatlichen

---

[197] Vgl. *Aden*, Internationale Handelsschiedsgerichtsbarkeit, 2. Auflage 2003, 2. Kapitel A, Rdnr. 9.

Institutionen erhalten können. In der Praxis bieten der *Indian Council of Arbitration* (ICA) und das *International Center for Alternative Dispute Resolution* (ICADR) solche Hilfe an. ICA wurde im Jahr 1965 von der indischen Regierung und verschiedenen Wirtschaftsorganisationen gegründet und hält eigene Regeln für das Schiedsverfahren bereit. Das ICADR wurde erst im Jahr 1995 unter der Schirmherrschaft des indischen *Chief Justice* gegründet. Diese Institution verfügt ebenfalls über eigene Verfahrensregeln und ein Schiedsrichtergremium für den internationalen Handel. Aufgrund der zurückhaltenden Vergütungsregeln für die Schiedsrichter wird ein ICA-Schiedsverfahren nicht für große internationale Rechtsstreite empfohlen.

Wichtig sind die Regeln über die Grundlage des Schiedsverfahrens, nämlich die wirksame Schiedsvereinbarung. Diese findet man in Section 7 des *Arbitration Act*, 1996:

1. *"Arbitration Agreement": means an agreement by the parties to submit to arbitration all or certain disputes which have risen or which may rise between them in respect of defined legal relationship, whether contractual or not.*
2. *An Arbitration Agreement may be in the form of an arbitration clause in a contract or in the form of a separate agreement.*
3. *An Arbitration Agreement shall be in writing.*
4. *An Arbitration Agreement is in writing if it is contained in*
    a) a document signed by the parties;
    b) an exchange of letters, telex, telegrams or other means of telecommunication which provide a record of the agreement; or
    c) an exchange of statements of claim and defence in which the existence of the agreement is alleged by one party and not denied by the other.
5. *The reference in a contract to a document containing an arbitration clause constitutes an arbitration agreement if the contract is in writing and the reference is such as to make that arbitration clause part of the contract.*

Benötigt wird daher eine klare schriftliche Vereinbarung der Parteien darüber, dass eine mögliche Rechtsstreitigkeit innerhalb einer bestimmten Rechtsbeziehung einem Schiedsverfahren zugeführt werden soll. Eine solche Vereinbarung ist nach indischem Recht auch dann wirksam, wenn der Rest des Vertrages unwirksam sein sollte.[198] Diesen gesetzlichen Vorgaben kann eine wirksame Schiedsvereinbarung in Anlehnung an die Standardklauseln der bekannten Schiedsinstitutionen gerecht werden. Es wird emp-

---

198 *Markanda*, Law Relating to Arbitration & Conciliation, 7th Edition 2009, S. 189.

fohlen, sich an diese Vorgaben zu halten. Die Standard-Schiedsvereinbarung der *Indo-German Chamber of Commerce* lautet z. B. wie folgt:

"Any dispute or difference or claim arising out of or in relation to this contract including the construction, validity, performance or breach thereof, shall be referred to the Indo-German Chamber of Commerce (the Chamber), Mumbai, for settlement under the Arbitration Rules then in force. The Award of the Arbitral Tribunal of the Chamber shall be final and binding on the parties hereto."

IV. Schiedsvereinbarung und einstweilige gerichtliche Maßnahmen

Eine Schiedsvereinbarung schließt nicht aus, dass ein Gericht vor oder nach Beginn des schiedsrichterlichen Verfahrens auf Antrag einer Partei eine vorläufige oder sichernde Maßnahme in Bezug auf den Streitgegenstand des schiedsrichterlichen Verfahrens anordnet. Dies gilt jedenfalls für das deutsche Recht (§ 1033 ZPO). Eine entsprechende Regelung enthält das indische Recht in Section 9 *Arbitration Act*, 1996. Das indische Recht gibt zusätzlich einen Katalog von Maßnahmen vor, die vor, während und bis zur Rechtskraft des Schiedsspruchs beantragt werden können. Diese Regelung ist vom indischen *Supreme Court* auch ausdrücklich für internationale Schiedsverfahren bestätigt worden.[199] In seiner Entscheidung hat das Gericht bestimmt, dass die Parteien die Regelung in Section 9 *Arbitration Act*, 1996 ausdrücklich oder stillschweigend abbedingen können. In der Praxis wird jedoch häufig umgekehrt in den Schiedsvereinbarungen explizit festgelegt, dass solche *Interim Measures* durch staatliche Gerichte zur Sicherung eines Anspruches erwirkt werden können. Nur auf diese Weise kann nämlich z. B. in Marken- und Patentsachen während des Schiedsverfahrens effektiv und zeitnah gegen einen Marken- oder Patentverletzer vorgegangen werden.

V. Anwendbares Recht

In jedem Fall sollte in einer vertraglichen Schiedsvereinbarung auch ausdrücklich geregelt werden, welches materielle Recht das Schiedsgericht zur Entscheidung des Falles anwenden soll. Hierzu bestimmt Section 28

---

[199] Bhatia International v. Bulk Trading S. A., 2002 AIR, SC 1432.

Indian Arbitration Act, 1996, dass in so genannten *International Commercial Arbitrations* eine Rechtswahlfreiheit der Parteien besteht und diese von indischen Gerichten respektiert werden muss. Falls keine ausdrückliche Rechtswahl erfolgt, so muss das Schiedsgericht ermitteln, welches materielle Recht in dem vorliegenden Fall anwendbar ist.

VI. Vollstreckbarkeit von Schiedssprüchen

In der Praxis sind ausländische Schiedssprüche naturgemäß nur dann werthaltig, wenn sie in dem Staat, in dem der Spruch vollstreckt werden soll, anerkennungs- und vollstreckungsfähig sind. Ein ausländischer Schiedsspruch kann z. B. in Deutschland gemäß § 1061 ZPO für vollstreckbar erklärt werden. Das deutsche Recht verweigert die Vollstreckbarkeit nur, wenn einer der in § 1059 ZPO bezeichneten Aufhebungsgründe vorliegt. Diese sind praktisch identisch mit denen des New Yorker Übereinkommens über die Anerkennung und Vollstreckung ausländischer Schiedssprüche vom 10. 6. 1958 (UNÜ). Der einzige verbleibende Unterschied zwischen inländischen (= Schiedsort in Deutschland) und ausländischen Schiedssprüchen (= Schiedsort außerhalb Deutschlands) besteht in der Regelung des Artikel 5 Absatz 1 e UNÜ, wonach zusätzlich für einen ausländischen Schiedsspruch die Anerkennung und Vollstreckung versagt wird, wenn er in seinem Heimatland noch nicht verbindlich geworden ist.

Nach indischem Recht richtet sich die Anerkennung und Vollstreckung des Schiedsspruchs nach Teil II des *Arbitration Act*, 1996. Diese Regelung ist Artikel V UNÜ nachgebildet, denn Indien ist dem UNÜ beigetreten. Eine Vollstreckung eines ausländischen Schiedsurteils kann in Indien daher grundsätzlich nur unter engen Voraussetzungen verweigert werden.[200] Die Gründe sind in Section 48 des *Arbitration Act*, 1996 geregelt und praktisch identisch mit den Aufhebungsgründen, die vorangehend beschrieben wurden. Auf die vorangehenden Ausführungen kann daher verwiesen werden.[201] Die größte Hürde für einen ausländischen Schiedsspruch ist demnach die Einhaltung der öffentlichen Ordnung Indiens (*Public Policy of India*).

Die Vollstreckung des Schiedsspruchs ist schriftlich beim zuständigen Vollstreckungsgericht zu beantragen. Hierüber ergeht eine gerichtliche Entscheidung, auf deren Grundlage der Schiedsspruch schließlich ge-

---

200 *Bachawat*, Law of Arbitration and Conciliation, 5th Edition, Reprint 2012, S. 2350.
201 S. o. S. 199 ff.

M Schiedsgerichtsbarkeit

nauso wie ein Urteil vollstreckbar ist. Das Verfahren kann mehrere Monate, teilweise auch länger, dauern. Allgemein ist aber festzustellen, dass ein Schiedsverfahren verglichen mit einem regulären staatlichen Gerichtsverfahren eine recht hohe Befriedungswirkung auf die Parteien hat und dass die weit überwiegende Zahl der Schiedssprüche freiwillig erfüllt wird.[202]

---

202 *Moses*, The Priciples and Practice of International Commercial Arbitration, 2008, S. 202.

Anhang

1. Circular on Consolidated FDI Policy 1 /2012 (Auszug)

CHAPTER 6: SECTOR SPECIFIC CONDITIONS ON FDI

6.1 PROHIBITED SECTORS.

FDI is prohibited in:
- (a) Retail Trading (except single brand product retailing)
- (b) Lottery Business including Government /private lottery, online lotteries, etc.
- (c) Gambling and Betting including casinos etc.
- (d) Chit funds
- (e) Nidhi company
- (f) Trading in Transferable Development Rights (TDRs)
- (g) Real Estate Business or Construction of Farm Houses
- (h) Manufacturing of Cigars, cheroots, cigarillos and cigarettes, of tobacco or of tobacco substitutes
- (i) Activities / sectors not open to private sector investment e.g. Atomic Energy and Railway Transport (other than Mass Rapid Transport Systems).

Foreign technology collaboration in any form including licensing for franchise, trademark, brand name, management contract is also prohibited for Lottery Business and Gambling and Betting activities.

6.2 PERMITTED SECTORS

In the following sectors/activities, FDI up to the limit indicated against each sector/activity is allowed, subject to applicable laws/ regulations; security and other conditionalities. In sectors/activities not listed below, FDI is permitted upto 100% on the automatic route, subject to applicable laws/ regulations; security and other conditionalities.

Wherever there is a requirement of minimum capitalization, it shall include share premium received along with the face value of the share, only when it is received by the company upon issue of the shares to the non-resident investor. Amount paid by the transferee during post-issue transfer of shares beyond the issue price of the share, cannot be taken into account while calculating minimum capitalization requirement;

Anhang 1

Sl.No.	Sector/Activity	% of FDI Cap/Equity	Entry Route
	AGRICULTURE		
6.2.1	**Agriculture & Animal Husbandry**		
	a) Floriculture, Horticulture, Apiculture and Cultivation of Vegetables & Mushrooms under controlled conditions; b) Development and production of Seeds and planting material; c) Animal Husbandry (including breeding of dogs), Pisciculture, Aquaculture, under controlled conditions; and d) services related to agro and allied sectors **Note: Besides the above, FDI is not allowed in any other agricultural sector/activity**	100%	Automatic
6.2.1.1	**Other conditions**:		
	I. For companies dealing with development of transgenic seeds/vegetables, the following conditions apply: (i) When dealing with genetically modified seeds or planting material the company shall comply with safety requirements in accordance with laws enacted under the Environment (Protection) Act on the genetically modified organisms. (ii) Any import of genetically modified materials if required shall be subject to the conditions laid down vide Notifications issued under Foreign Trade (Development and Regulation) Act, 1992. (iii) The company shall comply with any other Law, Regulation or Policy governing genetically modified material in force from time to time. (iv) Undertaking of business activities involving the use of genetically engineered cells and material shall be subject to the receipt of approvals from			

Anhang 1

Sl.No.	Sector/Activity	% of FDI Cap/Equity	Entry Route
	Genetic Engineering Approval Committee (GEAC) and Review Committee on Genetic Manipulation (RCGM).		

    (v)   Import of materials shall be in accordance with National Seeds Policy.

II. The term "under controlled conditions" covers the following:

- ❖ 'Cultivation under controlled conditions' for the categories of Floriculture, Horticulture, Cultivation of vegetables and Mushrooms is the practice of cultivation wherein rainfall, temperature, solar radiation, air humidity and culture medium are controlled artificially. Control in these parameters may be effected through protected cultivation under green houses, net houses, poly houses or any other improved infrastructure facilities where micro-climatic conditions are regulated anthropogenically.

- ❖ In case of Animal Husbandry, scope of the term 'under controlled conditions' covers –
  - Rearing of animals under intensive farming systems with stall-feeding. Intensive farming system will require climate systems (ventilation, temperature/humidity management), health care and nutrition, herd registering/pedigree recording, use of machinery, waste management systems.
  - Poultry breeding farms and hatcheries where micro-climate is controlled through advanced technologies like incubators, ventilation systems etc.

- ❖ In the case of pisciculture and aquaculture, scope of the term 'under controlled conditions' covers –
  - Aquariums
  - Hatcheries where eggs are artificially fertilized and fry are hatched and incubated in an enclosed environment with artificial climate control.

- ❖ In the case of apiculture, scope of the term 'under controlled

Anhang 1

Sl.No.	Sector/Activity	% of FDI Cap/Equity	Entry Route
	conditions' covers – – Prodution of honey by bee-keeping, except in forest/wild, in designated spaces with control of temperatures and climatic factors like humidity and artificial feeding during lean seasons.		
6.2.2	**Tea Plantation**		
6.2.2.1	Tea sector including tea plantations **Note: Besides the above, FDI is not allowed in any other plantation sector/activity**	100%	Government
6.2.2.2	**Other conditions**:		
	(i) Compulsory divestment of 26% equity of the company in favour of an Indian partner/Indian public within a period of 5 years (ii) Prior approval of the State Government concerned in case of any future land use change.		
6.2.3	**MINING**		
6.2.3.1	**Mining and Exploration of metal and non-metal ores** including diamond, gold, silver and precious ores but excluding titanium bearing minerals and its ores; **subject to** the Mines and Minerals (Development & Regulation) Act, 1957.	100%	Automatic
6.2.3.2	**Coal and Lignite**		
	(1) Coal & Lignite mining for captive consumption by power projects, iron & steel and cement units and other eligible activities permitted under and **subject to** the provisions of Coal Mines (Nationalization) Act, 1973	100%	Automatic
	(2) Setting up coal processing plants like washeries **subject to** the	100%	Automatic

Anhang 1

Sl.No.	Sector/Activity	% of FDI Cap/Equity	Entry Route
	condition that the company shall not do coal mining and shall not sell washed coal or sized coal from its coal processing plants in the open market and shall supply the washed or sized coal to those parties who are supplying raw coal to coal processing plants for washing or sizing.		
6.2.3.3	**Mining and mineral separation of titanium bearing minerals and ores, its value addition and integrated activities**		
6.2.3.3.1	Mining and mineral separation of titanium bearing minerals & ores, its value addition and integrated activities **subject to** sectoral regulations and the Mines and Minerals (Development and Regulation Act 1957)	100%	Government
6.2.3.3.2	**Other conditions**:		
	India has large reserves of beach sand minerals in the coastal stretches around the country. Titanium bearing minerals viz. Ilmenite, rutile and leucoxene, and Zirconium bearing minerals including zircon are some of the beach sand minerals which have been classified as "prescribed substances" under the Atomic Energy Act, 1962. Under the Industrial Policy Statement 1991, mining and production of minerals classified as "prescribed substances" and specified in the Schedule to the Atomic Energy (Control of Production and Use) Order, 1953 were included in the list of industries reserved for the public sector. Vide Resolution No. 8/1(1)/97-PSU/1422 dated 6th October 1998 issued by the Department of Atomic Energy laying down the policy for exploitation of		

Anhang 1

Sl.No.	Sector/Activity	% of FDI Cap/Equity	Entry Route
	beach sand minerals, private participation including Foreign Direct Investment (FDI), was permitted in mining and production of Titanium ores (Ilmenite, Rutile and Leucoxene) and Zirconium minerals (Zircon). Vide Notification No. S.O.61(E) dated 18.1.2006, the Department of Atomic Energy re-notified the list of "prescribed substances" under the Atomic Energy Act 1962. Titanium bearing ores and concentrates (Ilmenite, Rutile and Leucoxene) and Zirconium, its alloys and compounds and minerals/concentrates including Zircon, were removed from the list of "prescribed substances". (i) FDI for separation of titanium bearing minerals & ores will be subject to the following additional conditions viz.: (A) value addition facilities are set up within India along with transfer of technology; (B) disposal of tailings during the mineral separation shall be carried out in accordance with regulations framed by the Atomic Energy Regulatory Board such as Atomic Energy (Radiation Protection) Rules, 2004 and the Atomic Energy (Safe Disposal of Radioactive Wastes) Rules, 1987. (ii) FDI will not be allowed in mining of "prescribed substances" listed in the Notification No. S.O. 61(E) dated 18.1.2006 issued by the Department of Atomic Energy. Clarification: (1) For titanium bearing ores such as Ilmenite, Leucoxene and Rutile, manufacture of titanium dioxide pigment and titanium sponge constitutes value addition. Ilmenite can be processed to produce 'Synthetic Rutile or Titanium Slag as an intermediate value added product. (2) The objective is to ensure that the raw material available in the country is utilized for setting up downstream industries and the technology available internationally is also made available for setting up such industries within the country. Thus, if with the technology transfer, the objective of the FDI Policy		

Anhang 1

Sl.No.	Sector/Activity	% of FDI Cap/Equity	Entry Route
	can be achieved, the conditions prescribed at (i) (A) above shall be deemed to be fulfilled.		
6.2.4	**Petroleum & Natural Gas**		
6.2.4.1	Exploration activities of oil and natural gas fields, infrastructure related to marketing of petroleum products and natural gas, marketing of natural gas and petroleum products, petroleum product pipelines, natural gas/pipelines, LNG Regasification infrastructure, market study and formulation and Petroleum refining in the private sector, **subject to** the existing sectoral policy and regulatory framework in the oil marketing sector and the policy of the Government on private participation in exploration of oil and the discovered fields of national oil companies	100%	Automatic
6.2.4.2	Petroleum refining by the Public Sector Undertakings (PSU), without any disinvestment or dilution of domestic equity in the existing PSUs.	49%	Government
	MANUFACTURING		
6.2.5	**Manufacture of items reserved for production in Micro and Small Enterprises (MSEs)**		
6.2.5.1	FDI in MSEs (as defined under Micro, Small And Meduim Enterprises Development Act, 2006 (MSMED, Act 2006)) will be subject to the sectoral caps, entry routes and other relevant sectoral regulations. Any industrial		

215

Anhang 1

Sl.No.	Sector/Activity	% of FDI Cap/Equity	Entry Route
	undertaking which is not a Micro or Small Scale Enterprise, but manufactures items reserved for the MSE sector would require Government route where foreign investment is more than 24% in the capital. Such an undertaking would also require an Industrial License under the Industries (Development & Regulation) Act 1951, for such manufacture. The issue of Industrial License is subject to a few general conditions and the specific condition that the Industrial Undertaking shall undertake to export a minimum of 50% of the new or additional annual production of the MSE reserved items to be achieved within a maximum period of three years. The export obligation would be applicable from the date of commencement of commercial production and in accordance with the provisions of section 11 of the Industries (Development & Regulation) Act 1951.		
6.2.6	**DEFENCE**		
6.2.6.1	Defence Industry subject to Industrial license under the Industries (Development & Regulation) Act 1951	26%	Government
6.2.6.2	**Other conditions**:		
	(i) Licence applications will be considered and licences given by the Department of Industrial Policy & Promotion, Ministry of Commerce & Industry, in consultation with Ministry of Defence. (ii) The applicant should be an Indian company / partnership firm. (iii)The management of the applicant company / partnership should be in Indian hands with majority representation on the Board as well as the Chief Executives of the company / partnership firm being resident Indians. (iv) Full particulars of the Directors and the Chief Executives should be furnished along with the applications. (v) The Government reserves the right to verify the antecedents of the		

Sl.No.	Sector/Activity	% of FDI Cap/Equity	Entry Route
	foreign collaborators and domestic promoters including their financial standing and credentials in the world market. Preference would be given to original equipment manufacturers or design establishments, and companies having a good track record of past supplies to Armed Forces, Space and Atomic energy sections and having an established R & D base.		
	(vi) There would be no minimum capitalization for the FDI. A proper assessment, however, needs to be done by the management of the applicant company depending upon the product and the technology. The licensing authority would satisfy itself about the adequacy of the net worth of the non-resident investor taking into account the category of weapons and equipment that are proposed to be manufactured.		
	(vii) There would be a three-year lock-in period for transfer of equity from one non-resident investor to another non-resident investor (including NRIs & erstwhile OCBs with 60% or more NRI stake) and such transfer would be subject to prior approval of the Government.		
	(viii) The Ministry of Defence is not in a position to give purchase guarantee for products to be manufactured. However, the planned acquisition programme for such equipment and overall requirements would be made available to the extent possible.		
	(ix) The capacity norms for production will be provided in the licence based on the application as well as the recommendations of the Ministry of Defence, which will look into existing capacities of similar and allied products.		
	(x) Import of equipment for pre-production activity including development of prototype by the applicant company would be permitted.		
	(xi) Adequate safety and security procedures would need to be put in place by the licensee once the licence is granted and production commences. These would be subject to verification by authorized Government		

Anhang 1

Sl.No.	Sector/Activity	% of FDI Cap/Equity	Entry Route
	agencies.		
	(xii) The standards and testing procedures for equipment to be produced under licence from foreign collaborators or from indigenous R & D will have to be provided by the licensee to the Government nominated quality assurance agency under appropriate confidentiality clause. The nominated quality assurance agency would inspect the finished product and would conduct surveillance and audit of the Quality Assurance Procedures of the licensee. Self-certification would be permitted by the Ministry of Defence on case to case basis, which may involve either individual items, or group of items manufactured by the licensee. Such permission would be for a fixed period and subject to renewals.		
	(xiii) Purchase preference and price preference may be given to the Public Sector organizations as per guidelines of the Department of Public Enterprises.		
	(xiv) Arms and ammunition produced by the private manufacturers will be primarily sold to the Ministry of Defence. These items may also be sold to other Government entities under the control of the Ministry of Home Affairs and State Governments with the prior approval of the Ministry of Defence. No such item should be sold within the country to any other person or entity. The export of manufactured items would be subject to policy and guidelines as applicable to Ordnance Factories and Defence Public Sector Undertakings. Non-lethal items would be permitted for sale to persons / entities other than the Central of State Governments with the prior approval of the Ministry of Defence. Licensee would also need to institute a verifiable system of removal of all goods out of their factories. Violation of these provisions may lead to cancellation of the licence.		

Anhang 1

Sl.No.	Sector/Activity	% of FDI Cap/Equity	Entry Route
	(xv) Government decision on applications to FIPB for FDI in defence industry sector will be normally communicated within a time frame of 10 weeks from the date of acknowledgement.		

SERVICES SECTOR

INFORMATION SERVICES

6.2.7	**Broadcasting**		
6.2.7.1	**Terrestrial Broadcasting FM (FM Radio) subject to** such terms and conditions as specified from time to time by Ministry of Information and Broadcasting for grant of permission for setting up of FM Radio Stations	26% (FDI, NRI & PIO investments and portfolio investment)	Government
6.2.7.2	**Cable Network, subject to** Cable Television Network Rules, 1994 and other conditions as specified from time to time by Ministry of Information and Broadcasting	49% (FDI, NRI & PIO investments and portfolio investment)	Government
6.2.7.3	**Direct–to-Home subject to** such guidelines/terms and conditions as specified from time to time by Ministry of Information and Broadcasting	49% (FDI, NRI & PIO investments and portfolio investment) **Within this limit, FDI component not to exceed 20%**	Government
6.2.7.4	**Headend-In-The-Sky (HITS) Broadcasting Service** refers to the multichannel downlinking and distribution of television programme in C-Band or Ku Band wherein all the pay channels are downlinked at a central facility (Hub/teleport) and again uplinked to a satellite after encryption of channel. At the cable headend these encrypted pay channels are downlinked using a single satellite antenna, transmodulated and sent to the subscribers by using a land based transmission system comprising of infrastructure of cable/optical fibres network.		
6.2.7.4.1	**FDI limit in (HITS) Broadcasting Service is subject to** such guidelines/terms and conditions as specified from time to time by Ministry of Information and	74% (total direct and indirect foreign investment including portfolio and FDI)	Automatic up to 49% Government route beyond

219

Anhang 1

Sl.No.	Sector/Activity	% of FDI Cap/Equity	Entry Route
	Broadcasting.		49% and up to 74%
6.2.7.5	Setting up hardware facilities such as up-linking, HUB etc.		
	(1) Setting up of Up-linking HUB/ Teleports	49% (FDI & FII)	Government
	(2) Up-linking a Non-News & Current Affairs TV Channel	100%	Government
	(3) Up-linking a News & Current Affairs TV Channel **subject to** the condition that the portfolio investment from FII/ NRI shall not be "persons acting in concert" with FDI investors, as defined in the SEBI(Substantial Acquisition of Shares and Takeovers) Regulations, 1997	26% (FDI & FII)	Government
6.2.7.5.1	**Other conditions:**		
	(i) All the activities at (1), (2) and (3) above will be further subject to the condition that the Company permitted to uplink the channel shall certify the continued compliance of this requirement through the Company Secretary at the end of each financial year. (ii) FDI for Up-linking TV Channels will be subject to compliance with the Up-linking Policy notified by the Ministry of Information & Broadcasting from time to time.		
6.2.8	**Print Media**		
6.2.8.1	Publishing of Newspaper and periodicals dealing with news and current affairs	26% (FDI and investment by NRIs/PIOs/FII)	Government
6.2.8.2	Publication of Indian editions of foreign magazines dealing with news and current affairs	26% (FDI and investment by NRIs/PIOs/FII)	Government
6.2.8.2.1	**Other Conditions:**		
	(i) 'Magazine', for the purpose of these guidelines, will be defined as a periodical publication, brought out on non-daily basis, containing public news or comments on public news. (ii) Foreign investment would also be subject to the Guidelines for Publication of Indian editions of foreign magazines dealing with news		

Anhang 1

Sl.No.	Sector/Activity	% of FDI Cap/Equity	Entry Route
	and current affairs issued by the Ministry of Information & Broadcasting on 4.12.2008.		
6.2.8.3	Publishing/printing of Scientific and Technical Magazines/specialty journals/ periodicals, **subject to** compliance with the legal framework as applicable and guidelines issued in this regard from time to time by Ministry of Information and Broadcasting.	100%	Government
6.2.8.4	Publication of facsimile edition of foreign newspapers	100%	Government
6.2.8.4.1	**Other Conditions:**		
	(i) FDI should be made by the owner of the original foreign newspapers whose facsimile edition is proposed to be brought out in India. (ii) Publication of facsimile edition of foreign newspapers can be undertaken only by an entity incorporated or registered in India under the provisions of the Companies Act, 1956. (iii) Publication of facsimile edition of foreign newspaper would also be subject to the Guidelines for publication of newspapers and periodicals dealing with news and current affairs and publication of facsimile edition of foreign newspapers issued by Ministry of Information & Broadcasting on 31.3.2006, as amended from time to time.		
6.2.9	**Civil Aviation**		
6.2.9.1	The Civil Aviation sector includes Airports, Scheduled and Non-Scheduled domestic passenger airlines, Helicopter services / Seaplane services, Ground Handling Services, Maintenance and Repair organizations; Flying training institutes; and Technical training institutions. For the purposes of the Civil Aviation sector: (i) "Airport" means a landing and taking off area for aircrafts, usually with		

221

Anhang 1

Sl.No.	Sector/Activity	% of FDI Cap/Equity	Entry Route

runways and aircraft maintenance and passenger facilities and includes aerodrome as defined in clause (2) of section 2 of the Aircraft Act, 1934;

(ii) "Aerodrome" means any definite or limited ground or water area intended to be used, either wholly or in part, for the landing or departure of aircraft, and includes all buildings, sheds, vessels, piers and other structures thereon or pertaining thereto;

(iii) "Air transport service" means a service for the transport by air of persons, mails or any other thing, animate or inanimate, for any kind of remuneration whatsoever, whether such service consists of a single flight or series of flights;

(iv) "Air Transport Undertaking" means an undertaking whose business includes the carriage by air of passengers or cargo for hire or reward;

(v) "Aircraft component" means any part, the soundness and correct functioning of which, when fitted to an aircraft, is essential to the continued airworthiness or safety of the aircraft and includes any item of equipment;

(vi) "Helicopter" means a heavier-than-air aircraft supported in flight by the reactions of the air on one or more power driven rotors on substantially vertical axis;

(vii) "Scheduled air transport service" means an air transport service undertaken between the same two or more places and operated according to a published time table or with flights so regular or frequent that they constitute a recognizably systematic series, each flight being open to use by members of the public;

(viii) "Non-Scheduled Air Transport service" means any service which is not a scheduled air transport service and will include Cargo airlines;

(ix) "Cargo airlines" would mean such airlines which meet the conditions as given in the Civil Aviation Requirements issued by the Ministry of Civil Aviation;

Anhang 1

Sl.No.	Sector/Activity	% of FDI Cap/Equity	Entry Route
	(x) "Seaplane" means an aeroplane capable normally of taking off from and alighting solely on water; (xi) "Ground Handling" means (i) ramp handling , (ii) traffic handling both of which shall include the activities as specified by the Ministry of Civil Aviation through the Aeronautical Information Circulars from time to time, and (iii) any other activity specified by the Central Government to be a part of either ramp handling or traffic handling.		
6.2.9.2	**Airports**		
	(a) Greenfield projects	100%	Automatic
	(b) Existing projects	100%	Automatic up to 74% Government route beyond 74%
6.2.9.3	**Air Transport Services**		
	(a) Air Transport Services would include Domestic Scheduled Passenger Airlines; Non-Scheduled Air Transport Services, helicopter and seaplane services. (b) No foreign airlines would be allowed to participate directly or indirectly in the equity of an Air Transport Undertaking engaged in operating Scheduled and Non-Scheduled Air Transport Services except Cargo airlines. (c) Foreign airlines are allowed to participate in the equity of companies operating Cargo airlines, helicopter and seaplane services.		
	(1) Scheduled Air Transport Service/ Domestic Scheduled Passenger Airline	49% FDI (100% for NRIs)	Automatic
	(2) Non-Scheduled Air Transport Service	74% FDI (100% for NRIs)	Automatic up to 49% Government route beyond 49% and up to

Anhang 1

Sl.No.	Sector/Activity	% of FDI Cap/Equity	Entry Route
			74%
	(3) Helicopter services/seaplane services requiring DGCA approval	100%	Automatic
6.2.9.4	**Other services under Civil Aviation sector**		
	(1) Ground Handling Services **subject to** sectoral regulations and security clearance	74% FDI (100% for NRIs)	Automatic up to 49% Government route beyond 49% and up to 74%
	(2) Maintenance and Repair organizations; flying training institutes; and technical training institutions	100%	Automatic
6.2.10	Courier services for carrying packages, parcels and other items which do not come within the ambit of the Indian Post Office Act, 1898 and excluding the activity relating to the distribution of letters.	100%	Government
6.2.11	**Construction Development: Townships, Housing, Built-up infrastructure**		
6.2.11.1	Townships, housing, built-up infrastructure and construction-development projects (which would include, but not be restricted to, housing, commercial premises, hotels, resorts, hospitals, educational institutions, recreational facilities, city and regional level infrastructure)	100%	Automatic

6.2.11.2	Investment will be subject to the following conditions:
	(1) Minimum area to be developed under each project would be as under:
	    (i) In case of development of serviced housing plots, a minimum land area of 10 hectares
	    (ii) In case of construction-development projects, a minimum built-up area of 50,000 sq.mts		

Sl.No.	Sector/Activity	% of FDI Cap/Equity	Entry Route
	(iii) In case of a combination project, any one of the above two conditions would suffice (2) Minimum capitalization of US$10 million for wholly owned subsidiaries and US$ 5 million for joint ventures with Indian partners. The funds would have to be brought in within six months of commencement of business of the Company. (3) Original investment cannot be repatriated before a period of three years from completion of minimum capitalization. Original investment means the entire amount brought in as FDI. The lock-in period of three years will be applied from the date of receipt of each installment/tranche of FDI or from the date of completion of minimum capitalization, whichever is later. However, the investor may be permitted to exit earlier with prior approval of the Government through the FIPB. (4) At least 50% of each such project must be developed within a period of five years from the date of obtaining all statutory clearances. The investor/investee company would not be permitted to sell undeveloped plots. For the purpose of these guidelines, "undeveloped plots" will mean where roads, water supply, street lighting, drainage, sewerage, and other conveniences, as applicable under prescribed regulations, have not been made available. It will be necessary that the investor provides this infrastructure and obtains the completion certificate from the concerned local body/service agency before he would be allowed to dispose of serviced housing plots. (5) The project shall conform to the norms and standards, including land use requirements and provision of community amenities and common facilities, as laid down in the applicable building control regulations, bye-laws, rules, and other regulations of the State Government/Municipal/Local Body concerned. (6) The investor/investee company shall be responsible for obtaining all necessary approvals, including those of the building/layout plans, developing		

Anhang 1

Sl.No.	Sector/Activity	% of FDI Cap/Equity	Entry Route
	internal and peripheral areas and other infrastructure facilities, payment of development, external development and other charges and complying with all other requirements as prescribed under applicable rules/bye-laws/regulations of the State Government/ Municipal/Local Body concerned. (7) The State Government/ Municipal/ Local Body concerned, which approves the building / development plans, would monitor compliance of the above conditions by the developer. Note: (i) The conditions at (1) to (4) above would not apply to Hotels & Tourism, Hospitals, Special Economic Zones (SEZs), Education Sector, Old age Homes and investment by NRIs. (ii) FDI is not allowed in Real Estate Business.		
6.2.12	**Industrial Parks – new and existing**	100%	Automatic
6.2.12.1	(i) "Industrial Park" is a project in which quality infrastructure in the form of plots of developed land or built up space or a combination with common facilities, is developed and made available to all the allottee units for the purposes of industrial activity. (ii) "Infrastructure" refers to facilities required for functioning of units located in the Industrial Park and includes roads (including approach roads), water supply and sewerage, common effluent treatment facility, telecom network, generation and distribution of power, air conditioning. (iii) "Common Facilities" refer to the facilities available for all the units located in the industrial park, and include facilities of power, roads (including approach roads), water supply and sewerage, common effluent treatment, common testing, telecom services, air conditioning, common facility buildings, industrial canteens, convention/conference halls, parking, travel desks, security service, first aid center,		

Anhang 1

Sl.No.	Sector/Activity	% of Cap/Equity	FDI Entry Route

	ambulance and other safety services, training facilities and such other facilities meant for common use of the units located in the Industrial Park.
	
	(iv) "Allocable area" in the Industrial Park means-
	
	    (a) in the case of plots of developed land- the net site area available for allocation to the units, excluding the area for common facilities.
	
	    (b) in the case of built up space- the floor area and built up space utilized for providing common facilities.
	
	    (c) in the case of a combination of developed land and built-up space- the net site and floor area available for allocation to the units excluding the site area and built up space utilized for providing common facilities.
	
	(v) "Industrial Activity" means manufacturing; electricity; gas and water supply; post and telecommunications; software publishing, consultancy and supply; data processing, database activities and distribution of electronic content; other computer related activities; basic and applied R&D on bio-technology, pharmaceutical sciences/life sciences, natural sciences and engineering; business and management consultancy activities; and architectural, engineering and other technical activities.		

6.2.12.2	FDI in Industrial Parks would not be subject to the conditionalities applicable for construction development projects etc. spelt out in para 6.2.11 above, provided the Industrial Parks meet with the under-mentioned conditions: (i) it would comprise of a minimum of 10 units and no single unit shall occupy more than 50% of the allocable area;		

Anhang 1

Sl.No.	Sector/Activity	% of FDI Cap/Equity	Entry Route
	(ii) the minimum percentage of the area to be allocated for industrial activity shall not be less than 66% of the total allocable area.		
6.2.13	**Satellites – Establishment and operation**		
6.2.13.1	Satellites – Establishment and operation, subject to the sectoral guidelines of Department of Space/ISRO	74%	Government
6.2.14	**Private Security Agencies**	49 %	Government
6.2.15	**Telecom Services** Investment caps and other conditions for specified services are given below. However, licensing and security requirements notified by the Department of Telecommunications will need to be complied with for all services.		
6.2.15.1	**(i) Telecom services**	74%	Automatic up to 49% Government route beyond 49% and up to 74%
6.2.15.1.1	**Other conditions**: (1) **General Conditions**: (i) This is applicable in case of Basic, Cellular, Unified Access Services, National/ International Long Distance, V-Sat, Public Mobile Radio Trunked Services (PMRTS), Global Mobile Personal Communications Services (GMPCS) and other value added Services. (ii) Both direct and indirect foreign investment in the licensee company shall be counted for the purpose of FDI ceiling. Foreign Investment shall include investment by Foreign Institutional Investors (FIIs), Non-resident Indians (NRIs), Foreign Currency Convertible Bonds (FCCBs), American Depository Receipts (ADRs), Global Depository Receipts (GDRs) and convertible preference shares held by foreign		

Anhang 1

Sl.No.	Sector/Activity	% of FDI Cap/Equity	Entry Route
	entity. In any case, the 'Indian' shareholding will not be less than 26 percent. (iii) FDI in the licensee company/Indian promoters/investment companies including their holding companies shall require approval of the Foreign Investment Promotion Board (FIPB) if it has a bearing on the overall ceiling of 74 percent. While approving the investment proposals, FIPB shall take note that investment is not coming from countries of concern and/or unfriendly entities. (iv) The investment approval by FIPB shall envisage the conditionality that Company would adhere to licence Agreement. (v) FDI shall be subject to laws of India and not the laws of the foreign country/countries. (2) **Security Conditions:** (i) The Chief Officer In-charge of technical network operations and the Chief Security Officer should be a resident Indian citizen. (ii) Details of infrastructure/network diagram (technical details of the network) could be provided on a need basis only to telecom equipment suppliers/manufacturers and the affiliate/parents of the licensee company. Clearance from the licensor (Department of Telecommunications) would be required if such information is to be provided to anybody else. (iii) For security reasons, domestic traffic of such entities as may be identified /specified by the licensor shall not be hauled/routed to any place outside India. (iv) The licensee company shall take adequate and timely measures to ensure that the information transacted through a network by the subscribers is secure and protected.		

Anhang 1

Sl.No.	Sector/Activity	% of Cap/Equity FDI	Entry Route
	(v) The officers/officials of the licensee companies dealing with the lawful interception of messages will be resident Indian citizens. (vi) The majority Directors on the Board of the company shall be Indian citizens. (vii) The positions of the Chairman, Managing Director, Chief Executive Officer (CEO) and/or Chief Financial Officer (CFO), if held by foreign nationals, would require to be security vetted by Ministry of Home Affairs (MHA). Security vetting shall be required periodically on yearly basis. In case something adverse is found during the security vetting, the direction of MHA shall be binding on the licensee. (viii) The Company shall not transfer the following to any person/place outside India:- (a) Any accounting information relating to subscriber (except for international roaming/billing) (Note: it does not restrict a statutorily required disclosure of financial nature) ; and (b) User information (except pertaining to foreign subscribers using Indian Operator's network while roaming). (ix) The Company must provide traceable identity of their subscribers. However, in case of providing service to roaming subscriber of foreign Companies, the Indian Company shall endeavour to obtain traceable identity of roaming subscribers from the foreign company as a part of its roaming agreement. (x) On request of the licensor or any other agency authorised by the licensor, the telecom service provider should be able to provide the geographical location of any subscriber (BTS location) at a given point of time.		

Anhang 1

Sl.No.	Sector/Activity	% of FDI Cap/Equity	Entry Route
	(xi) The Remote Access (RA) to Network would be provided only to approved location(s) abroad through approved location(s) in India. The approval for location(s) would be given by the Licensor (DOT) in consultation with the Ministry of Home Affairs.		
	(xii) Under no circumstances, should any RA to the suppliers/manufacturers and affiliate(s) be enabled to access Lawful Interception System(LIS), Lawful Interception Monitoring(LIM), Call contents of the traffic and any such sensitive sector/data, which the licensor may notify from time to time.		
	(xiii) The licensee company is not allowed to use remote access facility for monitoring of content.		
	(xiv) Suitable technical device should be made available at Indian end to the designated security agency /licensor in which a mirror image of the remote access information is available on line for monitoring purposes.		
	(xv) Complete audit trail of the remote access activities pertaining to the network operated in India should be maintained for a period of six months and provided on request to the licensor or any other agency authorised by the licensor.		
	(xvi) The telecom service providers should ensure that necessary provision (hardware/software) is available in their equipment for doing the Lawful interception and monitoring from a centralized location.		
	(xvii) The telecom service providers should familiarize/train Vigilance Technical Monitoring (VTM)/security agency officers/officials in respect of relevant operations/features of their systems.		
	(xviii) It shall be open to the licensor to restrict the Licensee Company		

Anhang 1

Sl.No.	Sector/Activity	% of FDI Cap/Equity	Entry Route
	from operating in any sensitive area from the National Security angle. (xix) In order to maintain the privacy of voice and data, monitoring shall only be upon authorisation by the Union Home Secretary or Home Secretaries of the States/Union Territories. (xx) For monitoring traffic, the licensee company shall provide access of their network and other facilities as well as to books of accounts to the security agencies. (xxi) The aforesaid Security Conditions shall be applicable to all the licensee companies operating telecom services covered under this circular irrespective of the level of FDI. (xxii) Other Service Providers (OSPs), providing services like Call Centres, Business Process Outsourcing (BPO), tele-marketing, tele-education, etc, and are registered with DoT as OSP. Such OSPs operate the service using the telecom infrastructure provided by licensed telecom service providers and 100% FDI is permitted for OSPs. As the security conditions are applicable to all licensed telecom service providers, the security conditions mentioned above shall not be separately enforced on OSPs. (3) The above General Conditions and Security Conditions shall also be applicable to the companies operating telecom service(s) with the FDI cap of 49%. (4) All the telecom service providers shall submit a compliance report on the aforesaid conditions to the licensor on 1st day of July and January on six monthly basis.		
6.2.15.2	(a) ISP with gateways (b) ISP's not providing gateways i.e. without gate-ways (both for satellite	74%	Automatic up to 49% Government route beyond 49% and up to

Anhang 1

Sl.No.	Sector/Activity	% of FDI Cap/Equity	Entry Route
	and marine cables) Note: The new guidelines of August 24, 2007 Department of Telecommunications provide for new ISP licenses with FDI up to 74%. (c) Radio paging (d) End-to-End bandwidth		74%
6.2.15.3	(a) Infrastructure provider providing dark fibre, right of way, duct space, tower (IP Category I) (b) Electronic Mail (c) Voice Mail Note: Investment in all the above activities is subject to the conditions that such companies will divest 26% of their equity in favour of Indian public in 5 years, if these companies are listed in other parts of the world.	100%	Automatic up to 49% Government route beyond 49%
6.2.16	**TRADING**		
6.2.16.1	(i) Cash & Carry Wholesale Trading/ Wholesale Trading (including sourcing from MSEs)	100%	Automatic
6.2.16.1.1	**Definition**: Cash & Carry Wholesale trading/Wholesale trading, would mean sale of goods/merchandise to retailers, industrial, commercial, institutional or other professional business users or to other wholesalers and related subordinated service providers. Wholesale trading would, accordingly, be sales for the purpose of trade, business and profession, as opposed to sales for the purpose of personal consumption. The yardstick to determine whether the sale is wholesale or not would be the type of customers to whom the sale is made and not the size and volume of sales. Wholesale trading would include		

233

Anhang 1

Sl.No.	Sector/Activity	% of FDI Cap/Equity	Entry Route
	resale, processing and thereafter sale, bulk imports with ex-port/ex-bonded warehouse business sales and B2B e-Commerce.		

6.2.16.1.2	**Guidelines for Cash & Carry Wholesale Trading/Wholesale Trading (WT):**
	 (a) For undertaking WT, requisite licenses/registration/ permits, as specified under the relevant Acts/Regulations/Rules/Orders of the State Government/Government Body/Government Authority/Local Self-Government Body under that State Government should be obtained.
	 (b) Except in case of sales to Government, sales made by the wholesaler would be considered as 'cash & carry wholesale trading/wholesale trading' with valid business customers, only when WT are made to the following entities:
	     (I) Entities holding sales tax/ VAT registration/service tax/excise duty registration; or
	     (II) Entities holding trade licenses i.e. a license/registration certificate/membership certificate/registration under Shops and Establishment Act, issued by a Government Authority/ Government Body/ Local Self-Government Authority, reflecting that the entity/person holding the license/ registration certificate/ membership certificate, as the case may be, is itself/ himself/herself engaged in a business involving commercial activity; or
	     (III) Entities holding permits/license etc. for undertaking retail trade (like tehbazari and similar license for hawkers) from Government Authorities/Local Self Government Bodies; or
	     (IV) Institutions having certificate of incorporation or registration as a society or registration as public trust for their self consumption.
	 Note: An Entity, to whom WT is made, may fulfill any one of		

Anhang 1

Sl.No.	Sector/Activity	% of FDI Cap/Equity	Entry Route
	the 4 conditions.		
	(c) Full records indicating all the details of such sales like name of entity, kind of entity, registration/license/permit etc. number, amount of sale etc. should be maintained on a day to day basis.		
	(d) WT of goods would be permitted among companies of the same group. However, such WT to group companies taken together should not exceed 25% of the total turnover of the wholesale venture		
	(e) WT can be undertaken as per normal business practice, including extending credit facilities subject to applicable regulations.		
	(f) A Wholesale/Cash & carry trader cannot open retail shops to sell to the consumer directly.		
6.2.16.2	**E-commerce activities**	100%	Automatic
6.2.16.2.1	E-commerce activities refer to the activity of buying and selling by a company through the e-commerce platform. Such companies would engage only in Business to Business (B2B) e-commerce and not in retail trading, inter-alia implying that existing restrictions on FDI in domestic trading would be applicable to e-commerce as well.		
6.2.16.3	**Test marketing** of such items for which a company has approval for manufacture, provided such test marketing facility will be for a period of two years, and investment in setting up manufacturing facility commences simultaneously with test marketing.	100%	Government
6.2.16.4	**Single Brand product retail trading**	100%	Government
	(1) Foreign Investment in Single Brand product retail trading is aimed at		

235

Anhang 1

Sl.No.	Sector/Activity	% of FDI Cap/Equity	Entry Route

	attracting investments in production and marketing, improving the availability of such goods for the consumer, encouraging increased sourcing of goods from India, and enhancing competitiveness of Indian enterprises through access to global designs, technologies and management practices.
	
	(2) FDI in Single Brand product retail trading would be subject to the following conditions:
	  (a) Products to be sold should be of a 'Single Brand' only.
	  (b) Products should be sold under the same brand internationally i.e. products should be sold under the same brand in one or more countries other than India.
	  (c) 'Single Brand' product-retail trading would cover only products which are branded during manufacturing.
	  (d) The foreign investor should be the owner of the brand.
	  (e) In respect of proposals involving FDI beyond 51%, mandatory sourcing of at least 30% of the value of products sold would have to be done from Indian 'small industries/ village and cottage industries, artisans and craftsmen'. 'Small industries' would be defined as industries which have a total investment in plant & machinery not exceeding US $ 1.00 million. This valuation refers to the value at the time of installation, without providing for depreciation. Further, if at any point in time, this valuation is exceeded, the industry shall not qualify as a 'small industry' for this purpose. The compliance of this condition will be ensured through self-certification by the company, to be subsequently checked, by statutory auditors, from the duly certified accounts, which the company will be required to maintain.
	
	(3) Application seeking permission of the Government for FDI in retail trade of 'Single Brand' products would be made to the Secretariat for Industrial Assistance (SIA) in the Department of Industrial Policy & Promotion. The application would specifically indicate the product/ product categories which		

Sl.No.	Sector/Activity	% of FDI Cap/Equity	Entry Route
	are proposed to be sold under a 'Single Brand'. Any addition to the product/ product categories to be sold under 'Single Brand' would require a fresh approval of the Government. (4) Applications would be processed in the Department of Industrial Policy & Promotion, to determine whether the products proposed to be sold satisfy the notified guidelines, before being considered by the FIPB for Government approval.		
	FINANCIAL SERVICES Foreign investment in other financial services , other than those indicated below, would require prior approval of the Government:		
6.2.17	**Asset Reconstruction Companies**		
6.2.17.1	'Asset Reconstruction Company' (ARC) means a company registered with the Reserve Bank of India under Section 3 of the Securitisation and Reconstruction of Financial Assets and Enforcement of Security Interest Act, 2002 (SARFAESI Act).	49% of paid-up capital of ARC	Government
6.2.17.2	**Other conditions:**		
	(i) Persons resident outside India, other than Foreign Institutional Investors (FIIs), can invest in the capital of Asset Reconstruction Companies (ARCs) registered with Reserve Bank only under the Government Route. Such investments have to be strictly in the nature of FDI. Investments by FIIs are not permitted in the equity capital of ARCs. (ii) However, FIIs registered with SEBI can invest in the Security Receipts (SRs) issued by ARCs registered with Reserve Bank. FIIs can invest up to 49 per cent of each tranche of scheme of SRs, subject to the condition that investment by a single FII in each tranche of SRs shall not exceed 10 per cent		

Anhang 1

Sl.No.	Sector/Activity	% of FDI Cap/Equity	Entry Route
	of the issue. (iii) Any individual investment of more than 10% would be subject to provisions of section 3(3) (f) of Securitization and Reconstruction of Financial Assets and Enforcement of Security Interest Act, 2002.		
6.2.18	**Banking –Private sector**		
6.2.18.1	Banking –Private sector	74% including investment by FIIs	Automatic up to 49% Government route beyond 49% and up to 74%
6.2.18.2	**Other conditions:**		
	(1) This 74% limit will include investment under the Portfolio Investment Scheme (PIS) by FIIs, NRIs and shares acquired prior to September 16, 2003 by erstwhile OCBs, and continue to include IPOs, Private placements, GDR/ADRs and acquisition of shares from existing shareholders. (2) The aggregate foreign investment in a private bank from all sources will be allowed up to a maximum of 74 per cent of the paid up capital of the Bank. At all times, at least 26 per cent of the paid up capital will have to be held by residents, except in regard to a wholly-owned subsidiary of a foreign bank. (3) The stipulations as above will be applicable to all investments in existing private sector banks also. (4) The permissible limits under portfolio investment schemes through stock exchanges for FIIs and NRIs will be as follows: (i) In the case of FIIs, as hitherto, individual FII holding is restricted to 10 per cent of the total paid-up capital, aggregate limit for all FIIs cannot exceed 24 per cent of the total paid-up capital, which can be raised to 49 per cent of the total paid-up capital by the bank concerned through a resolution by its Board of Directors followed by a special resolution to that effect by its General Body.		

Anhang 1

Sl.No.	Sector/Activity	% of FDI Cap/Equity	Entry Route
	(a) Thus, the FII investment limit will continue to be within 49 per cent of the total paid-up capital.		
	(b) In the case of NRIs, as hitherto, individual holding is restricted to 5 per cent of the total paid-up capital both on repatriation and non-repatriation basis and aggregate limit cannot exceed 10 per cent of the total paid-up capital both on repatriation and non-repatriation basis. However, NRI holding can be allowed up to 24 per cent of the total paid-up capital both on repatriation and non-repatriation basis provided the banking company passes a special resolution to that effect in the General Body.		
	(c) Applications for foreign direct investment in private banks having joint venture/subsidiary in insurance sector may be addressed to the Reserve Bank of India (RBI) for consideration in consultation with the Insurance Regulatory and Development Authority (IRDA) in order to ensure that the 26 per cent limit of foreign shareholding applicable for the insurance sector is not being breached.		
	(d) Transfer of shares under FDI from residents to non-residents will continue to require approval of RBI and Government as per para 3.6.2 above as applicable.		
	(e) The policies and procedures prescribed from time to time by RBI and other institutions such as SEBI, D/o Company Affairs and IRDA on these matters will continue to apply.		
	(f) RBI guidelines relating to acquisition by purchase or otherwise of shares of a private bank, if such acquisition results in any person owning or controlling 5 per cent or more of the paid up capital of the private bank will apply to non-resident investors as well.		
	(ii) Setting up of a subsidiary by foreign banks		
	(a) Foreign banks will be permitted to either have branches or		

Anhang 1

Sl.No.	Sector/Activity	% of FDI Cap/Equity	Entry Route
	subsidiaries but not both. (b) Foreign banks regulated by banking supervisory authority in the home country and meeting Reserve Bank's licensing criteria will be allowed to hold 100 per cent paid up capital to enable them to set up a wholly-owned subsidiary in India. (c) A foreign bank may operate in India through only one of the three channels viz., (i) branches (ii) a wholly-owned subsidiary and (iii) a subsidiary with aggregate foreign investment up to a maximum of 74 per cent in a private bank. (d) A foreign bank will be permitted to establish a wholly-owned subsidiary either through conversion of existing branches into a subsidiary or through a fresh banking license. A foreign bank will be permitted to establish a subsidiary through acquisition of shares of an existing private sector bank provided at least 26 per cent of the paid capital of the private sector bank is held by residents at all times consistent with para (i) (b) above. (e) A subsidiary of a foreign bank will be subject to the licensing requirements and conditions broadly consistent with those for new private sector banks. (f) Guidelines for setting up a wholly-owned subsidiary of a foreign bank will be issued separately by RBI (g) All applications by a foreign bank for setting up a subsidiary or for conversion of their existing branches to subsidiary in India will have to be made to the RBI. (iii) At present there is a limit of ten per cent on voting rights in respect of banking companies, and this should be noted by potential investor. Any change in the ceiling can be brought about only after final policy decisions and appropriate Parliamentary approvals.		
6.2.19	**Banking- Public Sector**		
6.2.19.1	Banking- Public Sector **subject to**	20% (FDI and	Government

Anhang 1

Sl.No.	Sector/Activity	% of FDI Cap/Equity	Entry Route
	Banking Companies (Acquisition & Transfer of Undertakings) Acts 1970/80. This ceiling (20%) is also applicable to the State Bank of India and its associate Banks.	Portfolio Investment)	
6.2.20	**Commodity Exchanges**		
6.2.20.1	1 Futures trading in commodities are regulated under the Forward Contracts (Regulation) Act, 1952. Commodity Exchanges, like Stock Exchanges, are infrastructure companies in the commodity futures market. With a view to infuse globally acceptable best practices, modern management skills and latest technology, it was decided to allow foreign investment in Commodity Exchanges. 2 For the purposes of this chapter, (i) "Commodity Exchange" is a recognized association under the provisions of the Forward Contracts (Regulation) Act, 1952, as amended from time to time, to provide exchange platform for trading in forward contracts in commodities. (ii) "recognized association" means an association to which recognition for the time being has been granted by the Central Government under Section 6 of the Forward Contracts (Regulation) Act, 1952 (iii) "Association" means any body of individuals, whether incorporated or not, constituted for the purposes of regulating and controlling the business of the sale or purchase of any goods and commodity derivative. (iv) "Forward contract" means a contract for the delivery of goods and which is not a ready delivery contract. (v) "Commodity derivative" means- • a contract for delivery of goods, which is not a ready delivery contract; or		

Anhang 1

Sl.No.	Sector/Activity	% of FDI Cap/Equity	Entry Route
	• a contract for differences which derives its value from prices or indices of prices of such underlying goods or activities, services, rights, interests and events, as may be notified in consultation with the Forward Markets Commission by the Central Government, but does not include securities.		
6.2.20.2	**Policy for FDI in Commodity Exchange**	49% (FDI & FII) [Investment by Registered FII under Portfolio Investment Scheme (PIS) will be limited to 23% and Investment under FDI Scheme limited to 26%]	Government (For FDI)
6.2.20.3	**Other conditions:**		
	(i) FII purchases shall be restricted to secondary market only and		
	(ii) No non-resident investor/ entity, including persons acting in concert, will hold more than 5% of the equity in these companies.		
6.2.21	**Credit Information Companies (CIC)**		
6.2.21.1	Credit Information Companies	49% (FDI & FII)	Government
6.2.21.2	**Other Conditions:**		
	(1) Foreign investment in Credit Information Companies is subject to the Credit Information Companies (Regulation) Act, 2005.		
	(2) Foreign investment is permitted under the Government route, subject to regulatory clearance from RBI.		
	(3) Investment by a registered FII under the Portfolio Investment Scheme would be permitted up to 24% only in the CICs listed at the Stock Exchanges, within the overall limit of 49% for foreign investment.		
	(4) Such FII investment would be permitted subject to the conditions that:		
	(a) No single entity should directly or indirectly hold more than 10% equity.		

Anhang 1

Sl.No.	Sector/Activity	% of FDI Cap/Equity	Entry Route
	(b) Any acquisition in excess of 1% will have to be reported to RBI as a mandatory requirement; and (c) FIIs investing in CICs shall not seek a representation on the Board of Directors based upon their shareholding.		
6.2.22	**Infrastructure Company in the Securities Market**		
6.2.22.1	Infrastructure companies in Securities Markets, namely, stock exchanges, depositories and clearing corporations, in compliance with SEBI Regulations	49% (FDI & FII) [FDI limit of 26 per cent and an FII limit of 23 per cent of the paid-up capital]	Government (For FDI)
6.2.22.2	**Other Conditions:**		
6.2.22.2.1	FII can invest only through purchases in the secondary market		
6.2.23	**Insurance**		
6.2.23.1	Insurance	26%	Automatic
6.2.23.2	**Other Conditions:**		
	(1) FDI in the Insurance sector, as prescribed in the Insurance Act, 1938, is allowed under the automatic route. (2) This will be subject to the condition that Companies bringing in FDI shall obtain necessary license from the Insurance Regulatory & Development Authority for undertaking insurance activities.		
6.2.24	**Non-Banking Finance Companies (NBFC)**		
6.2.24.1	Foreign investment in NBFC is allowed under the automatic route in only the following activities: (i) Merchant Banking (ii) Under Writing (iii) Portfolio Management Services (iv) Investment Advisory Services (v) Financial Consultancy	100%	Automatic

Anhang 1

Sl.No.	Sector/Activity	% of FDI Cap/Equity	Entry Route
	(vi) Stock Broking		
	(vii) Asset Management		
	(viii) Venture Capital		
	(ix) Custodian Services		
	(x) Factoring		
	(xi) Credit Rating Agencies		
	(xii) Leasing & Finance		
	(xiii) Housing Finance		
	(xiv) Forex Broking		
	(xv) Credit Card Business		
	(xvi) Money Changing Business		
	(xvii) Micro Credit		
	(xviii) Rural Credit		
6.2.24.2	**Other Conditions:**		
	(1) Investment would be subject to the following minimum capitalisation norms: (i) US $0.5 million for foreign capital up to 51% to be brought upfront (ii) US $ 5 million for foreign capital more than 51% and up to 75% to be brought upfront (iii) US $ 50 million for foreign capital more than 75% out of which US$ 7.5 million to be brought upfront and the balance in 24 months. (iv) 100% foreign owned NBFCs with a minimum capitalisation of US$ 50 million can set up step down subsidiaries for specific NBFC activities, without any restriction on the number of operating subsidiaries and without bringing in additional capital. **The minimum capitalization condition as mandated by para 3.10.4.1, therefore, shall not apply**		

Anhang 1

Sl.No.	Sector/Activity	% of Cap/Equity FDI	Entry Route
	to downstream subsidiaries.		
	(v) Joint Venture operating NBFCs that have 75% or less than 75% foreign investment can also set up subsidiaries for undertaking other NBFC activities, subject to the subsidiaries also complying with the applicable minimum capitalisation norm mentioned in (i), (ii) and (iii) above and (vi) below.		
	(vi) Non- Fund based activities : US $0.5 million to be brought upfront for all permitted non-fund based NBFCs irrespective of the level of foreign investment subject to the following condition:		
	It would not be permissible for such a company to set up any subsidiary for any other activity, nor it can participate in any equity of an NBFC holding/operating company.		
	Note: The following activities would be classified as Non-Fund Based activities:		
	(a) Investment Advisory Services		
	(b) Financial Consultancy		
	(c) Forex Broking		
	(d) Money Changing Business		
	(e) Credit Rating Agencies		
	(vii) This will be subject to compliance with the guidelines of RBI.		
	Note: (i) Credit Card business includes issuance, sales, marketing & design of various payment products such as credit cards, charge cards, debit cards, stored value cards, smart card, value added cards etc.		
	(ii) Leasing & Finance covers only financial leases and not operating leases.		

Anhang 1

Sl.No.	Sector/Activity	% of FDI Cap/Equity	Entry Route
	(2) The NBFC will have to comply with the guidelines of the relevant regulator/ s, as applicable		
6.2.25	**Pharmaceuticals**		
6.2.25.1	Greenfield	100%	Automatic
6.2.25.2	Existing Companies	100%	Government

Anhang 2

FC-GPR*

PART - A

(To be filed by the company through its Authorised Dealer Category – I bank with the Regional Office of the RBI under whose jurisdiction the Registered Office of the company making the declaration is situated as and when fresh investment in the Company is received, along with the documents mentioned in item no. 4 of the undertaking enclosed in this form)

Permanent Account Number (PAN) of the investee company given by the IncomeTax Department	
Date of issue of shares	

Sl. No.	Particulars	(In Block Letters)
1.	Name	
	Address of the Registered Office	
	State	
	Registration No. given by Registrar of Companies	
	Whether existing company or new company (strike off whichever is not applicable)	Existing company / New company
	If existing company, give registration number allotted by RBI for FDI, if any	
	Telephone	
	Fax	
	e-mail	

* Beispielhaftes Formular ohne Anspruch auf Aktualität, unterliegt regelmäßigen Änderungen.

Anhang 2

2.	Description of the main business activity NIC Code	
	Location of the project and NIC code for the district where the project is located	
	Percentage of FDI allowed as per FDI policy	
	State whether FDI is allowed under Automatic Route or Approval Route (strike out whichever is not applicable)	Automatic Route / Approval Route
3	**Details of the foreign investor/ collaborator***	

	Name
	
	Address
	
	Country
	
	Constitution
	[Specify whether
	   1. Individual
	   2. Company
	   3. FII
	   4. FVCI
	   5. Foreign Trust
	   6. Private Equity Fund
	   7. Pension/ Provident Fund
	   8. Partnership/ Proprietorship firm
	   9. Financial Institution
	   10. NRIs/PIOs
	   11. others (please specify)]
	
	Date of incorporation	

---

* If there are more than one foreign investor/collaborator, separate Annex may be included for items 3 and 4.

Anhang 2

4	Particulars of Shares / Convertible Debentures Issued			
(a)	Nature and date of issue			

		Nature of issue	Date of issue	Number of shares/ convertible debentures
	01	IPO / FPO		
	02	Preferential allotment / private placement		
	03	Rights		
	04	Bonus		
	05	Conversion of ECB		
	06	Conversion of royalty (including lump sum payments)		
	07	ESOPs		
	08	Share Swap		
	09	Others (please specify)		
		Total		

(b)	Type of security issued							
	No.	Nature of security	Number	Maturity	Face value	Premium	Issue Price per share[i]	Amount of inflow[ii]
	01	Equity						
	02	Compulsorily Convertible Debentures						
	03	Compulsorily Convertible Preference shares						
	04	Others (please specify)						
		Total						

i) In case the issue price is greater than the face value please give break up of the premium received
ii) In case the issue is against conversion of ECB or royalty, a Chartered Accountant's Certificate certifying the amount of the outstanding on the date of conversion

(c)	Break up of premium	Amount
	Control Premium	
	Non competition fee	
	Others@	
	Total	

@*please specify the nature*

249

Anhang 2

(d)	**Total inflow** (in Rupees) on account of issue of shares to non-residents (including premium, if any) vide (i) Remittance through AD: (ii) Debit to NRE/FCNR A/c with Bank_____ (iii) Others (please specify) Date of reporting of (i) and (ii) above to RBI under Para 9 (1) A (i) of Notification No. FEMA 20/2000-RB dated May 3, 2000, as amended from time to time.	
(e)	**Disclosure of fair value of shares issued****	
	We are a listed company and the market value of a share as on date of the issue is*	
	We are an un-listed company; and the fair value of a share is*	

** *before issue of shares*   *(Please indicate as applicable)*

5. Post issue pattern of shareholding								
		Equity			*Compulsorily convertible Preference Shares/ Debentures*			
Investor category		No. of shares	Amount (Face Value) Rs.	%	No. of shares	Amount (Face Value) Rs.	%	
a)	**Non-Resident**							
	01	Individuals						
	02	Companies						
	03	FIIs						
	04	FVCIs						
	05	Foreign Trusts						
	06	Private Equity Funds						
	07	Pension/ Provident Funds						
	08	Partnership/ Proprietorship firms						
	09	Financial Institutions						
	10	NRIs/PIOs						
	11	Others (please specify)						
		Sub Total						
b)	Resident							
Total								

Anhang 2

DECLARATION TO BE FILED BY THE AUTHORISED REPRESENTATIVE OF THE INDIAN COMPANY
(Delete whichever is not applicable and authenticate)

We hereby declare that:

1. We comply with the procedure for issue of shares as laid down under the FDI scheme as indicated in Notification No. FEMA 20/2000-RB dated 3rd May 2000 as amended from time to time

2. The investment is within the sectoral policy/cap permissible under the Automatic Route of RBI and we fulfill all the conditions laid down for investments under the Automatic Route namely (strike off whichever is not applicable)

    a) Foreign entity/entities—(other than individuals), to whom we have issued shares have existing joint venture or technology transfer or trade mark agreement in India in the same field and Conditions stipulated in Press Note 1 of 2005 Series dated January 12, 2005 have been complied with.

OR

    b) Foreign entity/entities—(other than individuals), to whom we have issued shares do not have any existing joint venture or technology transfer or trade mark agreement in India in the same field.

    c) We are/ are not an SSI unit and the investment limit of 24 % of paid-up capital has been observed/ requisite approvals have been obtained.

    d) Shares have been issued on rights basis and the shares are issued to non-residents at a price that is not lower than that at which shares have been issued to residents.

OR

    e) Shares issued are bonus shares.

OR

    f) Shares have been issued under a scheme of merger and amalgamation of two or more Indian companies or reconstruction by way of de-merger or otherwise of an Indian company, duly approved by a court in India.

OR

    g) Shares are issued under ESOP and the conditions regarding this issue have been satisfied

3. Shares have been issued in terms of SIA/FIPB approval No._____ dated

Anhang 2

4. We enclose the following documents in compliance with Paragraph 9 (1) (B):

    (i)   A certificate from our Company Secretary certifying that
- (a) all the requirements of the Companies Act, 1956 have been complied with;
- (b) terms and conditions of the Government approval, if any, have been complied with;
- (c) the company is eligible to issue shares under these Regulations; and
- (d) the company has all original certificates issued by authorised dealers in India evidencing receipt of amount of consideration in accordance with paragraph 9 of Schedule 1 of Notification No. FEMA 20/2000-RB dated May 3, 2000 as amended from time to time;

    (ii)   A certificate from Statutory Auditors / Chartered Accountant indicating the manner of arriving at the price of the shares issued to the persons resident outside India.

(Signature of the Applicant)* : _____

(Name in Block Letters) : _____

(Designation of the signatory) : _____

Place:

Date:

(* To be signed by Authorised signatory of the Company)

CERTIFICATE TO BE FILED BY THE COMPANY SECRETARY OF THE INDIAN COMPANY ACCEPTING THE INVESTMENT

(As per Para 9 (1) (B) (i) of Schedule 1 to Notification No. FEMA 20/2000-RB dated May 3, 2000, as amended from time to time)

In respect of the abovementioned details, we certify the following :

1. All the requirements of the Companies Act, 1956 have been complied with.
2. Terms and conditions of the Government approval, if any, have been complied with.
3. The company is eligible to issue shares under these Regulations.
4. The company has all original certificates issued by AD Category – I banks in India, evidencing receipt of amount of consideration in accordance with paragraph 9 of Schedule 1 to Notification No. FEMA 20/2000-RB dated May 3, 2000 as amended from time to time.

(Name & Signature of the Company Secretary) (Seal)

FOR USE OF THE RESERVE BANK ONLY:

Unique Identification Number given for the FC-GPR:

Anhang 2

FC-GPR*

PART- B

(i) This part of the return to be submitted to the Director, Balance of Payment Statistical Division, Department of Statistical Analysis & Computer Services, Reserve Bank of India, C8, 3rd Floor, Bandra-Kurla Complex, Bandra (E), Mumbai – 400051; Tel: 2657 1265, 2657 2513, Fax: 26570848; email:surveyfla@rbi.org.in

(ii) This is an annual return to be submitted by 31st of July every year by all companies, pertaining to all investments by way of direct/portfolio investments/re-invested earnings/others in the Indian company made during the previous years (i.e. the information in Part B submitted by 31st July 2007 will pertain to all the investments made in the previous years up to March 31, 2007). The details of the investments to be reported would include all foreign investments made into the company which is outstanding as on the balance sheet date. The details of overseas investments in the company both under Direct / portfolio investment may be separately indicated. Please use end-March Market prices/exchange rates for compiling the relevant information.

Permanent Account Number (PAN) of the investee company given by the IncomeTax Department	

No.	Particulars	(In Block Letters)
1.	Name	
	Address	
	State	
	Registration No. given by the Registrar of Companies	
2.	Name of the Contact Person: Tel. E-mail: Fax:	Designation:
3.	Account closing date:	
4.	Details of changes if any, with regard to information furnished earlier (Change in name of company / Change of location, activities, etc.)	

* Beispielhaftes Formular ohne Anspruch auf Aktualität, unterliegt regelmäßigen Änderungen.

Anhang 2

5.	**Whether listed company or unlisted company**	Listed / unlisted
5.1	If listed, i) Market value per share as at end-March ii) Net Asset Value per share as on date of latest Audited Balance Sheet	
5.2	If unlisted, Net Asset Value per share as on date of latest Audited Balance Sheet	

6. **Foreign Direct Investment (FDI)**

	Foreign Liabilities In India *		Foreign Assets Outside India **	
	\multicolumn{4}{c}{Amount in Lakhs of Rupees}			
	Outstanding at end-March of **Previous** Year	Outstanding at end-March of **Current** Year	Outstanding at end-March of **Previous** Year	Outstanding at end-March of **Current** Year
6.0 **Equity Capital**				
6.1 Other Capital ***				
6.2 Disinvestments during the year				
6.3 Retained earnings during the year ****				

---

* Please furnish the outstanding investments of **non-resident investors (Direct Investors)** who were holding **10 per cent or more** ordinary shares of your Company on the reporting date.

** Please furnish your total investments outside the country in each of which **your Company** held **10 per cent or more** ordinary shares of that non-resident enterprise on the reporting date.

*** Other Capital includes transactions between the non-resident direct investor and investee / reporting company, relating to i) Short Term Borrowing from overseas investors, ii) Long Term Borrowing from overseas investors, iii) Trade Credit, iv) Suppliers Credit, v) Financial Leasing, vi) Control Premium, vii) Non-Competition Fee in case of transactions not involving issue of shares, viii) Non-cash acquisition of shares against technical transfer, plant and machinery, goodwill, business development and similar considerations and ix) investment in immovable property made during the year.

**** Under foreign liabilities, for retained earnings (undistributed profit), please furnish the proportionate amount as per the share holding of non-resident investors (Direct investors). Similarly under foreign assets outside India, the retained earnings of your company would be proportionate to your shareholding of ordinary shares in the non-resident enterprise.

Anhang 2

7. Portfolio and Other Investment					
[Please furnish here the outstanding investments other than those mentioned under FDI above]					
		Amount in Lakhs of Rupees			
		Foreign Liabilities In India		Foreign Assets Outside India	
		Outstanding at end- March of **Previous** Year	Outstanding at end- March of **Current** Year	Outstanding at end- March of **Previous** Year	Outstanding at end- March of **Current** Year
7.0	Equity Securities				
7.1	Debt Securities				
	7.1.1 Bonds and Notes				
	7.1.2 Money Market Instruments				
7.2	Disinvestments during the year				
8. **Financial Derivatives** (notional value)					
9. **Other Investment**					
9.1	Trade Credit				
	9.1.1 Short Term				
	9.1.2 Long Term				
9.2	Loans*	Please see the note below			
9.3	Others				
	9.3.1 Short Term				
	9.3.2 Long Term				

* **Note:** As the details of the Loans availed of by your company are collected through Authorised Dealers separately by Foreign Exchange Department of the Reserve Bank in ECB returns, the details of external loans availed by your company need not be filled in. However, the external loans extended by your company to non-resident enterprises other than WOS/JVs outside India should be reported under "Foreign Assets outside India".

255

Anhang 2

10. Shareholding pattern as at end-March			Equity			Compulsorily convertible Preference Shares/ Debentures		
Investor category			No. of shares	Amount (Face Value) Rs.	%	No. of shares	Amount (Face Value) Rs.	%
a)	Non-Resident							
	01	Individuals						
	02	Companies						
	03	FIIs						
	04	FVCIs						
	05	Foreign Trusts						
	06	Private Equity Funds						
	07	Pension/ Provident Funds						
	08	Partnership/ Proprietorship firms						
	09	Financial Institutions						
	10	NRIs/PIOs						
	11	Others (please specify)						
		Sub Total						
b)	Resident							
		Total						

11.	Persons employed during the financial year ending Mach 31[®]	
	Directly	
	Indirectly	
	Total	

Signature of the authorised
Official   :_____

Name (in block letters)   :_____

Designation   :_____

Place: Date:

[®] Please indicate the number of persons recruited by your company during the financial year for which the return is being submitted. Under "Directly', indicate the number of persons on the roll of your company, whereas under "Indirectly", indicate the number of persons otherwise engaged by your company during the year.

Anhang 3

FORM – FC/IL
SIA

Composite form for foreign collaboration and industrial license *

Please fill up the attached supplementary sheets
Part A: For only FC/Part B: For only IL/Both Part A and Part B for FC+IL

GENERAL INFORMATION

1. Type of Application (Please ✓ the Appropriate Boxes)
a. Foreign Collaboration (FC)
    For Foreign Investment ☐   *For Foreign Technology Agreements* ☐
b. Industrial Licence (IL) ☐
2.
    (For Office Use Only)
    Application No. ☐☐☐☐☐☐☐☐☐
    Application Date ☐☐ ☐☐ ☐☐☐☐

3. Payment Details *(For FC Application No Fee is Payable. For Industrial Licences Rs. 2500, ** is Payable)*
    Draft No. _____
    Amount (Rs.) ☐☐☐☐☐☐
    Draft Date ☐☐ ☐☐ ☐☐☐☐
    Drawn on _____ Payable at _____
    (Name of the Bank)

I. Name and Address of the Promoter/Industrial Undertaking **(Indian/foreign)** in full (BLOCK LETTERS) for Correspondence.

    Name of the Promoter/Indl. ☐☐☐☐☐☐☐☐☐☐☐☐☐☐☐☐☐☐
    Undertaking ☐☐☐☐☐☐☐☐☐☐☐☐☐☐☐☐☐☐
    Postal Address ☐☐☐☐☐☐☐☐☐☐☐☐☐☐☐☐☐☐
    Pin Code ☐☐☐☐☐☐   Telephone ☐☐☐☐☐☐☐☐☐☐
    Telex ☐☐☐☐☐☐☐☐☐☐   Fax ☐☐☐☐☐☐☐☐☐☐
    Cable ☐☐☐☐☐☐☐☐☐☐☐☐☐
    E-Mail ☐☐☐☐☐☐☐☐☐☐☐☐☐

---

 * Beispielhaftes Formular ohne Anspruch auf Aktualität, unterliegt regelmäßigen Änderungen.
 ** Demand Draft should be made in favour of Pay & Accounts Officer, Deptt. of Industrial Development, to be payable at State Bank of India, Nirman Bhawan Branch, New Delhi.

Anhang 3

II. Registrar of Companies Regisration No. ☐☐☐☐☐☐☐☐☐
   (If Registered)

III. Status of the Promoter/Industrial Undertaking

   III(1) Status of the Promoter/Promoter Undertaking
   - ☐ 1. Central Government Undertaking
   - ☐ 2. State Government Undertaking
   - ☐ 3. State Industrial Government Corpn.
   - ☐ 4. Co-operative Undertaking
   - ☐ 5. Joint Sector Undertaking
   - ☐ 6. Private Sector Undertaking
   - ☐ 7. Individual Promoter
   - ☐ 8. Foreign/NRI/OCB Company
   - ☐ 9. Foreign/NRI Individual

   III(2) Indicate whether this proposal is for (Please ✓ the Appropriate Box)
   - ☐ 1. Establishment of New Undertaking/Setting up a New Company
   - ☐ 2. Effecting Substantial Expansion
   - ☐ 3 Manufacture of New Articles
   - ☐ 4. Amendments in existing Foreign Collaboration Approval
   - ☐ 5. Inducting Foreign/NRI equity in existing Indian Company

   III(3) (a) ***Does the activity proposed qualify for automatic route?***
   (b) ***If so, the reasons for seeking approval of the FIPB/PAB?***

IV(1) Location of the Factory/Proposed Activities

   Address   ☐☐☐☐☐☐☐☐☐☐☐☐☐☐☐
   District ☐☐☐☐☐☐☐☐☐☐☐☐☐☐☐
   State   ☐☐☐☐☐☐☐☐☐☐☐☐☐☐☐
   Pin Code ☐☐☐☐☐   Telephone ☐☐☐☐☐☐☐☐
   Fax   ☐☐☐☐☐☐☐☐☐
   E-Mail   ☐☐☐☐☐☐☐☐☐☐☐☐☐☐☐

IV(2) Please Indicate whether the proposed location is
   (Please ✓ the Appropriate Box)

   a. Within 25 kms from the periphery of a city having population above one million according to 1991 census

   Yes ☐   No ☐

   b. If Yes, then whether it is located in an Industrial area/Industrial estate Designated/set up prior to 25.7.91

   Yes ☐   No ☐

Anhang 3

V(A) EXISTING ACTIVITIES OF THE COMPANY(Here also specify Item codes as per National Industrial Classification of All Economic Activity, (NIC), 1987.

⬚⬚⬚⬚⬚⬚⬚⬚

V(B) PROPOSED ACTIVITIES OF THE COMPANY

(1) Items of manufacture (including By-product/Co-product) proposed to be undertaken (supplementary sheets may be used if necessary).

(a) Item code (NATIONAL INDUSTRIAL CLASSIFICATION OF ALL ECONOMIC ACTIVITY (NIC), 1987)

⬚⬚⬚⬚⬚⬚⬚⬚

(b) Item Description ⬚⬚⬚⬚⬚⬚⬚⬚⬚⬚⬚⬚⬚⬚

(c) Proposed Annual Capacity ⬚⬚⬚⬚⬚⬚⬚⬚

(d) Existing Capacity *(If, applicable)** ⬚⬚⬚⬚⬚⬚⬚⬚

(e) Total Capacity after expansion ⬚⬚⬚⬚⬚⬚⬚⬚

(f) Unit of capacity ⬚⬚⬚⬚⬚⬚⬚⬚

(g) Description of Activities to be undertaken (if no manufacturing is envisaged)

(2) Whether the Item is covered in Schedule I (Reserved for Public Sector), Schedule II (Under Compulsory Licensing) or Schedule III (Reserved for manufacture in the Small Scale Sector) of the Notification No. 477 (E) Dated 25th July, 1991

Schedule I	Schedule II	Schedule III
Yes ⬚	Yes ⬚	Yes ⬚
No. ⬚	No. ⬚	No. ⬚

(3) Briefly indicate process involved in manufacture of the items(s)

V(C) Attach list of Industrial Licence/Registration/LOI/IEM acknowledgements already issued in favour of the applicant so far.

V(D) Whether the Indian Promoter/Company has had a foreign collaboration earlier? If yes, please specify whether for the same or similar or different products/activity. Please also indicate the Approving Authority and date & No. of the Approval Letter.

---

* Particulars of approval/Industrial Licence under which existing capacity is indicated may be annexed.

Anhang 3

V(E) Whether the foreign/NRI/OCB collaborator has collaborations with any other Individual/Company in India for the same or similar or different products/activities? If so, please furnish/details. ☐

VI. CAPITAL STRUCTURE

(I) Capital Structure of Existing Indian Company(Amount in Rupees) & proposed capital structure (if revision sought)

	Equity	Preference
(a) Authorised	☐	☐
(b) Subscribed	☐	☐
(c) Paid-up	☐	☐

(II) Pattern of share holding in Paid-up Capital (Amount in Rupees)

	Existing		Proposed	
	Equity	%	Equity	%
(a) Foreign Holding	☐	☐	☐	☐
	Preference share		Percentage	
	☐	☐	☐	☐

(b) Non resident Indian Individual holding/OCB holding

	Equity	%	Equity	%
(i) Repatriable	☐	☐	☐	☐
	Preference share		Percentage	
	☐	☐	☐	☐
	Equity	%	Equity	%
(ii) Non-Repatriable	☐	☐	☐	☐
	Preference share		Percentage	
	☐	☐	☐	☐
	Equity	%	Equity	%
(c) Resident Holding	☐	☐	☐	☐
	Preference share		Percentage	
	☐	☐	☐	☐

(d) Total II [a+b(i+ii)+c]:

Equity	☐	☐	☐	☐
Preference	☐	☐	☐	☐

Anhang 3

VII. Proposed Borrowings (In Rupees)
    (i) Public Financial Institution
    (ii) Public Borrowing
    (iii) Other Sources
    (iv) ECB
    (v) Promoter Contributions
    Total Borrowings

VIII. Please Indicate in brief:
    (i) The background of the Indian Promotors/Company including Proprietors/Promotor/Directors (attach seperate sheet, if necessary)
    (ii) The background of the Foreign/NRI/OCB Collaborator/Promoter (attach seperate sheet, if necessary)

IX. Investment (in Rupees)

	Existing	Proposed
(A) Land		
(B) Building		
(C) Plant & Machinery		
(i) Indigenous		
(ii) Imported		
(a) CIF Value		
(b) Landed Cost		
(iii) Total [(i)+(ii)(b)]		
(D) Working Capital		
(E) Total Investment [A+B+C(iii)]		

261

Anhang 3

X. Export commitments/obligation which the applicant is prepared to undertake.
   Item Code ☐☐☐☐☐☐☐☐☐

	Year	Units (Tonnes/ number/meters/ any other)	Quantity	% age of Production	FOB Value in Rupees
	(1)	(2)	(3)	(4)	(5)
1st	☐☐☐☐	☐☐☐☐☐☐	☐☐☐☐☐☐☐	☐☐☐☐	☐☐☐☐
2nd	☐☐☐☐	☐☐☐☐☐☐	☐☐☐☐☐☐☐	☐☐☐☐	☐☐☐☐
3rd	☐☐☐☐	☐☐☐☐☐☐	☐☐☐☐☐☐☐	☐☐☐☐	☐☐☐☐
4th	☐☐☐☐	☐☐☐☐☐☐	☐☐☐☐☐☐☐	☐☐☐☐	☐☐☐☐
5th etc	☐☐☐☐	☐☐☐☐☐☐	☐☐☐☐☐☐☐	☐☐☐☐	☐☐☐☐

Total

Please Indicate buy back arrangements, if any

XI. Employment *(All Figures in Numbers)*

	Existing (If applicable)	Proposed	Total
a. Supervisory	☐☐☐☐☐☐	☐☐☐☐☐☐	☐☐☐☐☐☐☐
b. Non-Supervisory	☐☐☐☐☐☐	☐☐☐☐☐☐	☐☐☐☐☐☐☐

XII. Expected date of commencement of commercial production
     ☐☐ ☐☐ ☐☐☐☐

PART: A

[For Foreign Collaboration]

XIII. Foreign Investment

  (a) Financial Collaborator

     Name   _____

     Address   _____

     Country   _____

  (b) Amount of foreign equity investment

     Amount in Rupees   Percentage of paid-up capital

     ☐☐☐☐☐☐☐☐☐☐☐   ☐☐ ☐☐

Anhang 3

XIV. Foreign Technology Agreement

(a) Technical Collaborator
    Name   _____
    Address   _____
    _____

    Country   _____

(b) Royalty on Sales

Sales	Percentage of Sales	Period	Please tick ( ) Whichever is applicable
Domestic			Inclusive of taxes
Export			Net of taxes

(c) Nature and quantum of Lumpsum payment

Name of Foreign Currency	Amount of Foreign exchange required	No. of Instalment in which Payments will be made	Please tick ( ) Whichever is applicable
			Inclusive of taxes
			Net of taxes

i) Technical Know-how fees
    ☐☐☐☐☐☐☐ ☐☐☐☐☐☐☐☐ ☐☐

ii) Payment for design/drawing
    ☐☐☐☐☐☐☐ ☐☐☐☐☐☐☐☐ ☐☐

iii) Payment for engineering services
    ☐☐☐☐☐☐☐ ☐☐☐☐☐☐☐☐ ☐☐

iv) Payment for use of patents, brand names trade marks and the like
    ☐☐☐☐☐☐☐ ☐☐☐☐☐☐☐☐ ☐☐

v) Any other payment (Please specify the purpose)

XV. (I) Total foreign Exchange inflow during the period of proposed collaboration
    a) Equity   ☐☐☐☐☐☐☐☐☐
    b) Foreign Exchange earnings based   ☐☐☐☐☐☐☐☐☐
    on f.o.b. value of export
    obligation/commitment

Anhang 3

(II) Total foreign Exchange outgo during the period of collaboration
- i) Import of machinery and equipment
- ii) Import of raw materials & Components
- iii) Import of Spare & Consumables
- iv) Dividends & Profits (net of taxes)
- v) Lumpsum payments (net of taxes)
- vi) Royalty payments (net of taxes)
- vii) Design & Drawing Fee
- viii) Payment of Foreign Technicians
- ix) Payment on training of Indian Technician abroad
- x) Commission of Export etc.
- xi) Amount of interest to be paid on external commercial borrowing/ deferred payment credit (Specify details)
- xii) Any other payments (Specify details)

TOTAL (i) to (xii)

Net Foreign Exchange Position

XVI. If this application is for extension of existing collaboration agreement or renewal of the already expired collaboration agreement:

(a) Please indicate the period for which the agreement has already run and attach the copy of the previous approval

No. & date of Approval	Date of commencement of agreement	Date of expiry of agreement

(b) Justification for extension of the collaboration agreement with information about the status of absorption, adaptation and development of the technology already achieved.

(c) (i) Whether you have set up any R & D Cell to absorb the know-how and the progress achieved in this regard

Yes ☐   No ☐

(ii) If yes, please indicate the number and date of communication under which recognised by Department of Science & Technology/Department of Scientific and Industrial Research

(iii) Expenditure on R&D facility set up (in Rupees) Annual recurring expenditure

Anhang 3

Amount of investment in fixed assets ☐☐☐☐☐☐☐☐
Annual recurring expenditure ☐☐☐☐☐☐☐☐

(d) Total payment made so far (Net of taxes) (in Rupees)
    a) Lumpsum ☐☐☐☐☐☐☐☐
    b) Royalty ☐☐☐☐☐☐☐☐
    c) Other payments ☐☐☐☐☐☐☐☐

XVII. Please indicate:

(a) the Regional Office of the RBI to whom a copy of the approval is to be endorsed

    _____

    _____

(b) the name of the Authorised Dealer of Foreign Exchange concerned through whom the remittance of Technical know-how fees and Royalty will be made.

    Name: _____
    Address: _____
    _____

DECLARATION

I/We hereby certify that the above statements are true and correct to the best of my/our knowledge and belief.

(Signature of Applicant): _____
(Name in block letters): _____
(Designation of the signatory): _____
Place: _____
Date ☐☐ ☐☐ ☐☐☐☐

Anhang 3

PART: B

[For IL Application Only]

XVIII. Import Requirements:

a. Capital Goods for the Projects

	(in rupees)	(US $ Thousand)
Imported	☐☐☐☐☐☐☐☐	☐☐☐☐☐☐☐☐
Indigineous	☐☐☐☐☐☐☐☐	☐☐☐☐☐☐☐☐

b. Raw Materials(including components, intermediates and packing materials) *per annum*

	(in rupees)	(US $ Thousand)
Imported	☐☐☐☐☐☐☐☐	☐☐☐☐☐☐☐☐
Indigineous	☐☐☐☐☐☐☐☐	☐☐☐☐☐☐☐☐

ITEM NAME   QUANTITY

1 ☐☐☐☐☐☐☐☐☐☐☐☐☐☐☐☐   ☐☐☐☐☐☐☐

   Unit   Value

   ☐☐☐   ☐☐☐

2 ☐☐☐☐☐☐☐☐☐☐☐☐☐☐☐☐   ☐☐☐☐☐☐☐

   Unit   Value

   ☐☐☐   ☐☐☐

3 ☐☐☐☐☐☐☐☐☐☐☐☐☐☐☐☐   ☐☐☐☐☐☐☐

   Unit   Value

   ☐☐☐   ☐☐☐

c. Consumables & Spares for CG for the Project *per annum*.

Year	(in rupees)	(US $ Thousand)
Imported	☐☐☐☐☐☐☐☐	☐☐☐☐☐☐☐☐
Indigineous	☐☐☐☐☐☐☐☐	☐☐☐☐☐☐☐☐

Anhang 3

DECLARATION

I/We hereby certify that the above statements are true and correct to the best of my/our knowledge and belief.

(Signature of Applicant): _____

(Name in block letters): _____

(Designation of the signatory): _____

Place: _____

Date ☐☐ ☐☐ ☐☐☐☐

Note for Guidance of Entrepreneurs submitting applications for grant of Industrial Licence/approval for Foreign Investment and Technology Agreements.

(This part contains information for the guidance of entrepreneurs and may be retained by them; it need not accompany the application)

GENERAL

1. Application is to be submitted to Secretariat for Industrial Assistance, Department of Industrial Policy & Promotion, Ministry of Industry, Udyog Bhawan, New Delhi with 12 copies of both the application and forwarding letter.
2. Applicants are required to take care in filling up their application properly and completely.
3. The application form should be duly signed and the designation/authority of the person signing the application should be clearly shown.
4. Only the relevant part of the application form should be used. General information is to be furnished by all applicants. Part 'A' is to be filled by entrepreneurs/investors applying for grant of approval for foreign collaboration. Part 'B' is to be used for obtaining Letter of Intent/Industrial Licence. Part 'A' and Part 'B' are to be filled in case of composite proposals involving foreign collaboration and industrial licensing.
5. Application involving grant of Industrial Licence shall be accompanied by a crossed Demand Draft for Rs. 2500/- drawn on the State Bank of India, Nirman Bhawan, New Delhi in favour of the „Pay & Accounts Officer, Department of Industrial Development, Ministry of Industry, New Delhi".

I. FOREIGN INVESTMENT

(i) Approval will be given by the Reserve Bank of India for direct foreign investment upto 50/51/74 per cent foreign equity in high priority industries (Annex III, Annex III Part 'A', Part 'B' and Part 'C'). There shall be no bottlenecks of any kind in this process.

267

(ii) The import of components, raw materials and intermediate goods, and payment of know-how fees and royalties will be governed by the general policy applicable to other domestic units.

(iii) Other foreign equity proposals, including proposals involving 50/51/74 per cent foreign equity which do not meet the criteria under (i) above, will continue to need prior clearance. Foreign equity proposals need not necessarily be accompanied by foreign technology agreements.

(iv) To provide access to international markets, majority foreign equity holding upto 51 per cent equity will be allowed for trading companies primarily engaged in export activities. While the thrust would be on export activities, such trading houses shall be at par with domestic trading and export house in accordance with the Import-Export Policy.

(v) For increase/induction of foreign equity in the existing company, the request should be supported by a Board Resolution of the Indian Company

II. FOREIGN TECHNOLOGY AGREEMENTS

(i) Automatic permission will be given by the Regional Offices of the Reserve Bank of India for foreign technology agreements in high priority industries (Annex III, Annex III Part 'A', Part 'B' and Part 'C') upto a lumpsum payment of US $ 2 million, 5% royalty for domestic sales and 8% for exports, subject to total payment of 8% of sales over a 10 year period from date of agreement or 7 years from commencement of production. The prescribed royalty rates are net of taxes and will be calculated according to standard procedures.

(ii) In respect of industries other than those in Annex III, Annex III Part 'A', Part 'B' and Part 'C', automatic permission will be given subject to the same guidelines as above.

(iii) All other proposals will need specific approvals under the general procedures in force.

(iv) No permission will be necessary for hiring of foreign technicians, foreign testing of indigenously developed technologies. Payment may be made from blanket permits or in free foreign exchange according to RBI guidelines.

III. STANDARD CONDITIONS ATTACHED TO APPROVALS FOR FOREIGN INVESTMENT TECHNOLOGY AGREEMENT

1. The total non-resident share-holding in the undertaking should not exceed the percentage(s) specified in the approval letter. In case of any change in the amount of foreign/NRI investment, or the paid-up capital, an intimation to this effect may be given to SIA, RBI and the Administrative Ministry, subject to the percentage of foreign/NRI equity share-holding remaining unchanged.

2. (a) The royalty will be calculated on the basis of the net ex-factory sale price of the product, exclusive of excise duties, minus the cost of the standard bought-out components and the landed cost of imported components, irrespective of the source of procurement, including ocean freight, insurance, custom duties, etc. The payment of royalty will be restricted to the licensed capacity plus 25% in excess there of for such items requiring industrial licence In case of production in excess of the quantum, prior approval of Government will have to be obtained regarding the terms of payment of royalty in respect of such excess production.

   (b) The royalty would not be payable beyond the period of the agreement if the orders had not been executed during the period of agreement. However, where the orders themselves took a long time to execute, then the royalty for an order booked during the period of the agreement, but executed after the period of agreement, would be payable only after a Chartered Accountant certifies that the orders in fact have been firmly booked and execution began during the period of agreement, and the technical assistance was available on a continuing basis even after the period of the agreement.

3. The lumpsum shall be paid in three instalments as detailed below, unless otherwise stipulated in the approval letter: First 1/3rd after the agreement is filed with Reserve Bank of India/Authorised Foreign Exchange Dealer. Second 1/3rd on delivery of technical documentation. Third and final 1/3rd on commencement of commercial production, or four years after the agreement is filed with Reserve Bank of India/Authorised Foreign Exchange Dealer, whichever is earlier. The lumpsum can be paid in more than three instalments subject to completion of the activities as specified above.

4. In case the proposed activity is not exempted from the provisions of Industrial (Development & Regulation) Act, 1951 and the Foreign Exchange Regulation Act, 1973 it will be your responsibility to obtain such clearances as many be required under the said Acts.

5. The location of the industrial projects, will be subject to Central or State Environmental laws or regulations including local zoning and land use laws and regulations.

6. Adequate steps shall be taken to the satisfaction of the Government to prevent air, water and soid pollution measures to be installed should conform to the effluent and emission standards prescribed by the State Government in which the factory or the industrial undertaking is located.

7. Items reserved for Small Scale Sector shall not be manufactured without prior approval of the Government as per the prescribed policy and procedure.

8. Since the maximum equity participation allowed for in Small Scale Units is 24%, the company's proposal for having, foreign equity of more than 24% would be subject to the condition that the company would get itself de-registered as a small scale unit and obtain industrial license or would file Industrial Entrepreneur Memorandum with SIA as [per prescribed policy and procedure.

Anhang 3

9. For undertaking the export obligation, if any, specified in the approval letter, the requisite guarantee, i. e. legal undertaking/bank guarantee, as may be required, should be furnished according to the detailed instructions issued by the Directorate General of Foreign Trade (E.O. Cell), Ministry of Commerce (EP Division) and the Administrative Ministry, who may be contacted in the matter.

10. Import of capital equipment, components and raw materials will be allowed as per the import policy prevailing from time to time

11. The approval is valid for a period of two years from the date of issue. Within this period, the collaboration agreement is required to be filed with Reserve Bank of India/Authorised Foreign Exchange Dealer.

12. The FC agreement shall be subject to Indian laws.

13. Foreign Investment Remittance (FIRC) is required to be sent to the Reginal Office, Reserve bank of India, immediately on receipt of foreign remittance.

14. All remittances to the foreign collaborator shall be made as per the exchange rates prevailing on the day of remittance.

15. A copy of the collaboration agreement signed by both the parties may be furnished to the following authorities:

    (a) Administrative Ministry/Department.as mentioned in the Approval to be issued by SIA.

    (b) Secretariat for Industrial Assistance, (Foreign Collaboration-II Section) Department of Industrial Policy & Promotion, Udyog Bhawan, New Delhi – 110 011.

    (c) Department of Scientific and Industrial Research, Technology Bhawan, New Mehrauli Road, New Delhi – 110 016.

16. *The outflow of foreign exchange on account of dividend payment will be balanced by export earnings on the following basis:

    a) The balancing of dividends would be over a period of 7 years from commencement of production. Balancing will not be required beyond this period.

    b) Remittance of dividends should be covered by earnings of the company from export of items covered by foreign collaboration agreements. You are also to cover remittance of dividens from earnings through export of items not covered by the agreement provided they are covered in the list of industries in Annexure III of Statement by export earnings of such items covered in years prior to the payment of dividends or (* Wherever applicable)

IV. HIRING OF FOREIGN TECHNICIANS

No permission is necessary for hiring of foreign technicians and no application need be made to Government for this purpose irrespective of whether the hiring of foreign technicians is under an approved collaboration agreement or not. As

Anhang 3

regards release of foreign exchange either against blanket permits or in free foreign exchange, the Reserve Bank of India/Authorised Dealers may be approached, as per RBI guidelines.

V. DEPUTATION OF INDIAN PERSONNEL FOR TRAINING ABROAD

For deputing Indian personnel for training and other purposes abroad, the entrepreneurs may approach only the RBI/Authorised Dealers as per RBI guidelines.

VI. FOREIGN TESTING OF INDIGENOUS RAW MATERIALS AND PRODUCTS AND INDIGENOUSLY DEVELOPMENT TECHNOLOGY

Entrepreneurs may approach RBI/Authorised Dealers for authorising payments either against blanket permits or in free foreign exchange, as per RBI guidelines.

Anhang 4

RESERVE BANK OF INDIA
(EXCHANGE CONTROL DEPARTMENT)
CENTRAL OFFICE
MUMBAI 400 001

Notification No.FEMA 22 /2000-RB dated 3rd May 2000 *

In exercise of the powers conferred by sub-section (6) of Section 6 of the Foreign Exchange Management Act, 1999 (42 of 1999), the Reserve Bank makes the following regulations to prohibit, restrict and regulate establishment in India of a branch or office or other place of business by a person resident outside India, namely:

1. **Short title and commencement:-**

    i) These Regulations may be called the Foreign Exchange Management (Establishment in India of Branch or Office or other Place of Business) Regulations, 2000.

    ii) They shall come into force on 1st day of June, 2000.

2. **Definitions:-**

    In these regulations, unless the context otherwise requires –

    a) 'Act' means the Foreign Exchange Management Act, 1999 (42 of 1999);

    b) 'foreign company' means a body corporate incorporated outside India, and includes a firm or other association of individuals;

    c) 'Branch' shall have the meaning assigned to it in sub-section (9) of Section 2 of the Companies Act, 1956 (1 of 1956),

    d) 'form' means a form annexed to these Regulations;

    e) 'Liaison Office' means a place of business to act as a channel of communication between the Principal place of business or Head Office by whatever name called and entities in India but which does not undertake any commercial /trading/ industrial activity, directly or indirectly, and maintains itself out of inward remittances received from abroad through normal banking channel;

    f) 'Project Office' means a place of business to represent the interests of the foreign company executing a project in India but excludes a Liaison Office;

* (in der Ausgangsfassung, unterliegt regelmäßigen Änderungen).

Anhang 4

g) 'Site Office' means a sub-office of the Project Office established at the site of a project but does not include a Liaison Office;

h) the words and expressions used but not defined in these Regulations, shall have the same meanings respectively assigned to them in the Act.

3. Prohibition against establishing branch or office in India:-

No person resident outside India shall, without prior approval of the Reserve Bank, establish in India a branch or a liaison office or a project office or any other place of business by whatever name called:

Provided that no approval shall be necessary for a banking company, if such company has obtained necessary approval under the provisions of the Banking Regulation Act, 1949.

4. Prohibition against establishing a branch or office in India by citizens of certain countries:-

No person, being a citizen of Pakistan, Bangladesh, Sri Lanka, Afghanistan, Iran or China, without prior permission of the Reserve Bank, shall establish in India, a branch or a liaison office or a project office or any other place of business by whatever name called.

5. Application to Reserve Bank for opening branch or liaison or project office etc.:-

(i) A person resident outside India desiring to establish a branch or liaison office in India shall apply to the Reserve Bank, in form FNC 1.

(ii) Where a person resident outside India has secured from an Indian company a contract to execute a project in India, and

(a) the project is funded directly by inward remittance from abroad;
or
(b) the project is funded by a bilateral or multilateral International Financing Agency,
or
(c) the project has been cleared by an appropriate authority;
or

273

(d) a company or entity in India awarding the contract has been granted Term Loan by a Public Financial Institution or a bank in India for the Project,

such person shall apply to the Reserve Bank in form FNC 1 for permission to establish a Project or Site Office in India.

(iii) The Reserve Bank may grant permission subject to such terms and conditions as may be considered necessary.

Explanation:

For the purpose of this Regulation,

(i) 'a bilateral or multilateral International Financing Agency' means the World Bank or the International Monetary Fund or similar other body;

(ii) "Public Financial Institution" is a public financial institution as defined in Section 4A of the Companies Act, 1956.

6. Activities which may be undertaken by the branch or office in India

(i) A person resident outside India permitted by the Reserve Bank under Regulation 5, to establish a branch or a liaison office in India may undertake or carry on any activity specified in Schedule I or, as the case may be, in Schedule II, but shall not undertake or carry on other activity unless otherwise specifically permitted by the Reserve Bank.

(ii) A person resident outside India permitted by the Reserve Bank under Regulation 5, to establish a Project or Site Office in India shall not undertake or carry on any activity other than the activity relating and incidental to execution of the project.

7. Remittance of profit or surplus

A person resident outside India permitted by the Reserve Bank under Regulation 5, to establish a branch or Project Office in India may remit outside India the profit of the branch or surplus of the Project on its completion, net of applicable Indian taxes, on production of the following documents, and establishing the net profit or surplus, as the case may be, to the satisfaction of the authorised dealer through whom the remittance is effected.

Anhang 4

I. For remittance of profit of a branch, -

   a) certified copy of the audited balance-sheet and profit and loss account for the relevant year;

   b) a Chartered Accountant's certificate certifying, -

      i) the manner of arriving at the remittable profit,

      ii) that the entire remittable profit has been earned by undertaking the permitted activities, and

      iii) that the profit does not include any profit on revaluation of the assets of the branch.

II. For remittance of surplus on completion of the Project, -

   a) certified copy of the final audited Project accounts;

   b) a Chartered Accountant's certificate showing the manner of arriving at the remittable surplus;

   c) income tax assessment order or either documentary evidence showing payment of income tax and other applicable taxes, or a Chartered Accountant's certificate stating that sufficient funds have been set aside for meeting all Indian tax liabilities; and

   d) auditor's certificate stating that no statutory liabilities in respect of the Project are outstanding.

(P.R. GOPALA RAO)
Executive Director

Anhang 4

Schedule I
[See Regulation 6(i)]

Permitted activities for a branch in India of a person resident outside India

i) Export/Import of goods

ii) Rendering professional or consultancy services.

iii) Carrying out research work, in which the parent company is engaged.

iv) Promoting technical or financial collaborations between Indian companies and parent or overseas group company.

v) Representing the parent company in India and acting as buying/selling agent in India.

vi) Rendering services in Information Technology and development of software in India.

vii) Rendering technical support to the products supplied by parent/group companies.

viii) Foreign airline/shipping company.

Anhang 4

Schedule II
[See Regulation 6(i)]

Permitted activities for a Liaison office in India of a person resident outside India

i) Representing in India the parent company/group companies.

ii) Promoting export import from/to India.

iii) Promoting technical/financial collaborations between parent/group companies and companies in India.

iv) Acting as a communication channel between the parent company and Indian companies.

Published in the Official Gazettte of Government of India – Extraordinary – Part-II, Section 3, Sub-Section (i) dated 08.05.2000 – G.S.R. No. 408(E)

Anhang 5

FNC
Application for Establishment of Branch/Liaison Office in India

A. **General Instructions to Applicants:**

The application form shall be completed and submitted to the **AD Category - I bank designated** by the applicant for onward transmission to the Chief General Manager-in-Charge, Reserve Bank, Foreign Exchange Department, Foreign Investment Division, Central Office, Fort, Mumbai – 400001 along with the documents mentioned in item (viii) of the Declaration.

No.	Details	Particulars
1.	Full name and address of the applicant. Date and Place of incorporation / registration Telephone Number(s) Fax Number(s) E-mail ID	
2.	Details of capital i) Paid-up capital ii) Free Reserves/Retained earnings as per last audited Balance Sheet/Financial Statement iii) Intangible assets, if any	
3.	Brief description of the activities of the applicant.	
4.	i) Value of goods imported from and / or exported to India by the applicant during each of the last three years: a) Imports from India b) Exports to India ii) Particulars of existing arrangements if any, for representing the company in India. iii) Particulars of the proposed Liaison/ Branch Office:	

Anhang 5

	a) Details of the activities/ services proposed to be undertaken/ rendered by the office. b) Place where the office will be located. c) Phone number d) E-mail ID e) Expected number of employees (with number of foreigners)	
5.	i) Name and address of the banker of the applicant in the home country ii) Telephone & Fax Number iii) E-mail ID	
6.	Any other information which the applicant company wishes to furnish in support of this application.	
7.	For Non-profit / Non-Government Organisations: (i) Details of activities carried out in the host country and other countries by the applicant organization. (ii) Expected level of funding for operations in India. (iii) Copies of the bye-laws, Articles of Association of the organisation.	

DECLARATION

We hereby declare that:

i) The particulars given above are true and correct to the best of our knowledge and belief.

ii) Our activities in India would be confined to the activities indicated in column 4(iii) (a) above.

iii) If we shift the office to another place within the city, we shall intimate the designated AD Category - I bank and the Reserve Bank. In the event of

Anhang 5

iv) shifting the Office to any other city in India, prior approval of the Reserve Bank will be obtained.

iv) We will abide by the terms and conditions that may be stipulated by the Government of India / Reserve Bank / designated AD Category - I bank from time to time.

v) We, hereby commit that we are agreeable to a report / opinion sought from our bankers abroad by the Government of India /Reserve Bank.

vi) We understand that the approval, if granted, is from FEMA angle only. Any other approvals / clearances, statutory or otherwise, required from any other Government Authority/ Department/ Ministry will be obtained before commencement of operations in India.

vii) We have no objection to the Reserve Bank placing the details of approval in public domain.

viii) We enclose the following documents:

1. Copy of the Certificate of Incorporation / Registration attested by the Notary Public in the country of registration
[If the original Certificate is in a language other than in English, the same may be translated into English and notarized as above and cross verified/attested by the Indian Embassy/ Consulate in the home country].

2. Latest Audited Balance sheet of the applicant company.
[If the applicants' home country laws/regulations do not insist on auditing of accounts, an Account Statement certified by a Certified Public Accountant (CPA) or any Registered Accounts Practitioner by any name, clearly showing the net worth may be submitted]

3. Bankers' Report from the applicant's banker in the host country / country of registration showing the number of years the applicant has had banking relations with that bank.

(Signature of Authorised Official
of the Applicant Company)

Name:
Designation:

Place:

Date:

Übersetzungen/Definitionen

Deutsch – Englisch/Hindi

Abgaben auf den Konsum bestimmter Waren – *octroi* [Hindi]
Abhilfe im weitesten Sinn; Rechtsbehelf; sekundäres vertragliches Recht – *remedy*
Abmahnung (eines Arbeitnehmers) – *warning*
Absichtserklärung – *expression of interest; non-binding letter of intent; memorandum of understanding*
Absprachen, wettbewerbsbeschränkende – *anti competitive agreements*
Abstimmung nach Stimmanteilen – *poll*
Ältestenrat – *panchayat* [Hindi]
Angebot – *offer*
angemessen – *reasonable*
Angestellte, nach Indien auf Zeit entsandte – *expatriates*
Angestellter – *white collar worker; (salaried) employee*
Anhang (schriftlich) – *schedule; annex (to a document)*
Anhörung, öffentliche – *public consultation*
Anlagevermögen – *capital assets*
Annahme – *acceptance*
Ansässiger, eingeschränkter – *resident but not ordinarily resident*
Ansässiger, uneingeschränkter – *resident and ordinarily resident*
Antrag – *petition; application*
Anwalt, allgemein praktizierender – *solicitor; advocate*
Arbeiter – *blue collar worker*
Arbeitnehmer (gering bezahlt, schlecht ausgebildet), für einfache Tätigkeiten – *workman*
Arbeitsbedingungen – *working conditions*
Arbeitsgericht (nur für *workmen* zuständig) – *labour court*
Arbeitskampf – *industrial dispute*
Arbeitsniederlegung ohne/mit nur kurzer Ankündigungsfrist – *quickie-strike, sit-down, lay-down*
Aushilfskraft – *badli [Hindi]; temporary employee*
Aussperrung – *lock-out*
Basis-Zoll – *Basic Customs Duty* (BCD)
Bekanntmachung des Ministeriums für Industrie zur Modifizierung von Richtlinien – *Press Note*
Belästigung (z. B. durch *spam*) – *nuisance*
Beobachter, vernünftiger objektiver – *reasonable interpreter*

Berufungsgericht – *Appellate Tribunal*
Beschäftigung – *occupation*
Beschluss mit einfacher Mehrheit – *ordinary resolution*
Beschluss mit qualifizierter (Dreiviertel-)Mehrheit – *special resolution*
Beschränkung, vertragliche – *restraint*
Beschwerdenausschuss – *Complaints Committee*
Bestrafung, unverhältnismäßige – *disproportioned punishment*
Betriebsordnungen (bei Betrieben mit mehr als 100 Beschäftigten) – *standing orders*
Betriebsstätte – *permanent establishment*
Betriebsübergang – *transfer of undertaking*
Beweis (des ersten Anscheins), widerlegbarer; Glaubhaftmachung – *prima facie evidence*
Bildungsabgabe – *Education Cess*
Blockade, Versperrung oder Einkreisung eines Betriebs – *gherao* [Hindi]
Bummelstreik – *go-slow-strike*
Deliktsrecht, allgemeines – *law of torts*
Dokument notwendig zur Geschäftsaufnahme (bei *Public Limited Company*) – *Certificate of Commencement of Business*
Dokumentenakkreditiv – *letter of credit*
Dokumenteninkasso – *CAD-Cash against documents*
Eingangsabgabe auf Güter, die zum Gebrauch, Verbrauch oder Weiterverkauf eingeführt werden – *Entry Tax*
Einkommen aus nichtselbstständiger Tätigkeit – *salaries*
Einkommen aus unternehmerischer Tätigkeit und freiem Beruf – *profits and gains from business or profession*
Einkommensteuer – *Income Tax*
Einspruch (z. B. gegen Steuerbescheid) – *appeal*
Eintragungshindernisse, absolute – *absolute grounds for refusal of registration*
Eintragungshindernisse, relative – *relative grounds for refusal*
Einzelbestimmung (in Gesetz) – *section*
Einzelfirma – *sole-proprietorship*
Einzelhandel mit Markenartikeln unter einem einheitlichen Kennzeichen – *single brand products retailing*
Erfindung – *invention*
Erschöpfung (eines Rechts oder Rechtsmittels) – *exhaustion*
Fahrgeldzuschuss – *conveyance allowance*
Fertigkeiten – *skills*
Finanzamt – *tax office*
Finanzjahr – *financial year*

Firmennamen-Genehmigung – *name approval*
Firmenwert, ideeller – *goodwill*
Förmliches Genehmigungsverfahren – *FIPB Approval*
Freiberufler-Spezialsteuer – *Profession Tax*
Freistellungs-Regelung – *contract of indemnity*
Fremdvergleichsmethode – *Comparable Uncontrolled Price Method*
Frühlingsfest, indisches (März) – *holi* [Hindi]
Gefährdungshaftung – *strict liability*
Gemeinschaftsunternehmen – *joint venture*
Genehmigungen, umweltrechtliche – *Prior Environmental Clearances*
Genehmigungsverfahren, erleichtertes – *automatic route*
Geschäftsführer – *director*
Geschäftsführung – *board of directors*
Geschäftssitz, eingetragener – *registered office*
Geschäftsstelle zur Vollstreckung indischer Urteile – *Prothonotary and Senior Master*
Gesellschaftsanteile, rückkaufbare – *redeemable preference shares*
Gesellschaftssatzung – *articles of association*
Gesetz – *act*
Gesetzesentwurf – *bill*
Gewährleistung – *warranty*
Gewährleistungszusage, ausdrückliche – *express warranty*
Gewährleistungszusage, stillschweigende – *implied warranty*
Gewalt, höhere – *acts of god; force majeure*
Globalmethode – *Global Formulary Apportionment Method*
Großhandel – *cash and carry wholesale*
Gründungsurkunde (*Private Limited Company*) – *Memorandum of Association*
Grundgehalt – *basic salary*
Haftung – *liability*
Haftungsfreistellung – *indemnity*
Handel, fairer – *fair trade*
Handelsbräuche – *usage of trade*
Handelspraktiken, unfaire – *unfair trade practices*
Handelsvertreter – *agent*
Hauptversammlung – *Annual General Meeting* (AGM)
Hausmietzuschuss – *house rent allowance*
„Herrschaft der Genehmigungsverfahren" – *licence permit raj*
Investitionsaufwand (für Anlagegüter zur Schaffung neuer Werte) – *capital expenditure*
Irreführung, Täuschung – *misrepresentation*

Irrtum über ausländisches Recht – *mistake of foreign law*
Kapitalgesellschaft – *Incorporated Company*
Kapitalkosten – *cost of capital*
Kasten, benachteiligte – *scheduled casts*
Kauf- und Übertragungsvertrag – *share purchase agreement; instrument of transfer*
Klarstellung – *clarification*
Konsignationslager – *consignment stock*
Kosten, aufgewendete – *actual cost*
Kostenaufschlagsmethode – *Cost Plus Method*
Kündigung, wegen Nicht-/Schlechterfüllung eines Vertrages – *termination for default*
Laden – *dukan* [Hindi]
Lärmemission – *noise pollution*
Leistung, Erfüllung, Verrichtung – *performance*
Leistungsbonus – *performance bonus*
Lichterfest in Indien – *diwali* [Hindi]
Liquidation der Gesellschaft – w*inding-up of company*
Liquidation, freiwillige – *voluntary winding-up*
Liste, Auflistung – *list*
Luft-/Wasserreinhaltung – *air/water pollution prevention*
Markteintritt – *market entry*
Mediator (von Regierung eingesetzt) – *conciliation officer*
Mehrwertsteuer auf Dienstleistungen – *Service Tax*
Mehrwertsteuer, dezentrale – *VAT (Value Added Tax)*
Mehrwertsteuer, zentrale – *CenVAT (Central Value Added Tax)*
Mietzins – *rent*
Minderung – *diminution*
Mindestlöhne – *minimum wages*
Missbrauch einer marktbeherrschenden Stellung – *abuse of dominant position*
Mitteilung über Zuteilung von Aktien – *allotment letter*
Nachfolge, Rechtsnachfolge – *succession*
Nicht-Ansässiger – *non-resident*
Nutzung, keine ernsthafte (z. B. einer Marke) – *no bona fide use*
Oberhaus – *Rajya Sabha* [Hindi]
Oberster Gerichtshof – *Supreme Court*
Öffentliche Ordnung – *Public Policy (Ordre Public)*
Ort der tatsächlichen Geschäftsausübung – *place of effective management*
Patentanmeldung – *patent application*
Patentanspruch – *patent claim*

Deutsch – Englisch/Hindi

Patentbeschreibung – *patent specification*
Personalabbau, betriebsbedingter – *retrenchment*
Personengesellschaft – *Partnership-Firm*
Personengesellschaft mit beschränkter Haftung – *Limited-Liability-Partnership*
Präzedenzfall/maßgebliche richterlichen Urteile der Vergangenheit – *precedents*
Preisdumping – *predatory pricing*
Projektbüro – *project office*
Prüfung der Eigentumsverhältnisse – *title search*
Qualität, handelstaugliche – *merchantable quality*
Rangstufen – *tiers*
Recht auf Abwesenheit bei grundsätzlich fortbestehender Arbeitspflicht – *casual leave*
recht und billig – *just and equitable*
Rechtsanwälte – *solicitors; advocates*
Rechtsgeschäfte, die vor Eintragung der Gesellschaft eingegangen werden – *pre-incorporation contracts*
Rechtsstreitigkeiten – *litigation*
Rechtsstreitigkeiten, drohende – *potential litigation*
Rechtswahl für bestimmte Vertragsverhältnisse – *choice of law*
redlich – *honestly*
Regelungen, gesetzliche – *statutory laws*
Register der Anteilseigner – *Principal Register*
Registrierungsbehörde, die ein Verzeichnis ähnlich dem deutschen Handelsregister führt – *Registrar of Companies*
Richtlinie – *policy*
Rücktritt, vom Vertrag – *rescission of contract*
Rupien, 10 Millionen – *crore* [Hindi]
Rupien, 100.000 – *lakh* [Hindi]
Satzung der Gesellschaft – *articles of association*
Schäden, entfernte und indirekte (Folgeschäden) – *remote and indirect loss or damage*
Schadensersatz – *damages*
Schadensersatz, pauschalierter – *liquidated damages*
Schadensersatzrecht – *tort law*
Schiedsgericht, traditionelles örtliches – *Lok Adalat* [Hindi]
Schiedsspruch – *arbitral award*
Schlichtungsverfahren – *conciliation*
Sonderbeschluss – *special resolution*
Sonderwirtschaftszone – *Special Economic Zone* (SEZ)

Sonderzuschuss – *special allowance*
Sorgfaltspflichten – *duty of care, skill and diligence*
Spekulativmarke – *ghost mark*
Spezialabgabe auf Technologie-Importe – *R&D Cess*
Spezialabgabe zur Katastrophenvorsorge – *National Calamity Contingent Duty*
Spezialgerichte, ergänzende (neben Supreme Court, High und Lower Courts) – *Tribunals*
Stammaktien – *equity shares*
Stellung, marktbeherrschende – *dominant position*
Stellvertreter (bei Verträgen) – *agent*
Stellvertretung bei Stimmabgabe – *proxy*
Stempeln der Verträge – *stamping*
Stempelsteuer – *stamp duty*
Steuer auf Sachzuwendungen – *Fringe Benefits Tax*
Steuer, verbrauchsorientierte – *consumption based tax*
Stiftung – *trust*
Strafschadensersatz – *punitive damages*
Streik, fauler (teilweise Arbeitsniederlegung) – *lazy strike*
Streik, politischer (gänzlicher Rückzug ins Privatleben) – *bahnd, hartal* [Hindi]
Streik, provokanter – *irritation strike*
Tagungspunkt besonderer Art – *special business*
Tagungspunkt genereller Art – *general business*
Täuschung, arglistige – *fraud*
Tauglichkeit für den Verwendungszweck des Käufers – *fitness for the buyer's purpose*
Transaktionsbezogene Nettogewinnmethode – *Transactional Net Margin Method*
Treuepflicht – fiduciary duty
Übertragung (eines Gesellschaftsanteils, Rechtes) – *assignment*
Umweltpolitik – *environmental policy*
Unterhaus – *Lok Sabha* [Hindi]
Unterlassung – omission
Unternehmen, das von der Insolvenz bedroht ist – *failing business*
Unternehmen, verbundenes – *associated company; group company*
Untersuchungsgericht – *Court of Inquiry*
Urheberrecht – *Copyright*
Urheberrechts-Register (geführt vom *Copyright Officer*) – *Register of Copyrights*
Urheberrechts-Registrierungsbehörde – *Registrar of Copyrights*

Deutsch – Englisch/Hindi

Urlaub, bezahlter – *earned leave*
Urlaubsgeld – *holiday allowance*
Veranlagungsjahr – *assessment year*
Veräußerungsgewinn – *capital gain*
Verbindungsbüro – *liaison office*
Verbot, gesetzliches bzgl. Rechtsgeschäft – *unlawful objects*
Verfügung, einstweilige – *injunctive relief*
Vergütung, für Aufwand – *allowance*
Verkäufe in andere Unionsstaaten – *interstate sales*
Verkäufe ins Ausland – *export sales*
Verkaufssteuer, zentrale – *Central Sales Tax*
Verkehr, geschäftlicher – *course of trade*
Vermittlungsgremium – *Board of Conciliation*
Vermögensteuer – *Wealth Tax*
Vermögenswerte – *assets*
Versenden, massenhaftes, von ungewünschten Werbe-E-Mails – *spamming*
Vertragsauslegung eng am Wortlaut – *plain meaning rule*
Vertragsbestimmung, wesentliche – *condition*
Vertragsdokument – *contractual document*
Vertragshändler – *stockist/distributor*
Vertragsstrafe – *penalty*
Vertragsverletzung – *breach of contract*
Vertretener (bei Verträgen) – *principal*
Verursacherprinzip (bei Umweltschäden) – *polluter pays principle*
Verwaltungs- und Vertriebsgemeinkosten, allgemeine – *overheads*
Verzug – *delay*
Volksgruppen, benachteiligte – *scheduled tribes*
Papier, vorgestempeltes – *stamped paper*
Vorladung – *summons*
Vorsitzender – *chairman*
Vorsteuerabzug bezüglich der zentralen Mehrwertsteuer – *CenVAT Credit*
Vorzugsaktien – *preference shares*
Votierung, entscheidende (bei Patt-Situation), z. B. durch *chairman – casting vote*
Wettbewerbsbeschränkung, nachvertragliche – *non-compete-provision, non-solicitation-clause*
Wiederverkaufspreismethode – *Resale Price Method*
Wille, eine verbindliche Rechtsbeziehung einzugehen – *intention to create legal relationship*
Wirtschaftsbranche – *sector*

Zahlung (z. B. Kaufpreis) – *payment*
Zertifikat über Aktienanteile des Gesellschafters – *certificate of shares*
Zertifikat über Eintragung der Gesellschaft im Handelsregister (bei *Private Limited Company*) – *Certificate of Incorporation*
Zertifikat zum Nachweis fehlender Einwendungen (z. B. des indischen Joint Venture Partners bezüglich einer anderweitigen Geschäftsaktivität des ausländischen Partners) – *no-objection-certificate*
Zölle – *customs duties*
Zulage zur Arbeitsvergütung, die an die Inflationsentwicklung gekoppelt ist – *dearness allowance*
Zusammenschlüsse – *combinations*
Zusammenschlussvorhaben – *scheme of merger*
Zusicherung – *representation*
Zweigniederlassung, unselbstständige – *branch office*

Englisch/Hindi – Deutsch

absolute grounds for refusal of registration – absolute Eintragungshindernisse
abuse of dominant position – Missbrauch einer marktbeherrschenden Stellung
acceptance – Annahme
act – Gesetz
acts of god; force majeure – höhere Gewalt
actual cost – aufgewendete Kosten
(additional) director – (zusätzlicher) Geschäftsführer
agent – Handelsvertreter; Stellvertreter (bei Verträgen)
agreement – Abkommen; Vereinbarung
air/water pollution prevention – Luft-/Wasserreinhaltung
allotment letter – Mitteilung über Zuteilung von Aktien
allowance – Vergütung für Aufwand
annex (to a document); schedule – Anhang
Annual General Meeting (AGM) – Hauptversammlung
anti competitive agreements – wettbewerbsbeschränkende Absprachen
appeal – Einspruch (z. B. gegen Steuerbescheid)
Appelate Authority – prüft Entscheidungen im Zusammenhang mit dem Umweltschutzgesetz (jedoch kein Gericht!)
Appellate Tribunal – Berufungsgericht
appraisal – Abschätzung
arbitral award – Schiedsspruch
articles of association – Gesellschaftssatzung

assessment year – Veranlagungsjahr
assets – Vermögenswerte
assignment – Übertragung (eines Gesellschaftsanteils, Rechtes)
associated company, group company – verbundenes Unternehmen
Authority for Advance Ruling – Behörde, die verbindliche Auskünfte in Bezug auf einzelne Elemente der steuerlichen Beurteilung bestimmter Dienstleistungen erteilt
automatic route – erleichtertes Genehmigungsverfahren
badli [Hindi] – Aushilfskraft
bahnd, hartal [Hindi] – politischer Streik (gänzlicher Rückzug ins Privatleben)
Basic Customs Duty (BCD) – Basis-Zoll
basic salary – Grundgehalt
bill – Gesetzesentwurf; Urkunde
Ex-bond Billl of Entry for Home Consumption – Dokument, zu fertigen bei Entnahme von Ware aus einem Zoll-Lager (Zollausschluss) in Indien
Patent black-box-application – Patentanmeldung, obwohl Produkt vom Patentschutz ausgenommen ist
blue collar worker – Arbeiter
Board of Conciliation – Vermittlungsgremium
Board of Directors – Geschäftsführung; ist jedoch nicht nur mit der Geschäftsführung einer GmbH oder dem Vorstand einer AG nach deutschem Recht vergleichbar, sondern weist auch Merkmale eines Aufsichtsrates auf
Control of abusive practices – Missbrauchskontrolle
branch office – unselbstständige Zweigniederlassung
breach of contract – Vertragsverletzung
CAD-Cash against documents – Dokumenteninkasso
capital assets – Anlagevermögen
capital expenditure – Investitionsaufwand (für Anlagegüter zur Schaffung neuer Werte)
capital expenses – Verluste aus dem Verkauf oder der Teilwertabschreibung von unbeweglichem Anlagevermögen
capital gains – Veräußerungsgewinne
cash and carry wholesale – Großhandel
casting vote – entscheidende Votierung (bei Patt-Situation), z. B. durch *chairman*
casual leave – Recht auf Abwesenheit bei grundsätzlich fortbestehender Arbeitspflicht

Central Board of Direct Taxes – zuständige Verwaltungsbehörde für die Erhebung direkter Steuern
Central Board of Excise and Customs – zuständige Verwaltungsbehörde für die Erhebung indirekter Steuern und für die Zollaufsicht
Central Pollution Control Board – Kontrollbehörde auf Bundesebene zur Überwachung der Einhaltung von Emissionsnormen
Central Sales Tax – Steuer bei Ausfuhr in andere Unionsstaaten
CenVAT (Central Value Added Tax) – zentrale Mehrwertsteuer
CenVAT Credit – Vorsteuerabzug
Certificate of Commencement of Business – Dokument, notwendig für Geschäftsaufnahme (bei *Public Company*)
Certificate of Incorporation – Dokument über (Firmen-)Eintragung im Handelsregister (bei *Private Company*)
chairman – Vorsitzender
Charitable Company – Limited Liability Company, dient aber gemeinnützigen Zwecken, genießt steuerliche Privilegien
Choice of Law – Rechtswahl für bestimmte Vertragsverhältnisse
clarification – Klarstellung
combinations – Zusammenschlüsse
Commissioner of Income Tax – zuständig bei Einspruch gegen Steuerbescheid
Company Secretary – ranghöchster Angestellter neben *Director*, in Unternehmen mit Stammkapital ab 120 Mio. INR zwingend vorgeschrieben
Comparable Uncontrolled Price Method – Fremdvergleichsmethode
Complaints Committee – Beschwerdenausschuss
conciliation – Schlichtungsverfahren
Conciliation Officer – von der Regierung eingesetzter Mediator
condition – wesentliche Vertragsbestimmung
conditions of work – Arbeitsbedingungen
consideration – Prinzip, nach dem für jede Verpflichtung zu einer Leistung auch eine hinreichende Gegenleistung vereinbart werden muss
consignment stock – Konsignationslager
consumption based tax – verbrauchsabhängige Steuer
contractual document – Vertragsdokument
conveyance allowance – Fahrgeldzuschuss
Copyright – Urheberrecht
Copyright Board – Amt unter Aufsicht des Urheberrechtsregisters, kann Dritten Nutzungsberechtigung an Schutzrechten einräumen
cost of capital – Kapitalkosten
Cost Plus Method – Kostenaufschlagsmethode
course of trade – geschäftlicher Verkehr

crore [Hindi] – 10 Millionen Rupien
Court of Inquiry – Untersuchungsgericht
customs duties – Zölle
damages – Schadensersatz
dealer – Händler
dearness allowance – Zulage zur Arbeitsvergütung, die an die Inflationsentwicklung gekoppelt ist
delay – Verzug
diminution – Minderung
disproportioned punishment – unverhältnismäßige Bestrafung
diwali [Hindi] – Lichterfest in Indien
dominant position – marktbeherrschende Stellung
dukan [Hindi] – Laden
duty of care, skill and diligence – Sorgfaltspflichten
earned leave – bezahlter Urlaub
Education Cess – Bildungsabgabe
Entry Tax – Eingangsabgabe auf Güter, die zum Gebrauch, Verbrauch oder Weiterverkauf eingeführt werden
Environment Impact Assessment Authority – Umweltamt des jeweiligen Bundesstaates, zuständig für Umweltverträglichkeitsprüfung (UVP)
environmental policy – Umweltpolitik
equity shares – Stammaktien
Ex-bond Bill of Entry for Home Consumption – Dokument, zu fertigen bei Entnahme von Ware aus einem Zoll-Lager (Zollausschluss) in Indien
exhaustion – Erschöpfung (eines Rechts)
expatriates – auf Zeit nach Indien entsandte Angestellte
Expert Appraisal Committee – Expertenausschuss der Zentralregierung zur umweltrechtlichen Prüfung und Genehmigung von Projekten
export sales – Verkäufe ins Ausland
express warranty – ausdrückliche Gewährleistungszusage
expression of interest – Absichtserklärung
failing business – Unternehmen, das von der Insolvenz bedroht ist
fair trade – fairer Handel
fiduciary duty – Treuepflicht
financial year – Finanzjahr
FIPB Approval – Förmliches Genehmigungsverfahren vor dem Foreign Investment Promotion Board (FIPB)
fitness for the buyer's purpose – Tauglichkeit für den Verwendungszweck des Käufers

Englisch/Hindi – Deutsch

Foreign Investment Promotion Board – Gremium aus Staatssekretären zur Genehmigung von ausländischen Direktinvestitionen
fraud – arglistige Täuschung
Fringe Benefits Tax – Steuer auf Sachzuwendungen
general business – Tagungspunkt genereller Art
gherao [Hindi] – Blockade, Versperrung oder Einkreisung eines Betriebs
ghost mark – Spekulativmarke
Global Formulary Apportionment Method – Globalmethode
goodwill – ideeller Firmenwert
go-slow-strike – Bummelstreik
High Courts – Eingangsinstanzen für Rechtsstreite, die nicht den *City Civil Courts/District Courts* zugewiesen sind; haben ferner Funktion der Berufungsinstanz gegenüber diesen Gerichten; jedes der 18 indischen *High Courts* wird geleitet von einem *Chief Justice*
holi [Hindi] – indisches Frühlingsfest im März
holiday allowance – Urlaubsgeld
honestly – redlich
house rent allowance – Hausmietzuschuss
implied warranty – stillschweigende Gewährleistungszusage
Income Tax – Einkommensteuer
Income Tax Appellate Tribunal – letzte Tatsacheninstanz bei Beschwerden von Steuerbehörde und -zahler
Incorporated Company – Kapitalgesellschaft
Indemnity, contract of – Freistellungs-Regelung in Verträgen
indemnity – Haftungsfreistellung
industrial disputes – Arbeitskämpfe
Industrial Development Boards – öffentliche Wirtschaftsförderungsgesellschaften, die landwirtschaftliche Flächen erwerben, die Infrastruktur entwickeln und die Flächen an Industrieunternehmen weiterveräußern
Industrial Tribunal – Streitbeilegungsorgan neben ordentlichen Labour Courts
injunctive relief – einstweilige Verfügung
instrument of transfer, share purchase agreement – Kauf- und Übertragungsvertrag
intention to create legal relationship – Wille, eine verbindliche Rechtsbeziehung einzugehen
interstate sales – Verkäufe in andere Unionsstaaten
invention – Erfindung
irritation strike – provokanter Streik
Joint Venture – Gemeinschaftsunternehmen
just and equitable – recht und billig

labour courts – Arbeitsgerichte (nur für *workmen*, nicht für andere Arbeitnehmer zuständig)
lakh [Hindi] – 100.000 Rupien
law of torts – allgemeines Deliktsrecht
lazy strike – fauler Streik (teilweise Arbeitsniederlegung)
let the buyer beware – Grundsatz: Käufer trägt Sorge für Auswahl geeigneter Ware
letter of credit – Dokumentenakkreditiv
liability – Haftung
liaison office – Verbindungsbüro
licence permit raj – „Herrschaft der Genehmigungsverfahren"
Limited-Liability-Partnership – Personengesellschaft mit beschränkter Haftung
liquidated damages – Schadensersatz, pauschalierter
litigation – Rechtsstreitigkeiten
lock-out – Aussperrung
Lok Adalat [Hindi] – Schiedsgericht, traditionelles örtliches
Lok Sabha [Hindi] – Unterhaus
Lower Courts – zu ihnen gehören: *City Civil Courts/District Courts* für Rechtsstreite mit einem Streitwert unter 50 000 INR sowie die *Small Causes Courts*
Market entry – Markteintritt
Memorandum of Association – Gründungsurkunde *(Private Limited Company)*
memorandum of understanding – Absichtserklärung
merchantable quality – handelstaugliche Qualität
minimum wages – Mindestlöhne
misrepresentation – Irreführung, Täuschung
mistake of foreign law – Irrtum über ausländisches Recht
Mono-Board-System – Vereinigung der Aufgaben der Geschäftsführung und des Aufsichtsrats in einem Exekutivorgan (hier: *Board of Directors*)
name approval – Firmennamen-Genehmigung
national calamity contingent duty – Spezialabgabe zur Katastrophenvorsorge
noise pollution – Lärmemissionen
non solicitation clause – vertragliche Regelung, die das Anwerben von Beschäftigten des früheren Arbeitgebers verbietet
non-binding letter of intent – Absichtserklärung
non-compete-provision – (nachvertragliche) Wettbewerbsbeschränkung
non-resident – Nicht-Ansässiger

no-objection-certificate – Zertifikat zum Nachweis fehlender Einwendungen (z. B. des indischen Joint Venture Partners bezüglich einer anderweitigen Geschäftsaktivität des ausländischen Partners)
nuisance – Belästigung (z. B. durch *spam*)
occupation – Beschäftigung
octroi [Hindi] – Abgaben auf den Konsum bestimmter Waren
offer – Angebot
omission – Unterlassung
ordinary resolution – Beschluss mit einfacher Mehrheit
ordre public – Öffentliche Ordnung
overheads – allgemeine Verwaltungs- und Vertriebsgemeinkosten
Panchayat [Hindi] – Ältestenrat
parol evidence rule – Regel, wonach bei Auslegung schriftlicher Erklärungen die außerhalb der Urkunde liegenden Umstände nicht herangezogen werden, wenn schriftliche Beweisstücke vorliegen
Partnership-Firm – Personengesellschaft, hat keine eigene Rechtspersönlichkeit, am ehesten mit der deutschen Gesellschaft bürgerlichen Rechts oder der Offenen Handelsgesellschaft (OHG) vergleichbar
passing off – Ausgeben eigener Ware als die eines anderen (zur Irreführung); Kennzeichenmissbrauch
patent application – Patentanmeldung
patent claim – Patentanspruch
payment – Kaufpreiszahlung
penalty – Vertragsstrafe
performance – Leistung, Erfüllung, Verrichtung
performance bonus – Leistungsbonus
permanent establishment – Betriebsstätte
petition, application – Antrag
place of effective management – Ort der tatsächlichen Geschäftsausübung
plain meaning rule – Vertragsauslegung eng am Wortlaut
policy – Richtlinie
poll – Abstimmung nach Stimmanteilen
polluter pays principle – Verursacherprinzip (bei Umweltschäden)
potential litigation – drohende Rechtsstreitigkeiten
precedents – Präzedenzfall/maßgebliche richterliche Urteile der Vergangenheit
predatory pricing – Preisdumping
preference shares – Vorzugsaktien
pre-incorporation contracts – Rechtsgeschäfte, die vor Eintragung der Gesellschaft eingegangen werden

Press Note – Bekanntmachung des Ministeriums für Industrie zur Modifizierung von Richtlinien
prima facie evidence – Beweis (des ersten Anscheins), widerlegbarer; Glaubhaftmachung
Principal – Vertretener
prior environmental clearances – umweltrechtliche Genehmigungen
Private Limited Company – in etwa einer deutschen GmbH vergleichbare Kapitalgesellschaft
processes – Tätigkeiten
Profession Tax – Freiberufler-Spezialsteuer
Profit Split Method – Gewinnaufteilungsmethode
profits and gains from business or profession – Einkommen aus unternehmerischer Tätigkeit und freiem Beruf
project office – Projektbüro
promissory estoppel – Rechtsfigur des Common Law, ähnlich dem deutschen Bereicherungsrecht
Prothonotary and Senior Master – Geschäftsstelle zur Vollstreckung indischer Urteile
proxy – Stellvertretung bei Stimmabgabe
public consultation – öffentliche Anhörung
Public Limited Company – Kapitalgesellschaft in etwa einer deutschen AG vergleichbar
Public Policy – Öffentliche Ordnung
punitive damages – Strafschadensersatz
quickie-strike, sit-down, lay-down – Arbeitsniederlegung ohne/mit nur kurzer Ankündigungsfrist
R&D Cess – Spezialabgabe auf Technologie-Importe
Rajya Sabha [Hindi] – Oberhaus
reasonable interpreter – vernünftiger (objektiver) Beobachter
reasonable – angemessen
Reciprocating Territories – Staaten, die auf Grundlage des völkerrechtlichen Gegenseitigkeitsprinzips (Reziprozität) Verträge mit Indien geschlossen haben
redeemable preference shares – rückkaufbare Gesellschaftsanteile
Register of Copyrights – Urheberrechts-Register (geführt vom *Copyright Office*)
registered office – fester Geschäftssitz
Registrar of Companies – Registrierungsbehörde, die ein Verzeichnis ähnlich dem deutschen Handelsregister führt
Regular Courts – dreistufiger Aufbau: *Supreme Court, High Courts, Lower Courts*

relative grounds for refusal – relative Eintragungshindernisse
remedy – Abhilfe im weitesten Sinn; Rechtsbehelf; sekundäres vertragliches Recht
remote and indirect loss or damage – entfernte und indirekte Schäden (Folgeschäden)
rent – Mietzins
representation – Zusicherung
Resale Price Method – Wiederverkaufspreismethode
rescission of contract – Rücktritt vom Vertrag
resident and ordinarily resident – uneingeschränkt Ansässiger
resident but not ordinarily resident – eingeschränkt Ansässiger
restraint – Beschränkung, vertragliche
retrenchment – Personalabbau, betriebsbedingter
salaries – Einkommen aus nichtselbstständiger Tätigkeit
schedule – schriftlicher Anhang zu einem Dokument
scheduled casts – benachteiligte Kasten
scheduled tribes – benachteiligte Volksgruppen
scheme of merger – Zusammenschlussvorhaben, Vereinbarung über
section – Einzelbestimmung in Gesetz
sector – Wirtschaftsbranche
Senior Advocates – Prozessvertreter ohne direkten Mandantenkontakt; vergleichbar mit englischem *Barrister*; werden von *Solicitor* über Sachverhalte in Kenntnis gesetzt
Service Tax – Mehrwertsteuer auf Dienstleistungen
single brand products retailing – Einzelhandel mit Markenartikeln unter einem einheitlichen Kennzeichen
skills – Fertigkeiten
sole-proprietorship – Einzelfirma
solicitor – allgemein praktizierender Anwalt
solicitors, advocates – Rechtsanwälte
spamming – massenhaftes Versenden von ungewünschten Werbe-E-Mails
special allowance – Sonderzuschuss
special business – Tagungspunkt besonderer Art bei Gesellschafterversammlung
Special Economic Zone (SEZ) – Sonderwirtschaftszone
special resolution – Beschluss mit qualifizierter (Dreiviertel)-Mehrheit / Sonderbeschluss bei Gesellschafterversammlung
specification – Patentbeschreibung
stamp duty – Stempelsteuer
stamped paper – vorgestempeltes Papier
stamping – Stempeln der Verträge mit Wertmarken

standing orders – Betriebsordnungen (bei Betrieben mit mehr als 100 Beschäftigten)
State Pollution Control Board – Kontrollbehörde auf bundesstaatlicher Ebene zur Überprüfung der Einhaltung von Emissionsnormen
statutory laws – gesetzliche Regelungen
stockist/distributor – Vertragshändler
strict liability – Gefährdungshaftung
succession – Nachfolge; Rechtsnachfolge
summons – Vorladung
Supreme Court – Oberster Gerichtshof
tax office – Finanzamt
termination for default – Kündigung eines Vertrages wegen Nicht-/Schlechtleistung
tiers – Rangstufen
title search – Prüfung der Eigentumsverhältnisse
torts, law of – Schadensersatzrecht (außervertragliches), Deliktsrecht
Transactional Net Margin Method – Transaktionsbezogene Nettogewinnmethode
transfer of undertaking – Betriebsübergang
Transfer Pricing Regulations – Regelungen in Bezug auf Verrechnungspreise zwischen verbundenen Unternehmen
tribunals – ergänzende Spezialgerichte (neben *Supreme Court, High* und *Lower Courts*)
trust – Stiftung
unfair trade practices – unfaire Handelspraktiken
unlawful object – gesetzliches Verbot bzgl. Rechtsgeschäft
usage of trade – Handelsbräuche
VAT (Value Added Tax) – dezentrale Mehrwertsteuer; Waren-Verbrauchssteuer mit dem Charakter einer Umsatzsteuer mit Vorsteuerabzug
voluntary winding-up – freiwillige Liquidation (einer Gesellschaft)
warning – Abmahnung (eines Arbeitnehmers)
warranty – Gewährleistung
Wealth Tax – Vermögensteuer
white collar worker; salaried employee – Angestellter
winding-up – Liquidation einer Gesellschaft
workman – Arbeitnehmer (meist gering bezahlt, schlecht ausgebildet), der einfache Tätigkeiten verrichtet
Works Committee – Ausschuss in Betrieben ab 100 Beschäftigten; zu gleichen Teilen zusammengesetzt aus Arbeitgebern und -nehmern

Literaturverzeichnis

Monographien

Aden, Menno	Internationale Handelsschiedsgerichtsbarkeit – Kommentar zu den Verfahrensordnungen, 2. Auflage, München 2003
Bhadbhade, Nilima	Contract Law in India, Austin/Boston/Chicago/New York/The Netherlands 2010
Bharuka, GC	Mulla The Transfer of Property Act, 10th Edition, Fourth Reprint, Gurgaon 2012
Breitenstein, Tilman	Der Wandel des gewerblichen Rechtsschutzes in Indien vor dem Hintergrund des Wandels der Gesellschaft, in: Fritz (Hg.), Entwicklungsland, Schwellenland, Global Player: Indiens Weg in die Verantwortung, Oberhausen 2010, S. 179–185
Cupei, Jürgen	Umweltverträglichkeitsprüfung (UVP), Köln 1986
Das, Ira	Staat und Religion in Indien: eine rechtswissenschaftliche Untersuchung, Tübingen 2004
Doabia, TS	Environmental & Pollution Laws in India, Vol. 2, Neu Delhi 2005
Doabia, TS	Environmental and Pollution Laws in India, Vol. 1, 2nd Edition, Gurgaon 2010
Dwivedi, Rishi Muni	Subsidies in India, Neu Delhi 2006
Fung, David Y.K.	Precontractual Rights and Remedies: Restitution and Promissory Estoppel, Petailing Jaya/Selangor/Malaysia 1999
Hartmann, Oliver S.	Das Markenrecht in Indien – Voraussetzungen, Inhalt und Schranken des Schutzes einer Marke nach dem Trade Marks Act, 1999 unter besonderer Berücksichtigung der indischen Rechtspraxis, Köln 2011

Literaturverzeichnis

Kaufmann, Lutz/ Panhans, Dirk/ Steinrücke, Bernhard/ Horn, Carsten/ Koch, Matthias/ Kues, Anne/ Paschke, Clemens	Investmentguide Indien – Erfolgsstrategien deutscher Unternehmen auf dem Subkontinent, Stuttgart 2006
Koepff, Antje Grit	Das indische Arbeitsrecht: Eine Untersuchung der Grundlagen, Wesensmerkmale und Perspektiven, Heidelberg 2005
Markanda, PC	Law Relating to Arbitration & Conciliation, 7th Edition, Neu Delhi 2009
Markanda, PC/ Markanda, Naresh/ Markanda, Rajesh	Arbitration Step by Step, Gurgaon 2012
Martinek, Michael/ Semler, Franz-Jörg/ Habermeier, Stefan/ Flohr, Eckhard (Hg.)	Handbuch des Vertriebsrechts, 3. Aufl., München 2010
Mennel, Annemarie/ Förster, Jutta (Hg.)	Steuern in Europa, Amerika und Asien, 87. Lieferung, Herne/Berlin 2011
Moses, Margaret L.	The Principles and Practice of International Commercial Arbitration, Cambridge 2008
Müller, Oliver	Wirtschaftsmacht Indien – Chance und Herausforderung für uns, München/Wien 2006
Piltz, Burghard	Internationales Kaufrecht, 2. Aufl., München 2008
Bachawat, RS	Law of Arbitration & Conciliation, Vol. II 5th Edition, Reprint, Gurgaon 2012
Ramaiya, A	Guide to the Companies Act, 17th Edition, Neu Delhi 2010
Rieck, Jürgen	Ausländisches Familienrecht – Eine Auswahl von Länderdarstellungen, 8. Ergänzungslieferung, München 2011
Sarma, Rama	Commentary on Intellectual Property Laws (Patents, Designs & Copyright Laws with Protection

	of Plant Varieties & Farmer's Rights, Vol. 2, Gurgaon 2009
Schmelzer-Schwind, Kristina	Was Indien bremst: Fesseln auf dem Weg des Fortschritts, in: Fritz (Hg.), Entwicklungsland, Schwellenland, Global Player: Indiens Weg in die Verantwortung, Oberhausen 2010, S. 133 ff.
Singh, Avtar	Law of Contract & Specific Relief, 10th Edition, Reprinted 2010, Lucknow 2008
Sonntag, Karl/ Mathur, CS	Principles of International Taxation, Neu Delhi 2006
Triebel, Volker/ Illmer, Martin/ Ringe, Wolf-Georg/ Vogenauer, Stefan/ Ziegler, Katja (Hg.)	Englisches Handels- und Wirtschaftsrecht, 3. Aufl., Frankfurt am Main 2012
Vermeer, Manuel/ Neumann, Clas	Praxishandbuch Indien – Wie Sie Ihr Indiengeschäft erfolgreich managen – Kultur verstehen, Mitarbeiter führen, Verhandlungen gestalten, Wiesbaden 2008
Wadhwa, Anirudh	Mulla Indian Contract Act, 13th Edition, Noida 2011
Wamser, Johannes/ Sürken, Peter	Wirtschaftspartner Indien – Ein Managementhandbuch für die Praxis, 2. Aufl., Stuttgart 2011

Aufsätze

Afsharipour, Afra	Corporate Governance Convergence: Lessons from the Indian Experience, in: Northwestern Journal of International Law and Business, 2009, S. 335 ff.
Bazzle, Timothy	Pharmacy of the Developing World: Reconciling Intellectual Property Rights in India with the Right to Health: TRIPS, India's Patent System and Essential Medicines, Georgetown Journal of International Law, 2011, S. 785 ff.
Bhatia, Bhavesh/ Wagle, Sukhada	Limited Liability Partnership Act, 2008, India Law Journal, abrufbar hier: http://www.indialawjournal.com/volume2/issue_2/article_by_bhavesh_sukhada.html (besucht am 13.8.2012)

Von Braunmühl, Patrick	Verbraucherrechte in Indien, VuR 2010, 413 ff.
Breckheimer, Fabian	„Lex Vodafone"? – Indien verunsichert ausländische Investoren, RIW 7/2012, Die erste Seite
Breckheimer, Fabian	Der Fall „Enercon" – wirklich ein Skandal?, RIW 5/2011, Die erste Seite
Chaudhry, Shohit/ Mahajan, Kartinkey	The case for an effective extraterritorial jurisdiction of Competition Commission of India in light of international practices, European Competition Law Review, 2011, S. 314 ff.
Chiramel, Christine	The Madrid Protocol and its applicability in India, abrufbar hier: http://www.vaishlaw.com/article/indian_intellectual_property_laws/applicability_ of_madrid_protocol_in_inida.pdf?articleid=100324 (besucht am 13.8.2012)
Hoenig, Klaus/ Klauß, Ingo	Strenge Regeln für die Kartellwächter, Asia Bridge, 6/2011, S. 40 f.
Kachwaha, Sumeet/ Eberl, Walter	Arbitrations in India – An Indo-German Perspective, SchiedsVZ 2008, 14 ff.
Parameswaran-Seiffert, Katharina/Parameswaran Benjamin	Das indische Investitionsrecht – ein Update, RIW 2012, 105 ff.
Pasvantis, Katrin	Indische Verbraucher hungrig nach Konsum, GTAI, 8.11.2011, abrufbar hier: http://www.gtai.de/GTAI/Navigation/DE/Trade/maerkte, did=285492.html (besucht am 13.8.2012)
Podehl, Jörg	Insolvenzrecht in Indien – ein Überblick, RIW 2011, 54 ff.
Podehl, Jörg	Lieferung von Investitionsgütern/Anlagenbau: Der Ausschluss der Haftung für so genannte „Folgeschäden", Der Betrieb, 2005, S. 2453 ff.
Podehl, Jörg/ Paschke, Clemens/ Koch, Matthias	Joint Venture Partner: Ballast oder Erfolgsgeheimnis?, io new management, Nr. 6, 2006, S. 22 ff.
Rajasingh, Betsy Vinolia	India's first compulsory licence over Bayer's patent, Journal of Intellectual Property Law & Practice, 2012, S. 482 ff.

Literaturverzeichnis

Sadasivam, Aaradhana	Patent linkage in India, Journal of Intellectual Property Law & Practice, 2011, S. 664 ff.
Scaria, Arul George	India Heading Towards a Major Copyright Overhaul, GRUR Int. 2010, 663 ff.
Schmidt-Ajayi, Barbara	Komplexe Strukturen, Asia Bridge 12, 2006, S. 18 f.
Sharma, Avinash	Merger control under India's new competition law: a comparative perspective, European Competition Law Review, 2011, S. 602 ff.
Sharma, Daniel H./ Pfaff, Christina	Das indische Schiedsrecht: Überblick und Reformansätze, RIW 2011, 817 ff.
Thakker, Manan	Spam and I.T. Act 2000, Ahmedabad Chartered Accountant Journal, 6/2011, S. 157, 164
Unni, V.K.	Indian Patent Laws and TRIPS: Redrawing the Flexibility Framework in the Context of Public and Health, Pacific McGeorge Global Business & Development Law Journal, 2012, S. 323 ff.

Sachregister

Agent 36 ff., 47
Akkreditiv 52 f.
Alleinvertretung 38 f.
Allgemeine Geschäftsbedingungen 46 f.
– Haftungsausschluss 46
Anzeigeverfahren 13 ff., 42
– Ausländische Beteiligungen 14
– Energiewirtschaft 14
– Großhandel 14, 24
– Telekommunikation 14
– Versicherungswirtschaft 14
Apostille 69
Arbeitsrecht 84 ff.
– Abschluss des Arbeitsvertrages 98 f.
– Arbeitnehmer 91 f.
– Arbeitnehmerschutzgesetze 101
– Arbeitsgericht 106 f.
– Arbeitszeit 98
– Betriebsordnungen 96 ff.
– Entwicklung 85 ff.
– Geheimhaltungsabreden 101, 105
– Gesetze/Rechtsquellen 87 ff.
– Individualarbeitsrecht 98 ff.
– Kollektives Arbeitsrecht 106
– Konfliktlösungsmechanismen 106 f.
– Kündigung 101 ff.
– Schutz vor sexueller Belästigung 97
– Soziale Sicherung 104
– Streitbeilegung 95, 105
– Urlaub 98 f.
– Vergütung 99 f.
– Wettbewerbsverbote 100 f.
– Works Committee 107

Arbitration Act 198 ff.
Articles of Association, *s. Gesellschaftssatzung*
Ausbildungsvertrag 47
Aussperrung 92 f.
Automatic Route, *s. Anzeigeverfahren*

Bajaj Allianz 28
Banken 53 f.
Bayer 18, 120
Betriebsordnungen 96 ff.
Bildungsabgabe 157, 159, 171 f., 174 f., 180 f.
Bill of Entry 182 ff.
Bill of Lading 184
Black-Box-Anmeldungen 120 f.
Board of Directors 63, 72 f., 76 f.
– Abberufung 77
– Anzahl 77
– Bestellung 76
Branch Office, *s. Zweigniederlassung*
Bürokratie 24

Central Board of Direct Taxes 147
Central Board of Excise and Customs 149
CenVAT, *s. Mehrwertsteuer*
Certificate of Incorporation 66, 70, 83
Common Law 41, 46, 50, 86, 129
Companies Act, 1956 60, 67 ff., 79 f., 136 f.
Company Secretary 79
Competition Act 127 f., 130 ff.

Sachregister

Competition Commission of India 127 f., 130, 136
Consideration 45 f.
Consumer Protection Act, 1986 57, 127 f.
Copyright Act, 1957 42, 48, 110 ff., 124
Copyright Board 112 f.

Design Act, 2000 124 f.
Designschutz 124 f.
– Gemeinschaftsdesign 126
Devisenkontrolle 4, 34
Director 63 ff.
– Haftung 68, 78
– Sorgfaltspflichten 78
– Treuepflichten 78
Direct Tax Code 148
Direktinvestitionen 4, 11 ff.
– Genehmigungspflicht 11 f., 13 f.
– Gesetzliche Grundlagen 11 f.
– Verbote 12 f.
Distributor 28, 35 ff.
Dokumentenakkreditiv 52 ff.
Dokumenteninkasso 52 f.
Doppelbesteuerung 34, 151, 154, 156, 165 ff.
– Doppelbesteuerungsabkommen 34, 151, 154, 156, 165 ff.
– Quellenstaatsprinzip 165 f.
– Sitzstaatsprinzip 165 f.

Eigenhändler 38 ff.
Einkommensteuer 147 ff.
– Abschreibungen 157 f.
– Ansässigkeit 153 f.
– Dividendensteuer 158
– Einkommensarten 155 ff.
– Einkommen aus gewerblicher Tätigkeit und freiem Beruf 156 ff.
– Einkommen aus nichtselbstständiger Tätigkeit 155
– Einkommensermittlung 157
– Fristen 150
– Gewinne 160
– Kapitalkosten 157
– Konzern 159 f.
– Mindestbesteuerung 158
– Modellrechnung 167 f.
– Rechtliche Grundlagen 150
– Steueranreize 158
– Steuerpflicht 152 ff.
– Steuersätze 159
– Umwandlungen 160
– Veräußerungsgewinne 160 f.
– Verbundene Unternehmen 163 ff.
– Verlustvortrag 158 f.
– Verrechnungspreisbericht 163 ff.
– Verrechnungspreise 163 ff.
Einzelfirma 24 f.
Einzelhandel 5, 12 f., 21 ff., 41, 96
Elektrizitätsbetriebe 95
Enercon 123 f.
Environment Protection Act, 1986 188 ff.
Equal Remuneration Act, 1976 97
Exportförderprogramme 183

Factories Act, 1948 85, 95 f., 98
Finance Act 150, 160, 162 f., 166, 173
Firmenname 64
Foreign Exchange Management Regulations, 2000 72
Foreign Exchange Regulation Act, 1973 4, 11
Foreign Investment Promotion Board 15 ff., 21, 140

Sachregister

Formvorschriften 47 ff.
Franchising 40 ff.
Fusionskontrolle 127 ff.

Gaststätten 96
Geheimhaltungsvereinbarungen 57, 101
Geistiges Eigentum 109 ff.
Genehmigung 4, 11 f., 21 ff., 31 ff., 47, 64 ff.
- Arbeitnehmerkündigung 94, 102 f.
- Ausländische Direktinvestitionen 11 ff., 64, 73
- Baurecht 142
- Distribution 36
- Einzelfallgenehmigung 12, 15 f., 21 f.
- Erfindungen 122
- Firmenname 64
- Förmliches Genehmigungsverfahren 15 ff.
- Handelsvertreter 47
- Import 36
- Projektbüro 16 f., 31, 34 f.
- Übertragung von Gesellschaftsanteilen 73
- Umweltrecht 186 ff.
- Verbindungsbüro 16 f., 31 ff.
- Zusammenschluss 135
- Zweigniederlassung 16 f., 31 f.
Generalvertretung 38 ff.
General Anti Avoidance Rule 148
Gerichtsbarkeit 44, 193 ff.
- Anwendung ausländischen Rechts 43 f. 195 f.
- Arbeitsgericht 106 f.
- Einstweilige Verfügung 196, 206
- Gerichtsverfassung 193 f.
- Gesetzeskraft der Entscheidungen 43, 193

- Kosten 195, 198
- Schiedsgerichte 194, 198 ff.
- Spezialgerichte 193
- Verfahrensdauer 194 f.
- Zivilgerichte 193 ff.
- Zivilverfahren 194 ff.
Geschichte 1 ff.
Geschmacksmuster, s. *Designschutz*
Gesellschaftsrecht 24 ff.
Gesellschaftssatzung 29 f., 63 ff., 68 ff., 82 f.
Gesellschaftswahl 21 f., 24 ff.
Gewährleistung 54 ff.
Gewerblicher Rechtsschutz 109 ff.
- Einstweilige Verfügung 196
- Internationale Abkommen 114
- Schutz in der Praxis 125 f.
Gewerkschaft 106
Gleichbehandlungsgebot 97
Goods and Services Tax 149
Großhandel 14, 24
Gründungsurkunde 29 f., 65, 67 ff.
Grundbuch 141

Haftungsfreistellung 57
Handelsregister 63
Handelsvertreter 36 ff.
- Ausgleichsanspruch 37
- Steuer 37 f.
- Vertrag 37
Hauptversammlung 74 ff.
- Beschlussarten 76
- Beschlussfähigkeit 75
- Einberufung 74
- Leitung 75
- Protokoll 76
- Stimmrechtsausübung 75
- Stimmrechtsvertretung 75
- Tagesordnung 74

Immobilienrecht 23, 139 ff.
– Erwerb durch Ausländer 141 f.
– Erwerb von Grundeigentum 141 ff.
– Grundbuch 141
– Markt- und Erwerbsbeschränkungen 139 f.
– Miete 144 f.
– Urbane Zentren 139
Indian Companies Act, 1956, s. *Companies Act*
Incorporated Company, s. *Kapitalgesellschaft*
Indian Contract Act, 1872 37, 41, 43 ff., 47, 50 ff., 56 ff., 100
Indian Registration Act, 1908 47, 143
Industrial Disputes Act, 1947 85, 91, 101 ff.
Internetdomains 125
Investitionsförderungsabkommen 19
Investitionsstreitigkeit 19

Joint Venture 16, 24 ff., 41 f., 60 f., 123, 132, 136, 140, 202
Joint-Venture-Vertrag 29 f.

Kapitalgesellschaft 60 f.
Kastensystem 8
Kinderarbeitsverbot 95
Konsignationslager, s. *Lager*
Kündigung 101 ff.
– Abfindung 104
– Abmahnung 102
– Kündigungsschutz 94, 101 ff.
Kultur 1, 7 ff.

Lager 38 f.
Liaison Office, s. *Verbindungsbüro*
Licence Permit Raj 4 f.
Limitation Act, 1963 59

Liquidation 80 ff.
– freiwillig 80 f.
– gerichtlich 80
– unter gerichtlicher Aufsicht 81
Lizenzierung 40 ff., 48, 112, 122, 124 ff.

Marken 12 f., 23, 115 ff.
Markenprodukte 13
Markenrecht 115 ff.
– Antragstellung durch Ausländer 116 f.
– Eintragung 116 f.
– Erschöpfung 117
– „EU-Marke" 126
– Schutzdauer 117
– Verletzung von Markenrechten 117
Markteintritt 21 ff.
Mehrwertsteuer auf Dienstleistungen 173 ff.
– Bemessungsgrundlage 171 f.
– Steuerbefreiungen 170 f.
– Steuerpflichtige Personen 170
– Steuersätze 171
– Steuertatbestand 170
– Verfahren 172
– Vorsteuerabzug 172
Mehrwertsteuer, dezentral 176 ff.
– Bemessungsgrundlage 177 f.
– Rechtsnatur 176
– Steuerbefreiungen 177
– Steuerpflichtige Personen 177
– Steuersätze 177
– Steuertatbestand 177
– Verfahren 178 f.
– Vorsteuerabzug 178
Mehrwertsteuer, zentrale 149, 169 ff.
– Bemessungsgrundlage 171
– Rechtsnatur 169
– Steuerbefreiungen 170

Sachregister

- Steuerpflichtige Personen   170
- Steuersätze   171
- Steuertatbestand   171
- Verfahren   172
- Vorsteuerabzug   172
- Zentrale Mehrwertsteuer   169 ff.

Memorandum of Association, s. *Gründungsurkunde*
Mietkaution   144
Monopolies and Restricted Trade Practices Act, 1969   4, 127 ff.

New Industrial Policy   11
No-Objection-Certificate   28 f., 143, 190
Novartis   121

Pariser Verbandsübereinkunft   109, 122
Parlament   4, 6
Parteien   6
Partnership, s. *Personengesellschaft*
Partnership Act, 1932   24, 61 f.
Patent Act, 2005   119 ff.
Patent Cooperation Treaty   109, 122
Patentrecht   48, 111, 119 ff.
- Anmeldung   122 f.
- Black-Box-Anmeldungen   120
- Patentämter   122
- Patentierbarkeit   121
- Patentprüfungsverfahren   125
- Rechtsverletzung   122 ff.
Personengesellschaft   24 f., 61
Personengesellschaft mit beschränkter Haftung   24 ff.
Pharmazeutische Produkte   119 ff.
Press Note 1   23, 62
Press Note 3   12
Press Note 5   14

Press Note 18   28
Private Limited Company   60 ff., 63 ff.
- Aufnahme der Geschäftstätigkeit   78
- Beglaubigung   69
- Board of Directors   63, 73 f., 76 ff.
- Firma   64
- Geschäftsbrief   66
- Geschäftsführer   63, 76
- Gesellschafterliste   66
- Gesellschaftsanteile   66 ff., 70 ff.
- Gesellschaftskapital   70 ff.
- Gründung   63 ff.
- Gründungsdokumente   65 f.
- Gründungsformalitäten   66 f.
- Gründungsurkunde   30, 67 ff.
- Gesellschaftszweck   67 f.
- Jahreshauptversammlung   74 ff.
- Liquidation   80 ff.
- Mindestkapital   67 f.
- Mustersatzung   68 f., 71
- Notar   69
- Register der Gesellschafter   66
- Registereintragung   63, 66 f.
- Rückkaufbare Anteile   71
- Satzung   63, 68 ff.
- Stammaktien   70
- Stimmrecht   70 f.
- Übertragbarkeit von Gesellschaftsanteilen   71 f.
- Vorzugsaktien   71
Projektbüro   16 f., 31, 34 f.
Project Office, s. *Projektbüro*
Privatautonomie   44
Public Company   60 ff., 82 ff.
- Unterschiede zur Private Company   63

Qualitätszertifikat   54 f.

Sachregister

Rechtsanwalt 193 f.
Rechtssetzung 6 f.
Rechtsstaat 6 f.
Rechtswahl 30, 37, 43 f., 195, 206
– Handelsvertreter 37
– Joint Venture 30
– Schiedsvereinbarung 206
– Vertrag 43 f., 195
Registrierungsbehörde 63
Registrierungspflicht 47 ff., 63
Religionen 1 ff.
Repräsentanz 16 f., 31 ff.
Reserve Bank of India (RBI) 11, 21, 31 ff., 72 f.
Richter 193

Sales of Goods Act, 1930 43, 51 ff.
Schadensersatzvereinbarung 51 f.
Schiedsgerichtbarkeit 194, 198 ff.
– Anwendbares Recht 199, 206 f.
– Arbitration Act 199 ff.
– Aufhebungsklage 199 f.
– Durchsetzung von Schiedssprüchen 207 ff.
– Einstweilige gerichtliche Maßnahmen 206
– Gesetzliche Grundlagen 194, 198 f.
– Internationale Schiedsgerichtsordnungen 198
– Schiedsvereinbarung 19 f., 199 ff.
– Schiedsverfahren 19 f., 198 ff.
– Tradition 198
– Vollstreckbarkeit 207
– Vorteile 203 ff.
Schlichtungsverfahren 204
Schriftform 47 ff.
Schuldanerkenntnis 48
Schutz des Investors 18 ff.

Servicecenter-Verträge 39
Service-Dienstleister 35 f.
Service Tax, s. Mehrwertsteuer auf Dienstleistungen
Service Tax Rules 173
Shops and Establishments Acts 96
Sicherheit 6 f.
Single Brand Retail, s. Einzelhandel
Sonderwirtschaftszonen 17 f., 34, 146
Spamming 129
Sprache 1 ff.
Stamping 49, 60, 143
Standing orders, s. Betriebsordnungen
Stare-Decisis-Regel 43
Stellvertretung 47
Stempelmarke, s. Stamping
Stempelsteuer, s. Stamping
Steuern 146 ff.
– Ansässigkeit 152 f.
– Doppelbesteuerungsabkommen 165 ff.
– Einkommensarten 155 ff.
– Einkommenssteuer, s. a. o. 150 ff.
– Erbschaftsteuer 149
– Expatriates 154
– Gesellschaften 148 f.
– Mehrwertsteuer, s. a. o. 149, 169 ff., 173 ff.
– Quellensteuer 115, 154, 157, 166
– Rechtsweg 147 ff.
– Reformvorhaben 146
– Sachzuwendungen 155, 167
– Schenkungsteuer 149
– Steuererklärung 151 f., 154, 175 f., 178 f.
– Steuerstrafen 152, 163

– Tax Office   151, 172
– Überblick   146 f.
– Umsatzsteuer   149
– Vermögensteuer   169
– Welteinkommensprinzip   153, 166
Stiftung   22, 25
Streik   92 ff.
Supreme Court, *s. Gerichte*

Trade Marks Act, 1999   42, 115 ff.
TRIPS-Agreement   109, 114 f., 119 ff.

Ultra-Vires-Doktrin   67 f., 79
Umweltrecht   186 ff.
Umweltschutz   186
– Emissionsgrenzwerte   190 f.
– Environment Protection Act, 1986   191 f.
– Gesetzgebungszuständigkeit   187 f.
– Haftpflichtversicherung   192
– Haftung für Umweltschäden   192
– Lärmschutz   191
– Luftreinhaltung   191
– Qualitätsstandards   190 f.
– Rechtliche Grundlagen   187 f.
– Umweltverträglichkeits- prüfungen   188 ff.
– Verfahren   190 ff.
– Verfassung   187
– Völkerrechtliche Abkommen   187
– Wasserreinhaltung   191
Unterhaltungsgewerbe   96
Urheberrecht   48, 110 ff.
– Copyright Board   112 f.
– Erlöschen   112
– Inhalt und Umfang   111 f.

– Internationales Urheberrecht   114 f.
– Lizenzierung   112
– Miturheberschaft   111 f.
– Nutzungsberechtigung Dritter   111
– Urheberrechts-Register   112
– Urheberrechtsverletzung   113 f.

Value Added Tax, *s. Mehrwertsteuer, dezentral*
Verbindungsbüro   17, 22, 31 f.
Verbraucherschutz   45, 56 f., 127, 130
Verfassung   6
Verhaltensregeln   9 f.
Verjährung   59
Verschmelzung   134 ff.
Vertrag   43 ff.
– Auslegung   49 f.
– Beendigung   58 f.
– Begriffsbestimmungen   50
– Gegenleistung   45 f.
– Gewährleistung   54 ff.
– Kaufpreiszahlung   52 ff.
– Leistungszeit   51 f.
– Verjährung   59
– Vertragsfreiheit   43 ff.
– Vertragsverletzungen   56 f.
– Verzug   51 f.
– Zustandekommen   45 f.
Vertragshändler   38 ff.
Vertragsrecht   43 ff.
Vertragsstrafe   51 f.
Vertragsverletzungen   56 f.
Vertriebsorganisation   35 ff.
Verrechnungspreis   163 ff.
Vodafone   160 ff.

Warranty, *s. Gewährleistung*
Wassermangel   186
Werksvertretung   38 ff.

309

Wettbewerbsbeschränkungen 44, 101, 130 ff.
Wettbewerbs- und Kartellrecht 44, 127 ff.
– Missbrauch einer marktbeherrschenden Stellung 132 f.
– Monopolistic and Restrictive Trade Practices (MRTP) 127 f., 130, 132
– MRTP Commission 129
– Rechtliche Grundlagen 124 ff.
– Sanktionen bei Verstößen 138
– Unfair Trade Practices 128 f.
– Wettbewerbsbeschränkende Absprachen 131 f.
– Zusammenschlüsse 134 ff.
Wirtschaft 3 ff.
Work Man 90 ff., 102
– Kündigung 102 f.

Zivilverfahren 194 ff.
Zölle 146, 149 f., 179 ff.
– Antidumping-Zölle 184
– Basis-Zoll 179 f.
– Befreiungen 183 f.
– Bildungsabgabe, Äquivalent 180
– CenVAT-Äquivalent 180
– Ermäßigungen 183 f.
– Rechtsnatur 179
– Standard-Zollsatz 179
– VAT-Äquivalent 180
– Verfahrensvorschriften 184 f.
– Zollwert 179, 181 f.
Zwangsvollstreckung 196 f.
– Vollstreckungsabkommen 196
Zweigniederlassung 17, 22, 31 f., 159
– Steuern 159